Gisela A. Erler

Schluss mit der Umerziehung!

Gisela A. Erler

Schluss mit der Umerziehung!

Vom artgerechten Umgang mit den Geschlechtern

Wie Frauen in Unternehmen endlich aufsteigen und Jungen in der Schule nicht weiter abstürzen

HEYNE

MIX
Papier aus verantwortungsvollen Quellen
FSC® C014496

Verlagsgruppe Random House FSC-DEU-0100
Das für dieses Buch verwendete FSC®-zertifizierte
Papier *EOS* liefert Salzer Papier, St. Pölten, Austria.

Lektorat: Ingke Brodersen

Umschlaggestaltung: Hauptmann & Kompanie
Werbeagentur, Zürich
Satz: EDV-Fotosatz Huber/
Verlagsservice G. Pfeifer, Germering
Druck und Bindung: GGP Media GmbH, Pößneck
Printed in Germany 2012
ISBN 978-3-453-18286-8
www.heyne.de

Für meine Enkelkinder und ihre Zukunft –
Selma, Nadia, Amon, Georg, Maya, Flavio

Inhalt

Vom Ende der Umerziehung
Vorwort

Dieses Buch will mit Leidenschaft, zuweilen mit Ironie, oft auch mit Selbstironie Gedankenfenster öffnen; es ist ein Text, der Bilanz zieht und sich in die Zukunft richtet. Als Leserinnen und Leser wünsche ich mir Menschen der mittleren und jüngeren Generation, die mitten im Leben stehen und sich mit Fragen konfrontiert sehen über das Miteinander der Geschlechter; Eltern, die es schwer haben, manche Verhaltensweisen ihrer Töchter und Söhne zu verstehen, sie erfolgreich zu führen und ihnen zu helfen, anspruchsvolle Ziele zu verfolgen; Lehrerinnen und Lehrer, die damit zu kämpfen haben, dass ihnen so viele Jungen an den Schulen entgleiten; Studentinnen und Studenten, die aus ihrem unbewussten Nebeneinander ein aktives Miteinander-Arbeiten machen wollen; Personalverantwortliche in kleinen und großen Unternehmen, die es schwer haben, Führungspositionen mit Frauen zu besetzen – ebenso wie Frauen, die gern Karriere machen möchten, und Männer, die ein latentes Unbehagen an den Umwälzungen im Verhältnis der Geschlechter empfinden. Aber auch Menschen, die in Vereinen, Bürgerinitiativen, Parteien, Gemeinderäten, in Behörden konkrete Weichen stellen für das Zusammenleben und Zusammenarbeiten, was immer auch bedeutet: von weiblichen und männlichen Wesen.

Dieses Buch ist eigentlich unfertig – täglich finden sich neue Beispiele, die sich einfügen ließen. Es sollte, als ich 2009 damit begann, eine Art Bilanz darstellen – nach mehr als vier Jahrzehnten Erfahrung mit dem Alltag von Großunternehmen im Hinblick auf neue Geschlechterverhältnisse, mit praktischen Projekten und Studien zum Thema Familie, Nachbarschaft und Beruf, nach Diskussionen in Parteigremien – aber es sollte auch meine eigenen widersprüchlichen Erfahrung als Partnerin und Ehefrau, als Mutter, Stiefmutter, Schwiegermutter, Großmutter reflektieren. In der Bilanz wollte ich auch der Frage nachgehen, warum mich das Thema Männer und Frauen ganz zu Beginn meines eigenständigen Denkens, in der Studenten- und Frauenbewegung der 1960er- und 1970er-Jahre, kaum bewegt hat (so wie es heute unter vielen jungen Leuten wieder der Fall ist), obwohl ich in einer zutiefst sozialdemokratischen Familie aufgewachsen bin, in der der Geist der Chancengleichheit selbstverständlich war – und meine Mutter dennoch Hausfrau blieb.

Schwerpunkt dieses Buches ist die Auseinandersetzung mit der Frage, warum die vielen Bemühungen der globalen Wirtschaft, Frauen in wirkliche Führungspositionen zu befördern, so hartnäckig und gründlich scheitern und welche Strategien vielleicht erfolgreicher sein könnten. Ein wichtiges Ziel war es auch, meinen Kolleginnen und Kollegen in der von mir gegründeten Firma nach meinem Ausscheiden eine Art Navigationshilfe anzubieten – auf dem Weg von einem reinen Frauenunternehmen zu einem Kleinkonzern mit inzwischen über 1300 fest angestellten Mitarbeiterinnen und Mitarbeitern, überwiegend Frauen.

Es zeigt sich nämlich, dass die spontan entstandene Frauenführungskultur in ihrer Dynamik gut verstanden werden will; dass zugleich aber ebenfalls gut überlegt sein muss, wie sich diese Kultur für Männer stärker öffnen lässt, ohne den Kern des Erfolgs, die effiziente Kultur von Frauen, zu beschädigen. Beim Nachdenken darüber eröffneten sich hier viele Tiefen und Untiefen, mir wurde auch deutlich, dass es sich dabei um ein Problem handelt, das sich spiegelbildlich zu den Schwierigkeiten des Aufstiegs von Frauen in männlich geprägten Organisationen stellt.

Erst bei der Befassung mit meiner eigenen Firma und der Frage, wie denn Männer in ein über lange Zeit ausschließlich von der weiblichen Arbeitskultur geprägtes Unternehmen zu integrieren sind, fiel mir die Parallele zwischen dem Thema Frauen/Männer in der Berufswelt und dem Thema Mädchen/Jungen in der Schule auf: Jungen bekommen im heutigen Schulsystem nicht das, was sie brauchen, um voranzukommen, und Frauen nicht in der Arbeitswelt. Wenn ein Geschlecht erfolgreicher ist, ist das andere nicht etwa inkompetent, unbegabt oder ungeeignet, sondern es trifft auf Strukturen, die seinem Wachsen und Gedeihen, seiner Entfaltung nicht förderlich sind. Das gilt für Jungen in den heutigen Schulen ebenso wie für Frauen in der heutigen Wirtschaft. Großflächiger Misserfolg von Gruppen, seien es Frauen oder Männer, Nationalitäten oder Religionen hat primär mit falschen Strukturen und weniger mit Versagen, mit mangelnder Kompetenz einzelner zu tun. Talente und Begabungen sind immer breit über die Gesamtbevölkerung verteilt, Dummheit oder Antriebslosigkeit vererben sich, wenn überhaupt, dann sozial. Über Erfolg oder Scheitern entscheiden nicht nur (aber auch) konkrete Bedingungen: Einkommen, Kindergärten, Ganztagsschulen, gute Betreuung pflegebedürftiger Menschen; entscheidend aber ist, ob es gelingt, mit Angeboten, Anforderungen und Anreizen Motivationen zu mobilisieren: Diese müssen die inneren Orientierungen und Werten derer ansprechen, die sie erreichen wollen – und daran, so meine Kernthese, mangelt es. Der umgekehrte Versuch, grundlegende Motivationen an Strukturen anzupassen, endet hingegen häufig im Misserfolg.

Eine solche These mag noch zu wenig differenziert sein, sie lässt auch etliches, was ihr zu widersprechen scheint, erst einmal außen vor. Aber sie hat mir geholfen, das Scheitern vieler gut gemeinter Versuche, Frauen für die Führungsspitzen von Unternehmen zu gewinnen, zu erklären und, hoffentlich, Anstöße für erfolgreichere Strategien zu entwickeln. Denn das ist mein Ziel: Wir haben die reale Gleichstellung auf allen Ebenen noch lange nicht erreicht, wir könnten sie aber deutlich beflügeln, wenn wir das, was die Menschen antreibt, reizt und motiviert, was ihnen Freude macht und sie anspornt, wirklich ernst nehmen. Die Schaffung des neuen Menschen von oben oder von außen kann nicht Ausgangspunkt von Politik sein. Veränderungsmut ist gefordert, auf der Basis des Respekts vor dem, was die Menschen mitbringen, als Frauen oder Männer; neue Horizonte erschließen, indem neue Erfahrungen miteinander gemacht werden können, an denen beide Geschlechter – oftmals – mehr Gefallen finden als am Alten.

Damit komme ich zurück zu einigen heftigen Debatten der 1960er-, 1970er- und der frühen 1980er-Jahre, die viele der heutigen jüngeren Leserinnen und Leser gar nicht mehr kennen. Ich habe 1985 mit meinem Buch *Frauenzimmer – für eine Politik des Unterschieds* und 1987 mit dem *Müttermanifest* der Partei der Grünen intensiv zu dieser Diskussion beigetragen und fand mich mit meiner Position zwischen allen Fronten wieder. Alice Schwarzer hatte sich 1975 unendlich verdient gemacht mit ihrem Buch *Der kleine Unterschied*, in dem sie die Gebärfähigkeit der Frau zum einzig tatsächlichen Unterschied zwischen Frauen und Männern erklärte. Das Buch trug dazu bei, Frauen endlich alle grundlegenden Kompetenzen zu attestieren, über die auch Männer verfügen. Doch mit meinem *Müttermanifest*, das in heftigen Kontroversen mit vielen »grünen« Frauen entstand, tat sich unter den Frauen ein tiefer Graben auf, der unüberbrückbar erschien. Meine Aussage, dass Mutterschaft nicht nur Last, sondern auch Lust bedeutet, meine Kritik an der Arbeitswelt und den Karrierepfaden vieler Frauen (»Die Karrierefrauen in ihrem Aquarium«) wurde als »rückwärtsgewandt« und »biologistisch« verdammt, weil ich damals schon über Forschungen berichtet hatte, die das unterschiedliche Kommunikationsverhalten von Frauen und Männern nicht als ewig sich wiederholendes chauvinistisches Ritual, sondern als neurobiologische verankerte Differenz sahen. Inzwischen wissen wir viel mehr über solche neurobiologischen oder biochemischen Unterschiede zwischen den Geschlechtern. Sie besagen allerdings keineswegs, dass Frauen oder Männer bestimmte Tätigkeiten jenseits von Schwangerschaft und Geburt nicht ausüben können, sondern nur, dass sie vieles mit unterschiedlichen inneren Strategien tun.

Heute klingen diese Debatten wie ein Echo aus einer fernen Zeit, die Heftigkeit, mit der sie damals ausgetragen wurden, erscheint kaum mehr verständlich; vieles, wenn auch nicht alles, ist in allgemeinen Konsens übergegangen. Nicht wenige Frauen aus meiner Generation halten das für »gegessen«, für »alte Kamellen«, über die doch längst alles gesagt sei. Und junge Menschen, mit denen ich über dieses Buch diskutiert habe, meinen, meine Sichtweise auf die beiden Geschlechter bei diesem Thema sei höchst altmodisch und gefährlich: Junge Männer von heute seien viel kommunikativer als früher, Mädchen viel rücksichtsloser und härter, wir befänden uns mitten in einer großen Verschiebung mit offenem Ausgang, die keinerlei Festschreibungen erlaube. Wir sollten im Gegenteil alles tun, um die Erprobung neuer Muster und Stile, Cross-over-Verhaltensweisen zu unterstützen. Frauenfußball! Männer im Ballett! Frauen als Feuerwehrfrauen! Männer als Geburtshelfer!

All das gefällt auch mir, macht mir Mut, all das sollten wir unterstützen. Die Grenzen zwischen den Geschlechtern liegen ganz sicher auf keinen Fall darin, dass eine Frau oder ein Mann bestimmte Dinge nicht tun sollte oder tun könnte – Auto fahren in Saudi-Arabien oder Panzer steuern in Deutschland. Die Grenzen liegen nicht in der erforderlichen Kompetenz. Wie stark Frauen noch werden und wann Männer vorwiegend Röcke tragen, ist ungewiss – und ich setze keine normativen Grenzen. Im Gegenteil: Das Austesten und Überwinden von Grenzen ist Teil unserer Zukunft, Spaß an neuen Identitäten ebenfalls. Für viele.

Und trotzdem gilt: Wir haben ein mächtiges kulturelles und neurobiologisches Erbe in uns, das weiterhin unterschiedliche Geschlechterdispositionen erzeugt. Die Unterschiede in Motivationen und Antrieben, in Kommunikationsstilen und Interessen sind groß und in vieler Hinsicht stabil, wenn nicht sogar wachsend. Meine sechs Enkelkinder sind individuell sehr verschieden, die Jungen teilweise sanfter als die Mädchen, aber die Jungen-Mädchen-Differenzen sind dennoch geradezu überwältigend. Ich habe, all meinem Wissen zum Trotz, nicht damit gerechnet, wie heftig sich dies heute auch in so fortschrittlichen jungen Familien mit äußerst aktiven und fürsorglichen Vätern noch immer Bahn bricht. Von Anfang an.

Wie also können wir als von unserem jeweiligen Geschlecht stark bestimmte Individuen mit unseren spezifischen inneren Dispositionen so zusammenarbeiten, dass es uns Spaß macht und dass es erfolgreich ist? Dass es wirklich gelingt, und zwar auf Augenhöhe? Ganz unten und ganz oben! Und nicht nur für eng begrenzte Minderheiten, die kulturell dem anderen Geschlecht am nächsten sind?

Die feministische Wissenschaft hat Unschätzbares geleistet zu den Themen, wie Frauen und Männer sich zueinander verhalten, wie Gewalt aussieht, wie sich Diskriminierung anfühlt und wie sich Körpersprache auswirkt. Sie wurde zur unsichtbaren Stiefschwester der Versuche, frauenpolitische Strategien für Unternehmen, Verwaltungen und Politik zu entwickeln, geronnen in den Katalogen zum »Gender-Mainstreaming«, die so richtig sind, wie sie letztlich folgenlos bleiben. Die meisten dieser Konzepte und Rezepte basieren aber auf zwei problematischen Annahmen: der Opferrolle von Frauen und dem Wunsch, Frauen wie Männer umzuerziehen.

Dieser Text geht nicht in Gegenposition zu all dem, was entwickelt wurde. Vieles, was ich hier ausbreite, mag anderswo genauer und klüger geschrieben oder gesagt worden sein. Aber mein Ansatz ist dennoch grundsätzlich anders: Ich gehe davon aus, dass neues Denken und Handeln Freude machen, dass es anziehend sein, persönlichen Gewinn versprechen muss – jedenfalls mehr als Verlust. Schon im *Müttermanifest* hieß es, dass Männer erst dann in die Familien einziehen werden, wenn die familiären Aufgaben nicht nur als schreckliche Pflichten weitergereicht werden, sondern wenn der Gewinn an persönlichem Wachstum, Kompetenz und auch an Macht ins Zentrum rückt. Wenn also, schlicht gesagt, Kochen, Kinderbetreuung und in Ansätzen selbst die Hausarbeit »hip« werden. Wir sind dabei noch nicht weit gekommen, aber wer vor dreißig Jahren Kinder hatte, kann den Unterschied zu heute gar nicht leugnen. Ja, Väter machen noch immer freiwillig Überstunden und flüchten vor dem Abwasch. Aber nur extrem bornierte Menschen können die drastische Umwertung und die damit einhergehende Änderung des Verhaltens noch bestreiten. Ist die partnerschaftliche Beziehung dadurch glücklicher? Nicht immer. Ist sie unterm Strich produktiver und zukunftsfähiger? Eher ja, wenn auch – heute noch – anstrengender. Die Anstrengung kann sich aber legen, mit wachsender Erfahrung. Das gilt auch für Unternehmen und Politik.

Anreize also und Belohnung, Spaß am Experiment und der Veränderung und am klaren Nutzen, der daraus für die Zukunft zu ziehen ist – das ist der Kern meiner Vorschläge. Muss Veränderung immer wehtun? Vielleicht manchmal – vor allem aber muss sie Befriedigung verleihen, ähnlich einer anstrengenden Bergtour! Braucht es dazu Quoten? Wahrscheinlich. Aber besser wären andere Hebel. Und ganz sicher können Quoten nicht allein die nötige Tiefe und Nachhaltigkeit der Veränderung herstellen.

Damit kommen wir zum letzten und unerwarteten Aspekt, der dieses Buch auf der Zielgeraden ganz unverhofft mitgeprägt hat: Mein ebenso plötzlicher wie später Einstieg in die Welt der Politik, als »Staatsrätin für Zivilgesellschaft und Bürgerbeteiligung«, in die grün-rote Landesregierung von Baden-Württemberg. Die Bitte des angehenden Ministerpräsidenten Winfried Kretschmann, dieses Amt zu übernehmen, ereilte mich am 9. Mai 2011, meinem 65. Geburtstag. Nach intensiver Rücksprache mit meinem Mann stimmte ich zu, wohl wissend, dass dies unser Leben noch einmal heftig durchschütteln würde. Viele Frauen sagen mir seitdem, dass ihnen allein die Tatsache, dass in meinem Alter ein solcher Einstieg für eine Frau in die Politik noch möglich ist, Hoffnung für ihr eigenes Leben macht. Es stimmt: Ich bin in diesem Amt auch Ausdruck dafür, dass nicht nur Frauen und die Politik sich ändern, sondern auch, dass unsere Generation anders altern möchte als bisher, mit spannenden Aufgaben. Dabei kann es auch bisweilen mit weniger Geld gehen – mein Amt als Staatsrätin ist kein voll bezahltes Ministeramt, sondern ein Ehrenamt mit Aufwandsentschädigung, dafür aber mit allen Stimmrechten einer Ministerin.

Mit der plötzlichen Übernahme dieser neuen Aufgabe fürchtete ich zunächst, nun würde ich mich weit vom Thema dieses Buches entfernen, könnte es vielleicht gar nicht fertigstellen oder womöglich täte sich ein politischer Widerspruch zu meinem Amt auf, schließlich ist dieser Text mit niemandem aus den Gremien abgestimmt. Er steht auch nicht für eine Partei oder gar die grün-rote Regierung. Allerdings liefert auch Baden-Württemberg für seine Problemstellung manches »Material«: Die Beteiligung von Frauen an der Politik, die nur 18 Prozent der Abgeordneten – und damit weniger als in der letzten Legislaturperiode – stellen, ist äußerst gering und signalisiert ein grundsätzliches Defizit an Bürgerinnenbeteiligung im Land, zumindest auf der Ebene der repräsentativen Demokratie.

Kein Zufall, kann ich als Autorin dieses Buches sagen: Gerade auch die Politik sowie viele bisherige Formen der Bürgerbeteiligung, »runden Tische« und Expertenkommissionen sind zutiefst geprägt von den Barrieren, die eine Kooperation der Geschlechter auf Augenhöhe verhindern; nicht nur die Zeitbudgets, die Fragestellungen, Diskussionsstile, Sitzordnungen und auch die zuweilen etwas bauerntheatermäßig anmutende Debattenführung im Landtag sind wenig geeignet, Frauen anzusprechen und dazu einzuladen. Sicher, sicher, es geht um objektive Anforderungen und Aufgaben, aber eben auch um die innere Zugehörigkeit. Vieles, was geschlechtsneutral scheint, ist, ganz ungewollt und unschuldig, Männern oder – wenn auch viel seltener – Frauen »auf den Leib geschneidert« und grenzt das jeweils andere Geschlecht aus.

Und doch befinde ich mich – mit einem Bein in Stuttgart, wo ich etwa vier Tage meinem neuen Amt widme, und einem Bein in Berlin, wo ich dieses Buch fertigstelle und noch in meiner Firma beratend tätig bin – mit beiden Beinen, theoretisch wie praktisch, mitten in meinem Herzensthema: dem lösungsorientierten Umgang mit Konflikten, der aktiven Einbindung von Menschen, die sich zu wenig Gehör verschaffen können: Frauen, jungen Leuten, Senioren, den verzweigten kritischen Online-Communitys. Es gilt, sinnvolle und frühzeitige transparente Verfahren für die Einbindung von Bürgerinnen und Bürgern durch die Verwaltungen zu entwickeln, ob es nun um die bessere Versorgung von alternden Migrantinnen und Migranten geht, um neue Kriterien für die Verleihung von Ehrennadeln oder um die Einbeziehung von Bäuerinnen in die Planung neuer Windräderparks, sodass sie auch wirtschaftlich an der Windernte beteiligt sind.

Ein dicht besiedeltes Land, das sich in einer »neuen Gründerzeit« befindet, braucht viele Diskussionen, wenn es um neue große Infrastrukturprojekte geht, und es muss dennoch in vernünftigen Zeiträumen zu Entscheidungen finden können. Ich gehe davon aus, dass die frühzeitige Einbeziehung der Menschen die Entscheidungen letztlich beschleunigt und die Beteiligten gleichzeitig klüger macht.

Zwischen meinem Ansatz in der Geschlechterfrage und der heutigen Politik gibt es eine unsichtbare Klammer: die sogenannte ökolibertäre Position bei den Grünen. Diese wurde vor über 25 Jahren in einem sehr kleinen Diskussionszirkel entwickelt, dem neben anderen auch Winfried Kretschmann, Wolf-Dieter Hasenclever, die heutige Europaabgeordnete Helga Trüpel, der spätere Chefredakteur der *Welt*, Thomas Schmid, mein früherer Lebenspartner Joachim Bergmann und ich selbst angehörten. Dieser Zirkel formulierte als erste Gruppierung innerhalb der Grünen, dass die Ökologisierung der Wirtschaft nicht primär mit Verboten durchsetzbar sein würde, sondern eines klaren Ordnungsrahmens und kluger marktwirtschaftlicher Anreize bedürfe. Es war eine

Position, die damals absolut nicht mehrheitsfähig war. Winfried Kretschmann hat sie innerhalb der Partei konsequent weiterverfolgt und letztlich zu seinem Markenzeichen gemacht.

Hier trifft sich die Frage erfolgreicher nachhaltiger Wirtschaftspolitik, die den Ehrgeiz der Tüftler, Ingenieure und Unternehmer herausfordert, mit meinem Ansatz in der Geschlechterpolitik. Auch ich bin überzeugt, dass Wirtschaft und Verwaltung letztlich selbst erkennen werden, wie stark sie von einer echten Beteiligung von Frauen in den Top-Entscheidungsgremien langfristig profitieren werden. Der Anfang mag gesetzliche Hilfestellungen benötigen, ähnlich wie die Schulpflicht in Preußen gegen den Widerstand der Unternehmer und Großgrundbesitzer durchgesetzt werden musste, während heute alle Firmen wissen, wie entscheidend gut gebildete Arbeitskräfte für sie sind.

Auch wenn ich diesem Buch gern noch mehr Zeit gewidmet hätte, um hier und da zu glätten, Recherchen noch zu vertiefen, einige Zusammenhänge noch deutlicher zu machen – so glaube ich doch, dass seine Kernaussagen deutlich werden. Vieles wird hier nur gestreift und zusammengetragen, die Fachleute einzelner Disziplinen werden manches davon kritisch kommentieren. Aber ich habe keinen fachwissenschaftlichen Beitrag geschrieben, sondern wollte zur Debatte um Integration, um Einbeziehung – hier am Beispiel von Jungen in der Schule, von Frauen in berufliche Spitzenpositionen – beitragen. Im modernen Personalmanagement spricht man von »Diversity«-Strategien. Zwar hat die Debatte um Integration von Migrantinnen und Migranten mit diesem Thema manches gemeinsam, ist aber nicht deckungsgleich mit ihm. Der Geschlechterunterschied ist weiterhin eine grundlegende Unterscheidungslinie in allen Kulturen – und kommt in fast allen Konzepten und Strategien zur Integration, Diversity und

Inklusion nicht vor oder sie zielen auf Umerziehung: Frauen sollen, um Karriere zu machen, ihr Verhaltens- und Darstellungsrepertoire männlich »aufrüsten«, Jungen in der Schule sollen »abrüsten«.

Eine pädagogische Zielsetzung auf eine völlige Angleichung der Geschlechter, mag sie den einen wünschenswert, den anderen erschreckend scheinen, ist jedoch weder in Sicht, noch ist sie wünschenswert, noch wird sie von Erfolg gekrönt sein. Nirgendwo. Nutzen wir doch also eher kreativ die Unterschiede zwischen Mädchen und Jungen, Männern und Frauen und spielen wir mit den Überschneidungen und Grenzverwischungen, die es bereits gibt. Und erschließen uns ihre unterschiedlichen inneren Antriebe und Motivationen als bisher ungenutzte Energiequellen für Wirtschaft und Gesellschaft.

Die Parallele des Themas der Geschlechter zur Energiewende gibt mir Hoffnung. Manchmal gehen Veränderungen, die sich lange angekündigt haben, viel schneller als erwartet. So verkündet in diesen Tagen Japan seinen Ausstieg aus der Atomenergie – ein Land, das so fest auf Atomenergie gegründet war, dass trotz der Katastrophe von Fukushima eine rasche Umorientierung unvorstellbar schien. Das Land würde sicher auch großen Nutzen daraus ziehen, seine Frauen endlich stärker in die Führungsetagen einzubinden, sie sind dort ähnlich ausgeschlossen wie in Deutschland, nicht zuletzt, weil Japan einst die bismarcksche Sozialgesetzgebung mit dem männlichen Einverdiener als Modell für seine Entwicklung übernommen hatte. Alles hängt eben mit allem zusammen in unserer globalen Welt.

Ich wünsche Ihnen viel Spaß beim Lesen.
Berlin, im November 2011

Ein Frauenunternehmen: Über die Erschließung verborgener Rohstoffe

Es ist kein Zufall, dass die Firma, die ich 1991 – zunächst unter dem Titel »Kinderbüro« – gegründet habe, ein Frauenunternehmen geworden ist – aber es war auch keine Absicht. Heute beschäftigen wir – unter dem Namen pme Familienservice GmbH – über 1300 Personen und reiben uns selbst verwundert die Augen über dieses rasante Wachstum eines kleinen Start-ups, das sich innerhalb von zwei Jahrzehnten von einem Ladenlokal im Münchner Schlachthofviertel zu einem echten Großbetrieb entwickelt hat. In ganz Deutschland gibt es nur ca. 2500 Betriebe dieser Größenordnung, und nur wenige davon wurden von Frauen gegründet und aufgebaut. Neugründungen sind hierzulande zu etwa 40 Prozent weiblich[1], aber es bleiben oft Kleinstbetriebe und Alleinunternehmerinnen. Die Mehrzahl der DAX-Unternehmen zählt zu unseren Kunden, darunter sind viele internationale Konzerne; aber auch kleine Rechtsanwaltkanzleien verlassen sich zur Lösung familiärer Aufgaben zunehmend auf uns. Mehr als drei Millionen Beschäftigte können unsere Dienstleistungen in Anspruch nehmen.

War dieses Wachstum, war dieser Erfolg zufällig? Spielte es dafür eine Rolle, dass wir ein von Frauen geführtes und geprägtes Unternehmen sind? Ich meine: ja. Der Aufbau der Firma war untrennbar verbunden mit einer ungeahnten Freisetzung von Dynamik, Kompetenz, Energie von Frauen, denen dies oft niemand zugetraut hätte. Heute, in einer »reiferen« Phase des Unternehmens, lassen sich viele dieser spontanen Stärken des Aufbaus nicht mehr mit der gleichen Selbstverständlichkeit herstellen: Dennoch hängt unsere Zukunft auch davon ab, dass wir erkennen, welche Arbeitsweisen, Einstellungen und Handlungsmuster für dieses Unternehmen entscheidend sind – und was wie verändert werden kann, darf oder muss.

Vom Start-up zum Großunternehmen

Der Familienservice gehört ohne Zweifel einer typisch weiblichen Branche an: Dienstleistungen rund um Familie und Beruf, Vermittlung von Kinderfrauen, Krippenplätzen, Tagesmüttern, Altenbetreuerinnen, Au-pairs für Familien. Im Unterschied zur »normalen« Vermittlungsagentur wird allerdings unser Service größtenteils von Arbeitgebern finanziert – Unternehmen haben heute ein Interesse daran, dass die Tagesmutter zuverlässig ist, die Kinderfrau nicht abspringt, das Au-pair nicht in der Jahresmitte ersatzlos verschwindet; sie wollen sich als attraktive Arbeitgeber für Familien positionieren und Störungen oder Ausfälle bei ihren Mitarbeitern durch familiäre Krisen möglichst vermeiden.

Ein solches Geschäftsmodell bietet die Chance, einen viel breiteren Markt zu entwickeln, als es sonst möglich wäre. Denn: Die meisten Familien in Deutschland, auch solche mit guten Einkommen, würden sich eine solche Dienstleistung selbst nicht kaufen, da Maklerdienste fast immer als parasitär gelten; die meisten Menschen versuchen, diese Kosten zu sparen, selbst wenn sie ohne

Unterstützung viel mehr Zeit investieren müssen und qualitativ oft schlechtere Arrangements zustande kommen.

Unser ursprünglicher Geschäftsbereich der Beratung und Vermittlung rund um Kinderbetreuung wurde inzwischen um den Betrieb von etwa sechzig Kinderbetreuungseinrichtungen in Kooperation mit Unternehmen ergänzt, um die nach wie vor krassen Lücken unseres öffentlichen Betreuungssystems zu schließen: Aufnahme von Kindern bereits im ersten Lebensjahr, flexible Teilzeitbetreuung, stunden-, tage- und wochenweise, Ferienprogramme und das Ganze mit einem hohen Personalschlüssel (jedes Kind, das weint, muss jemand auf den Arm nehmen können) und hochwertigen pädagogischen Konzepten ausgestattet.

Der Quantensprung von der lokalen Nanny-Agency für BMW zum überregional tätigen Großunternehmen hatte bei uns durchaus spezifisch weibliche Antriebskräfte: Bereits 1992 war es eine junge Frau in der Personalabteilung von BMW, die im Gespräch mit meiner mittlerweile verstorbenen Kollegin Monika Jaeckel am Deutschen Jugendinstitut und mir dieses Projekt entwickelte, ihre männlichen Vorgesetzten davon überzeugte und mich gewissermaßen coachte, wie ein erfolgreiches Angebot zu formulieren sei. Etwas Vergleichbares existierte bis dahin nicht in Deutschland; ich übernahm die wichtigsten Bausteine des amerikanischen Vorreiters zu diesem Thema: »Work-Family-Directions« in Boston – ebenfalls eine Gründung durch eine Frau, Fran Rogers, die wie ich ihre Prägung in den 1960er-Jahren erhalten und ihre Ideen im Auftrag von IBM und der Telefonfirma ATT im ganzen Bereich der USA umgesetzt hatte.

Die Bereitschaft, soziale Dienste für Familien im Auftrag von Großunternehmen anzubieten, setzte die Überwindung von Vorurteilen auf beiden Seiten voraus. Nicht viele Sozialwissenschaftler oder Praktiker der Jugendhilfe konnten sich 1991 einen solchen Zugang zum Thema Familienpolitik vorstellen. Aber es fiel mir als Frau doch leichter, die Barrieren zwischen Sozialarbeit und Unternehmen, sozialem Engagement und Gewinnorientierung, von reiner Wissenschaft und gezielter Auftragsarbeit aufzuweichen. Noch immer stößt dieses Vorgehen sowohl auf Bewunderung als auch auf grundlegende wirtschaftskritische Skepsis.

Es waren zunächst, Anfang der 1990er-Jahre, überwiegend Frauen in Unternehmen bundesweit, die über Presse und Mundpropaganda vom Münchner »Kinderbüro« gehört hatten und sich an uns wandten – Personalreferentinnen in öffentlichen Banken, die Gleichstellungsbeauftragte einer Fluggesellschaft, die beiden Sozialarbeiterinnen eines Pharmaunternehmens. Doch bald erreichte die Kunde von dieser neuartigen und, im Unterschied zu einer Kinderkrippe, eher kostengünstigen Dienstleistung auch männliche Führungskräfte, und einige Unternehmen boten sich an, als Werbeplattform für den Start einer Filiale im jeweiligen Standort zu fungieren und aktiv weitere Kunden mit uns zu suchen, denn eine Erweiterung des Abnehmerkreises machte die Dienstleistung auch für sie deutlich günstiger.[2]

Meine eigene Motivation für die Unternehmensgründung lag vor allem in meiner Leidenschaft für eine bessere Familienpolitik zugunsten erwerbstätiger Familien. Mein langjähriges Tätigkeitsfeld im Deutschen Jugendinstitut wurde mir zu eng; ich hatte dort seit 1974 spannende Projekte wie das Modellprojekt »Tagesmütter«, wissenschaftlich und praktisch begleitet, nun wollte ich unsere Ergebnisse aus vielen Jahren Forschung zum Thema Familie und Arbeitswelt, in West- und Osteuropa und den USA, stärker praktisch umsetzen, den lähmenden Stau an moderner Familienpolitik in Deutschland mit aufbrechen, anderen Müttern und

Vätern die Erwerbstätigkeit erleichtern. Angesichts verkrusteter Machtstrukturen in den Parteien, verstockter kommunaler Bürgermeister und Stadträte, tatenloser Jugendämter, fundamentaler Bedenken von Kinderärzten, Medien und Kirchen, angesichts des Widerstands der großen Träger Caritas und Diakonie, wurden die Unternehmen die wichtigsten Partner für eine Ausdehnung der ganztägigen Betreuung in allen Altersstufen – besonders aber für Kinder unter drei Jahren. Die Familienministerinnen Renate Schmidt und Ursula von der Leyen nutzten nach 2000 dies dann für eine effektive Bündnispolitik und für gesetzliche Veränderungen, die einer kleinen Revolution gleichkamen. Vergessen wir nicht: Vor dem Mauerfall war die Familienpolitik, die in Westdeutschland fest auf dem Alleinverdiener-Modell beruhte, das zentrale ideologische Unterscheidungsmerkmal zwischen Ost und West. Nach der Wende wurde deutlich, dass das Ost-System der Betreuung von Kindern und die Erwerbsarbeit von Müttern viele Vorteile aufwies. Etliche Menschen im Westen waren durchaus angetan von diesen Errungenschaften – und Hunderttausende von Frauen aus den neuen Bundesländern, die in den Westen abwanderten, trugen zur Öffnung des Klimas bei. Doch entbrannte gleichzeitig eine letzte wütende Abwehrschlacht, die alle Fehlentwicklungen im DDR-Staat der dortigen Krippenerziehung und frühkindlichen Betreuung zuschrieb und vorübergehend noch einmal die alten Gräben aufriss. Unbestritten ist inzwischen, dass es in der DDR hohe Kompetenzen in frühkindlicher Betreuung und gut qualifizierte Erzieherinnen gegeben hat, trotz einer höchst problematischen kollektivistischen Rigidität.

Eine privatwirtschaftliche Firma, kein gemeinnütziger Verein

Neben der spannenden inhaltlichen Botschaft des Projekts lockten mich noch andere Aspekte: Ich war 45 Jahre alt und musste abwägen zwischen dem Abenteuer des Neuen und der Sicherheit meiner damaligen Stellung im öffentlichen Dienst, im Deutschen Jugendinstitut in München. Anreiz für die Unternehmensgründung waren die erhoffte inhaltliche Freiheit und die Möglichkeit, Zeit und Ort meiner Arbeit selbst zu bestimmen. Am Jugendinstitut wurde just in jener Zeit die Stechuhr mit Anwesenheitspflicht der wissenschaftlichen Mitarbeiterinnen und Mitarbeiter eingeführt. Für mich wäre ein solches Stechuhrregiment aufgrund einer komplizierten familiären Lage gar nicht realisierbar gewesen – ich lebte in Bonn mit meinem Partner, die Kinder wohnten bei ihrem Vater in Niederbayern. Ich pendelte und erfüllte meine Berufspflichten an vielen Orten, in der Bahn, im Hotel, auf dem Flughafen und im Büro. Meine Aufgaben als Mutter nahm ich ebenfalls, so gut es ging, wahr, nicht zuletzt half ich den Kindern per Fax bei den Hausaufgaben – es war die Zeit eines ewig schlechten Gewissens, vor E-Mail oder Skype.

Darüber hinaus verletzte die Logik der Zeiterfassung aber sehr grundsätzlich alles, was ich zum Thema Effizienz und Produktivität von Kopfarbeitern schon damals verstanden hatte. Es ist ein Streit, der bis heute anhält, aber die Tatsache, dass immer mehr Betriebe von der Zeiterfassung zur Vertrauensarbeitszeit übergehen, ist Ausdruck dafür, dass Präsenzzeiten kein aussagekräftiger Indikator für Leistung sind. In unserem Unternehmen arbeiten wir konsequent und sehr erfolgreich mit Vertrauensarbeitszeit für alle Mitarbeiterinnen und Mitarbeiter – auch für diejenigen, die in der Verwaltung tätig sind, in unseren Krippen oder als Beraterinnen im Telefondienst.

Die Entscheidung, ein Unternehmen zu gründen und keinen gemeinnützigen Verein oder eine gemeinnützige GmbH, war für mich praktischer und theoretischer Natur: Ich musste von diesem Projekt leben, musste für mich und meine Söhne materiell sorgen können. Ich musste mich finanziell deswegen eher besserstellen als während meiner Tätigkeit als Wissenschaftlerin im öffentlichen Dienst.

Für unsere Unternehmenskunden war es sehr wichtig, die Anbieter solcher Dienstleistungen von Anfang an als reguläre Firma wahrzunehmen, das ermöglichte klare Absprachen und Verträge zum Leistungsumfang und der Bezahlung, jenseits der eher willkürlichen Spendenlogik. Es ging auch darum, unsere Arbeit als tatsächlich wertschöpfendes Angebot für das Unternehmen, nicht etwa als sozialen Luxus für gute Zeiten, im Bewusstsein der Entscheidenden zu verankern.

Für die Mitarbeiterinnen, die ich bald gewann, war unsere private Unternehmensform ebenfalls ein starkes Signal. Viele kamen aus der sozialen Arbeit, verstanden sich primär als Helferinnen für Not leidende Familien. Bei »Klienten« aus sozial problematischen Familien ist für die Sozialarbeit stets der mentale Rückzug auf eine kulturelle Überlegenheit möglich – die institutionelle Autorität im Hintergrund macht es möglich, Dienstleistungen zu verweigern, kritisch oder unfreundlich zu den Kunden zu sein. Nun mussten die Kolleginnen lernen, sich als Dienstleisterinnen auch für Familien mit teilweise sehr hohen Einkommen, Ansprüchen und starker Karriereorientierung zu betrachten und dabei keine negativen Werturteile über diese Kunden zu fällen, auch wenn die Mütter sehr früh in den Beruf zurückkehrten oder sich für sehr lange tägliche Arbeitszeiten entschieden. Es ging darum, alle Lebensmodelle so zu unterstützen, dass sie für Eltern wie für Kinder geeignet waren.

Gerade in dieser Umorientierung begannen die Kolleginnen aber auch, ihre Arbeit viel stärker wirtschaftlich zu definieren, sich als Akteurinnen auf dem Feld der Wirtschaft, als selbstbewusste Partnerinnen von großen Unternehmen zu betrachten. Das mag für Frauen mit einem MBA-Abschluss und der Absicht, in einem Großkonzern tätig zu werden, eine Selbstverständlichkeit sein; für unsere Kolleginnen, die teilweise zuvor Hausfrauen und davor Büroangestellte oder Sozialarbeiterinnen gewesen waren, bedeutete dies eine ungeheure Stärkung ihres Selbstbewusstseins in einem Bereich, der bis dato ihren Ehemännern vorbehalten war. Die Botschaft war: Wir sind effektiv, wir behaupten uns in der Welt der Marktwirtschaft, wir sind Geschäftspartnerinnen großer Konzerne! Wir spielen unsere Kosten und auch den nötigen Gewinn ein – zumindest machen wir keine Verluste und sind nicht auf Wohltätigkeit angewiesen.

Soziale Arbeit in einem Unternehmen, im Auftrag der Personalabteilungen der DAX-Konzerne – das war ein dramatischer Sprung, trotz bescheidener Gehälter. Die Tätigkeit erschien auch vielen Frauen in Unternehmen, die uns beauftragt hatten, so attraktiv, dass sie sich bei uns bewarben – und in einigen Fällen auch zu uns wechselten, trotz geringerer Bezahlung. Das alles war vor zwanzig Jahren an sich schon durchaus eine Zeitungsnachricht wert, und die Presse reagierte denn auch ganz ohne Zutun unsererseits so heftig, dass wir immer wieder gefragt wurden: Wie hoch ist denn Ihr Werbeetat? Wir besaßen keinen und haben bis heute kaum einen!

Eine Firma zu sein, bedeutete aus meiner Sicht aber auch, dass rasche Entscheidungen möglich waren, dass im Zweifelsfall nicht lähmende Konflikte unter Mitgliedern und Vorständen, wie in so vielen Vereinen, sinnvolle und notwendige Entwicklungen blockieren konnten. Aus diesem Grund blieb ich auch lange Alleingesellschafterin – ich hatte viele GmbHs gesehen, deren Gesellschafter miteinander in Krieg geraten und deren Firmen daran zerbrochen waren. Heute sind mir aus dem Kreis der Mitarbeiterinnen unsere jetzige Geschäftsführerin Alexa Ahmad und die Entwicklerin unserer Datenbanken an die Seite getreten sowie ein externer Gesellschafter, mit dem aber die Kooperation in der Tat nicht immer reibungslos verläuft – hier stoßen die Besonderheiten unserer spezifisch weiblichen Unternehmenskultur und die Vorstellungen eines Menschen aufeinander, der ganz anders betrieblich sozialisiert wurde.

Mit dem Bekenntnis zur Rechtsform des Privatunternehmens – später ergänzt durch eine gGmbH – ist auch der Keim für den zentralen Widerspruch in der privaten Wirtschaft gelegt: Trotz starker Beteiligung der Kolleginnen an allen Prozessen, gilt letztlich die Verfügungsmacht der Gesellschafter. Dieser Widerspruch ist in unserer Firma bisher gut aufgefangen worden – durch unser sichtbares Engagement zugunsten unserer Mitarbeiterinnen, spannende Arbeitsinhalte, viel Vertrauen und viel Freiheit, flache Hierarchien, durch starke Unterstützung von Familien, Entgegenkommen bei Krisen, durch Reisemöglichkeiten, Benefits wie Diensthandys und durch die erkennbare Betonung eines positiven Teamgeists. Der Konflikt zwischen Kolleginnen und Gesellschaftern ist jedoch latent immer angelegt und droht aufzubrechen, wenn etwa der Unternehmensbereich schrumpft, Strukturen neu organisiert werden müssen, wenn durch die aggressive Niedrigpreispolitik von Kunden, insbesondere der Controller und Wettbewerber, die Spielräume für finanzielle Leistungen noch kleiner werden und notorische Überlastung droht. Auch der mögliche Verkauf von Unternehmensanteilen oder des Unternehmens in späterer Zeit wäre ein potenzielles Konfliktfeld.

Zur DNA eines Frauenunternehmens

Die Branche, in der wir tätig sind, ist also frauentypisch. Nicht frauentypisch dagegen ist die Tatsache, dass wir Unternehmen in die Finanzierung einbinden und unsere Tätigkeit für sie mit den Strukturen der kommunalen und länderspezifischen Förderung im Bereich Kinderbetreuung und Nachbarschaftshilfe verknüpfen. Diese Felder sind traditionell von den Wohlfahrtsverbänden besetzt – von männerdominierten Strukturen, die das Auftreten einer dynamischen, marktwirtschaftlich orientierten Organisation auf den Gebieten, die sie als ihre eigenen Domänen betrachten, mit Misstrauen und Abwehr beobachteten.

Unsere Firma ist aufgrund ihres sozialen Tätigkeitsfeldes nicht gerade im Hochlohnbereich angesiedelt, obwohl die Tätigkeiten äußerst komplex und anspruchsvoll sind. Ganz grob gesagt, wären die hohe Motivation und Effektivität, das enorme Engagement der lokalen Standortleiterinnen und ihrer Teams, das unternehmerische Denken, in der Form, wie es sich im Familienservice entwickelt hat, nach meiner Einschätzung zunächst mit Männern nicht möglich gewesen – zumindest nicht für mich. Das hat mit dem Themenfeld zu tun, aber auch mit den Erwartungen und Herangehensweisen von Männern an ihre Arbeitsplätze und an ihre Bezahlung.

Inzwischen sind etwa hundert Männer Teil unserer Belegschaft, vorwiegend im IT-Bereich, als technische Dienstleister, als Erzieher, Köche, aber auch als Berater für Lebenskrisen, Schulden und rund um alle Fragen der Pflege und Betreuung älterer Menschen. Der Anteil von Männern wird wohl in Zukunft noch wachsen – gerade im Bereich der Kindertagesstätte und Schule ist es ein vordringliches Ziel, mehr männliche Pädagogen zu gewinnen. Die gezielte Förderung von Jungen in den weiblich dominierten Bereichen von Kindertagesstätten und Schulen ist uns ein programmatisches Anliegen.

Doch die ersten prägenden Jahre, in denen die Organisationsstrukturen und Arbeitsweisen des Unternehmens sich entwickelten, waren ausschließlich von Frauen bestimmt. Die Firma war und ist deswegen eine Art Laborversuch, an dem wir beobachten können, wie sich Frauen aufstellen und organisieren, wenn sie selbst die Regeln entwickeln. Die Unterschiede zu einem von Männern bestimmten Unternehmen im Hinblick auf das, was Frauen motiviert, was sie antreibt, wie sie miteinander umgehen und Prozesse organisieren, wie sie sich Ziele setzen, was sie als Erfolg definieren, aber auch, wo sich Konflikte bilden, wie sie gelöst oder ausgetragen werden, sollten sich in einem solchen Umfeld klar ablesen lassen. Es wird sich dann vielleicht auch die Frage beantworten lassen, ob und wie es gelingen kann, mehr Männer in ein so geführtes Unternehmen gut zu integrieren, ohne dass die speziellen Stärken der Firma, besonders bei der Personalentwicklung und dem Freisetzen von Motivation und Kompetenzen von Frauen, geschwächt werden.

Gerade durch das Fehlen von Männern in unserem Unternehmen haben Frauen ganz selbstverständlich alle Aufgaben und Hierarchiestufen besetzt und gestaltet. Den krassesten Ausdruck fand dies im IT-Bereich. Die Beratung und Vermittlung im Auftrag von Familien erfordert, besonders wenn sie überregional erfolgt, umfassende Datenbanken – mit allen Familien und Kindern, die uns nutzen, allen Betreuungspersonen, die wir vermitteln, allen Einrichtungen, die uns bekannt sind. Das Ganze muss verknüpft werden mit den Unternehmen, die uns beauftragen – und es muss erkennbar sein, wer wann was für wen erledigt hat.

Die erste Software in unserem Haus wurde von einer Kollegin eingeführt, die noch bei ihrer Einstellung die Bedingung gestellt hatte, niemals mit einem Computer arbeiten zu müssen. Jedoch nicht nur hatte sie nach kurzer Zeit gelernt, einen Computer zu bedienen, sondern auch erkannt, dass wir die engen Grenzen unserer Dokumentation überwinden mussten, um leistungsfähiger zu werden – ein Fall von Empowerment einer Frau und pragmatischer Eroberung eines Feldes, das sie vorher weder kannte noch sich zutraute.[3]

Für unsere internen Zwecke wählten wir schließlich eine Datenbank, die unter Programmierern sehr umstritten ist, dafür aber einen für unser Frauenunternehmen unschätzbaren Vorteil bot: Sie ließ sich schnell anpassen und umprogrammieren, wenn neue Anforderungen gestellt wurden. Dafür müssen die Programmierer keine IT-Expertinnen sein; das Wissen lässt sich mit Motivation, Geduld und praktischer Intelligenz selbst aneignen, wobei eine Kollegin dabei ganz ungewöhnliche strategische und konzeptionelle Fähigkeiten einbrachte. Immer wieder stieß unser weibliches IT-Team auf Erstaunen in der Außenwelt, nicht nur weil es sich um junge Frauen handelte, sondern auch wegen der unkonventionellen Arbeitsweise: Bei den Datenbankbesprechungen zum »Aktionsprogramm Mehrgenerationenhäuser« im Familienministerium erschien unsere langhaarige blonde Kollegin mit ihrem starken bayerischem Akzent und setzte neue Wünsche an die Datenbank auf dem Laptop noch vor Ort um, was mit »normalen« Datenbanklösungen niemals möglich wäre.

Markenzeichen unserer von Frauen für die Praxis entwickelten IT-Lösungen ist die sehr enge Verknüpfung von Inhalt und Programmierung. Die übliche Trennung zwischen denen, die die Abläufe kennen, oft Frauen, und denen, die diese Abläufe programmieren, gab es bei uns nicht. Genau diese Trennung ist jedoch

Quelle zahlloser Störungen und Probleme der Anwender mit Datenbanken in der Welt von SAP und anderen. Dieser weiblich-pragmatische Zugang hat uns befähigt, eine ungeheuer leistungsstarke Datenplattform herzustellen. Mit dieser Eigenentwicklung unserer Software durch Frauen, die niemals eine IT-Ausbildung genossen hatten, die zugleich die datentechnische wie auch die inhaltliche Seite vollständig beherrschten, haben wir einen großen Beitrag zur Öffnung von Geschlechterstereotypen von Frauen geleistet – ohne dass dies programmatisch bewusst so angelegt war. Es war vielmehr eine Folge geringer finanzieller Mittel und der Tatsache, dass wir ein Frauenunternehmen waren.

Es kam dann zwischenzeitlich zu Krisen und Konflikten in diesem Bereich. Eine Zeit lang schien es so, als ob wir unseren eigenen weiblich geprägten Entwicklungspfad wie die Kinderkrankheit eines noch nicht ganz reifen Unternehmens betrachten und statt dessen die gängigen Ansätze und Modelle von Datenbanken übernehmen müssten, obwohl diese viel längere Umsetzungszeiten und damit Kosten erfordern und eine sehr viel geringere Flexibilität ermöglichen. Diese Krise im IT- Bereich ging einher mit der Phase, in der wir verstärkt Männer in viele Bereiche integrierten, was eine ganz neue Herausforderung für unser Unternehmen bedeutete. Und noch sind wir nicht am Ende dieses notwendigen Strukturwandels – es gelingt uns aber allmählich, die Denkmodelle zu versöhnen.

Viele Ehemänner oder Lebenspartner unserer Kolleginnen waren höhere Angestellte in großen Unternehmen und beäugten die Praktiken unserer rasch wachsenden Firma mit wohlwollender Skepsis. Dass ihre Frauen ein Unternehmen aufbauten, das sich so dramatisch von anderen Unternehmenskulturen unterschied, dabei sogar wirtschaftlich erfolgreich war und sich langfristig als Marktführer behaupten konnte, führte zu hitzigen Debatten. Es bewirkte allerdings auch, dass viele männliche Partner unsere Erfolge hartnäckig eher dem Zufall, dem Glück der ersten Stunde, nicht aber unseren Praktiken oder Kompetenzen zuschrieben, und der Ansicht waren, es werde schon die Zeit kommen, in der sich alles ändern und die Firma »normal« werden müsse. Und es führte dazu, dass viele Kolleginnen selbst der Ansicht waren, dezentrale Entscheidungen, unsere Prinzipien des unbedingten Vertrauens, der guten Laune, der offenen Strukturen und Projekte seien wahrscheinlich Zeichen von Unreife.

Genau das aber ist die zentrale Zukunftsfrage für unser Unternehmen: Was sind eigentlich die Kernpunkte der bisherigen weiblich bestimmten Unternehmenskultur? Wie weit sind sie tragfähig und produktiv für eine Zukunft, in der das Unternehmen vielleicht noch größer sein und ganz sicher mehr männliche Kollegen beschäftigen wird? Und wie weit sind sie sogar unverzichtbar, wenn wir uns behaupten wollen?

Gemeinschaftsgefühl und soziale Unterstützung

Im Rückblick liegt aus meiner Sicht der stärkste Motor für unseren Erfolg in unserer gemeinsam gelebten Vision, einer erfahrbaren Sinnorientierung, einer starken Teamkultur und in dem Gefühl, einen echten Beitrag zu einer besseren Welt zu leisten – zumindest für Kinder und Familien, aber auch für die Wirtschaft. Zweimal im Jahr trafen sich zu Beginn alle Mitarbeiterinnen im Lufthansa-Schulungszentrum in Seeheim, um miteinander zu lernen, zu diskutieren, sich auszutauschen und zu feiern. Die Kolleginnen spürten dort nicht nur, dass wir viele waren und ständig wuchsen – sie ließen sich von den persönlichen Berichten über neue Ideen, Erfolge und Probleme auch inspirieren. Sie erlebten das Zusammensein mit so vielen Frauen eben nicht als das, was sie oft befürchtet hatten: als gefühlsduselige Weiberwirtschaft voller Intrigen, als ineffektive Zeitverschwendung mit zu wenig Lerngelegenheiten; vielmehr waren die Treffen voller neuer Erkenntnisse, bis zu zwölf Stunden am Tag – neue Freundschaften, Begegnungen, der Austausch über die Lebensgeschichten, Kinder, Ehemänner fanden am Rande statt. Es war eine Art explosiver Veränderungskultur, die Lernen und Lachen, Kopf und Gefühl verknüpfte. In dem Wissen, dass Frauen dazu neigen, sich in Emotionen zu verlieren, um dann genau darüber unzufrieden zu sein, hatten wir uns für ein Format entschieden, das eben nicht die persönlichen Beziehungen thematisierte, sondern die neue Software, die Gesetze zur Tagespflege, Kunden- und Arbeitsverträge etc. Es gab so vieles, was in rascher Folge aufbereitet und verarbeitet werden musste, denn wir eroberten und gestalteten ja gemeinsam ganze Kontinente von neuem Fachwissen. Vorbereitet und vorgetragen wurde dieses nötige Fachwissen jeweils von Kolleginnen unserer eigenen Standorte – nach dem Prinzip, dass die Frauen sehr schnell zu Expertinnen auf ihren Arbeitsgebieten werden mussten, und es in erstaunlichem Umfang auch wurden.

Die Erlebnisse waren so intensiv, die Ausstrahlung der Firma so stark, dass bisweilen von außen gemunkelt wurde, beim Familienservice handle es sich um eine Art Sekte. Aber hier fand keine Gehirnwäsche statt, sondern das Gegenteil: Wissen, Kompetenz, Entscheidungsfähigkeit jeder Einzelnen wuchsen im Eiltempo. In anderer Hinsicht jedoch traf das Gerücht zu: Es entstand ein starkes Gemeinschaftsgefühl für eine gemeinsame Sache. Gemeinsame große Gefühle bieten eine wichtige Brücke zur Verständigung – gerade unter Frauen.

Eine solche Kraftkur ist heute viel schwerer herbeizuzaubern. Das Unternehmen ist inzwischen mit über 1300 festen Angestellten zu groß für ein gemeinsames Erlebnis dieser Art – und es wäre in dieser Form auch nicht mehr effektiv. Die Wissensvermittlung ist aufgrund der Größe der Firma teilweise ins Internet abgewandert. Persönliche Treffen sind kleiner, und Telefonkonferenzen ersetzen nicht die starke Gemeinschaftserfahrung der Aufbauphase. Noch haben wir nicht den richtigen Ersatz für ein solches machtvolles Erleben gefunden. Wir suchen noch. Denn ohne solche Formen der erlebten Rückbindung an das »Ganze«, ohne Vergewisserung mit den anderen, ist es schwieriger, entstehende Interessenskonflikte zwischen Regionen und Projekten, aber auch persönliche Unstimmigkeiten klug zu bearbeiten.

Das fällt manchmal schwer, besonders wenn es darum geht, zwischen Standorten oder Produktbereichen Hilfestellung zu leisten. Hier existiert ein ständiges Spannungsfeld, das sich meist an der Frage entzündet, was gegenseitig finanziell berechnet und verrechnet werden muss oder kann – zwischen Berlin und dem Ruhrgebiet, zwischen Frankfurt und der Zentrale usw. – und was gewissermaßen auf das Konto der Solidarität zu buchen ist, eine Verteilung, die immer wieder neu ausbalanciert werden muss. Denn das Gespür für Fairness ist ausgeprägt, die Empfindlichkeit von Frauen groß, wenn es um reale oder vermeintliche Benachteiligungen geht. Wettbewerb in einer Frauenkultur bedeutet auch hier, nicht unbedingt mehr zu bekommen – es bedeutet vor allem, nicht benachteiligt zu werden.

Die größte Gefahr für die zukünftige Stärke unseres Frauenunternehmens liegt darin, diesen positiven Zusammenhalt und die Bereitschaft zur Unterstützung langsam zu verlieren, die am Anfang an den einzelnen Standorten ganz selbstverständlich waren. Es kennen sich nicht mehr alle Kolleginnen, es gibt viele unterschiedliche Aufgabenbereiche: die Mitarbeiterin einer Kinderkrippe in Westfalen weiß nicht wirklich viel über die Inhalte und Arbeitsweisen der Serviceagentur im »Aktionsprogramm Mehrgenerationenhäuser«. Die Zentrale in Berlin sollte, wie alle Zentralen, vorwiegend als Dienstleistung fungieren – und wird doch, wie alle Zentralen, oft eher als fragwürdiger Überbau erlebt. Hier ist von der Geschäftsführung aus die Kunst der Selbstbegrenzung und der ständigen Hinterfragung nötig: Was muss wirklich zentral behandelt werden? Was kann und muss weiterhin dezentral entschieden werden? Meine persönliche Meinung tendiert dahin, mithilfe der Technologien, Telefonkonferenzen, Foren und des Intranets die Fähigkeit zu dezentraler Autonomie weiter zu fördern, weil nur eigene Entscheidungsfreiheit die Kreativität von Frauen – wie auch Männern – wirklich zutage bringt.

Der Humus des Persönlichen

Die Basis unserer Firmenkultur sind Frauenteams mit hoher autonomer Entscheidungskompetenz, flacher Hierarchie, keiner rigiden Arbeitsteilung – Teams, die zugleich den Auftrag haben, für den wirtschaftlichen Erfolg in ihrem Bereich und die gute Stimmung ihrer Mitarbeiterinnen zu sorgen. Privates ist zulässig, die Gestaltung des Arbeitstages – so weit möglich – nach den Erfordernissen auch des Privatlebens eine Selbstverständlichkeit, gelegentliche Heimarbeit üblich. Dabei allerdings ist zu beachten: Viele Kolleginnen gehen gern ins Büro, Heimarbeit ist für die meisten nur eine attraktive Ergänzung zum Büroalltag mit den Kolleginnen. Wer Kinder hat, möchte dem Alltag entfliehen. Junge Singles suchen die Abwechslung bei den Kollegen.

Den Respekt für die privaten Lebensumstände aber bringen wir auch durch unsere – für Außenstehende manchmal vielleicht bizarr wirkende – Unterstützung für ganz verschiedene private Lebenslagen zum Ausdruck. Wir fördern zwar nicht den langen Ausstieg unserer vielen Mütter – dafür brauchen wir sie viel zu dringend –, meist ermuntern wir sie, schon nach wenigen Monaten wieder zurückzukommen. Auf Fernpartnerschaften aber wird Rücksicht genommen; und wenn eine Frau einen Kinderwunsch hat und deswegen mehr Zeit und Entspannung oder Reisegelegenheit braucht, um schwanger zu werden, kann sie dies anmelden. Die Geburtenrate in dieser Firma ist extrem hoch. Bei Beziehungskrisen, Geldsorgen, finanziellen Engpässen und in wachsendem Maß auch bei Pflegebedürftigkeit von Angehörigen stellen wir unsere eigenen Dienstleistungen unentgeltlich zur Verfügung.

Es ist dabei keineswegs eine Kultur der Bequemlichkeit, die wir fördern. Wir haben vielmehr oft Phasen extremer Belastung und auch Überlastung durchzustehen; es gab schon Zeiten, in denen ein junges Team wochenlang kaum zum Schlafen kam, um ein Projekt wie versprochen auf die Beine zu stellen. Viele arbeiten ständig mehr, als eigentlich in ihrem Vertrag steht, ohne ihre Überstunden bezahlt zu bekommen, denn die Budgets sind gedeckelt. Wir müssen neue Ausschreibungen gewinnen, um den Verlust wichtiger Kunden an neue Wettbewerber bei Ausschreibungen zu verhindern, ganz wie andere Unternehmen auch. Die Zeiten, wo große Unternehmensverträge auf Zuruf und nach Sympathie vergeben werden konnten, wie das noch vor zwanzig Jahren der Fall war, sind ein für alle Mal vorüber.

Bei uns herrscht auch im Arbeitsalltag keine Trennung zwischen harter »objektiver« Arbeit hier, Teamgeist und Betriebsfest dort. Das ist unter Frauen niemals der Fall, für sie sind auch im Alltag, ob beim Telefondienst, der Suche nach einer passenden Kinderfrau, beim Organisieren eines Ferienprogramms oder der

Vorbereitung einer Präsentation immer persönliche Elemente dabei – das kleine Wort über die Kopfschmerzen, das Wahrnehmen eines Schattens im Gesicht, der Kurzbericht über den Streit mit dem Liebsten am Wochenende stehen nicht im Gegensatz zur Leistung, sondern sind in einer Frauenkultur untrennbar mit ihr verknüpft, und zwar für die allermeisten Kolleginnen. In einem solchen Mikroklima wird sogar besonders schnell gearbeitet – das Lächeln, die kleinen Späße, die Anteil nehmende Reaktion blockieren nicht etwa die Effektivität, sondern machen sie erst möglich. Der kleine Kommentar über die Befindlichkeit lenkt nicht ab, sondern läuft im Gehirn parallel zur Sachfrage über einen Gesetzesparagrafen zum Datenschutz; in diesem Modus der Gemeinsamkeit und gegenseitiger Wahrnehmung werfen Frauen sich rasch Gedanken zu, tauschen sie aus, wandern Ideen zweimal geschwind im Kreis, um dann plötzlich an einer ganz bestimmten, und zwar der richtigen Stelle zu landen. Was für Männer an solch einer Kommunikation oft diffus, zirkulär und ungerichtet wirkt, als geschwätzig und vom »Eigentlichen« wegführende Störung empfunden wird, ist also oft höchst effektiv und auch schnell. Das Persönliche ist für Frauen gewissermaßen der Humus, in dem die Arbeitsprozesse besser gedeihen.

Dieses unterschiedliche Herangehen an Aufgaben in einer Frauen- oder Männerkultur bleibt nicht ohne Folgen. Männer, die als Einzelne in einem solchen System agieren, werden von ihren Kolleginnen oft als langsam, begriffsstutzig und umständlich erfahren und sind es dann auch. Ihr eigener männlicher Weg zur Problemlösung wäre ein anderer, scheinbar direkterer, jedenfalls würde er die Schleifen der persönlichen Interaktion und Wahrnehmung[4] weitgehend auslassen, dafür ist er aber häufig weniger pragmatisch.

Der Versuch, Professionalität von Frauen ohne Beziehungsdimension zu definieren und zu gestalten, ist zwecklos und kontraproduktiv. Unbestreitbar aber ist, dass die persönliche Ebene unter Frauen auch am Arbeitsplatz das Potenzial zu extrem schädlichen, anstrengenden, destruktiven und bösartigen Konflikten in sich birgt. Alle Klischees über Frauen, die einander sabotieren, hintergehen, mit Gerüchten demontieren, anfeinden, schneiden, ausschließen, ablehnen sind vollständig zutreffend. Alle diese Muster bilden sich, zumindest teilweise, auch in einer Frauenkultur heraus – nach der ersten Aufbruchszeit, dann, wenn es um Neubesetzungen von Positionen, um neue Aufgabenverteilung, Territorien, Allianzen geht. Diese Weiberschlachten sind anstrengend und können gefährlich werden – wir wenden uns dieser Frage weiter unten noch eingehender zu. Doch sind sie nur die Kehrseite der intensiven, produktiven und effektiven Verknüpfungen, die Frauen in der Arbeitswelt herstellen können. Frauenenergie ist wie Atomenergie: Sie ist ungeheuer mächtig, birgt viele Potenziale, die noch nicht erschlossen und nicht einmal verstanden sind. Aber sie verursacht auch gefährliche Eruptionen, die eine ganze Firma kontaminieren können. Und genau diese Gefahren gilt es auch zu verstehen, um ihnen vorzubeugen.

Die positiven und negativen Dynamiken unter Männern sind demgegenüber viel besser bekannt und leichter beherrschbar – die üblichen Hierarchien von Wirtschaft und Politik beruhen darauf, wie Männer funktionieren, was ihnen entspricht, was sie verstehen und wie sie sich am besten entfalten. Auch hier zeigt sich inzwischen Veränderungsbedarf, doch nicht derselbe wie für Frauen. Eine Anpassung von Strukturen an ihre innersten Funktionsweisen und Dynamiken steht aber für Frauen noch aus – und erst recht für eine Welt, die gemeinsam von Frauen und Männern gestaltet wird.

Empowerment durch Verantwortung

Der amerikanische Journalist und Bestsellerautor Daniel Pink macht in seinem Buch *Drive*[5] deutlich, dass Menschen am Arbeitsplatz auf zwei grundverschiedene Arten agieren – als gehorsame Ausführende im Modus der Fügsamkeit und des Befolgens von Anweisungen oder im Modus des echten Engagements, als wahrhaft kreative Arbeitskräfte. Das gilt ganz allgemein, das Meinungsforschungsinstitut Gallup etwa weist in seinen Studien immer wieder nach, dass nur der geringste Teil von Mitarbeitern jeweils wirklich beteiligt ist, die Mehrheit dagegen gewissermaßen stets Dienst nach Vorschrift betreibt. In Deutschland ist dies noch ausgeprägter als anderswo.[6]

Bei Frauen ist dieser Unterschied besonders krass. Frauen sind geradezu darauf programmiert, Vorgaben besonders gewissenhaft und tüchtig zu erfüllen. Dies ist die Logik der meisten klassisch weiblichen Berufe, gerade auch in der Industrie, wo sie mit Geduld und Feinmotorik Puppenkleider nähen, Elektrogeräte montieren oder Chips beschichten – auch wenn solche Tätigkeiten heute überwiegend in den Schwellenländern stattfinden –, oder im Büro, wo sie etwa als Steuergehilfinnen mit großer Exaktheit, Umsicht und Fachkenntnis die Belege der Kunden sortieren und interpretieren.

Bei den gleichen Frauen aber, die sich so erfolgreich als Arbeitsbienen einsetzen lassen, stecken hinter der geduldigen Fassade oftmals ungeahnte Fähigkeiten, Ideenreichtum, Mut, Verantwortungsbereitschaft, Dynamik. Es ist dies die Goldreserve des weiblichen Arbeitsvermögens, die es zu heben gilt und die sich überall heben lässt – durch Empowerment, durch Zuschreibung von Verantwortung, durch Vertrauen. Dies zumindest ist der Kern unserer Unternehmenskultur.

Eine ausufernde Ratgeberliteratur und eine ganze Beratungsindustrie befasst sich damit, wie Frauen etwa durch Mentoring, Coaching und Ermunterung dazu angeregt werden können, ihre Kräfte und Kompetenzen zu mobilisieren. Diese Modelle sind überwiegend von der Anschublogik geprägt, von der Vorstellung, dass den Frauen etwas fehlt, nämlich Mut und Entschlossenheit, die Grenzen ihrer Tüchtigkeit auszutesten und ihre Kompetenzen auch nach außen zu erweitern. Unser Ansatz sieht ähnlich aus, beruht aber doch auf einer anderen Wahrnehmung der Frauen. Unsere Antwort als Frauenunternehmen heißt: Die Frauen einfach mitten hineinwerfen in den Strudel der Aufgaben – sie können nämlich schon schwimmen –, ihnen größere Aufgaben als bisher zutrauen. Natürlich nicht wahllos; niemand wird eine Kollegin zur Produktverantwortlichen im Bereich Lebenslagencoaching machen, die vom Thema nichts versteht und noch gar keine Erfahrung hat. Aber – und das ist ganz entscheidend: Es muss auch keineswegs eine Person sein, die besonders durchsetzungsstark ist oder bereits besonders sicher auftritt, sondern einfach eine Person, bei der sich in ihrer bisherigen Arbeit zeigt, dass sie strategisch mitdenkt, plant, verlässlich ist, gute Ideen hat, tragfähige Lösungen entwickelt – auch im Kleinen. Und die auch Vertrauen genießt.

Stellt sich eine neue Aufgabe in der Firma, so wird eine solche Kollegin aufgefordert, sie zu übernehmen, als Filialleiterin, als Produktmanagerin, als Key Account Managerin, als IT-Entwicklerin, als Sachbearbeiterin. Kürzlich suchten wir zum Beispiel eine Person, die gut schreiben und texten kann, um unsere vielen Webseiten rasch und sprachlich gekonnt zu ergänzen, Flyer zu erstellen u.ä.. Die inhaltlichen Argumente werden ihr von den Fachfrauen geliefert, aber sie muss rascher und flotter texten können als diese. Eigentlich wollten wir uns dafür auf die Suche nach einer externen Bewerberin machen – was sich jedoch immer als schwierig darstellt, denn wie in allen Unternehmen so muss auch bei uns erst ganz viel spezifisches Wissen über unsere Kultur aufgebaut werden, bevor eine Person das richtig gut wiedergeben kann. Abends jedoch, beim Über-den-Flur-Plausch, fällt einer Kollegin ein: Wir sollten doch eine neue Kollegin fragen. Sie hatte bei einem Kongress bisher vor allem Organisations- und Rechercheaufgaben übernommen, wirkt sehr jung und unauffällig – und von daher sind ihre Talente von außen nicht automatisch erkennbar. Aber im Rahmen ihrer Arbeit hat sie bereits ausgezeichnete Texte ganz selbstständig abgeliefert. Das Entscheidende ist hier nun, dass ihre erfahrene Kollegin und Vorgesetzte dies erkennt und weitergibt, ihr den Erfolg einer Profilerweiterung gönnt.

Karrieren sind immer relativ, auch kleine Schritte können Neid auslösen. Irritationen bei anderen bleiben dabei nicht aus – warum diese Kollegin und nicht eine andere? Warum nicht ich? Doch alle wissen: Es wird bei Gelegenheit auch neue Chancen für andere geben, dabei bleiben alle außerdem fest eingebunden in eine Teamkultur, die Gehaltsunterschiede sind ohnehin eher gering – vor allem aber wird ein kleiner oder großer Aufstieg auch nicht mit starken Machtinsignien ausgestattet. Das ist einerseits dem Mangel an Geld in der Firma geschuldet. Es passt aber auch zu einer Frauenkultur: Hier wird grundsätzlich nicht der Abstand zu anderen betont, sondern die Nähe und Gemeinsamkeit – dies macht Entwicklungsschritte auch für die Frauen selbst leichter. Denn nichts oder fast nichts fürchten sie so sehr wie eine deutlich exponierte Stellung gegenüber der Gruppe oder die Ausgrenzung, und zwar auf jeder Hierarchiestufe.

»Produktverantwortliche« – beispielsweise für den Bereich Elder Care oder für Au-pairs – zu sein, ist deshalb auch keine klare Führungsaufgabe im Sinn von eindeutiger Weisungsbefugnis. Wohl aber eine Aufgabe, die strategische Entwicklung beinhaltet und mehr Kontakt zur Leitungsebene hat. Es sind Aufgaben, die gewissermaßen in der Schwebe bleiben – zwischen klarer Führungsaufgabe durch Anweisungen, Moderation, Koordination und Dienstleistung für die anderen Kolleginnen. Das hat damit zu tun, dass solche Aufgaben teilweise gar nicht, oder nur sehr begrenzt zusätzlich vergütet werden; es ist aber auch der hohen Ambivalenz gegenüber eindeutigen Karriereschritten und Statusabgrenzungen geschuldet, der Tatsache, dass Frauen – anders als Männer – Autorität ungern fest zuschreiben und nur ungern an eine Person dauerhaft vergeben. Schon kleine Jungen agieren in dauerhaften verlässlichen Rangordnungen, in Dominanzhierarchien, Frauen hingegen bilden Ansehens- oder Geltungshierarchien heraus, in denen Führungspositionen immer wieder auch infrage gestellt werden.[7]

Die etwas diffuse Beschreibung von »Führungsaufgaben« in unserem Unternehmen erzeugt zwar oft Unbehagen bei denen, die sie innehaben und auch bei denjenigen, die so koordiniert oder geführt werden, aber eine klare Anweisungs- und Entscheidungsstruktur, wie sie oft gefordert wird, bedeutet unter Frauen weit mehr Widerstand und Konflikt. Sie bedeutet außerdem, dass die »Geführten« ihre eigene Mitverantwortung reduzieren – wo sie sich nicht mehr gefragt fühlen, neigen gerade Frauen dazu, entweder einfach zu funktionieren oder indirekt zu sabotieren. Beides kostet Kraft, Motivation und Geld. Die Organisation muss also zwischen den Polen von möglicher Entscheidungsschwäche und möglicher Demotivierung navigieren und immer wieder einen neuen Kurs finden.

Aber trotz keineswegs ausbleibender Konflikte rund um Führungs- oder Projektaufgaben ist es immer eindrucksvoll und bewegend, wie die Kolleginnen darin oft wachsen, wie sichtbar sie ihren Radius erweitern, Neues lernen, Sprache und Haltung festigen, sich entfalten wie ein Schmetterling, der aus der Raupe kriecht. Der Effekt der Verwandlung hat sich bei Frauen auch in anderen Zusammenhängen oft gezeigt, etwa in den Tagesmüttervereinen der 1970er-Jahre, wo Hausfrauen-Mütter zunächst gemeinsam antraten, um fremde Kinder zu betreuen und nach wenigen Jahren einige von ihnen zu kraftvollen öffentlichen Sprecherinnen geworden waren, die ohne Scheu in Rathäusern und Parlamenten vorsprachen.

Es gibt allerdings auch Grenzen in diesem Entfaltungsprozess, die es zu erkennen und ehrlich zu benennen gilt. Nicht jede Kollegin ist für eine Führungsaufgabe im Bereich Verwaltung, Kundenbetreuung, Verhandlungsführung, Management usw. geeignet. Das heißt nicht, dass eine Frau eine Rolle nicht übernehmen dürfte, obwohl sie weiß, dass sie diese noch nicht gänzlich ausfüllen kann. Sie muss dann aber selbst erkennen, wo sie Unterstützung und Ergänzung benötigt – und sie muss dies zulassen können.

Ernenne dich selbst!

Stellenbeschreibungen existieren in unserem Unternehmen zwar, sind aber eher nur Hilfskonstrukte. In Wirklichkeit werden viele Tätigkeiten den Personen und ihren Talenten angepasst; sie werden längerfristig das tun, was sie gut und gern tun – und wohin ihr Interesse sie führt. Es ist also nicht nur so, dass für eine feste Aufgabe eine Person gesucht wird. Viele Kolleginnen verändern und erweitern ihre Tätigkeiten auch nach ihren eigenen Kompetenzen und Leidenschaften und suchen sich neue Aufgaben. Unser System befördert Talente nicht hauptsächlich von oben, durch gezielte Auswahl, sondern lässt Talente auch von unten und innen genau dorthin wachsen, wohin sie sich zu diesem Zeitpunkt entwickeln möchten – sofern es dafür einen echten Bedarf auf dem Markt oder in der Firma gibt. Eine Kollegin in der Verwaltung etwa übernimmt mit Verve das ungeliebte Thema Arbeitssicherheit und macht daraus mehr als eine lästige Pflichtübung, nämlich ein vorbildlich gestaltetes, internetbasiertes Projekt, das andere Unternehmen mit ihren vergilbten Aktenordnern und verstaubten Aushängen zu diesem Thema weit hinter sich lässt. Eine Kindertagesstättenleitung kann sich auch mit dem Thema »Toy Talk«, englische Früherziehung, in das Netzwerk einbringen oder sich für das Thema Qualitätssicherung engagieren. Aus solchen selbst gesuchten Verantwortungen können sich dann weitere Aufgaben ergeben.

Auch die Entwicklung ganzer Produktbereiche in unserer Firma folgt nicht nur der Erkenntnis, was der Markt benötigt. Der Markt würde vieles kaufen. Ob wir ein Thema aber wirklich erfolgreich für unsere Kunden anbieten können, hängt auch davon ab, ob sich Mitarbeiterinnen in diese Richtung strecken und zunächst Vorleistungen erbringen, die nicht sofort in vollem Umfang bezahlt werden können. Es braucht dazu also gewissermaßen ein unternehmerisches Investment einzelner Kolleginnen, die darauf ihre Wunschkarriere aufbauen können.

Im Bereich Mitarbeiterunterstützung durch Lebenslagencoaching, Schuldenberatung und Gesundheitsmanagement, der im Jargon der Personalentwickler EAP heißt (Employee Assistance Programs), haben wir zehn Jahre lang versucht, uns auf dem Markt zu positionieren und dabei mit einigen Unternehmen wichtige Erfahrungen gesammelt. Heute sind wir nun einer der wichtigsten

Dienstleister dazu in Deutschland. Es hat sich herumgesprochen: Man kann sich an uns wenden, wenn etwa eine Geiselnahme in einer Filiale stattfindet, ein Mitarbeiter aus dem Fenster springt, ein Mitarbeiterkind bei einem Unfall verstirbt oder eine Führungskraft unter Burn-out leidet – wir helfen professionell die Krise zu bewältigen, wir unterstützen sowohl die Mitarbeiterfamilien als auch die Führungskräfte.

Die Kolleginnen, die dieses Feld für uns in letzter Zeit mit so großem Erfolg etabliert haben, waren in unserem Kosmos lange als kleinere Sterne am Firmament positioniert. Zwei davon haben kleine Kinder. Eine war längere Zeit meine Assistentin; sie nahm sich dann eine Auszeit, um ein Stipendium als Künstlerin zu nutzen. Danach eine Kinderpause. Kehrte zurück, besann sich auf ihre Qualifikation als Diplom-Psychologin und meldete nun ihren Wunsch an, diesen noch immer schwächelnden Bereich systematisch bei Unternehmen zu erschließen – zusammen mit der Mitarbeiterin, die für diesen Bereich bereits die Gesamtverantwortung als Produktverantwortliche trug, und dies ebenfalls mit Bravour anging. Unsere Geschäftsleitung beschloss, in diesem Feld eine größere Investition zu wagen, obwohl es sich noch nicht völlig von selbst trug – und nun begann das Thema endlich zu florieren.

Dieser Erfolg beruhte auf langer Vorarbeit, auf unserem guten Namen, auf einer wachsenden Bereitschaft der Kundenunternehmen, die sich angesichts von Talentmangel mehr um die Mitarbeiter bemühen, aber eben auch auf der Energie der Kolleginnen, die sich im Prinzip selbst ernannt hatten. Manche Produkte lassen sich erst sinnvoll verkaufen, wenn die Personen mit der ausreichenden Leidenschaft dafür im Unternehmen gefunden sind. Experten von außen einzukaufen, um ein Produkt zu platzieren, ist viel zu teuer und zu langwierig. Von innen aber eine Person zu benennen, ohne dass sie für das Thema brennt, ist ebenfalls vergeblich. Es gibt Dienstleistungen, die objektiv durchaus von uns »zu Markte getragen werden könnten« – aber nur, wenn sich bei uns die Personen finden, die wirklich die Energie dafür haben und mit uns ein Anfangsrisiko dafür eingehen. Das gelingt oft, aber nicht immer.

Eine wichtige Art der Talentsuche in der Firma ist also die Selbstbeförderung von Kolleginnen, die irgendwo im Kosmos angesiedelt sind. Entscheidend ist, dass die Talente selbst erkennen, wo sie sich einbringen können; der Filter dafür muss nicht die lokale Vorgesetzte und nicht einmal unbedingt ihr Team sein. Offene Kommunikation, ein aktives Schwarzes Brett im Intranet, Telefonkonferenzen, Fortbildungen sind die Mittel, um die Selbstbeförderung überregional auszulösen. Diese Art der Aktivierung unterscheidet sich von dem, was in anderen Unternehmen oft als Selbstinszenierung notwendig ist, um entsprechend aufzufallen: Es ist Selbstbeförderung durch Übernahme von praktischen Aufgaben, durch handfeste Arbeit und die Bewährung in dieser Arbeit. Das schafft Respekt und Raum auch für Menschen mit ruhigeren Temperamenten. Es ist unabhängig davon, ob jemand einige Zeit pausiert hat oder Teilzeit arbeitet. Diese Struktur bietet Frauen auch die Möglichkeit, sich selbst noch einmal neu zu erfinden. Einige Kolleginnen haben sich über Jahre zurückgehalten, Krisen durchgestanden, an sich gezweifelt, keineswegs immer Tolles geleistet – und dann plötzlich den Finger gehoben und sich mit neuer Dynamik eingebracht. Im üblichen Karrieremuster ist das kaum möglich.

Latenz- und Krisenphasen werden im Allgemeinen ungern toleriert. Unser System aber zeigt: Manche Frauen gedeihen erst bei ihrer zweiten oder dritten Chance und bringen dann völlig Unerwartetes ein. Ein elastischer Kosmos macht dies möglich, eine strikte Hierarchie würde das blockieren. Der Wettbewerb unter Frauen hat damit nichts zu tun; es geht um die Frage, wann eine Person innerlich bereit ist, an ihre Grenzen zu gehen und diese zu durchbrechen, für einen Inhalt, den sie sinnvoll findet und der sie begeistert.

Das Unternehmen wächst also wie eine Art von elastischer Gasblase, mit immer neuen Ausbuchtungen, vor allem auch in Abhängigkeit von den Talenten, die sich zu zeigen bereit sind. Die Gesamtrichtung dieses Flugkörpers, gewissermaßen die Richtlinienkompetenz, liegt im inneren Magnetfeld, bei der Geschäftsleitung und den Personen, mit denen sie sich austauscht. Die große Richtung scheint vorgegeben – äußere Erdbeben in der Politik und der Wirtschaft können die Richtung des Flugkörpers im Wirtschaftsall aber jederzeit beeinflussen, beispielsweise neue Gesetze im Bereich Pflegezeit für Mitarbeiter oder im Bereich Kinderbetreuung, der demografische Wandel, aber auch die Leidenschaften und Talente im Inneren des Unternehmens. Umso wichtiger wird aber auch die Entscheidung für die richtigen Prioritäten, die letztlich im Kern des Magnetfelds fallen muss.

Kann eine Firma so gedeihen, ohne in Anomie und Anarchie zu enden? Sie kann. Sie muss sogar, wie ich meine, alle engen Festlegungen blockieren, allzu klare Befehlsketten verhindern das Experiment. Es ist immer Bewegung im System – durch eigenes Zutun der Akteure, durch die Schwingungen des Zentrums selbst. Objektive Anforderungen und Fragestellungen des Marktes bestimmen die Position des einzelnen Sterns im Firmenkosmos ebenso wie subjektive Faktoren – bei Antipathie und Konflikten können Sterne weiter abrücken, manche entschwinden auch ganz, wobei sich die Aufgabe stellt, mit ihnen positive Schwingungen aufrechtzuerhalten, auch wenn sie statt bei uns in einer Behörde oder in einer anderen Firma tätig geworden sind.

In einem solchen runden dreidimensionalen Kosmos sind nun auch die von außen betrachteten, so wundersamen Entwicklungspfade vieler unserer Kolleginnen nicht mehr verwunderlich. Ein Mensch bei uns kann als kleiner Stern in einer Latenzphase an einer bestimmten Stelle im Umlaufsystem verharren, sei es in der Buchhaltung oder an einem lokalen Standort. Die Person kann dann von außen gefördert werden, sich aber auch selbst in Bewegung setzen, in Netzwerke einbringen, dort sichtbar werden, gemeinsam mit anderen einen stärkeren Lichtstrahl senden.

Führung im Frauenkosmos

Empowerment also heißt bei uns zunächst: Frauen für bestimmte Aufgaben zu gewinnen, ihnen auch die nötige gezielte Fortbildung zu ermöglichen, ihnen dann aber die Aufgabe einfach zuzutrauen. Der entscheidende Unterschied zwischen uns und vielen anderen Firmen liegt also in der Talentsuche. Er liegt darin, dass die Suchsensoren darauf eingestellt sind, auch schüchterne und ruhige Frauen und gerade auch Frauen mit kleinen Kindern im Fokus zu haben. Und, ganz wichtig, der formalen Ausbildung nur eine begrenzte Bedeutung zu geben – bunte Biografien, Berufsunterbrechungen, Hippie-Jahre in Afrika, aber auch längere Phasen als Hausfrau und Mutter sind kein Nachteil, im Gegenteil. Selbstverständlich sind bei pädagogischem Personal oder jeder Art von Fachberatung bestimmte formale Anforderungen festgeschrieben. Gerade beim pädagogischen Personal stellen wir eher höher qualifizierte Frauen ein als gesetzlich vorgeschrieben. Die Ausbildung der Erzieherinnen bietet häufig nicht das Grundgerüst, um die in einer Kindereinrichtung heute notwendigen Bildungskonzepte gut zu beherrschen und mit hoch qualifizierten und anspruchsvollen Eltern in einen gleichberechtigten und selbstbewussten Dialog treten zu können. Aber auch hier gilt: Bunt und ungewöhnlich ist von Vorteil.

Ein Beispiel für innovative Personalgewinnung aus den frühen Jahren der Firma war die Besetzung der Leitung des Standorts Hamburg, die ich einer Kollegin antrug, die damals gerade schwanger war und plante, der Liebe wegen nach Hamburg umzuziehen. Die dortige Filiale befand sich aus vielen Gründen in einer Krise. Die junge Kollegin traute sich diese Aufgabe mit ihrem Kind zunächst gar nicht zu. Aber sie hat sie bravourös gemeistert, ein frisches, gut gelauntes und erfolgreiches Team aufgebaut, auch wenn sie dabei tatsächlich immer wieder an die Grenzen ihrer Belastbarkeit stieß, trotz Teilzeitarbeit. Dass wir Führungskräften Teilzeit ermöglichen, ist selbstverständlich – allerdings sollte sie eher bei dreißig als bei zwanzig Stunden liegen.

Die Geschäftsführerin unserer gGmbH für Kindertagestätten, inzwischen fast unser größter Geschäftsbereich mit mehreren Millionen Umsatz, hat gerade das dritte Kind bekommen; sie wirkt äußerlich sehr ruhig, unauffällig und bescheiden, hat sich jedoch als großes Talent für diese große Aufgabe entpuppt. In diesem Fall ist es der ebenfalls bei uns beschäftigte Ehemann, der jeweils den größeren Anteil der Elternzeit nimmt, während sie früh an ihren Arbeitsplatz zurückkehrt.

Unsere Geschäftsführerin Alexa Ahmad, die diese Aufgabe 2008 von mir übernommen hat, ist die Verkörperung unserer ungewöhnlichen Karriereentwicklungen an der Spitze des Hauses:

Ihr Weg führte sie von der kaufmännischen Ausbildung bei Fraport, der Frankfurter Flughafengesellschaft, über eine Zeit bei einer namhaften Unternehmensberatung zu einer pädagogischen Ausbildung. Ihr arabischer Ehemann, Vater ihres Sohnes, verstarb früh und hinterließ sie als junge Witwe. Als sie bei uns anfing, war sie alleinerziehende Mutter mit einem Faible für große Hunde. Das Frankfurter Büro gedieh ungeheuer gut – dank ihres großartigen Geschäftssinns, ihrer sehr guten Kontakte zu den Personalabteilungen unserer Kunden, eines strategisch geschickten Umgangs mit den politischen Strukturen der Stadt und dank eines unnachahmlich warmen und effektiven Führungsstils. Sie ließ es sich lange nicht nehmen, immer wieder selbst mit den Frankfurter Au-pairs im Bus über Nacht nach Paris zu fahren, um die Übernachtungskosten zu sparen – und hat aus dieser Zeit wichtige Kolleginnen aus dem Au-pair-Umfeld gewonnen, die bis heute bei uns tätig sind. Sie ist gewissermaßen die Verkörperung eines positiven matriarchalischen Modells, heiß geliebt von ihren Mitarbeitern – darunter auffallend viele Männer. Auch für sie gilt jedoch, dass sie in ihrer neuen Rolle als Geschäftsführerin nur äußerst ungern die Machtkarte zieht und selten Anweisungen erteilt; sie hat viele innere Strukturveränderungen, etwa in der Verwaltung, im Dialog mit der Abteilung entwickelt, dabei die Verwaltung effizienter gemacht und Talente gefördert und zum Leuchten gebracht. Die Kolleginnen und Kollegen sind froh über die Verantwortung, die ihnen übertragen wurde, und brennen vor Ehrgeiz. So gelingt vieles, was vorher unmöglich schien, etwa die Monatsabrechnungen aus über zwanzig Filialen bereits nach wenigen Wochen vorzulegen. Doch auch für Alexa Ahmad ist die Frage, einer sinnvollen und effektiven Führungskultur – und was Führung eigentlich bei uns wirklich bedeutet – noch nicht völlig gelöst.

Sicher ist, dass bei Frauen Führung viel zu tun hat mit Ermutigung, Befähigung, mit Raum geben, und wenig mit Anweisungen und Befehlen. Es geht, das zeigt unsere Organisation täglich, um das Menschenbild. Frauen sind, vor allem wenn sie von Frauen geführt werden, extrem empfindlich gegenüber Kommandostrukturen. An der Bruchstelle, wo Kolleginnen tatsächlich Entscheidungsbefugnis über andere erhalten, drohen denn auch die größten Konflikte – so lautstark klare Führung eingefordert wird, so massiv wird die Kollegin oft einbrechen, wenn sie einfach Anweisungen erteilt, die nicht verstanden oder akzeptiert werden, oder wenn der Person nicht die notwendige Autorität zugeschrieben wird.

Nur so selten wie möglich und so oft wie unbedingt nötig sollte Führung bedeuten: Ich entscheide jetzt, basta! Genau an dieser Stelle greift das Missverständnis, das Führungsfrauen manchmal allein durch den Titel in die Irre führt. Die gleichen Frauen, die selbst von niemanden – und bestimmt von keiner Frau – durch Anweisungen geführt werden wollen, die nur schwer Kommandos annehmen, die mit Recht überzeugt werden, eingebunden sein wollen, die für sich Autonomie beanspruchen, können sich in ihrer Führungsrolle plötzlich in Klischees hineinbegeben: Der Trend zu prosozialer Dominanz, der schon bei kleinen Mädchen erkennbar wird, koppelt sich als mütterliche Bevormundung teilweise mit einer Tendenz zum Mikromanagement. Dieser Virus zeigt sich manchmal erst, wenn die betreffende Person die entsprechende Stellung innehat. Bisherige Großzügigkeit kann nun umkippen in mütterlichen Kontrollwahn. Erwachsene Kolleginnen müssen dann über Cent-Beträge abrechnen, jede Anschaffung wird kritisch hinterfragt und gern verweigert. Führungsfrauen, die »Familientiere« sind, können gerade deswegen extrem territorial denken und

»ihren« Standort um jeden Preis verteidigen – je nachdem wie die Regeln der Organisation sind. Nicht alle Führungsfrauen unterliegen dieser Gefahr, aber sie ist doch groß genug, um sie zu einem vorhersehbaren Problem in einem weiblichen Kosmos zu erklären.

Eine mütterliche Führungsfigur, wie wir sie an vielen Standorten haben, fühlt sich meist wohl darin, ihr Haus gut zu bestellen, gut für ihre Kolleginnen zu sorgen, ihnen Raum für ihre Entwicklung zu geben und neue Aufgaben zu stellen. Aber ihre eigene Rolle zu zerlegen, wichtige Teile davon an sogar überlegene Personen abzugeben, das fällt oft schwer. Eher schon neigt auch die Führungsfigur dazu, teure externe Beratung einzukaufen – vorübergehend gern auch durch ranghohe Männer –, wobei diese Beratungsinputs oft den Kern der internen Probleme und Fragestellungen nicht wirklich erfassen. Dabei müssen die Führungskräfte der ersten Stunde heute in vielen Bereichen Personen finden, die einzelne Aspekte ihrer Arbeit besser beherrschen als sie selbst, etwa im Bereich der Datenbanken oder auch für Verhandlungen mit öffentlichen Auftraggebern, wofür ein ganz neues Repertoire an Wissen benötigt wird. Das ist eine entscheidende Klippe in der Organisationsentwicklung – auch und gerade in einem matriarchalisch geprägten Frauenunternehmen. Einige Kolleginnen mit Führungsverantwortung glauben noch, dass sie in ihrem Team letztlich auch für alles kompetent sein müssen, was bei einer größeren Organisation komplett unmöglich ist. Alle sind »nur« Mitspielerinnen – wie in einem Orchester – und erzeugen den Klang erst gemeinsam, es tut auch der Dirigentin keinen Abbruch, dass es eine erste Geige gibt, die sie gar nicht spielen kann. Sie ist ohnehin eher Geburtshelferin für den Klang, nicht diejenige, die ihn erzeugt.

In klassischen Unternehmen wird das Problem der Veränderung und Erweiterung von Führungsrollen meist durch den Austausch von Führungskräften gelöst. Das kann ein Weg sein, wir sehen jedoch, dass die Veränderung von Aufgabenstellungen meistens am besten durch neue Kombinationen von Kompetenzen und die Transformation von Rollen zu bewältigen ist. Damit kann das Neue Platz finden, ohne auf die langjährig aufgebauten Erfahrungen zu verzichten. Und Innovation ist eine ständige Aufgabe, auch bei uns.

Nehmen wir zum Beispiel den Produktbereich Au-pair. Es ist ein ganz eigener Aufgabenkreis, der da gestaltet werden will, ein eigener sehr spezifischer Wissenskanon, der gepflegt und weiterentwickelt werden muss. Immerhin sind wir heute die größte Au-pair-Agentur im Land. Welche Gesetze regeln die Aufnahme von Au-pairs? Wie muss mit Botschaften und Ausländerbehörden umgegangen werden? Wie finden wir die richtigen Partner in der Ukraine? Wie kommen Frauen aus Kenia, Chile oder der Mongolei zu uns? Was müssen die Gastfamilien wissen? Warum gibt es keine Au-pairs mehr aus Schweden oder Frankreich? Wie findet man einen Au-pair- Mann und wie bewährt sich das in den Familien? Was tun, wenn ein Ehemann eine sexuelle Beziehung mit dem Au-pair hat? Wie schreiben wir das alles auf? Wie organisieren wir unsere Datenbank im Internet? Kurz: ein ganzes Universum, das sehr spezielle Kenntnisse von unseren Beraterinnen verlangt. Niemand hat dies irgendwo studiert, es muss vollständig innerhalb der Firma vermittelt und ständig angepasst werden an neue Entwicklungen. Der Bereich Au-pair verlangt, genau wie die Kindertagespflege oder die Schuldenberatung, politische Allianzen und echte Lobbyarbeit. So sind die Anforderungen an die Aufnahme von Au-pairs aus Osteuropa nach dem Visa-Skandal unter Joschka Fischer ständig verschärft worden. Deutschland ist heute im Vergleich zu anderen Ländern bei der Einreise von Au-pairs besonders restriktiv – die Zulassung hat sich, von der Öffentlichkeit fast unbemerkt, in den letzten Jahren als Resultat politischer Entscheidungen praktisch halbiert. Das bedeutet aber für die interessierten Familien einen großen Nachteil, denn es stehen nicht wirklich gute Alternativen zur Verfügung, um zum Beispiel mehrere Kinder nachmittags vom Kindergarten und der Schule abzuholen. Au-pairs müssen heute bereits ziemlich gut Deutsch sprechen, bevor sie einreisen dürfen, das ist eine große Hürde, weil längst nicht überall ein Goethe-Institut seine Dienste anbietet. Letztlich ist es also ein weiterer Standortnachteil für Deutschland auf dem globalen Markt junger qualifizierter Arbeitskräfte – denn Au-pairs sind meist Studentinnen, die später in ihrem Land zur Elite zählen. Das Ganze ist damit Teil der komplizierten politischen Auseinandersetzungen: Ob die Tätigkeit eines Au-pairs für eine Familie grundsätzlich eher als Ausbeutung zu betrachten ist oder eher als Chance für die jungen Leute und als positive Erfahrung für die aufnehmenden Familien – bei solchen Fragen tun sich alte politische Grabenkämpfe auf, etwa zwischen den Gewerkschaften und einigen Wohlfahrtsverbänden einerseits, die dieses Modell eher mit Skepsis betrachten, und politischen Kräften wie der FDP andererseits, die es einfach begrüßt, wenn berufstätige Familien eine bezahlbare Hilfe finden können.

Führung ohne Kommandostrukturen

In einem Unternehmen, das seine ersten Sporen verdient hat, gibt es, gerade bei gut eingespielten Frauenteams, die Gefahr, dass sich Routinen einschleichen, die zu weit innerhalb der Komfortzone, des Wohlfühlklimas, liegen. Bei guter Stimmung und Auftragslage besteht stets die Gefahr, den Markt zu vergessen – nicht genug auf der Aussichtsbrücke zu stehen und auf Eisberge, Felsen, Hurrikane zu achten – oder den Radar auszuschalten. Die Arbeit wird gut erledigt, sie wird auch gern getan. Interne Prozesse gelten als gesetzt und zum Beispiel durch ISO-Normen gewissermaßen in Stein gemeißelt. Wir haben professionelle Strukturen und Zertifikate, alles ist in Ordnung. Das Team bildet einen Kokon.

Hier lauern echte Gefährdungen: Wie und vom wem werden, wenn es draußen stürmt, die Segel neu gesetzt? Wohin wird umgesteuert? Wer reißt das Ruder herum? Wohin richtet sich die Energie? Wie bildet sich ein neuer Konsens? Diese Fragen stellen sich, weil nach einer Gründungsphase mit Alleinstellungscharakter natürlich Wettbewerber auftreten, mit niedrigeren Preisen, anderen Arbeitsmodellen, anderen Produktmischungen, schickeren Internetseiten. Nun stellt sich die Frage der Organisationsstruktur und der Führungskultur, der Entscheidungsprozesse in einem komplexen Unternehmen, das letztlich von der Begeisterung aller seiner Kolleginnen lebt. Wie hoch wird das Gefährdungspotenzial beurteilt? Welche Strategie wird eingeschlagen? Andere Preise? Andere Leistungen? Mehr Internet? Neue Geschäftszweige? Es ist das ganz normale Wirtschaftsleben – auch eine Frauenkultur muss unternehmerische Antworten darauf finden. In erster Linie sein Führungspersonal.

In einem sich ständig verändernden System ist die Aufgabe von Führungskräften immer schwer zu beschreiben. Der Schwerpunkt liegt ohne Zweifel auf Inspiration, auf das Mitnehmen der Kolleginnen und Kollegen zu den Zielen, die die Organisation insgesamt setzt. Auf der lokalen Entwicklung gemeinsamer Ziele – nicht zu hoch, nicht zu niedrig. Auf der Koordination von Teams.

Auf der intelligenten Steuerung der knappen Ressourcen. Wo können wir wie viel Arbeitskraft einsetzen? Wie können wir lokal unsere Prozesse optimieren, um Kraft freizuschaufeln für wichtige Aufgaben und Innovationen? Auf der Vermittlung in Konfliktfällen. Vor allem aber, und letztlich am wichtigsten: auch auf der erfolgreichen Festigung und Ausweitung der Marktposition vor Ort.

Wir haben schon gezeigt, dass Frauen auf den formalen Aufstieg und die Beförderung von Kolleginnen oft abwehrend reagieren – sie sind sehr ungern Befehlsempfängerinnen. Also ist erfolgreiche Führung im Frauenkosmos immer so weit wie möglich Inspiration, dann Koordination, Coaching, Unterstützung, Delegation, denn diese Rollen werden von den geführten Frauen noch am ehesten angenommen. Führung ist dann klar und unstrittig, wenn die Person Sicherheit und Zuversicht vermitteln kann, wenn ihr einfällt, wie ein Problem gemeinsam zu lösen ist. Wenn die Kolleginnen ihr – murrend, knurrend oder freudig – in Zeiten der Krise bereitwillig folgen, zur Not mit viel Extrakraft und Extraaufwand. Führung heißt: sich nicht einschüchtern lassen von schwierigen Situationen, von Verträgen, die wegbrechen, von Mitbewerbern, die plötzlich auftreten.

Führungsfrauen brauchen Unterstützung darin, ihre Kolleginnen durch Überzeugung mitzunehmen, Fehler zu tolerieren, Konflikte nicht eskalieren zu lassen, keine indirekten Aggressionen von oben auszusenden. Es gibt Frauen, die ganz unbewusst und unschuldig in ihrer Führungsrolle machtvolle negative Signale senden, ihr Gesicht zur Maske machen, den Blickkontakt verweigern. Oft verbirgt sich dahinter die immerwährende Sorge, nicht wirklich akzeptiert zu werden. Es stimmt tatsächlich: Äußere Autorität ist in unserer Firma nur beschränkt vorhanden. Innere Autorität ist die wichtigste Währung. Wer Frauen primär durch Weisung führen will, hat schon verloren. Weisungen, Abmahnungen oder gar Entlassungen sind immer nur Notlösungen. Wer für alle Konflikte eine Supervision braucht, kann sie nicht lösen. Bei Führungsfrauen kann zusätzlich das berühmte negative weibliche Erinnerungsvermögen eine große Rolle spielen. Während die Organisation als Ganzes immer wieder neue Chancen bietet, wiegt ein Konflikt mit einer Kollegin, der Jahre zurückliegen kann, für die Führungskraft bisweilen schwer und lässt in ihren Augen keine Neubewertung zu.

Eine alte Regel sagt: Führungskräfte können nicht mit ihren »Untergebenen« befreundet sein. Im Sinne einer engeren Freundschaft mag das manchmal zutreffen, obwohl ich es für mich schon erfolgreich anders praktiziert und erlebt habe. Aber letztlich ist es für Frau nur dann attraktiv, eine Führungskraft zu werden, wenn dafür nicht Wärme, Nähe, Spaß und Gemeinschaftsgefühle aus ihrem Arbeitsalltag verschwinden. Der beste Weg dazu ist, die meisten potenziell disziplinarischen Themen in die Entscheidung des Teams zu verlagern. Ob Pünktlichkeit, Zuverlässigkeit, guter Umgang mit Kunden, Übernahme von zusätzlichen Aufgaben: Das meiste davon kann und muss ein Team selbst klären – oder es muss durch die Qualitätsstandards eindeutig sein. Die Führungskraft ist gewissermaßen nur diejenige, die den Taktstock schwingt, um das Zusammenspiel zu ermöglichen. Dabei sollte sie so selten wie möglich Disziplinarmaßnahmen einsetzen. Schon das ritualisierte Mitarbeitergespräch ist eigentlich eine Verletzung dieser Regel – besser ist es, wenn die genannten Themen Bestandteil der regulären Kommunikation sind.[8]

Eine Führungskraft darf nie vergessen, dass der Wunsch nach Autonomie und Entscheidungsfreiheit – und nach einem guten Teamgeist –, im Großen wie im Kleinen, die zentrale positive Motivation für Frauen darstellt. Sie darf nicht vergessen, dass Führung als solche den Wunsch nach Gleichheit verletzt. Die Ziele, die sie mit dem Team umsetzen möchte und soll, müssen vernünftig und realisierbar sein und sie muss die Mittel dafür bekommen. Sie ist bei knappen Ressourcen darauf angewiesen, das Team bei guter Laune zu halten und bessere Zeiten aktiv mit herzustellen. Ihre Aufgabe ist es also auch, neue Felder mit zu entwickeln, die mehr Einkünfte zu besseren Renditen erzeugen können. Eine Führungskraft, die nichts Neues mitentwickelt, hält nicht nur die Firma, sondern auch ihr Team zurück. Denn die Antwort auf knappes Geld, sinkende Preise, Wettbewerb liegt immer und in jeder Branche darin, neue Leistungen zu entwickeln, die wieder mehr Wert erwirtschaften. Sparen allein kann keine Dynamik erhalten oder erzeugen. Eine Führungskraft, die nur die bestehende Produktpalette und die Verfahren eines Unternehmens effektiv umsetzt und verwaltet, kann nicht die Kreativität ihrer Kolleginnen aktivieren. Führung ist letztlich verantwortlich für Vision, gute Stimmung, Optimismus, positive Energie – wo dies erlahmt, ob in der Buchhaltung oder an der Kundenfront, ist langfristig der Titel Führung falsch.

Für die Welt der Zukunft, für die frauengerechten Firmen und Organisationen ist es also entscheidend, Führung neu zu definieren – und das Bestimmerbild weitgehend abzuschaffen. Es gibt dafür verschiedene Denkmodelle: Führung auf Zeit ist eine Möglichkeit, sie ist aber nicht zwingend, denn es gibt wirklich visionäre Frauen, die eine solche Funktion ohne Widerspruch auch länger ausüben können. Ein Maximum an Entscheidungen in die Teams zu verlagern, nicht nur über Arbeitszeiten, sondern auch über verfügbare Budgets, ist die zweite und wahrscheinlich wichtigste Möglichkeit. Bei strittigen Entscheidungen immer Rücksprache mit einer außen stehenden Person halten – eine Entscheidung gegen ein Team oder eine Person niemals alleine treffen, sondern sie vorher mit einer Ratgeberperson in der Organisation abzuwägen, ist eine dritte Möglichkeit.[9] Führungen zu wählen könnte eine weitere Möglichkeit sein – wobei die Befürchtung nicht von der Hand zu weisen ist, dass dann der kleinste gemeinsame Nenner oder ein Trägheitsmoment zum Zug kommt und nicht die Vision. Die Kolleginnen sind auch nur Menschen.

Führungen können auch in die Irre laufen, wenn sie selbst keine Ziele haben. Ihre Ziele und Aufgaben müssen also rückgekoppelt sein mit der Organisation. Das müssen keine formalen Prozesse sein, keine schriftlichen Berichte. Aber es muss zu jedem Zeitpunkt deutlich gemacht werden können, von beiden Seiten, was die Aufgabe in diesem Team gerade mit den konkreten Zielen der Gesamtorganisation zu tun hat und wie sie genau dazu beiträgt, diese zu erfüllen.

In jedem Fall aber ist es wichtig, auch Alternativen für Personen zu entwickeln, die in ihrer Führungsrolle keine Freude mehr finden und vielleicht auch keine Akzeptanz genießen. Um in das Bild unseres Kosmos einzutreten: Sie brauchen nicht unbedingt nach unten zu gehen, sondern sie können neue Aufgaben suchen. Ich selbst bin von der Geschäftsführung zur Beratung übergegangen – bin nun im wahrsten Sinn Unternehmerin, führe nicht die operativen Geschäfte, mische mich nicht in den Alltag unserer Geschäftsführung ein, stehe ihr aber dort zur Seite, wo sie das nachfragt. Wir haben andere Kolleginnen, die von Führungsaufgaben in Beratungs- und Datenbankprojekte übergewechselt haben und deren Ressourcen jetzt sehr geschätzt werden. In einem Kosmos, in dem die Hierarchien nicht sehr ausgeprägt sind und Fachaufgaben eine hohe Wertschätzung genießen, ist das nicht mit großen Statuseinbußen verbunden, sondern vielleicht sogar mit Gewinnen. Solche flexiblen Wechsel zu ermöglichen, ohne dass diese als Degradierung empfunden werden, sind eine wichtige Entwicklungsaufgabe für das frauengerechte Unternehmen der Zukunft.

Das Organigramm-Drama

Eine visionäre Figur im Zentrum kann für die existenziellen Grundfragen eines Unternehmens – wie spielen alle zusammen, wie werden hohe Einsatzbereitschaft und Ideenreichtum immer wieder neu geboren – eine wichtige Rolle spielen, entscheidend aber ist die Qualität der Rückbindung dieser Kernvision in die Gewebefaser, ein Prozess, der niemals abgeschlossen und überdies mit Frauen sehr herausfordernd, allerdings auch besonders fruchtbar ist. Unsere Entwicklungssprünge waren, bei so begrenzten Ressourcen, gerade mit Frauen möglich, und zwar dadurch, dass sie viel Autonomie, Entwicklungsraum und Sinnhaftigkeit geschenkt bekamen.

IT, Grafik, Buchhaltung, Personalverantwortung sind bei uns zentrale Funktionen. Alle Standorte müssen sich an ihrer Finanzierung mit Pauschalabgaben beteiligen. Diese sind festgelegt und werden verständlicherweise oft wie eine Zwangssteuer empfunden – eine Zentrale hat immer den Hang, zu wachsen und sich zu verselbstständigen. Wir versuchen, dem entgegenzuwirken, indem möglichst viele Aufgaben über das ganze Netzwerk verteilt und möglichst viele davon als notwendiges »Ehrenamt« auf Gegenseitigkeit eingebracht werden, weil sonst die finanzielle Bürde unvertretbar hoch würde.

Die Aufgaben des Unternehmens wurden in sogenannte »Produktbereiche« aufgeteilt – die für diese Felder zuständigen Kolleginnen bilden eigene Arbeitsgruppen und Netze, haben jeweils eine Koordinatorin mit dem Namen »Produktverantwortliche«. Wer die Verantwortung für einen solchen Produktbereich innehat, kann und muss reisen, in politischen Gremien auftreten und sich innerhalb und außerhalb des Unternehmens Sichtbarkeit und Ansehen verschaffen. Je nach Umfang sind solche erweiterten Zuständigkeiten auch mit Zusatzbezahlungen verknüpft, allerdings in begrenztem Umfang. Damit wurde ein überregionales Tätigkeitsnetz geschaffen.

Unser Organisationsmodell beruht darauf, dass jeder Standort auch Kompetenzen und Arbeit ins Gesamtnetz einbringt, die der Weiterentwicklung des Gesamtsystems dienen – wovon er wiederum selbst profitiert, denn kein lokaler Standort könnte mit derselben Attraktivität und Leistungstiefe allein am Markt auftreten. Die Produktbereiche genießen durchaus eine gewisse Autonomie – das Prinzip, Aufgaben dezentral zu lösen, ist wirtschaftlich für uns unverzichtbar. Es ist aber auch ein Kernbaustein für die hohe Motivation unserer Kolleginnen und Kollegen. Hier besteht ein Spannungsfeld, wenn zum Beispiel eine Produktgruppe mehr Ressourcen möchte, mehr Zeit, Personal und Geld für ausführliche Beratung, für Qualifizierung oder Publikationen – und dies im Gesamtsystem nicht möglich ist, auch von den anderen Bereichen so nicht akzeptiert werden kann. Viele Entscheidungen sind also hochpolitisch und es besteht durchaus die Gefahr, dass sie zu lange verzögert werden, um andere Teams oder Personen nicht zu verprellen. Ein rasches »Durchregieren« andererseits, ohne dass die Frontfrauen überzeugt sind, funktioniert meist nicht, denn dabei werden wichtige Signale überhört. Das Gesamtsystem in seinen Strukturen ist also innerlich verknüpft, aufeinander bezogen. Dabei ist es manchmal in der Gefahr, sich zu langsam zu verändern. Die Frage ist nun, wie sich unsere Organisationsform – Standorte einerseits, Produktgruppen andererseits – dynamisch entwickeln lässt.

Wir sind ein matriarchalisch geprägtes Unternehmen. Die zentralen Figuren sind nicht allmächtig, sie können es nicht sein. Sie müssen wahrnehmen, was sich innerhalb und außerhalb entwickelt, und Entscheidungen ermöglichen, nur im Notfall diese auch rasch selbst treffen. Sie müssen erkennen, wo ein Umsteuern notwendig ist, selbst wenn sich Widerstände zeigen. Die Balance zwischen einer Hauruck-basta-Kultur und einem allzu langen Aushandlungsprozess ist nicht leicht zu finden. Die Schaffung von Beratungs- und Entscheidungsgremien ist oft teuer und produziert eigene Logiken, die sich nach kurzer Zeit überholt haben können.

Die gesamte Organisation ist also ein Organismus in ständiger Veränderung. Führung bedeutet letztlich »nur«, die richtigen Impulse zur richtigen Zeit zu geben und die Menschen mitzunehmen und zu begeistern. Die Impulse kommen nicht nur von oben, sondern entstehen auch lokal durch die Fühler, die überall nach draußen ausgestreckt sind. Es gibt Standorte, in denen viele neue Anstöße generiert werden und andere, die eher darauf warten, was sich auf den Märkten tut. Es gibt Standorte, die verlässlich Gewinn abwerfen, aber wenig Neues entwickeln, andere, die schwächere Zahlen haben, dafür aber neue Chancen und Gefahren erkennen. Wer ist nun zu loben? Beides ist nötig, aber beides geht nicht immer zusammen. Standorte, Produkte und Personen haben außerdem bessere und schlechtere Phasen – auch dies lässt sich über die Zeit gut erkennen. Es gibt Personen, die im Laufe der

Zeit an Grenzen gestoßen sind und auch leistungsschwächere Phasen zeigten, sich dann aber auch wieder zu neuen Höhen aufschwangen. Oder auch nicht. Es gibt wichtige Leistungsträgerinnen, die bei Führungsaufgaben in zu viele Konflikte geraten – in solchen Fällen müssen wir Wege finden, ihre Kompetenz zugänglich zu machen, ohne dass zu viel Kraft verloren geht.

Der ewige Konflikt gerade für Frauen zwischen Fokus und Multitasking, zwischen Struktur und Offenheit zeigt sich so auch in der Organisation. Wird dem Wunsch nach Klarheit und festen Strukturen, nach wohldefinierten Budgets und harten Wirtschaftsplänen jedoch zu sehr nachgegeben, so erreichen wir nicht nur wenig, sondern das Falsche: uninspirierte Regelerfüllung bei den einen – oder subtilen Widerstand bei den anderen. Um Frauen wirklich an Deck zu halten, bereit für Sturm und Wind und Wetter, müssen die Strukturen ihre Vorschläge und Anregungen aufgreifen und ihre Ängste mit Respekt behandeln. Sonst bleibt ein großer Teil des weiblichen Potenzials auf der Strecke. Wir aber haben den Anspruch und das Ziel, dass der größte Teil unserer Kolleginnen sich weiterhin aktiv einbringt – unser Geschäftsmodell basiert darauf. Die Voraussetzung dafür ist eine flüssige, geschmeidige, allerdings etwas diffuse Organisation, der Preis, dass es kein klares Organigramm für unsere Firma gibt und auch nicht geben kann. Organigramme töten Motivation, jedenfalls in unserem Unternehmen. Eine nach Frauendynamik aufgebaute Organisation ist viel weniger von formalen Hierarchiestrukturen geprägt – und der Versuch, das Leben der Firma hauptsächlich in formale, hierarchiebestimmte Formen zu pressen, würde den Lebensnerv der Motivation in diesem Kosmos zerstören.

Jede mittelmäßige Software bietet heutzutage einfache Möglichkeiten, eine Organisation abzubilden: Eine Geschäftsführung,

Abteilungen, Unterabteilungen – eine Pyramide eben, oben Funktionen mit Namen, weiter unten können dann die Mitarbeiterinnen, wenn überhaupt, dann nur noch N.N., anonym bleibend also, aufgeführt werden, weil sonst die Namen gar nicht mehr lesbar wären. Eine solche optische Pyramide, die auf Top-down-Prozesse ausgelegt ist, verletzt nicht nur optisch den Stolz vieler Akteurinnen. Sie bildet auch überhaupt nicht ab, wie vielfältig Kompetenzen in unserem Unternehmen verknüpft sind und wie Entscheidungen letztlich getroffen werden. Denn unser System ist eher ein dreidimensionaler Kosmos mit vielen elastischen internen Knotenpunkten und Verzweigungen. Ein Gehirn? Ein Sternennebel? Ein Spinnenetz? Eine Art Atomium? Ganz sicher jedenfalls keine Pyramide – so wie die meisten Organigramme sich darstellen.

Für Männer in ihrem Ordnungsbedürfnis ist es meist wichtig, wer »wirklich« zählt – das befriedigt ihr Hierarchiebedürfnis. Für viele Kolleginnen mit ihren vernetzten unterstützenden Funktionen, die für den Erfolg genauso wichtig sind wie Führungsaufgaben – und oft sogar noch wichtiger –, bedeutet die bildliche Darstellung durch ein Organigramm aber vor allem eine Form des Unsichtbarmachens.

Sie erzeugt aber zugleich noch weiter Probleme: Wer im Organigramm offiziell aufgeführt ist mit einer Leitungsfunktion, wird nicht nur von anderen so wahrgenommen, sondern erlebt sich selbst auch aufgewertet, wichtig und leitet daraus eine veränderte Rolle ab. Die Positionierung einer Frau auf einer bestimmten Hierarchieebene in einem Organigramm wirkt keineswegs nur klärend und funktional, sondern sie produziert traditionelle und hinderliche Klischees von Führung in den Köpfen der »Führenden« und der »Geführten«. Wer oben steht, kann viel anordnen, wer unten ist, hat wenig zu sagen. Es zementiert Haltungen und Einstellungen, die in dieser Form gerade für Frauen kontraproduktiv sind, denn es stört das Bild und das Ideal des Machtgleichgewichts. Lieber gar keine Bilder als falsche Bilder, sagten wir uns und verzichteten auf eine solche Grafik.

Wer ist aber nun bei uns die Geschäftsleitung? Die erste und die zweite Führungsebene? Die dritte? Und danach? In der Realität gibt es selbstverständlich »normale« Leitungsfunktionen – aber mit unterschiedlichem Bedeutungsgehalt und nicht immer scharf definierten Profilen. Leitungsfunktionen können regional definiert sein (Standortleitungen), können sich auf die Leitung von Einrichtungen, Gruppen oder Klassen in Kindertagesstätten oder Schulen beziehen. Teilweise umfassen sie die Verantwortung für einen Produktbereich – beispielsweise die Entwicklung des Bereichs »EAP« – Employees Assistance Programme. Je nach Typ der Aufgabe, nach Marktentwicklung, aber auch nach den Regeln öffentlicher Auftraggeber sind solche Aufgaben mit größeren oder geringeren Gehaltszuschlägen ausgestattet. Teilweise greifen die Verantwortlichkeiten von Führungskräften durchaus ineinander und übereinander – das alles, auch im Budget, klar und dauerhaft abzugrenzen, überfordert nicht nur jede Grafik und jede Software, jede Verwaltung, sondern auch die Wahrnehmungen der Einzelnen. Hier müssen in festen Abständen Absprachen getroffen werden zwischen den betroffenen Teams und den Leitungen.

Als wir vor zehn Jahren versuchten, für unsere Kunden und auch für uns selbst und die wachsende Zahl der Mitarbeiterinnen unsere Struktur in einem Organigramm abzubilden, war der Erfolg, dass einige Kolleginnen völlig frustriert waren, Tränen vergossen und Sinnkrisen erlitten, weil sie im Organigramm gar nicht vorkamen. Zu Recht, denn sie waren in der Organisation als wichtige und strategische Personen bekannt, sie brachten ihr Wissen in für die Zukunft bedeutende Arbeitsgruppen, Projektgruppen ein – aber sie bekleideten eben keine der wenigen offiziellen Führungspositionen. Davon gab es wenige, nicht etwa aus psychologischen Gründen der Rücksichtnahme auf die Befindlichkeit von Frauen, sondern zunächst vor allem auch aus finanziellen Gründen. Die Preise, die wir bei Unternehmen für unsere Dienste erzielen konnten, waren nicht hoch genug für eine starke Ausdifferenzierung der Gehälter. Um mehr Kolleginnen deutlich höher als andere zu bezahlen, hätten wir viele Gehälter relativ absenken müssen. Das ist zwar auf dem Arbeitsmarkt durchaus nicht unüblich, aber es widersprach unserem, meinem Verständnis von Gerechtigkeit und Fairness – und auch der Tatsache, dass die Kolleginnen ja Tätigkeiten mit hohen Anforderungen erfüllen mussten.

Heute sehe ich diese damals instinktiv oder notgedrungen gewählte Strategie als große Chance. Alle Kolleginnen hätten sicher gern mehr verdient, aber gleichzeitig ist ihr größter Antrieb das gute Klima, der Zusammenhalt und die relative Gleichheit untereinander, wenn auch in großer Bescheidenheit. Stärker und systematisch ausdifferenzierte Gehaltsstufen bringen in einem Umfeld unter Frauen weder Antrieb, noch Arbeitsfreude, noch bessere Leistungen, sondern eher Konflikte mit sich. Eine Art pragmatischer Sozialismus, gewürzt zunächst durch inhaltliche Karrieren und spannende Aufgaben und erst dann – in begrenztem Umfang – durch Positionen mit mehr Geld und Verantwortung, liefert die besseren Resultate in einem Frauenkosmos.

Bis heute leben wir deshalb bei diesem Thema im Ungefähren und Experimentellen. Es liegen auch nicht alle Gehälter offen auf dem Tisch – in den Standorten und Projekten gibt es jeweils ein Team, das die Budgets verwaltet und auf eine der Situation angepasste Fairness achtet. Diese Fairness ist nicht mechanisch; sie hat durchaus auch etwas mit Marktpreisen und Vergleichslöhnen zu tun, sie orientiert sich auch an regionalen Gegebenheiten oder – in unseren Einrichtungen – am öffentlichen Dienst. In manchen Fällen fließen bewusst und im Konsens Rücksichten auf persönliche Lebensumstände in das Gehalt mit ein, werden Zuschüsse zu Kinderbetreuung oder Kredite gewährt, auch über das Maß des in der Firma Üblichen hinaus. Das sind jedoch lokale Entscheidungen. Wo alle gleichermaßen entscheiden können, besteht unter den Kolleginnen ein großer Hang zur völligen Angleichung von Bezahlung – außer für die Führungskräfte, um Konflikte zu vermeiden. Es ist in der Regel völlig unstrittig, dass die regionale Leitungsperson deutlich mehr verdient als die Kolleginnen, oft war sie ja auch faktisch die Erstunternehmerin am Standort und hatte damit die unangefochtene Mutter-Position inne. Doch auch für die Leitungen gibt es keine feste Tabelle, sondern ein von der Situation abhängiges Gefüge. Sie sind unternehmerisch verantwortlich, d.h. sie können ihre Gehälter letztlich selbst festsetzen, im Rahmen des lokal Verfügbaren und Erwirtschafteten. Es ist eine Strategie des unbedingten Vertrauens, die sich sehr bewährt hat. Gerade dieses Vorgehen trägt dazu bei, dass sparsam gewirtschaftet wird. Allen Leitungen und Budgetgruppen ist schmerzhaft bewusst, dass ein Mehr an Gehalt für die Kolleginnen ein Weniger an verfügbaren Arbeitskräften und damit Mehrbelastung bedeutet.

Vuvuzela Management – gegen das Grauen unter Frauen

Im Jahr 2000, fast zehn Jahre nach Gründung unseres Unternehmens, entschloss ich mich auf Wunsch meines Mannes, nach Berlin umzuziehen. Er wollte näher an der Politik sein und ich sagte mir: kein Problem. Das Team in München funktionierte ziemlich reibungslos, die Stimmung war gut, die Kolleginnen konnten sicherlich ihre Arbeit auch ohne mich weiterhin bewältigen. Ich plante, einfach öfter vorbeizukommen und dann bei Bedarf mit Rat und Tat – wie bisher – behilflich zu sein. In Berlin unterhielten wir bereits eine Filiale, zwar viel kleiner als am Standort München, aber ich sah viele Möglichkeiten, dort direkt mit der Politik und den Ministerien in Kontakt zu kommen. Gesagt, getan. Wir fanden eine wunderbare Altbauwohnung, die Kolleginnen in Berlin nahmen mich herzlich auf! Es war eine der naivsten Entscheidungen meines Lebens – denn ich hatte mir praktisch keine Gedanken gemacht, wie wir eigentlich im Kern, in unseren Entscheidungsprozessen, wirklich funktionierten und welche neuen Strukturen von Organisation und Leitung angesichts unseres Wachstums für uns sinnvoll wären. Letztlich nahm ich wohl an, dass wir mit dem Wachstum auch auf die Spielregeln und das Wissen anderer größerer Firmen zurückgreifen könnten – oder dass es sich schon von selbst ergeben würde, so wie in den ersten zehn Jahren.

Weit gefehlt! Hinter mir in München brach die Hölle los – um Rangfolgen und Entscheidungskompetenzen. Ich war immer davon ausgegangen, dass es solche Probleme bei uns kaum geben könnte, weil wir doch praktisch alles im Konsens erledigten, mit guter Laune und guten Ergebnissen. Mein Zutun erschien mir nebensächlich, das bisschen Entscheidungen treffen, wo doch eigentlich immer schon allen klar war, was es zu tun gab. Und das bisschen Vision für die Zukunft, das mir leichtfiel und die Kolleginnen meist gerne aufnahmen und ziemlich mühelos teilten. Es hatten sich manchmal zwar auch Spannungen entwickelt und Kritik wurde an mir geäußert – nicht etwa laut, sondern, wie es die Art von Frauen ist, eher indirekt, verhalten, eher spürbar als hörbar: Manchmal war das Summen leiser, blieben Gesichter ausdruckslos, wurde der Blickkontakt vermieden. Aber mit meiner Energie und Überzeugungskraft und vor allem auch dank meiner unangefochtenen Position als Mutter-Gründerin ließ sich das immer wieder einfangen. Die Grunderfahrung, dass Frauenteams begeistert arbeiten und im richtigen Klima ganz Ungeheures und Unerwartetes leisten und dass sie dies gern und freiwillig tun, war davon nicht berührt.

Doch mit meinem Weggang aus München taten sich Abgründe auf: Eine Kollegin, die wichtige Aufgaben innehatte, weigerte sich, Absprachen einzuhalten. Dahinter steckten andere Probleme, die ich selbst versäumt hatte, rechtzeitig anzupacken. Eine alleinerziehende Mutter einfach zu entlassen, kam nicht infrage – nicht nur, weil das rechtlich problematisch gewesen wäre, sondern vor allem, weil ein solches Signal meist hohe Kosten verursacht: Andere Frauen bekommen Angst, verlieren das Vertrauen in Fairness und Partnerschaftlichkeit der Firma (später geschah die Entlassung dann doch – mit sehr negativen Folgen).

Egal, der Konflikt brach auf wie ein Eitergeschwür. In meiner Not entschloss ich mich zu einer hastigen Schnellreaktion: Ich ernannte kurzerhand schriftlich die zwei Frauen zu Leiterinnen, die mir dafür am besten geeignet schienen – letztlich ohne sie selbst vorher einzubeziehen oder die anderen Kolleginnen darauf vorzubereiten. In meiner diffusen Vorstellung ging ich davon aus, dass dieser Leitungstitel nur eine unbedeutende Hilfskonstruktion für einige wichtige Entscheidungen sein sollte, da im Allgemeinen das Team ja partnerschaftlich funktionieren sollte. Es war dies ein schwerer Fall von unzulässiger Konfliktvermeidung meinerseits gegenüber allen Beteiligten. Und es kam, wie es nach meinem heutigen Wissen – und nach allem, was wir über Frauen in Organisationen wissen – kommen musste. Die beiden Kolleginnen, die ich im Alleingang befördert hatte, fühlten sich überrollt, unvorbereitet, waren keineswegs geehrt und hatten darüber hinaus das Gefühl, sie seien von mir gar nicht mit »echter« Autorität ausgestattet worden. Und in der Tat war ich weiterhin der Ansicht, eigentlich sollten vor allem möglichst Teamentscheidungen getroffen werden, im Konsens. Führung oder Leitung sollte eher moderieren und inspirieren, statt selbst zu entscheiden und Anweisungen zu erteilen. Ich bin zwar immer noch und immer mehr dieser Ansicht, aber ich weiß inzwischen, dass gerade ein solches Konzept auf vielen Voraussetzungen basiert. Die Beteiligten müssen verstehen, warum ein solches System unter Frauen besser funktioniert – und vor allem, wie in einem solchen Modell Konflikte gelöst und Entscheidungen getroffen werden können, ohne in Endlosschleifen von Debatten alle Energie zu verbrauchen.

Jedoch: Im Prozess des Wachstums einer Frauenorganisation ungeeignete Strukturen zu bauen, Schnellschüsse loszulassen, unhinterfragt auf die inneren Bilder und Organigramme von traditionell geprägten Großorganisationen zu setzen, bedeutet letztlich, Bremsklötze zu errichten und positive Dynamiken zu lähmen. Die Angst, andernfalls ineffektiv zu werden, produziert dann selbst erst die Ineffektivität!

Ich hatte dem Team in München mit meiner Spontanaktion also keinen Gefallen getan. Einige der anderen Kolleginnen, bis dahin engagierte, tüchtige, gut gelaunte, hoch motivierte Frauen, die sich durch dick und dünn wechselseitig unterstützt hatten, revoltierten ganz offen gegen diese Entscheidung. Sie waren fassungslos, zumindest gegenüber einer der neuen Leiterinnen, die ich ausgewählt hatte. Warum gerade sie? Warum nicht eine andere?

Es dauerte Jahre bis das Team sich wieder friedlich ordnete, intern gut funktionierte – doch die Spuren der Kränkung blieben. Denn es gilt zu beachten: Frauen sind emotional nachtragend, weil sie so differenzierte emotionale Wahrnehmungen haben und sich insgesamt viel länger und stärker als Männer an negative Erlebnisse erinnern, auch dies liegt im evolutionären Erbe und den Schutzmechanismen von Frauen gegenüber Gefahren begründet. Diese Muster können viele talentierte Frauen nicht am Garderobenhaken ihres Büros abgeben. Es ist eine der vielen Eigenschaften, die untrennbar mit ihren vielen Stärken und ihrer Begeisterungsfähigkeit verbunden sind.

Es geht darum, solche Eigenschaften als gegeben zu respektieren und Organisationen so zu bauen, dass sie diese als normale Reaktionsweisen integrieren. Bei Konflikten gilt es durchzuatmen, Pausen zu machen – und die Regeln guter Konfliktbearbeitung unter Frauen zu kennen. Mit dem Urkonflikt um die Frage der Leitung am Standort München waren also zentrale Fragen aufgeworfen, die sich bis heute stellen, in immer neuen Formen. Sie stellen sich für alle Organisationen, in denen Frauen ernsthaft an Macht und Entscheidungen teilhaben wollen und sollen.

Der Krabbenkorb

Beförderungen von Frauen werden oft begleitet von extrem ablehnenden kritischen Urteilen durch andere Frauen: Ihre Kompetenzen und Verdienste werden plötzlich infrage gestellt, Freundschaften kühlen über Nacht ab und werden durch Misstrauen und Ausgrenzung ersetzt – eine heftige Bestrafung für die aufgestiegenen Frauen. Frauen lassen ungern andere Frauen aus ihrem Gruppenzusammenhang in Führungspositionen aufsteigen. Wir sehen uns dabei konfrontiert mit dem »Krabbenkorb«-Syndrom, ein Bild für ein bestimmtes Verhalten von Frauen, das in der Literatur oft beschrieben worden ist[10]: Die Tiere versuchen vergeblich über den Rand eines Korbs in die Freiheit zu entkommen, stoßen sich aber, wenn sie sich über die anderen hinwegzusetzen versuchen, gegenseitig wieder hinunter in den Korb. Das »Krabbenkorb«-Syndrom zeigt sich auch in unserem von Frauen geführten Unternehmen deutlich – und es ist kein Nebeneffekt der Präsenz von Männern.

Wir befinden uns hier im Auge des Taifuns, bei der Kernfrage, wie Unternehmen und Institutionen aussehen müssen, in denen Frauen sich wirklich einbringen, wohlfühlen und ihr ganzes Potenzial zeigen können. Frauen, um es verkürzt zu sagen, wollen es in der Regel flach, flach, flach – das psychogenetische Erbe ist eher auf Egalität und Kooperation angelegt. Auf Verletzungen dieses Gleichheitsprinzips reagieren sie oft empfindlich, negativ, aggressiv, vor allem wenn Einzelne aus einer Gruppe durch Beförderung oder auch durch gezielte Belobigungen besonders herausgestellt werden. Deshalb widerspricht die Methode des direkten Wettbewerbs untereinander, die in Unternehmen so gern eingesetzt wird, zutiefst dem, was die meisten Frauen antreibt und ihnen Freude macht. Es ist, als wollte man Katzen mit Grünfutter statt mit Milch, Mäusen oder Fischen locken. Wie aber soll und kann aus solchen weiblichen Haltungen jemals ein Organisationstyp entstehen, der für den Wettbewerb, noch dazu in einer globalen Welt, aufgestellt ist? Ist das überhaupt vorstellbar?

Unser Unternehmen, groß für eine frauengeführte Firma, klein gemessen an einem Großkonzern, übt gerade, die gröbsten Fehler auf diesem Weg zu vermeiden und Schritt für Schritt passende Lösungen zu finden. Wir sind ein winziger Puzzlestein auf dem Weg der Evolution neuer Organisationsstrukturen, deren DNA die Motive von Frauen konsequent berücksichtigen. Ein Buch mit dem Titel *In the Company of Women – Indirect Aggression among Women*, geschrieben von zwei Organisationsberaterinnen mit breiter Beratungserfahrung in Unternehmen, Pat Heim und Susan Murphy[11]. hat mir geholfen, besser zu verstehen, was dafür nötig ist.

Frauen in Teams arbeiten gewöhnlich intensiv, schnell, unkompliziert, solidarisch und effektiv. Sie erleben dies oft als ungeheuer befreiend und bereichernd – je nachdem, wie ihre vorherigen Erfahrungen waren. Doch auf die Flitterwochen folgt der Alltag: Nach der Gründungsphase eines Teams, einer Projektgruppe, eines Unternehmens treten zwangsläufig Dissonanzen auf. Selbst wenn Menschen die gleichen Ziele haben, sind sie nicht immer einer Meinung, wie das Ziel am besten erreicht wird. Mit welchen Arbeitsschritten? Wer muss, wer darf welche Aufgaben übernehmen? Wie viel Geld fließt dafür? An wen? Von wem?

Manchmal herrscht aber auch Uneinigkeit über die Ziele selbst: Soll ein bestimmtes Produkt neu angeboten oder wieder aufgegeben werden? Sollen wir neben der Vermittlung von Tagesmüttern und Kinderbetreuung auch Kinderkrippen anbieten? Kindergärten? Schulen? Schuldenberatung? Paarberatung? Kongresse? Die Begleitung von Modellprojekten für Ministerien?

Dahinter steht die Frage: Gilt für uns das Motto »Wachsen oder Weichen«? Fokus oder Erweiterung? Welche Preise können, müssen, dürfen wir verlangen? All das ist notwendigerweise immer von mehreren Seiten zu beurteilen, nach Sinn, Risiko, Chancen etc. Ich selbst und auch unsere heutige Geschäftsführerin neigen zum enthusiastischen Wachstum und zur Risikobereitschaft. Das braucht Gegengewichte – doch wie viel Skepsis kann sich eine Firma leisten und wie wird der Weg zwischen beiden Polen gefunden?

In traditionellen Organisationen werden Entscheidungen meist von oben nach unten getroffen. Die männlichen Mitarbeiter mögen sie richtig oder falsch finden, aber sie fügen sich in der Regel. Sie haben das von Kindheit an eingeübt. Sie können sogar mit Kollegen ein Bier trinken gehen, nachdem sie sich in einer Sitzung heftig angeschrien und konträre Meinungen vertreten haben. Schnaps ist Schnaps, Bier ist Bier. In einer Frauenorganisation dagegen gilt es zunächst einmal mühsam zu akzeptieren, dass es überhaupt unterschiedliche Auffassungen geben darf und muss – und dann Regeln zu finden, wie daraus sinnvolle Entscheidungen entstehen können. Das ist gewissermaßen die Schlüsselfrage für den Erfolg eines von Frauen geprägten Unternehmens.

Neben der Akzeptanz der Tatsache, dass es überhaupt Konflikte geben kann, gilt es dann zu verstehen, dass es gerade unter Frauen höchst unterschiedliche Arten gibt, Konflikte auszutragen, viele davon eher indirekt. Bleiben sie aber unbearbeitet und ungelöst, werden insbesondere die Verhaltensweisen oder Strategien einer Führungskraft negativ wahrgenommen, so setzen auch in unserem Frauenunternehmen manche Kolleginnen ein wahrhaft beängstigendes Arsenal von Widerstandsmodellen ein: Eine wilde Gerüchteküche brodelt, Heckenschützinnen schießen aus dem Hinterhalt, Drama-Queens mit hohem Sabotagepotenzial beschwören Untergangsszenarien; statt Enthusiasmus und Begeisterung schleichen sich Unlust und Langsamkeit ein. Wie damit umgehen?

Fehler sind wichtig: Konfliktbearbeitungsstrategien

Um Konflikte zu lösen, braucht es ein Verständnis davon, welche Möglichkeiten von Konfliktbearbeitung überhaupt existieren. Frauen werden vor allem dann ineffektiv, wenn sie für die Entscheidungsfindung die falsche Methode einsetzen, zum Beispiel indem sie so lange über neue Preismodelle oder Einsatzpläne diskutieren, bis alle erschöpft sind und nichts gelöst wurde. Hier geht es also um die Kenntnis und Erweiterung des verfügbaren Repertoires. Oft werden Techniken wie Moderation, Supervision, Coaching, aktives Zuhören genutzt – und fast ebenso oft ohne Erfolg. Doch die Autorinnen Pat Heim und Susan Murphy haben dafür ein sehr effektives Diagnoseinstrument entworfen[12], mit dem sich jede Person oder Organisation ihr bevorzugtes Konfliktmanagement deutlich vor Augen führen kann. Sie zeigen, dass im Umgang mit Meinungsverschiedenheiten oft nur auf eine Methode gesetzt wird, während die Wahl der jeweiligen Strategie besser je nach Situation getroffen werden sollte. Die meisten Frauen bevorzugen allerdings einen bestimmten Stil.

Die *Kooperation, die gemeinsame Erarbeitung von Win-win-Lösungen* gilt unter Frauen als der demokratische Königsweg. Sie ist in der Tat immer dann sinnvoll, wenn es um wichtige langfristige Entwicklungen geht, innerhalb einer Gruppe, aber auch zwischen verschiedenen Teams oder Projektgruppen. Wie werden Leistungen verrechnet, die der eine für den anderen erbringt? Wie viel beruht auf Gegenseitigkeit? Nach welchen Regeln werden Telefondienste besetzt, an denen verschiedene Teams beteiligt sind?

Hier wird danach gesucht, wie sich Energien gut ergänzen, wie jeder Blickwinkel einbezogen werden kann, um daraus etwas Neues zu schaffen. Einen besonders kreativen Personaleinsatzplan, eine neue Art, Daten zu erfassen, ein neues Angebot für Kunden. Die kooperative Konfliktlösung ist nicht das Produkt einer Führungsentscheidung, sondern aller Beteiligten. Einer erfolgreichen Führungskraft wird es gelingen, einer Win-win-Lösung zu schnellerem Durchbruch zu verhelfen, den Beteiligten die Erkenntnis und Formulierung ihrer gemeinsamen Interessen leichter zu machen. Nicht immer ist die formale Führung notwendig diejenige, die solche Moderation, solches Coaching für gute Kooperation am besten beherrscht. Organisationen aber, in denen die formalen Führungspersonen immer seltener oder gar nicht identisch sind mit denen, die spontan Autorität und Respekt für kreative kooperative Konfliktlösungen herstellen können, sind für die Zukunft schlecht aufgestellt. Je mehr die in einer Organisation existierenden Führungskräfte auch informelle Autorität und Ansehen genießen, desto niedriger ist hier das Spannungsverhältnis, desto weniger verletzen sie das Prinzip der Gleichheit – denn sie hören zu!

Kooperation und gemeinsame Entscheidungsfindung für alles können aber auch Prozesse zu sehr verlangsamen und den Alltag eines Betriebs völlig lähmen. Hier gilt es, Regeln zu finden, wie schnell genug entschieden werden kann und wie weit die Übereinstimmung getrieben werden muss. Es ist entscheidend, wie viel Vertrauen in die Kompetenz einzelner Personen oder Teams gesetzt wird – die informelle Währung von wechselseitigem Vertrauen und Sachautorität ist gerade unter Frauen wichtig. Ohne sie würden alle Prozesse und Abläufe schwer und zäh werden und die Freude am Neuen erlöschen. Diesen Vertrauensbonus müssen alle genießen, die in ihrem Themenfeld mit etwaigen Entscheidungen konfrontiert sind, dafür zu werben, ist Aufgabe des Unternehmens. Denn Entscheidungen anderer Frauen zu akzeptieren, ist für Frauen weit schwieriger zu erlernen als für Männer!

Eine Frauenfirma sollte eine Kultur des »Fehler-sind-wichtig« beherzigen. Wo Angst vor Fehlern herrscht, weil sie zu harscher Kritik oder gar zu Sanktionen führen, ist die Bereitschaft, positiv Verantwortung zu übernehmen und Dinge selbst zu entscheiden, begrenzt. Dies gilt gerade für Frauen, die sich Kritik und Ablehnung sehr zu Herzen nehmen und oft nicht über das oft eher unkritische Selbstbewusstsein vieler Männer verfügen.

Der *offene, direkte Konfliktstil* ist unter Frauen am wenigstens beliebt, er gilt als männlich, wird unter Männern auch viel mehr angewandt. Die klare, knappe, dominante, auch konfrontative Ansage, der nicht widersprochen wird, kann aber in bestimmten Situationen durchaus auch in einem Frauenunternehmen sehr wichtig sein – beispielsweise bei Vertragsverhandlungen unter Zeitdruck mit einem wichtigen Kunden, der eher unattraktive Bedingungen bietet. Ja oder nein? – Für solche Krisenentscheidungen muss tatsächlich ein Mechanismus geschaffen werden, der es einer Frau ermöglicht, eine Entscheidung zu treffen, die dann auch respektiert und umgesetzt wird. Dies ist jedoch nicht das vorherrschende Modell unter Frauen, wird es zum Habitus, so würgt es Initiative und Motivation ab. Das »Basta«-Modell wird in demokratischen Gesellschaften ohnehin immer weniger konsensfähig, auch unter Männern. Für Frauen besteht die Aufgabe darin, Regeln zu bilden, wann der »Basta«-Modus eingesetzt werden kann, durch wen, wann er wieder hinterfragt werden darf – aber auch: zu gewährleisten, dass nicht die Gerüchteküche eine solche Entscheidung torpediert. Hinter der Frage, ob und wieweit Anweisungen gegeben werden können statt zu diskutieren, steht die große Frage nach der Rolle von Hierarchien und der Definition von Führungsaufgaben in einem modernen Unternehmen. Denn im klassischen Unternehmen ersetzt die Anweisung ja weitgehend die Konfliktbearbeitung.

Frauen praktizieren häufig die *Konfliktvermeidung* – der gesenkte Blick, das Ausweichen, das Umgehen. Diese Strategie kann für kleinere und nebensächliche Fragen sehr richtig und durchaus eine Lösung sein. Nicht alles muss besprochen, diskutiert, transparent sein. Nicht alles ist wichtig genug für eine Aussprache. Nicht alles, was einer Führungskraft nicht gefällt, muss korrigiert werden – die Grenzen zwischen unergiebigem Mikromanagement und sinnvollen Korrekturen sind fließend. Die neue Kollegin schreibt Briefe, die noch sehr holprig sind und im Ton etwas schräg klingen? Ich kann den nächsten Brief mit ihr durchsprechen und mit einer Korrektur leben, die noch nicht ganz dem entspricht, was ich mir wünschen würde. Ich kann den Brief selbst schreiben – oder das Thema zunächst ignorieren. In jedem Fall gibt es Dinge, die als ärgerlich empfunden werden, die es aber nicht wert sind, Diskussionen auszulösen. Ebenso wie in privaten Partnerschaften.

Manchmal ist die Konfliktvermeidung gegenüber Kolleginnen, Vorgesetzten oder anderen Teams jedoch mit indirekter Aggression verbunden – mit dem, was als »Kohlenmonoxyd« im Klima eine ganze Organisation vergiften kann. Kritik besteht zwar, wird aber nicht offen formuliert, sondern auf der Toilette, beim Kaffeeautomaten, in der Hotellobby. Nicht alles muss immer an der Oberfläche sein. Aber es ist wichtig, eine Art Alarmsystem gegen das potenziell sehr schädliche Gift von Konfliktvermeidung in Koppelung mit indirekter Aggression zu installieren. In jeder Organisation, gerade unter Frauen, wird im Bienensummen immer mal wieder ein falscher Ton mitschwingen – steigert sich dies zum hässlichen Vuvuzela-Sound, braucht es offene Formen des Konfliktmanagements.

Gegenüber männlichen Kollegen und Vorgesetzten neigen Frauen dazu, *gefällig zu sein, sich oft wider besseres Wissen einfach anzupassen* und dadurch Konflikte nicht entstehen zu lassen. Sie laufen gewissermaßen untertourig, aber angepasst. Gegenüber Frauen ist diese Haltung der Gefälligkeit viel seltener – da sie die Gleichheitsregel verletzt. Es ist aber ein Stil, den gerade Frauen mit einer gewissen Macht und Autorität, mit Entscheidungskompetenzen ihrerseits bewusst einsetzen können und sollten – nicht im Sinn von manipulativen Gesten, sondern von kleinen authentischen Gefälligkeiten, die der Kollegin zeigen, dass sie wichtig ist und dass sie respektiert wird. Denn jede Frau, die formale Autorität hat, muss sich bewusst sein, dass sie allein schon dadurch die Spielregeln des Gleichheitsgebots verletzt. Sie sollte deshalb die Währung des Entgegenkommens immer in ihrem Verhaltenskoffer haben, ohne die Fachlichkeit und die Fairness zu verletzen. Dafür gibt es viele Möglichkeiten: mit der Kollegin essen gehen oder Kaffee trinken, das Geschirr abräumen, in der Wir-Form sprechen, das tolle Feedback loben, das die Kollegin von den Eltern ihrer Kindertagesstätte bekommen hat. Den Konjunktiv benutzen, sich für jede Hilfe bedanken, nichts für selbstverständlich nehmen, das Persönliche der Kollegin ernst nehmen – sofern sie das schätzt. Und nicht zuletzt: Sich entschuldigen, wenn sie einen Fehler gemacht und die Kollegin verletzt oder gekränkt hat. Sich also bewusst nicht größer machen, die eigenen Leistungen eher hintanstellen und die gute Leistung der anderen loben. Immer – wenn es angebracht ist, aber nur authentisch! Auch im Konfliktfall nicht vergessen, wo die Stärken der Kollegin liegen! Gefälligkeit von oben, durch die weiblichen Vorgesetzten ist wichtig, um den Alltag effektiver und angenehmer zu gestalten und unnötigen Konflikten vorzubeugen. Sie ist Teil von umfassender Prävention gegenüber einer Klimavergiftung.

Kompromisse aushandeln genießt einen guten Ruf, obwohl der Kompromiss oft durchaus problematisch ist. Kompromiss und Zusammenarbeit sind nämlich nicht das Gleiche. Beim Kompromiss wird ein Deal geschlossen, bei dem keine Seite wirklich das bekommt, was sie sich erhofft hatte. Kompromisse führen oft eine Logik des Aushandelns ein, die dann ebenfalls, gleich der indirekten Aggression, wie ein schleichendes Gift in einer Organisation um sich greifen kann. Es entstehen Rituale wie bei Tarifverhandlungen: Maximalforderungen werden aufgestellt, dazwischen ein Kompromiss gesucht. Dabei wäre etwas Anderes, Neues vielleicht viel besser für beide Seiten – statt 2 Prozent Gehaltserhöhung vielleicht ein schönes Firmenhandy, ein Budget für gemeinsame Feiern, Fortbildungen, Wellness oder sogar zur freien Verwendung für Spenden der Firma an Organisationen, die den Kolleginnen wichtig scheinen.

Kompromisse bedeuten eher den Warenaustausch, greift ihre Logik um sich, werden Solidarität und Kreativität leicht unterhöhlt. In einer Kultur des Kompromisses wird von beiden Seiten nicht wirklich Neues erwartet. Es regiert ein Geist des sogenannten Realismus, der davon ausgeht, dass die Dinge so sind, wie sie sind. Aber natürlich hat der Kompromiss seinen Platz unter den Konfliktstrategien – er darf nur nicht dazu führen, dass neue Ideen und Kooperationsformen dem Status quo geopfert werden.

Ein der Situation angemessenes Konfliktmanagement ist also eine der zentralen Aufgabenstellungen für eine Organisation, in der Frauen viel Platz und Gewicht haben sollen. Das Wissen um die Konfliktstile kann zur Entspannung und zum Humor beitragen. Wenn hingegen zwei Personen im »Basta«-Stil aufeinandertreffen, so ist nicht viel Gutes zu erwarten; ebenso wenig aber kommt ein wirklich gemeinsamer Beschluss zustande, wenn der Typ Konfliktvermeiderin sich überhaupt nicht äußern mag. Frauen, die selbst oft über die Intensität und Wucht von Konflikten erschrocken sind, die unter ihnen ausbrechen, brauchen ein gutes Verständnis der Dynamik. Und die richtige Organisationsstruktur.

Das männlich geprägte Zeitkorsett aufschnüren

Wir haben in unserem Unternehmen keine komplizierten Arbeitszeitmodelle. Unsere vertraglich festgelegte Normal-Arbeitswoche umfasst seit einiger Zeit wieder 40 Stunden – damit wir in schwierigen Zeiten als Dienstleister konkurrenzfähig sind. Wer weniger arbeitet – das waren früher fast alle, heute sind es nur noch etwa 30 Prozent der Kolleginnen –, bekommt entsprechend weniger Geld. Das Ganze bei totaler Vertrauensarbeitszeit, alle führen ihre Stundenzettel selbst. Überstunden werden nur in Ausnahmefällen bezahlt. Wir betreiben diverse 24-Stunden-Beratungs-Hotlines und Betreuungsangebote, die gelegentlich auch am Wochenende funktionieren müssen. Wie auch in anderen Firmen ist bei uns oft der Druck im Kessel hoch, die Ventile pfeifen, immer ist irgendwo zu wenig Arbeitskraft vorhanden. Unsere äußeren Rahmenbedingungen sind nicht besonders komfortabel, jedenfalls nicht finanziell. Vielen wird vieles zu viel. Immer stellt sich die

Frage, was wie besser organisiert und optimiert werden kann. Und dennoch bleibt der Druck stets hoch.

Was heißt unter diesen Umständen Work-Life-Balance?

Vorweg möchte ich ein Missverständnis ausräumen: Work-Life-Balance ist nicht nur ein Thema der Arbeitszeit. Schon vor zwanzig Jahren hatte meine Kollegin und Freundin Ellen Galinsky in ihrer ersten bahnbrechenden Studie[13] aufgezeigt, dass eine gewisse Autonomie am Arbeitsplatz, also Entscheidungsfreiheit und respektvolle Vorgesetzte, entscheidende Variablen dafür sind, wie viel Work-Life-Balance eine Person empfindet. Wo die Kultur respektvoll ist, können Menschen mehr arbeiten, ohne sich ausgelaugt zu fühlen. Ein solches Klima der Wertschätzung puffert Belastung ab; wo sie fehlt, ist die gefühlte Belastung umso höher. Ein hoher Krankenstand ist fast immer mit einem Wertschätzungsproblem verbunden.

Es ist kein Zufall, dass wir in vielen Standorten unseren Mitarbeiterinnen ein bezahltes Mittagessen anbieten und gemeinsam essen – das führt zu entspannten kleinen Begegnungen, sorgt dafür, dass die ewig auf Diät bedachten Kolleginnen etwas Vernünftiges zu sich nehmen und so auch am Nachmittag genügend Energie in ihrem Kopf haben. Es drückt aber auch unsere Wertschätzung für die eigenen Kolleginnen aus; dazu gehört auch, dass bei Sitzungen geschnittenes Obst oder Gemüse angeboten wird und an vielen Orten schöne Espressomaschinen stehen, lauter Elemente, die gemeinhin nicht gerade Bestandteile einer Unternehmenskultur mit eher niedrigen Gehältern sind. Bei vielen Firmen sind solche kleinen Gesten allenfalls externen Besuchern vorbehalten, auch und gerade bei großen Firmen mit hohen Gewinnen.

Solche Gesten der Wertschätzung zahlen sich in einer größeren Arbeitszufriedenheit und einer insgesamt besseren Work-Life-

Balance aus. Das ist besonders für diejenigen wichtig, die Verantwortung für Familie haben – als Väter, Mütter, pflegende Angehörige. Bei einer Mitarbeiterbefragung, die wir kürzlich durchgeführt haben, zeigte sich diese Gruppe zufrieden. Die relativ größte Unzufriedenheit scheint bei den alleinstehenden jungen kinderlosen Mitarbeiterinnen und Mitarbeitern zu bestehen. Dahinter kann sich sowohl verbergen, dass die jungen Singles teilweise die Flexibilität kompensieren müssen, die für Menschen mit Familie bei uns möglich ist; aber vielleicht auch, dass sie selbst oft ein äußerst anspruchsvolles Privatleben führen – komplizierte Liebesbeziehungen mit Partnern an anderen Wohnorten, Trennungsphasen, zeitraubende Hobbys, lange Nächte, weit entfernt wohnende Herkunftsfamilien, und dass der Firmenscheinwerfer diese privaten Bedingungen noch nicht gut genug erfasst. Wir werden dieser Frage noch nachgehen und Antworten suchen.

Fest aber steht: Die Gruppen, die normalerweise das Thema Work-Life-Balance in Firmen am stärksten als Belastung erleben, haben bei uns damit weniger Probleme.

Warum ist das so? Ganz einfach und sehr grundsätzlich: Der Respekt vor dem Privatleben inklusive seiner zeitlichen Dimensionen ist fest in unserer DNA verankert. Wir respektieren nicht nur die Vielfalt von Lebensstilen – wie sexuelle Orientierung oder Migrationshintergrund –, wir respektieren auch die Vielfalt von Arbeitsstilen und -mustern. Ein Frauenunternehmen, das nicht bewusst und grundsätzlich Rücksicht nimmt auf private Beziehungen, Leidenschaften und Interessen und auf das Zeitmanagement, das dadurch nötig wird, kann für Frauen gar nicht wirklich funktionieren. Umgekehrt: Ohne diese elementare Rücksicht werden die meisten Frauen in einem Unternehmen nicht wirklich zu ihrer Höchstform auflaufen. Für uns gilt: Egal, wie die private Aufgabe sich stellt, ob ein Kind mit Pseudokrupp oder Down-Syndrom, ein Ehemann mit Herzinfarkt oder Spielschulden, ein Teenager-Sohn mit Problemen, ein Liebhaber, der in Afrika wohnt, ein Hund, der das Leben bereichert – solche Probleme dürfen und sollen formuliert werden, und es werden darauf ernsthafte Antworten gesucht. Das können sein: Zeit für notwendige Reisen, eine Arbeitszeit, die genügend Luft lässt, Arbeiten von daheim, wenn gewünscht, private Anrufe selbstverständlich, ohne Vorwürfe. Unsere eigene Beratung zu Eldercare oder Beziehungskrisen dürfen bei diesen Fragen auch kostenlos um professionelle Hilfe gebeten werden.

Eine solche Balance entsteht nur durch Wechselseitigkeit – wenn ein Team zum Beispiel die Kollegin auch nachmittags benötigt, dann wird über Hilfe bei der Kinderbetreuung nachgedacht oder die Kinder werden mitgebracht in unsere Back-up-Einrichtungen. Die Lösung ist immer individuell, die Bedürfnisse der Firma sind dabei nicht nachrangig – und umgekehrt. Wenn es um Konfliktlösungsmuster geht, dann lieber solche, die kooperativ sind und für beide Seiten einen Mehrwert bringen statt faule Kompromisse. Eine kreative kooperative Lösung ist es etwa, wenn eine Kollegin aus privaten Gründen eine Auszeit in Spanien braucht und sich diese auch nehmen kann – sich aber per Skype gerade in wichtigen Fragen konzentriert einbringt. Ein schlechter Kompromiss ist es, wenn eine Mutter mit Kleinkind ihre Arbeitszeiten immer auf vormittags legt, obwohl diese für das Team nicht wirklich günstig sind. Ihr Angebot – ich komme jeden Tag eine Stunde länger – löst das Problem nicht wirklich. Viel besser könnte sein: Ich komme zweimal ganztags und bleibe nachmittags noch einen weiteren Tag verfügbar, aber von daheim aus.

Wir fördern bei den jungen Müttern in unserer Firma keine langen Berufsaustiege – es ist uns lieber, sie kommen früh zurück, am besten nach wenigen Monaten – und wir helfen ihnen, ihr Kind unterzubringen. Oder der Vater nimmt Elternzeit. Aber auch bei längeren Ausstiegen werden wir sie wieder einfädeln und sich in ihrem Rhythmus weiterentwickeln lassen. Länger als ein Jahr bleiben Frauen bei uns praktisch nie daheim nach der Geburt eines Kindes. Wir haben ein Auge auf die Frauen in sensiblen Phasen und versuchen, sie auch in dieser Zeit zu ermuntern, sich bald wieder aktiv einzubringen. Hier gibt es bisweilen Interessenkollisionen: Wenn etwa ein Standort Verträge verloren hat und gerade weniger Mitarbeiterinnen hat, kann die Versuchung groß sein, eine Kollegin in Elternzeit de facto auszugrenzen. Doch was kurzfristig günstig erscheinen mag, ist meist immer ein Verlust einer aus Unternehmenssicht teuer erreichten Qualifikation. Außerdem ist jede Verletzung ethischer Grundprinzipien ein Schaden, der sich in einem Verlust an Vertrauen im Unternehmen rächt. Es ist Führungsaufgabe im besten Sinn, das Verständnis dafür auch unter Frauen immer wachzuhalten. Die leichte und billige Lösung ist oft die schwere und teure.

Auch unser System bewirkt nicht, dass sich alle Arbeitszeitkonflikte von selbst lösen. Junge Eltern haben immer Tage und Wochen, an denen die Welt nicht in Ordnung ist – durchwachte Nächte, Kinder mit endlosen Erkältungen und im Beruf Termine, die sich schwer verschieben lassen. Diese Widersprüche lassen sich nicht ausradieren, ebenso wenig wie das Gefühl, manchmal gehetzt und überfordert zu sein. Auch bei uns gibt es diese Tage, wo Eltern sich fragen: Warum das Ganze – wäre ein ganz anderes Leben für uns nicht besser und schöner? Und sich danach sehnen, einfach mehr Ruhe zu haben. Doch im Grundsatz gilt: Dein privates Problem ist nicht allein dein Problem. Wir werden eine Lösung finden, und wir werden dich nicht ins Abseits stellen, weil du ein Problem hast. Es ist normal und gehört einfach zum Leben, dass es unvorhergesehene Haken schlägt. Wir gehen in diesen Situationen aufeinander zu, wir helfen dir als Unternehmen auch ganz konkret – bis zu einem gewissen Punkt.

Zunehmend finden deshalb bei uns auch junge Väter ihren Platz: Ein Unternehmen, das sie nicht mit unnötiger Abendarbeit, Netzwerkpflege außerhalb von Familienzeiten, mit Meetings am späten Nachmittag blockiert, ist ihnen den Verzicht auf mehr Geld im Austausch für mehr Familienzeit wert.

Wir wissen und akzeptieren, dass Familie, Liebe, der Kirchenchor, die Beschäftigung mit dem Hund, die Sprecherrolle im Elternbeirat nicht nur Kraft kosten, sondern vor allem zusätzliche Kraftquellen erschließen. Balance braucht Zeit – was für junge Eltern anders aussieht als für Menschen mit erwachsenen Kindern und einer festen Partnerschaft. Balance und Rollenvielfalt sind auch die Grundlage für die emotionale Stabilität und Sicherheit, die Menschen heute mehr als früher brauchen – gerade wenn sie führen sollen. Sie verhelfen zu einem Selbstbewusstsein, das sich aus mehreren Quellen speist und die Person nicht abhängig von einer einzigen Energiezufuhr macht. Menschen mit mehreren Quellen führen ihrem Unternehmen auch mehr und andere Ideen und Kräfte zu als reduzierte »beschränkte« Personen. In den Prozessen und Instinkten einer Firma muss fest verankert sein, wer nur »arbeitet«, kann meist nicht wirklich gut denken, wird unkreativ, missgelaunt, macht Fehler, wird betriebsblind, auch dann, wenn kein Burn-out erfolgt. Leistungsträger sind nicht eindimensional.

Unternehmen, Parteien, Organisationen, die Frauen wirklich ansprechen, werden nicht nur andere Kommunikationsformen, Kooperationsstile, sondern zwingend auch neue, weniger Zeit verschwendende Arbeitsstile gerade auf Führungsebene entwickeln müssen. Zeit ist extrem kostbar und nicht nur teuer. Zeit ist etwas, was unverzichtbar ist für ein mehrdimensionales Leben in Verantwortung. Unternehmen, die Frauen entwickeln möchten, müssen lernen, Anerkennung nicht nur in Geld und Respekt, sondern auch in frei verfügbarer Zeit auszudrücken.

Ich selbst als Geschäftsführerin habe meine zeitlichen Investitionen in die Arbeitswelt immer begrenzt – ich hatte viele Jahre lang schwere Migräne und ein kompliziertes Familienleben. Obwohl ich als Gründerin und Geschäftsführerin der Firma viel Verantwortung hatte, war ich im Durchschnitt sicher selten mehr als 40 bis 45 Stunden pro Woche im Einsatz, eher weniger. Natürlich konnte und musste ich reisen. Aber selten war ich mehr als zwei Nächte in der Woche unterwegs. Ich habe immer viel delegiert, meine eigenen Einsatzbeschränkungen halfen mir, das zu tun. Es half, die Kolleginnen wachsen zu lassen – und manches blieb dabei leider liegen, obwohl es dringend hätte beachtet werden müssen.

Heute gilt: Je weiter unten eine Person angesiedelt ist, umso eher kann sie auf planbare Zeiten rechnen – je weiter oben, desto stärker ist die Zeitbelastung. Das war nicht immer so. Im Altertum galt Arbeit noch als etwas, was nur die Sklaven verrichten sollten und mussten. Eliten lebten in Muße. Noch im 20. Jahrhundert waren die Arbeitszeiten von Leitungskräften deutlich niedriger als die von Arbeitern oder Bürokräften. Während die Gesellschaft sich politisch demokratisierte, während Frauen das Stimmrecht erlangten, kippte die Arbeitswelt in das Gegenteil. Top-Mitarbeiter bekamen viel Geld und bezahlten dafür mit einem extrem hohen Zeitinput. Macht und Herrschaft wurden in einem nie gekannten Ausmaß mit einem Zeitkorsett verknüpft – das nur für Männer als Einsiedler, für Männer als Familienernährer oder, zur

Not, für Frauen ohne Kinder lebbar war. Die Demokratisierung von Unternehmen durch Teilhabe von Frauen wird letztlich auch das Zeitkorsett der männlichen Herrschaft aufschnüren. Sonst kann sie nicht gelingen. Ein Unternehmen wie das unsere ist ein kleines, noch unfertiges Übungsmodell in dieser Richtung. Nicht mehr, aber auch nicht weniger.

Männer im Frauenunternehmen

Seit der industriellen Revolution ist es keineswegs ungewöhnlich, dass Männer in Unternehmen tätig sind, in denen vorwiegend Frauen arbeiten: Als Leiter von Textilfabriken oder in der Chipproduktion, als Chefs von Callcentern und Behörden, Schulen, Krankenhäusern, Kaufhäusern sind sie es gewohnt, Vorgesetzte von mehrheitlich Frauen zu sein. Das ist geradezu der Normalfall. Aus Indien wird berichtet, dass Männer sich ausgesprochen wohlfühlen in dieser Rolle – sich aber nicht vorstellen können, jemals unter Frauen zu arbeiten. Auch in Europa sind die meisten Vorgesetzten von Frauen weiterhin Männer, wenn auch mit sinkender Tendenz. Im Militär sind weibliche Chefs die totale Ausnahme, im Handel dagegen, als Chefinnen auf der mittleren Ebene bis hin zur Filialleitung, breit etabliert. In den vormals sozialistischen Ländern sind ihre Anteile durchweg am höchsten, Litauen liegt an der Spitze.[14]

In einem grundsätzlich nach männlichen Regeln funktionierenden Kosmos ist die Kooperation von Frauen und Männern klar geregelt; sie funktioniert auch reibungslos, allerdings mit dem Effekt, dass Frauen sich zurücknehmen, nicht mit all ihren Potenzialen zur Geltung kommen, und dass sie eben letztlich nicht den Ton angeben und die Musik bestimmen können. Sie leisten sehr oft die meiste Arbeit, aber Takt, Musikstücke, Instrumente sind vorgegeben – mit den bekannten Folgen.

In unserem von Frauen geprägten Unternehmen geben dagegen Frauen Ton und Takt vor – auch ganz oben. Wir haben gesehen, dass dies zu einem anderen Kommunikations- und Kooperationsstil und damit zu ganz anderen Entwicklungsmustern und -chancen als sonst üblich führt. Wir haben auch gesehen, dass diese speziellen Entwicklungspfade gleichzeitig die Richtung des Wachstums unserer Firma mitbestimmen; wohin Frauen ihre Energie richten, dorthin wachsen wir vor allem – und nicht nach primär abstrakten Plänen und Marktanalysen.

Wie nun gestaltet sich die Zusammenarbeit mit Männern in einem solchen Universum? Inzwischen ist unser Männeranteil auf etwa 10 Prozent gestiegen und wird weiter steigen, wobei die männlichen Kollegen sich vorwiegend in unseren Kindertagesstätten betätigen, teilweise in der Familienberatung, aber auch im Bereich IT und Design. Einige wenige Männer haben Führungsaufgaben, und einer meiner Söhne ist mit in der Geschäftsführung angesiedelt. Die Frage dieses Buches ist ja, ob und wie es Frauen und Männern gelingen kann, tatsächlich zu kooperieren anstatt nebeneinander, gegeneinander, ohne einander zu agieren oder, was viel häufiger ist, dass Frauen sich in den Modus des Zulieferns für die Projekte, Konzepte und Ideen von Männern begeben.

Hahn im Korb

Für die meisten Menschen ist es belastend, wenn sie sich als Minderheit in einer Gruppe finden – Männer in weiblichen Finanzteams oder Projektgruppen zeigen Symptome von Verlorensein, Depression und Minderwertigkeitsgefühle. Im Gegensatz zu Frauen, die als Minderheit im Männerkosmos tätig sind, machen sie auch kaum Versuche, sich mit anderen Männern außerhalb ihres Teams zu verknüpfen; blockiert in ihren üblichen Kommunikationsmustern und dem, was sie als Mann gewöhnlich trägt und treibt, ziehen sie sich eher resigniert zurück und verharren ängstlich und etwas hilflos in einer Situation, die sie nicht beflügelt.

In den Einrichtungen unseres Unternehmens sind in der Regel Frauen die Leitungskräfte. Es gibt jedoch einen Bereich, in dem Männer – obwohl in der Minderheit – bereits erfolgreich mit Frauen kooperieren: als Erzieher in Kindertagesstätten. Als Teammitglieder sind sie sehr begehrt und für ihre Anwerbung – über Internetbörsen, in Kneipen ausgelegte Postkarten, Werbeaktionen an Fachschulen und Kooperationen mit Professoren – werden große Anstrengungen gemacht. Ein 2011 gestarteter groß angelegter Modellversuch des Bundes unter dem Titel »Mehr Männer in Kitas« unterstützt Träger von Kindertagesstätten in der Entwicklung erfolgreicher Strategien zur Integration von Männern in diesen Bereich und sammelt best-practise-Erfahrungen. Denn im Unterschied zu zahlreichen Studien über Frauen in Männerberufen liegen über Männer in Frauenberufen und speziell als Erzieher in Einrichtungen bisher nur wenige Arbeiten vor.[15]

Das früher oft geäußerte Unverständnis für einen solchen Beruf bei einem Mann verliert zunehmend an Gewicht, hier hat bereits eine gewisse Umwertung eingesetzt. Inzwischen herrscht in der Gesellschaft Einmütigkeit darüber, wie wichtig es ist, Männer als Väter, Erzieher, Grundschullehrer, Pfleger für fürsorgliche Tätigkeiten, auch für die »feuchten« Aufgaben, wie wickeln, füttern, Nase putzen, den Boden aufwischen, wenn Kinder gespuckt haben, und den damit verbundenen Rollenwandel zu gewinnen. Leichter tun sie sich immer noch als Spielkameraden, als Begleiter von Kindern bei sportlichen Aktivitäten, die vom weiblichen Personal sonst oft gar nicht angeboten werden. Oder sie engagieren sich mehr beim Basteln und Reparieren – in der Regel mit voller Zustimmung ihrer Kolleginnen.

Männer als Erzieher in einer Kindertagesstätte sind immer ein wenig Stars. Ihre Kolleginnen mögen ihren Humor, ihre etwas andere Art des Umgangs mit Kindern. Als gleichberechtigte Kollegen bei der Betreuungsarbeit in einem professionellen Umfeld ist die Beziehung zwischen den Geschlechtern nicht durch untergründige Machtkonflikte belastet. Als Erzieher können Männer ihre spielerischen Instinkte und ihre professionellen Kompetenzen entfalten. Frauen respektieren und genießen das – sie fühlen sich dadurch eher aufgewertet, weil Männer hier eine Arbeit verrichten, die bisher als abgewertete Frauenarbeit galt. Ein wenig Flirt und gegengeschlechtliche Spannung beleben den Alltag zusätzlich.

Männer, die sich für die Arbeit mit Kleinkindern entscheiden, sind keine Grobiane, keine klassischen Machos; es findet eine Selbstauswahl von Menschen statt, die Interesse an Kindern und ihrer Entwicklung haben und eine gewisse Sensibilität mitbringen. Die Lage ist spiegelbildlich zu Frauen in Männerberufen: Auch dorthin gehen vor allem solche Frauen, die sich für Maschinen, Baustellen oder Formeln interessieren. Aber während sich Frauen durch die Anwesenheit von männlichen Kollegen in ihren Feldern aufgewertet und anerkannt fühlen, ist das bei Männern gegenüber Frauen in Männerberufen keineswegs der Fall. Von Außenstehenden werden sie ohnehin oft fast automatisch als Leiter der Einrichtung angesehen, das entspricht mehr der klassischen männlichen Rolle im Fürsorgebereich.

Unsere Erfahrung mit Männern in einem Frauenberuf ist durchaus verallgemeinerbar. Auch die Öffnung der Krankenpflege von einem Frauen- zu einem geschlechtsgemischten Betreuungsberuf wird überwiegend positiv erfahren – nicht nur, weil in zahllosen Fernsehserien hier neue Bilder geprägt wurden (aber sicher auch deswegen). Es zeigt sich, dass Männer als Pfleger sich ihren Patienten oft sehr ruhig und konzentriert zuwenden, dass sie keineswegs unsensibel und gleichgültig, sondern im Gegenteil, oft humorvoll, liebevoll und sehr geduldig sind. Das manchmal schnippische Verhalten von Krankenschwestern ist ihnen eher fremd; weibliche Pflegepersonen schwanken oft zwischen äußerst freundlicher Anteilnahme und der Neigung, die Patienten als eher lästig zu empfinden und sich emotional auf die eigene Gruppe der Kolleginnen zurückzuziehen. Männer bilden keine so starken und abgeschlossenen Ingroups. Auch die intimen Aufgaben der Körperpflege im Krankenhaus erledigen sie meist gut und umsichtig. Zu dieser Entwicklung hat in Deutschland besonders der Zivildienst beigetragen, der vielen jungen Männern erste Erfahrungen in der Welt der Fürsorge ermöglichte, die sie oft als Bereicherung ihrer Persönlichkeit erfuhren.[16]

Hinzu kommt, dass die Krankenpflege, gerade in der Intensivpflege, durch Atemgeräte, Monitore, Hightech-Betten und Defibrillatoren immer stärker technisiert wird und damit auch ihr Image verändert. Bisher ist das eher niedrige Gehalt in pflegerischen oder erzieherischen Berufen, bei langen Ausbildungszeiten und geringen Aufstiegschancen, für Männer noch eine besondere Hürde. Das führt dazu, dass viele Männer häufig nur kurzfristig in diesem Beruf verweilen und ihn oft, wenn sie eine Familie gründen, wieder verlassen, weil ihr Einkommen ihrem Selbstbild als Haupternährer dann nicht mehr entspricht. Dem ist langfristig nur durch die international längst übliche Akademisierung des Berufs, mit Anschlussmöglichkeiten in weiteren pädagogischen Feldern, und durch eine relative Angleichung an besser bezahlte Berufe zu begegnen.[17]

Diese Entwicklung hat bereits begonnen, wie einige erfolgreiche Streiks in den letzten Jahren gezeigt haben, und sie wird sich durch formal steigende Qualifikationsanforderungen in diesen Berufsfeldern, in Verbindung mit einem akut wachsenden Fachkräftemangel, noch beschleunigen. Erfahrungsgemäß führt der Zugang von Männern in Frauenberufe nicht dazu, dass die Gehälter sinken, sondern im Gegenteil. Wenn hingegen Frauen in Männerdomänen vordringen, so geschieht bekanntlich das Gegenteil: die Gehälter beginnen zu erodieren. Es lässt sich mehr gute Frauenleistung für weniger Geld einkaufen!

Gefahrenzone Pädophilie

Trotz der hohen Wertschätzung, die Männer im Kosmos der Kindertagesstätte genießen, fühlen sie sich – ohne männliche Kollegen an ihrer Seite – auch in unseren Einrichtungen zuweilen unbehaglich. Gegenüber Eltern befinden sie sich oft in einer schwierigen Lage – einerseits hoch geschätzt, weil männliche Vorbilder für Kinder heute eher rar sind, andererseits misstrauisch beäugt, weil das Thema eines möglichen sexuellen Missbrauchs omnipräsent ist. Es gibt heute öffentliche Kindergärten, in denen Männer grundsätzlich keine Kinder wickeln dürfen. Das lehnen wir ab – wir stellen Männer nicht unter Generalverdacht.

Unsere Erzieherinnen und Erzieher müssen, wie es heute vorgeschrieben ist, Führungszeugnisse vorlegen. Zeigen diese etwaige Vorfälle in der Vergangenheit auf, haben sie bei uns keine Chance zur Beschäftigung. Wichtiger aber ist: Unsere Einrichtungen sind transparente öffentliche Orte. Betreuerinnen und Betreuer sind in der Regel nie länger mit Kindern allein, schon gar nicht hinter geschlossenen Türen. Das Wickeln von Kindern ist kein intimer unsichtbarer Akt, es findet an jederzeit zugänglichen Orten statt. Die größte Sicherheit liegt in dieser Öffentlichkeit – und darin, dass das Thema offen besprochen wird.

Die Missbrauchsskandale aus Heimen und Internaten, die in den letzten Jahren aufgedeckt wurden und sich von katholischen Schulen bis zu sozialistischen Erziehungsanstalten erstreckten, zeigen: Wo Schweigen und ein Mangel an Transparenz herrschen, liegen immer Gefahrenpotenziale. Zur Prävention braucht es klare Regeln für die Beschäftigten sowie den ständigen Austausch. Es ist wenig sinnvoll, Männer vom körperlichen Kontakt mit Kindern, vom Schmusen oder Auf-dem-Schoß-Sitzen gerade kleiner Kinder, auszunehmen. Es ist aber notwendig, darüber zu sprechen, wann Verhalten zweideutig erscheint oder tatsächlich ist. Hier gilt eine »Null-Toleranz«.

Die Unbefangenheit im Umgang mit der Nacktheit von Kindern, die in der Kinderladenpädagogik noch herrschte und meist völlig unschuldig, manchmal aber auch sehr grenzwertig war, ist einer gewissen Schamkultur gewichen. Kürzlich berichtete ein Erzieher, er habe sich als »Springer«, als Ersatz für eine Erzieherin nachmittags, kurz vor der Abholzeit durch die Eltern, im Toberaum befunden und plötzlich, innerhalb weniger Minuten, hätten sich alle Kinder splitternackt entkleidet. Der junge Mann war völlig verängstigt und schockiert und hatte große Sorge, er werde in einer solchen für ihn kompromittierenden Situation von den Eltern angetroffen. Hier ist der Austausch mit den Kolleginnen und Kollegen, wie auch das Gespräch mit den Eltern wichtig, völlig gelassen kann niemand mehr mit einer solchen Situation umgehen. Andererseits ist ein völliges Nackttabu unter Kindern auch nicht zeitgemäß.

Wir haben das Thema des sexuellen Missbrauchs oft auch im Zusammenhang mit der Betreuung in der Kindertagespflege durch Tagesväter diskutiert. In dieser Situation sind Kinder viele Stunden am Tag in einer sehr privaten Situation mit nur einem erwachsenen Menschen zusammen. Es haben sich bei uns selten Männer als Tagesväter beworben – und noch seltener haben wir einen Mann an Eltern vermittelt, eben weil es uns zu schwierig schien, die Gesamtsituation zuverlässig einzuschätzen. Bei Tagesmüttern beziehen wir in die Beurteilung der Eignung auch ihr Umfeld ein, ob es etwa Hinweise darauf gibt, dass ihr Partner sich den Kindern in unerwünschter Weise nähern könnte, weil er ständig anwesend ist. Ein arbeitsloser Partner in der Wohnung kann durchaus problematisch sein.

Auch bei privaten Kinderfrauen, die Kinder im Haushalt ihrer Eltern betreuen, haben wir in Einzelfällen schon erlebt, dass sie des sexuellen Missbrauchs an ihren Schützlingen verdächtigt wurden. Keiner dieser Fälle hat sich je erhärtet, doch im Privathaushalt ist dieses Thema deutlich schwerer zu beherrschen als in einer Kindertagesstätte. Auch hier gilt, dass das Thema vor Beginn der Betreuung offen angesprochen werden sollte und die Erwachsenen sich Klarheit verschaffen, was sie im Hinblick auf den körperlichen Umgang mit den Kindern für zulässig und normal halten. Wir sind dabei, dafür einen Gesprächsleitfaden für Eltern und Betreuerinnen zu erarbeiten.

Männer als Berater

Völlig anders als im Bereich der Kinderbetreuung stellt sich die Rolle von Männern dar, die in unserer Firma als externe Experten oder neu eingestellte Fachkräfte Führungsaufgaben begegnen. Hier kommt es bisweilen zu sehr kostspieligen und kontraproduktiven Missverständnissen. Zum einen, weil die inneren Funktionsweisen und Strukturen unserer Firma für externe Experten und Newcomer nicht auf den ersten Blick erkennbar und verständlich sind. Sie erleben vielmehr das System als ungeordnet und unsystematisch – bisher habe zwar alles irgendwie, eher aber wohl nur zufällig funktioniert, jetzt aber müsse es dringend »professionalisiert« werden. Professionalisierung wird dabei als das verstanden, was die jeweiligen Experten oder neuen Kollegen aus anderen Unternehmen kennen: mehr Zentralisierung von Entscheidungen, plausiblere Strukturen, ein klares Organigramm, mehr Analysen und Berichte, mehr langfristige Planung, Prozesse, Genehmigungsverfahren für neue Projekte. Die meisten Berater gehen davon aus, es gebe objektiv feststehende Verfahren, wie eine Firma funktionieren muss – und haben sehr große Schwierigkeiten, ihr Angebot auf das bei uns gewachsene Muster passend zuzuschneiden.

Da Frauen auch in unserem Unternehmen jedoch stark zur Selbstabwertung neigen, reagieren sie auf externe Beratung oder männlichen Input entweder völlig abwehrend oder äußerst verunsichert. Während Erzieher in ein Umfeld eintreten, wo die weibliche Kompetenz ziemlich unbestritten ist, treten Berater und Experten bei uns sonst in Felder ein, wo nicht nur sie selbst, sondern auch die Kolleginnen der Firma mehr unbewusst als bewusst von der Überlegenheit des externen Konzepts ausgehen.

Unsere eigenen gewachsenen Praktiken von Führung, Personalgewinnung, im Markenauftritt, in der Budgetplanung, in der Entwicklung von Datenbanken, in der Produktentwicklung werden in den Expertisen der Berater oft nicht wirklich analysiert, reflektiert und produktiv weiterentwickelt, sondern ignoriert und beiseitegeschoben. In jeder Personentherapie oder persönlichen Beratung werden heute die Stärken des Klienten betont und auch die Tatsache, dass er oder sie ihren Weg selbst finden muss. In der Begegnung einer Firma wie der unseren mit externen Experten und Beratern schleicht sich dagegen oft von vornherein ein wohlmeinend herablassender Duktus ein. Die spezifische Dynamik eines von Frauen bestimmten Unternehmens bleibt dabei unverstanden und unerkannt.

Das liegt auch daran, dass unsere Kolleginnen selbst dies meist nicht so ausdrücken würden. Es widerspricht ihrem tiefen und legitimen Wunsch nach Anerkennung als »normales Unternehmen«, nach mehr Partnerschaft mit Männern. Die Frauen, die bei uns tätig sind, würden sich in der Regel nicht als Feministinnen bezeichnen, weder die lokalen Leiterinnen noch die Geschäftsführerin. Viele dieser Frauen hatten nicht einmal die Absicht, in einem Frauenunternehmen tätig zu werden – sie wünschten sich einfach einen Arbeitsplatz, der interessant ist, ein gutes Teamklima hat und auf ihre privaten Belange Rücksicht nimmt. Sie hatten oft sogar eher Bedenken angesichts einer überwiegend von Frauen bestimmten Arbeitswelt, fürchteten Konflikte und Konkurrenz und mochten auch auf den Reiz der Anwesenheit des anderen Geschlechts nicht verzichten Sie stellten sich einen weiblichen Arbeitsplatz einfach langweiliger vor. Es kam ganz anders.

Entscheidend für unser Unternehmen als ein Ort, der maßgeblich von Frauen bestimmt ist, wird es in Zukunft sein, ob es gelingt, eine beide Geschlechter respektierende Balance aufrechtzuerhalten. Das bedeutet, Männern nicht quasi automatisch Überlegenheit zu attestieren, nur weil sie sichtbarer sind, sich manchmal stärker konzeptionell äußern, meist leichter die Rolle der Außendarstellung übernehmen und vielleicht auch mehr Zeit zur Verfügung haben als die meisten Frauen. Die latente Bereitschaft von *allen* Seiten, Männer stärker aufzuwerten als Frauen, ist als Gefahr stets präsent.

Ich selbst bin, je länger desto mehr der Ansicht, dass wir unsere Besonderheiten, unsere Fähigkeiten und Potenziale ebenso verstehen müssen wie das, was uns hemmt, blockiert oder lähmt, um für eine kooperative Zukunft gerüstet zu sein. Viele Bemühungen um mehr »Gleichbemächtigung« der Geschlechter, ob in Familien, Schulen oder Unternehmen, verpuffen, versanden oder münden in ihr Gegenteil, andere hingegen zeigen durchaus Wirkungen. Lässt sich erklären, was warum erfolgreich ist oder nicht? Lassen sich klare Muster im Verhalten der Geschlechter bereits von Anfang an erkennen? Und wenn ja, wie offen sind diese für Veränderungen im weiteren Lebensverlauf? Auf diese Fragen müssen wir Antworten finden, wenn wir mehr Frauen den Zugang zu Spitzenpositionen ermöglichen wollen – ohne dass dabei die Männer als Verlierer auf der Strecke bleiben.

Frühe Muster: Die Erotik des Traktors und die Macht der Puppe

Es gibt Dinge, die sehen wir jeden Tag und nehmen sie doch nicht wahr, unser eigenes Älterwerden zum Beispiel und jenes unserer Freunde und Liebsten. Ebenso wenig bemerken wir, dass Jungen und Mädchen sich bereits in sehr frühem Alter deutlich voneinander abgrenzen und in – hier und da sich überlappenden – Parallelwelten nebeneinanderher spielen.[1]

Kleine Jungen beginnen ab einem Alter von etwas über zwei Jahren, sich bevorzugt mit anderen Jungen zu beschäftigen. Mädchen halten noch bis knapp unter drei Jahren am Spiel mit Jungen fest. Doch bald danach bilden sich geschlechtsspezifische Gruppen und Grüppchen. Mädchen entwickeln engste »Seelenfreundschaften« und Jungen Balge- und Spieltrupps. Solche Unterschiede mögen uns banal erscheinen. Doch hier beginnt ein lebenslanges Programm zu laufen, das ein immer komplexer werdendes Muster – mit weitreichenden Folgen für Wirtschaft und Gesellschaft – entstehen lässt: Die Gehirnzellen von Mädchen und Jungen werden mit unterschiedlichen Inhalten genährt, die unterschiedliche Gefühle erzeugen und andere Orientierungen vermitteln. Natürlich gibt es gewisse Überschneidungen, doch die geschlechtlichen Vorlieben setzen sich bis ins Erwachsenenalter fort.

Von dem Jungen, der statt seiner Mutter die Türklinke betrachtete

Eine grundlegende Differenz, die die Begegnung und das Zusammenleben, aber auch die Zusammenarbeit zwischen erwachsenen Frauen und Männern in der Partnerschaft oder am Arbeitsplatz später oft so anstrengend und das wechselseitige Verstehen so schwierig macht, tritt bereits im ersten Lebensabschnitt deutlich zutage: Schon ganz kleine Jungen richten ihre Aufmerksamkeit, gewissermaßen ihr frühes Begehren, auf Objekte und Gerätschaften, bevorzugt solche, die sich irgendwie bewegen. Mädchen hingegen sind von Anfang an viel stärker an Gesichtern und Gefühlsausdrücken interessiert und bringen es bei deren Interpretation zu früher Meisterschaft. Neugeborene Jungen verfolgen mit ihren Augen alles, was sich bewegt, das Mobile über dem Bett, den Sonnenstrahl an der Decke. Den beim Stillen von der Mutter erhofften innigen Blickkontakt suchen sie viel seltener als Mädchen und verunsichern damit oft ihre frischgebackenen Mütter. Mache ich etwas falsch?

Auch mir erging es so. Bei der Geburt meines ersten Sohnes im Jahr 1975 war ich unerfahren. Nie zuvor hatte ich ein ganz kleines Kind im Arm gehalten. Ich kannte keine anderen jungen Eltern und hatte auch nicht meine eigene Mutter in der Nähe – das hätte ich damals auch gar nicht gewollt. Mein Umfeld bestand vor allem aus jungen Männern, die sich, wie ich selbst, zu dieser Zeit hauptsächlich mit den Fragen der Veränderung der Welt beschäftigten. Acht Tage nach der Geburt und einem sehr unerfreulichen Krankenhausaufenthalt (»Sie legen ihr Kind falsch an, so wird das nie was mit der Milch!«) fuhr ich emotional wie auch praktisch ziemlich unvorbereitet mit meinem Sohn Daniel, seinem Vater und einer Packung Pampers nach Hause. Ich war ängstlich, etwas falsch zu machen und verunsichert, weil unser kleiner Sohn mir beim Stillen kaum in die Augen blickte. Hebammen für den täglichen Hausbesuch nach der Geburt, heute ganz selbstverständlich, kannte man damals in München noch nicht. Eine Hebamme hätte mich wahrscheinlich beruhigt, auch wenn sie mir vermutlich keine Erklärung für das Verhalten meines Sohnes hätte liefern können.

Louann Brizendine, inzwischen weltbekannte Professorin für Neuropsychiatrie, schildert in ihrem fulminanten Buch *Das weibliche Gehirn* höchst eindringlich ganz ähnliche Erfahrungen und Enttäuschungen – heute aus dem sicheren ironischen Abstand einer Frau, die es inzwischen besser weiß.[2] Ihr Sohn bevorzugte Türklinken und Lampen als Blickfang, und seine Mutter war geradezu neidisch auf eine Freundin, deren häufig lächelnde kleine Tochter fröhlich mit allen kommunizierte, die sich ihr näherten. Auch ich verspürte einen kleinen Stich, als ich vor vier Jahren erlebte, mit welch wunderbarem Strahlen meine Enkelin Nadja vom ersten Tag an die Augen und Herzen ihrer Umwelt eroberte – die Tochter des Sohnes, der sich damals meinem direkten Blick so viel langsamer genähert hatte.

Das ewige Spannungsthema – die Objektwelt, von der sich das männliche Geschlecht angezogen fühlt, im Gegensatz zur Personenwelt, die für das weibliche Geschlecht im Zentrum der Aufmerksamkeit steht – tritt also früh zutage. Manche Eltern werden an dieser Stelle sicher einwenden, dass sie bei ihren Kindern ganz andere Erfahrungen gemacht haben. Das ist gut möglich, schließlich haben wir es mit Statistik zu tun, die immer gewisse individuelle Verteilungen enthält.

Der »gegenderte« Markt

Kinderzimmer in unserem Kulturkreis sind heute – aller Kritik an der Macht des Kommerzes zum Trotz, dem nachgesagt wird, dass er mit seinen blau-rosa Angebotspaletten nur die alten Geschlechterrollen stabilisiere – prall gefüllt mit Lillifee-Puppen und Barbies für Mädchen und mit Baggern und Spielkonsolen für Jungen. Daneben finden sich auch eher geschlechtsneutral genutzte Objekte wie Puzzles und Bücher, doch mit geradezu verblüffender Zielstrebigkeit stürzen sich Jungen auf Traktoren, Roboter, Haushaltsgeräte, Türklinken, Steckdosen, eben auf alles, was sich drehen, wenden, bewegen und grobmotorisch nutzen lässt; selbst Buntstifte werden in ihren Händen zu Gewehren oder Schwertern, während Mädchen Plüschtiere, Puppen oder alle möglichen anderen Gegenstände, die sie als Puppen betrachten, in ihren Armen wiegen, zart und eher feinmotorisch mit ihnen umgehen.

Die Marketingabteilungen von Zeitschriftenverlagen und Spielzeugindustrie wissen um solche geschlechtlichen Differenzen und nutzen sie. Es gibt inzwischen sogar »gegenderte« Schnuller, Babyflaschen und Windeln. Kinderkleider oder Spielzeug zu finden, die nicht deutlich für Jungen oder Mädchen markiert sind, ist fast unmöglich geworden. Von dem Markt werden heute deutliche Geschlechtergrenzen gezogen. Die Orgien in rosa Tüll, die wie ein nostalgischer Rollback in die 1950er-Jahre anmuten, sollten jedoch nicht darüber hinwegtäuschen, dass sich darunter nicht mehr kleine sanfte und schüchterne Mädchen verbergen. Heute haben wir es mit rosaroten Powermädchen zu tun, mit selbstbewussten, mutigen Wesen, die sich gut zu behaupten wissen, neugierig, talentiert und breit interessiert sind. Und trotzdem sind sie – und darum geht es hier – in vielen Dimensionen sehr, sehr anders als kleine Jungen.

Selbst robuste, körperlich wilde und eher große, laute oder sportliche Mädchen, denen Rosa weder steht noch dem Stereotyp nach zu ihrem Naturell passt, durchlaufen Prinzessinnenphasen; selbst zarte Jungen kommen kaum ohne martialische Superhelden aus. Die Identifikationen von Kindern mit eher weiblichen oder männlichen Aktivitäten, Attributen, Gefühlen und Spielsachen lässt sich jedenfalls ganz offensichtlich nicht einfach dadurch verhindern, dass eine oberflächliche Neutralität hergestellt wird, zum Beispiel durch einheitliche Kleidung, wie die von mir persönlich sehr geschätzten Oshkosh-Latzhosen der 1970er-Jahre. Heute weiß ich, dass die entzückenden Kleidchen, die kleine Mädchen gern anziehen und häufig ganz selbstverständlich über langen Hosen tragen, nicht zwangsläufig die Botschaft weiblicher Unterordnung in sich tragen. Eine gute Freundin von mir argwöhnte gar, darin bereits einen gewissen problematischen Trend zur Islamisierung in der Mode erkennen zu können. Und in der Tat äußerte meine Enkelin kürzlich vor einem türkischen Geschäft in Berlin-Kreuzberg: Wenn ich groß bin, bekomme ich dann auch ein Kopftuch?

Kleidchen, Rüschen, Schmuck sind lediglich weitere Spielarten des sogenannten sexuellen Dimorphismus – der äußeren Verschiedenheit der Geschlechter. Die naive und populäre Annahme, dass sich die Geschlechter in Zukunft innerlich wie äußerlich stetig aneinander angleichen, indem die Frauen männlicher und die Männer weiblicher werden, trifft jedenfalls nicht zu, auch dann nicht, wenn sie immer mehr Aufgabenbereiche erfolgreich miteinander teilen. Im Gegenteil: Selbst einige physische Geschlechterunterschiede, wie zum Beispiel die Körpergröße, nehmen in modernen Gesellschaften sogar wieder zu.[3]

Jungen an die Puppen, Mädchen an die Spielzeugautos

Spätestens als die 68er-Überzeugungen in die Kindergartenpädagogik einsickerten, galt es als wünschenswert, geschlechtstypisches Spielverhalten einzugrenzen und die Erprobung neuer Rollen und Spielsituationen intensiv zu fördern: Jungen an die Puppen und die Kochtöpfe, Mädchen an die Spielzeugautos. Dagegen habe ich nichts einzuwenden, aber alle Bemühungen, die Spielzeugwahl der Nachkommen zu beeinflussen, stoßen schnell an Grenzen. Selbst wenn Eltern ihrem ersten Sohn noch die Wasserpistole und ihrer Tochter die Barbiepuppe verweigern und ihnen Geschichten von kleinen Heldinnen und ängstlichen Jungen vorlesen, so sorgen nicht nur Großeltern und unbelehrbare Verwandte, sondern vor allem auch die deutlich geäußerten Vorlieben der Kinder selbst dafür, dass nach und nach immer mehr geschlechtsstereotype Dinge ihren Weg in die Spielzeugkisten finden, bis selbst ambitionierte Eltern schließlich vor den militant aufgerüsteten Plastikgewehren in den Händen ihrer Söhne resignieren und auch den Töchtern die zunächst verpönten Schminksets lassen.

Eltern und Erzieher wissen nicht wirklich, wie und warum sich solche geschlechtsspezifischen Unterschiede mit derartiger Macht Bahn brechen und sind unsicher, ob sie aktiv dagegenhalten sollten. Wer glaubt, dass die Spielinteressen der Kinder unmittelbar von den Erwachsenen, vielleicht noch von der Spielzeugindustrie oder vom Fernsehen bestimmt werden, sieht sich oft schuldbewusst genötigt, die Interessen von Kindern in andere als die von ihnen selbst bevorzugten Bahnen zu lenken – so als zeigten Mädchen, die mit Puppen spielen und Jungen, die raufen und kämpfen wollen, gewissermaßen schädliche Anlagen, die es früh einzudämmen und zu korrigieren gelte. Geschlechtstypisches Verhalten bekommt dann fast etwas Sündhaftes: Das Plastikschwert wird zum Vorboten von Gewalttätigkeit, das Puppenspiel der frühe Hinweis auf Anlagen, die einer Karriere im harten Wettbewerb des Arbeitslebens womöglich entgegenstehen könnten. Dieser Logik folgend würde die Umkehrung – also mütterlich sorgende Jungen und mit Pistolen hantierende Mädchen – als Anzeichen einer erfolgreichen modernen Erziehung gelten!

Während heute der pädagogische Grundsatz, Kinder in ihren erkennbaren Talenten zu bestärken und zu fördern, relativ unbestritten ist, scheint auf dem Feld der Geschlechterrollen genau die umgekehrte Maxime zu gelten: Wehret den Anfängen! Das ist ein merkwürdiger Widerspruch, der mit einem modernen Erziehungskonzept nicht vereinbar sein dürfte. Vor allem aber ist jedwedes Bemühen, mit solchen »Korrekturen« die Geschlechter auf einer neuen Ebene miteinander kompatibel zu machen, völlig aussichtslos.

Die Frage, ob man Kinder überhaupt zu »gegengeschlechtlichem« Spielzeug motivieren kann, ist in den letzten Jahrzehnten wissenschaftlich ziemlich gut untersucht worden. In der DDR etwa, wo die Überwindung traditioneller Geschlechterrollen ein hohes Anliegen war, wurde schon in den 1960er-Jahren der Spielzeugbestand in Familien wissenschaftlich analysiert. Die meisten Kinder verfügten dort in beträchtlichem Umfang über Spielzeug des anderen Geschlechts. Alle Jungen hatten einen Teddy und andere Stofftiere, 50 Prozent der Jungen besaßen auch eine Puppe, doch nur 10 Prozent spielten damit! Nur bei teurem Spielzeug, wie Puppenhäusern oder Eisenbahnen, wurden Geschlechtergrenzen überschritten, offensichtlich waren Eltern nur dann zu so teuren Anschaffungen bereit, wenn sie sich sicher sein konnten, dass sie ihren Kindern auch tatsächlich Freude machen und nicht als pädagogisch korrekter Ballast ungeliebt in der Ecke verstauben würden.[4] Aber selbst dann wird das gleiche Spielzeug oder Angebot je nach Geschlecht einfach mit anderen Inhalten besetzt. Das zeigt sich auch deutlich am Beispiel des anscheinend geschlechtsneutralen Computers, der in den letzten beiden Jahrzehnten in den Kinderalltag einzog. Die Intensität, mit der Jungen sich in Computerspiele vertiefen, wird von Mädchen in der Regel weder nach Dauer noch Art erreicht. Sie bleiben in der Mehrzahl letztlich lieber im Kontakt mit realen Personen. Und nichts deutet darauf hin, dass dieses Muster sich ändert.

Auch die nicht elektronische Spielzeugwelt stellt sich mehr und mehr auf solche geschlechtstypischen Differenzen ein. Besonders deutlich lässt sich das an der Entwicklung von Lego oder Playmobil seit den 1970er-Jahren ablesen. Wo zunächst neutrale Klötze und gesichtslose Plastikfiguren den Markt beherrschten, finden wir heute viele Accessoires, die gerade auch für Mädchen begehrenswert sind – ein rosarotes Traumhaus von Lego zum Beispiel, mit Vater, Mutter, Kind, oder eine kleine Tierklinik von Playmobil. Von Eltern und Verbraucherschützern, aber auch von vielen Pädagogen wird die Ausstattung der Figuren eher als Beitrag der Spielzeugindustrie zur Verkümmerung der Fantasie kritisiert. Sie ist aber vor allem ein Resultat der Erkenntnis, dass ein ausdifferenziertes geschlechtstypisches Angebot den Wunsch von Mädchen nach Personen und Rollenspielen gezielter anspricht. Kinder spielen nun einmal ganz offensichtlich am liebsten mit geschlechtsspezifischem Spielzeug. Das zeigt sich bereits im Alter von nur einem Jahr – also lange bevor sie überhaupt wissen, ob sie Jungen oder Mädchen sind oder was ein Geschlecht ausmacht. Mit »korrekten« pädagogischen Angeboten ist ihren hormonell bedingten Interessensunterschieden nicht beizukommen.[5]

Gerald Hüther, Hirnforscher und Leiter der Abteilung für neurobiologische Grundlagenforschung an der Psychiatrischen Klinik der Universität Göttingen, hat auf die entscheidende hormonelle Differenz[6] zwischen den Geschlechtern hingewiesen, die bereits vor der Geburt die Architektur ihres Gehirns beeinflusst. Während neugeborene Mädchen bis zu ihrem zweiten Lebensjahr von enormen Mengen Östrogen überschwemmt werden, macht das männliche Geschlechtshormon Testosteron Jungen schon in ihrer fötalen Entwicklung überhaupt erst zu Jungen. Dadurch wird auch ihr Hirn anders organisiert und strukturiert. »Zwangsläufig«, so Hüther, »können sie daher von Anfang an manches besser, manches schlechter als Mädchen. Und deshalb ist ihnen von Anfang an anderes wichtiger und bedeutsamer als den Mädchen. Deshalb begeistern sie sich auch für anderes – je älter sie werden, umso leichter für das, wofür sich auch die anderen Jungen oder erwachsenen Männer begeistern.«[7]

Zwar ist die Entwicklung eines Individuums durch diese Hormondosen keineswegs fest programmiert; sie vollzieht sich erst in einer täglichen intensiven Wechselwirkung zwischen den biochemischen Grundlagen und den Vorbildern sowie Einflüssen von relevanten Bezugspersonen. Aber diese legen, zumindest unterschwellig, gegenüber Mädchen ein anderes Verhalten an den Tag als gegenüber Jungen, nicht allein aufgrund zugerechneter Stereotypen, sondern auch, weil die Kinder selbst sich von Anfang an deutlich anders geben – und zwar nicht nur individuell, sondern nach Geschlecht. So entsteht ein Kreislauf: Im Umgang mit Jungen und Mädchen werden die angelegten Unterschiede gestärkt und dadurch wiederum die entsprechenden Gehirnbahnen verfestigt und eingeschliffen.

Sicher ist es wünschenswert, dass Kinder nicht eng auf eine Norm, auf ein Rollenmuster festgelegt werden. Vieles deutet darauf hin, dass Prinzessinnenrollen und mütterliche Rollenspiele für Mädchen und Heldenspiele für Jungen gewissermaßen archetypisch angelegte Muster verkörpern, die Kinder intensiv erproben und durchlaufen müssen, um diese später wieder lockern, öffnen und erweitern zu können. Kinder sind bei ihrer Geburt kein unbeschriebenes Blatt, das es geschickt zu beschriften und mit Inhalt zu füllen gilt. Kinder sind, wie wir immer besser mithilfe bildgebender Verfahren in der Hirnforschung, mithilfe von Neurologie und Biochemie verstehen, vorgeprägte Wesen, die sich innerhalb bestimmter Möglichkeitshorizonte entwickeln. Genau diese Korridore gilt es zu verstehen und zu erkunden und bei jedem Kind das individuelle Profil optimal zu unterstützen. Nur so werden wir Antworten auf die Frage finden, wie es gelingen kann, Wirtschaftsunternehmen und Institutionen für Frauen zu öffnen, aber auch, wie Jungen in der heutigen Schullandschaft wieder bessere Erfolgsaussichten haben können. Bisher sind die Wirkmechanismen zu wenig bewusst und deshalb funktionieren die Antworten und Lösungsstrategien so wenig.

Die Utopie von der Überwindung der Geschlechterrollen

Die Idee einer Öffnung von eng definierten klassischen Geschlechterrollen bei Kindern steht, zumindest bei jenem Teil der westlichen Gesellschaft, der sich als fortschrittlich verstand, seit über 100 Jahren auf der Tagesordnung. Meine Eltern entstammten der sozialdemokratischen bildungsorientierten Arbeiteraristokratie in Berlin zu Beginn des letzten Jahrhunderts. Für sie war es selbstverständlich und ein hohes Gut, dass Mädchen und Frauen die gleichen Bildungschancen wie Männer und eine solide Berufsausbildung haben sollten – eine aktive moderne Väterrolle, wie sie heute propagiert und auch von vielen jungen Vätern gewünscht wird, war allerdings noch nicht in ihrem Vorstellungshorizont. Auch nicht in der Kibbuzbewegung, der wir den Anstoß zu den leidenschaftlichen Debatten um die Geschlechterpädagogik verdanken, die am Ende der 1960er-Jahre in der Bundesrepublik aufkamen und öffentlich Furore machten. Wer weiß heute noch, dass Israel in seiner Gründungszeit und auch vor der Staatsgründung in vielerlei Hinsicht ein sozialistisches Utopie-Projekt verkörperte, das ernst machen wollte mit der Herstellung sozialer Gleichheit und der Überwindung der Geschlechterunterschiede – ein Projekt, das dort mit einer Radikalität verfolgt wurde, die heute ganz undenkbar wäre?[8] Solche »Laborversuche« sind inzwischen bei uns weitgehend vergessen. Sie zählen im weitesten Sinn zum sozialistischen Gedankenerbe, das mit den Ideologien des 20. Jahrhunderts mehr und mehr im Nebel der Geschichte verschwindet.

Kinder wurden im Kibbuz zunächst fast ausschließlich in Kinderhäusern erzogen, die Zeit, die sie mit ihren Familien verbrachten, war begrenzt – etwa zwei Stunden am Tag und den größten Teil des Wochenendes. Nachts schliefen sie im Kinderhaus. Ihre kollektive Erziehung galt lange als unantastbar. Sie sollten jenseits der Zwänge alter Klischees eine neue und freie Persönlichkeit entwickeln, ihre Mütter und Väter frei ihren Berufen nachgehen können. Ökonomisch bot diese Form der Kindererziehung für die finanziell schwachen Kibbuzim viele Vorteile: Die Familienwohnungen blieben klein, es mussten weniger Bäder, Kinder- und Esszimmer etc. gebaut und eingerichtet werden. Das entlastete die Kassen der meist armen Agrargemeinschaften.

Diese Strukturen wurden im Laufe der Jahrzehnte aufgeweicht, teilweise sogar aufgelöst. Die Mütter forderten ihre Kinder zurück und setzten schließlich durch, dass diese wieder bei ihnen zu Hause schlafen durften, wofür der Begriff »Familien-Schlafen« geprägt wurde.[9] Ab den 1960er-Jahren erlaubte es eine sogenannte »Stunde der Liebe« den Müttern, auch am Tag Zeit mit ihren Kindern zu verbringen. Schließlich wurde auch der Mutterschaftsurlaub verlängert.

Diese Veränderungen gingen nicht etwa auf die Kinder zurück – im Kibbuzalltag gediehen sie gut, fühlten sich wohl und wuchsen zu starken Persönlichkeiten heran. Den Müttern aber fehlten ihre Kinder, sie wollten sie nachts bei sich haben, sie stillen, füttern, liebkosen und mit ihnen spielen, ihnen fehlte einfach ihre Nähe und Zärtlichkeit – mehr als den Vätern, die mit dem strengen Arrangement gut zurechtkamen. Die Rollenveränderung der Männer, sie stärker in die Fürsorge und Versorgung von Kindern einzubinden, war noch kein Thema. Das kam erst mit der neuen Frauenbewegung in den 1960er-Jahren und im Zuge skandinavischer Familienpolitik und dortiger Versuche auf, Väter durch Elternzeiten stärker für die aktive Väterrolle zu motivieren – mit erheblichen positiven Folgen übrigens.

Die Überwindung der klassischen Geschlechterrollen im Kibbuz bestand also de facto darin, Frauen zu Traktorfahrerinnen und Agraringenieurinnen zu machen und nicht etwa darin, Männer in der Säuglingspflege zu schulen.[10] Die Betreuung in den Kinderhäusern wurde auch ausschließlich von Frauen wahrgenommen. Und so kam es, wie es nach unserem heutigen Wissen kommen musste: Obwohl die Jungen – überwiegend getrennt von ihren Familien aufwachsend – nur wenig Kontakt mit männlichen Vorbildern hatten, bevorzugten sie, trotz eines sorgfältig ausgewählten neutralen Spielzeugangebots, dennoch grobmotorische Aktivitäten und große Spielsachen. Mädchen dagegen befassten sich mit künstlerischen Aktivitäten, die die Fantasie anregten und die Feinmotorik forderten.

Die Welt unkontrollierter Abenteuer mussten sich die Jungen in ihren Fantasiespielen schaffen: Sie verlegten sich sehr stark darauf, wilde Tiere zu imitieren. »Vermutlich ließen sich mit diesen Vorbildern am besten Aktivitäten verbinden, die das Odium des Gefährlichen hatten und die es erlaubten, die eigenen Kräfte mit anderen zu messen, so wie dies in anderen Kulturen in Form von Kampfspielen geschieht ... für die es im Kibbuz offensichtlich keine Anschauungsgrundlage gab«.[11] Auch in einer unserer Kindertagesstätten begegnet mir regelmäßig ein kleiner Junge, der fast den ganzen Tag nicht als Prinz oder Ritter, sondern als mächtiger Dinosaurier, als bissiger Tiger oder wilder Löwe unterwegs ist. Wo die Möglichkeiten zu Kampf, Gefahr und Herausforderung fehlen, werden sie in der Fantasie oder in Ersatzspielen gesucht – ein Phänomen, das sich die Computerspielindustrie längst zunutze gemacht hat.

Die sozialistische Kibbuzerfahrung, ihre Vorstellung einer neuen Erziehung wurde in den 1960er-Jahren, als in der Bundesrepublik die Kinderläden entstanden, noch einmal mit großer Intensität nachvollzogen. Heute wird zwar viel über die angeblich negativen Folgen antiautoritärer Erziehung und über ihren problematischen Umgang mit Sexualität geschrieben, fast vergessen ist aber, dass gerade in den Kinderläden das Thema Überwindung der Geschlechterrollen zunächst mit ganz oben auf der Tagesordnung stand.

Es ging den Gründerinnen und Gründern der ersten Kinderläden nicht um Begabungsförderung im Frühkindalter, wie das heute der Fall ist, sondern um die Erziehung »freier Menschen, jenseits der Einschränkungen durch eine als repressiv empfundene Sexualmoral, durch scheinbar überholte Vorstellungen von Ehe und Familie, von festen Paarbeziehungen und Elternrollen«. Dabei wurden in manchen Kinderläden offensichtlich auch Kinder unter Missachtung ihrer durchaus natürlichen Schamgrenzen in eine ungewollte, unpassende und für sie unangenehme Erotisierung hineingedrängt.[12]

Diese Grenzüberschreitung ist auch unter den damals aktiven Eltern heute weitgehend verdrängt, die Erinnerung daran weckt eher peinliche Gefühle. So auch bei mir. Unsere Kinder wurden im ersten Münchner »Kinderhaus« erzogen, eine Einrichtung, die sich an der Kibbuzpädagogik orientierte. Auch bei uns gab es heftige Konflikte unter den Eltern um die Frage der Sexualität, vor allem als einige Jungen ein kleines Mädchen sexuell belästigten. Die Eltern der Jungen taten dies eher als normalen Alltag und die Empörung darüber als Elternhysterie ab, die Mutter und der Vater des Mädchens waren entsetzt und nahmen ihre Tochter schließlich aus dem Kinderhaus.

Mit dem keuschen Sozialismus in den israelischen Kibbuzim hatte die freie Sexualität, die in deutschen Kinderläden favorisiert wurde, wenig gemein – klar aber war, dass auch die Kinderladenbewegung eine Erziehung nach neuen Geschlechterrollen anstrebte. Es gibt nur wenig wissenschaftliche Literatur oder Untersuchungen aus jener Zeit, die Auskunft darüber geben, ob das der Kinderladenbewegung tatsächlich gelang. Eine Studie von 1980, die 40 Kinderläden mit 31 traditionellen Kindergärten verglich, stellte fest, dass die Aggressivität von Jungen in Kinderläden ausgeprägter als im traditionellen Kindergartenmilieu war.[13] Die Jungen lösten auftretende Konflikte eher mit Gewalt, die Mädchen zogen sich zurück und agierten ängstlicher und abhängiger als Mädchen im bürgerlichen Kindergarten. Auch in Konkurrenzsituationen dominierten die Jungen die Mädchen stärker. Die größten Geschlechterunterschiede traten bereits bei den ganz kleinen zweijährigen Kindern auf – was für ihren Ursprung außerhalb klassischer Sozialisationstheorien spricht.

Im Umfeld der Kinderläden erzeugte die Studie Ratlosigkeit. Weshalb traten gerade hier, wo intensiv um neue Orientierungen gerungen wurde, die alten Rollenmuster verstärkt auf? Die plausibelste These – dass ein besonders libertäres Umfeld ohne klare Regeln der Aggression von Jungen weniger Einhalt gebietet als ein traditionelles Milieu – wurde nicht gern angenommen. Stattdessen wurde das Argument bemüht, gerade der Versuch der Eltern, klassische Muster zu verändern, habe die Kinder zu einer Art Widerstand ermuntert. Dies erklärt jedoch in keiner Weise, warum gerade zwei- und dreijährige Kinder sich noch traditionskonformer verhielten als die älteren Kinder.

Weibliche Gefühlsgourmets und männliche Herausforderer

Im Prozess des Heranwachsens zeigen sich auch deutliche Unterschiede im Sozialverhalten von Jungen und Mädchen – wie sie mit anderen umgehen und was ihnen Freude macht. Knapp zusammengefasst, sind Jungen bereits mit circa zwei Jahren stärker an Rangfolgen, Rangeleien und Hierarchien sowie an Wettbewerb in jeder Form interessiert. Sie haben Freude daran, sich zu messen – körperlich und in jeder anderen Beziehung. Jede Autofahrt mit mehreren kleinen Jungen ist begleitet von freundlichen Knuffen, Püffen und Balgereien. Kleine Mädchen dagegen hören im Auto Kassetten und wollen reden, erzählen, Fragen stellen oder singen.[14]

Jungen »in freier Wildbahn« schließen sich schnell zu größeren Gruppen zusammen. Es bilden sich Freundschaften, die eher offen sind, neue Mitglieder aufnehmen oder einzelne auch auf undramatische Weise wieder verlieren. Jungen unterhalten sich wenig, und wenn, dann darüber, was sie zusammen tun können oder wie etwas technisch funktioniert. Gern wird auch geprahlt: »Mein Papa hat den schnellsten Computer.« All das gehört zu Jungenfreundschaften, ohne dass es das Wohlbefinden der Gruppe nennenswert stört. Dieses Muster setzt sich, wie wir sehen werden, bis in die Strukturen der vorherrschenden Organisationen von Wirtschaft und Gesellschaft fort und gilt dort als Norm, obwohl dieses Gruppenmuster nur den männlichen Teil der Gesellschaft abbildet.

Mädchen hingegen beginnen früh, sich bevorzugt mit einer oder zwei Freundinnen zu unterhalten. Sie spielen intensiv zusammen, malen, hüpfen, basteln, aber sie reden auch darüber, wer zu ihrem Freundeskreis gehört und wer nicht dazugehören soll. Sie beginnen, eine ständige Melodie des Ein- und Ausschließens einzuüben, die bis ins Erwachsenenalter und den Arbeitsalltag weiter ertönt. Kleine Mädchen rücken körperlich gern eng zusammen und fassen sich an. Ihrer Mutter, ihrer Erzieherin, ihrem Papa oder Opa klettern sie oft auf den Schoß und schauen ihnen tief in die Augen. Kommunikation und Verbindung ist ihnen wichtig. Sie sind in der Regel sehr früh ziemlich ausdrucksstark, ihr Wortschatz wächst viel schneller als der von Jungen, und sie drücken sich gewandter und differenzierter aus.[15] Ihr ganzes Leben lang werden sie mehr sprechen als ihre Brüder, Väter, Männer oder Kollegen. Es wird noch zu erörtern sein, wie sich das zur spezifischen Stummheit von Frauen in offiziellen Gremien verhält.

Nicht zuletzt aufgrund dieser Überlegenheit und Sprachreife ist auch ihr Problem- und Konfliktlösungsverhalten stärker auf Worte und Aushandeln ausgerichtet. Die Kooperationsfähigkeit im Spiel ist groß, Dinge werden ab einem gewissen Reifegrad gern getauscht. Die Fähigkeit, Gesichter und Körpersprache zu lesen und feine Signale zu verstehen, wird ständig weiter ausdifferenziert. Mädchen sind gewissermaßen frühe Gefühlsgourmets mit subtilen Wahrnehmungen.

Ihre größere soziale Sensibilität – zunächst gegenüber dem Gesichtsausdruck der Mutter und später gegenüber anderen Menschen – sowie ihre hohe sprachliche Kompetenz führen mit dazu, dass sie bereits als Kleinkinder meist »gehorsamer« sind. Wird kleinen Jungen verboten, ein Spielzeug anzufassen, so werden sie schon im Alter von nur einem Jahr in der Regel trotzdem versuchen, das begehrte Objekt zu berühren, sobald der Erwachsene den Raum verlässt. Sie erproben, wie weit sie gehen können, sie testen die Autorität. Mädchen dagegen respektieren Verbote von Anfang an stärker und fassen ein mit »Nein« belegtes Spielzeug bereits im Krabbelalter auch dann nicht an, wenn sie unbeobachtet sind. Sie fordern also die Autorität eher nicht heraus. Sie meiden meist den direkten Konflikt, sie versuchen, zu vermitteln und zu verbinden. Das eher normkonforme und gewissenhafte Verhalten von Mädchen führt später oft dazu, dass sie sich, statt in eigene Abenteuer, bevorzugt in den Unterstützungsmodus für männliches Explorationsverhalten begeben – als Groupies, Cheerleader oder als gefällige und geduldige, hoch kompetente Arbeitsbienen, die sich sehr genau auf die Bedürfnisse und Befindlichkeiten eines männlichen Gegenübers einstimmen können. Die weiblichen Belohnungssysteme in der Körperchemie springen am ehesten dann an, wenn es harmonisch zugeht und Aufgaben gemeinsam gelöst werden.[16] In Konfliktsituationen dagegen können sie oft weniger klar denken und fühlen sich schlecht.[17] Nur in bestimmten Situationen überschreiten auch sonst »brave« Mädchen vorgegebene Grenzen. Insbesondere tritt dies mit den Hormonschüben der Pubertät und dem Abgrenzungswillen gegenüber den Eltern massiv und in fast unkontrollierbarer Weise auf, oft im Zusammenhang mit dem elementaren Drang zur Partnersuche. Die hohe weibliche Gefühlskompetenz ist zugleich aber auch der Nährboden für die Zicken- und Launenhaftigkeit erwachsener Frauen oder das bisweilen manipulative Verhalten von Mädchen. Die Kontrolle dieser Impulse zu erlernen ist für Mädchen ebenso wesentlich wie es für Jungen wichtig ist, ihre aggressiven Testosteronschübe nicht mit der Faust auszuleben.

Für Männer ist es fast unmöglich und oft sehr unangenehm, sich in den weiblichen Sprechmodus zu begeben, Jungen lehnen das generell ab. Sie empfinden bei allzu viel Kommunikation und direkter Nähe, bei allzu viel persönlichen Worten schnell Unbehagen. Ihre Sprachfähigkeit entwickelt sich nicht nur später. Sie wird dann auch viel eher als Instrument der Positionierung, des Abstands, der Objektivierung und der Hierarchiebildung genutzt als zur Bildung von Nähe und Dialog. Manager äußern bisweilen, um mit den Kolleginnen gut arbeiten zu können, müsse man sich eben auf den sogenannten *small talk* einlassen. Sie empfinden das aber meist als künstlich und lästig, ganz bestimmt aber als unwichtig.

Die Herausbildung dieser sehr unterschiedlichen Aufgaben von Sprechen und Kommunikation bei den Geschlechtern führt später zu vielen Verständigungsproblemen. Denn die Strukturen und Regeln von Wirtschaft und gesellschaftlichen Institutionen beruhen im Kern auf dem männlichen Kommunikationsverhalten. Besonders in der Privatwirtschaft bilden sie das scheinbar »objektive« und geschlechtsneutrale Organisationsgerüst. Dahinter steckt keine böse Absicht, sondern eine schlichte Erkenntnis: Unternehmen und Institutionen wurden vorwiegend von Männern *für* Männer geschaffen. Wie wir noch sehen werden, ist der »männliche« Kommunikationsstil inklusive einer bestimmten Verwendung von Sprache für erwachsene Frauen zwar erlernbar, bleibt aber eine externe »Zweitsprache«, die nicht mit der gleichen Selbstverständlichkeit und Freude und demselben inneren Komfort gesprochen wird, wie es in der weiblichen Kommunikation der Fall ist.[18]

Das Erlernen dieser Zweitsprache ist auch einer bestimmten Gruppe von Frauen vorbehalten, denn viele Frauen entziehen sich diesem Code. Die Gründe dafür sind vielfältig, ich komme darauf zurück.

Dominanz versus Ansehen

Ein ganz elementarer Bereich, in dem sich unterschiedliche Vorlieben und emotionale Belohnungssysteme der Geschlechter von Anfang an zeigen und entwickeln, ist die Bildung von Hierarchien und Dominanz. Jungen, so zeigen ungezählte Studien der letzten Jahrzehnte, bauen ab einem sehr frühen Lebensalter hierarchische Gruppen auf, in denen sie jedoch sehr gut kooperieren.[19] Dieses Muster ändert sich auch in späteren Jahren nicht. An sportlichen Regelspielen wie Fußball lässt sich besonders klar erkennen, dass sich sowohl Jungen wie Männer in Hierarchien einfügen und dann erfolgreich kooperieren, selbst wenn sie eine einzelne Position, etwa die des Kapitäns, persönlich nicht für optimal besetzt halten. Hier ist bereits das wichtigste Muster erkennbar, das die Organisationen kennzeichnet, die später von erwachsenen Männern gebildet werden: die Herausbildung klarer Rangordnungen mit dem Ergebnis relativ konfliktarmer Kooperation, bis die Besetzung der Spitzenpositionen durch eher dramatische Ereignisse von innen oder außen infrage gestellt wird. In der Wirtschaft können beispielsweise krasse Misserfolge eines Unternehmens am Markt dazu führen, dass diese Muster zerbrechen. Die Einübung von solchen Statushierarchien kennzeichnet viele Jungenspiele von früher Jugend an.

In den USA haben Ferienlager für Schulkinder eine lange Tradition. Dort lernen Kinder, sich selbst außerhalb der Familie zu bewähren und eigene Erfahrungen zu machen. In einem Ferienlager im Mittelwesten der USA wurde 1979 fünf Wochen lang detailgenau protokolliert, was sich im Hinblick auf Dominanz und Unterordnung unter den 11- bis 14-jährigen Kindern abspielte, die – nach Jungen und Mädchen getrennt – zu fünft in Hütten lebten.[20] Bei den Jungen bot sich rasch ein klares Bild, in ihren Gruppen waren bereits nach drei Tagen klare Hierarchien erkennbar. Nicht nur die Betreuer, auch die Jungen selbst konnten deutlich sagen, wer die ersten drei in der Rangordnung in den Gruppen der jeweils fünf Kinder waren. Indikatoren dafür waren zum Beispiel der beste Schlafplatz und die größte Gefolgschaft. Die Hierarchie in der Gruppe wurde von allen gleichermaßen anerkannt und im Verlauf der Ferienzeit auch nicht mehr infrage gestellt. Im Rahmen dieser Rangfolge hatte jeder seinen Platz gefunden, was eine relativ konfliktfreie Kooperation untereinander ermöglichte. Dass Einzelne in diesem System auf Dauer zurückgesetzt blieben, wurde von allen in Kauf genommen. Anführer zeichneten sich nicht unbedingt durch Exzellenz oder Überzeugungskraft aus, sondern sicherten ihren Status auch durch Kraft, Drohgebärden, Lautstärke und körperliche Durchsetzungsfähigkeit.

In den Hütten der Mädchen zeigte sich ein völlig anderes Bild: Nicht einmal nach Verlauf der fünf Wochen waren eindeutige Rangfolgen zu erkennen, vielmehr blieben die Strukturen ständig im Fluss; weder den Beobachtern von außen noch den Mädchen selbst war also jeweils ganz klar, wer gerade Anführerin einer Gruppe war – obwohl es jeweils populärere und unpopulärere Mädchen gab. Die Mädchen formten keine feste Dominanzhierarchie wie die Jungen, sondern eine »Ansehenshierarchie«[21]. Die ersten Plätze waren dabei niemals längerfristig fest vergeben, sie veränderten sich situativ und wurden von anderen weiblichen Gruppenmitgliedern immer wieder infrage gestellt. Eine Führungsrolle wird Mädchen von anderen also gewissermaßen immer nur auf Abruf zugestanden. Sie hängt vom Ansehen eines Mädchens in einem ganz bestimmten Zusammenhang ab und kann auch wieder zurückgenommen werden.

Die Erlebnisse und Aktionsweisen von Mädchen sind insgesamt deutlich weniger durch eine Führungskultur geprägt, sondern stärker auf ebenbürtige Kooperation ausgelegt, allerdings auch von Konflikten begleitet. Druck wird dabei weniger durch Imponiergehabe und offene Aggression erzeugt, sondern vielmehr durch die Androhung von Ausschluss: »Du darfst nicht zum Geburtstag kommen, nicht mitspielen, gehörst nicht dazu, wenn …« Ausschluss aus der Gruppe ist für Mädchen äußerst bedrohlich und verletzend. Von früher Kindheit an entwickeln sich große und kleine Dramen um diese Thematik. Spuren dieser Muster lassen sich erkennen, wo später erwachsene Frauen in Unternehmen beruflich tätig sind. Geschlechterbewusstes Management sollte um die Stärken und Schwächen wissen, die daraus resultieren können.

Ganz anders als bei Jungen äußert sich Dominanz bei Mädchen oft als sogenannte prosoziale Dominanz[22], die gewissermaßen die Haltung einer großen Schwester oder auch einer Mutter kennzeichnet: Kleine Mädchen übernehmen gern Verantwortung für jüngere Kinder, gleich welchen Geschlechts. Sie zeigen ihnen die Umgebung im Kindergarten, erklären, wie man den Mantel anzieht oder wo das Klo ist. Im Gegenzug erwarten sie Bewunderung und Unterordnung von ihren Schützlingen. Sie etablieren also ihre Dominanz durch Fürsorge und schätzen es nicht, wenn das jüngere Kind sich dem Fürsorgewillen entzieht. Das Führungsverhalten kleiner Mädchen nimmt damit ebenfalls manches von dem vorweg, was weibliche Führungskräfte in Unternehmen auszeichnet. Ebenso zeigt sich jedoch, wo dadurch Probleme entstehen können.

Natürlich übernehmen auch Jungen Verantwortung für jüngere Geschwister. Allerdings spielen sie spontan eher den starken Beschützer als dass sie der kleinen Schwester erklären würden, wie sie ihre Schuhe binden kann. Häufiger arbeiten sie mit direkter Durchsetzung. Sie schließen sich auch möglichst an ältere Jungen an, die sie vorbehaltlos bewundern und denen sie sich unterordnen können. Mädchen wenden sich dagegen gern kleineren Kindern zu, egal ob Jungen oder Mädchen, und »bemuttern« diese. Vor allem als Erstgeborene und ältere Geschwister werden sie in dieser Rolle von jeher geschätzt. Selbst in patriarchalen europäischen Bauernfamilien wurde deshalb oft als erstes Kind ein Mädchen bevorzugt.

Wird nun später in Organisationen erwartet, dass erwachsene Frauen feste und klare Hierarchien untereinander akzeptieren, so trifft dies oft auf erheblichen Widerstand. Die Handlungsmuster erwachsener Frauen unterscheiden sich nämlich nicht grundsätzlich von denen weiblicher Kinder. Allerdings: Die Unterordnung unter Männer ist davon nicht betroffen. Frauen nehmen sie in der Regel widerspruchslos an. Schon in Kindergruppen zeigt sich, dass Mädchen gewissermaßen freiwillig hinter Jungen zurücktreten und sich ihnen unterordnen, sofern sie nicht auf eigene Grüppchen ausweichen. Wie später in Organisationen zeigt sich außerdem, dass ranghohe Jungen insgesamt höher bewertet und stärker respektiert werden als ranghohe Mädchen, während ein ranghohes Mädchen in einer gemischten Gruppe nur etwa den Status eines rangmittleren Jungen hat.[23]

Und dieses Muster setzt sich fort: Studien aus den heutigen USA zeigen, dass ranghohe Männer von anderen Menschen deutlich stärker beachtet werden als ranghohe Frauen. Im Übrigen steigt ihre sexuelle Attraktivität, während die von Frauen in der Regel mit einer höheren Position (noch) eher sinkt. Hier liegen Wirkungen vor, deren Ursachen für die einen bis in die Wurzeln der Primatengesellschaften reichen, für die anderen mit Religion und Tiefenpsychologie verbunden sind. In jedem Fall sind hier erhebliche Stolperfallen für rasche Gleichstellungserfolge durch quantitative Veränderungen aufgestellt.[24]

Wenn Jungen und Mädchen miteinander wetteifern

Die Literatur hat wieder und wieder festgestellt: Erfolge schreiben schon kleine Jungen ihren Kompetenzen zu, Mädchen dagegen oft den Umständen und dem Glück. Kleine Mädchen vermeiden nämlich nicht nur den Wettbewerb[25], sie neigen im direkten Umgang mit Jungen auch grundsätzlich dazu, den Jungen den Vortritt zu lassen. Ob offener Wettbewerb oder nicht: Sie unterschätzen im Verhältnis zu Jungen ihre eigenen Fähigkeiten von Anfang an. Jungen dagegen überschätzen sich eher und nehmen sich selbst mehr Raum. All dies ist heute Standardwissen, bis hinein in den Boulevard. Es bleibt die Frage: Wie gehen wir damit um? Sind diese Einstellungen durch guten Zuspruch und Ermunterungen der Mädchen leicht beeinflussbar? Oder hilft der erhobene Zeigefinger gegenüber den Jungen mit der Botschaft: Bilde dir nur nicht zu viel auf dich ein? Falls aber beides nicht hilft, was dann?

Mädchen im Kindergarten helfen sich untereinander oft mit kleinen Gesten. Sie lächeln viel und gern. Sie tauschen Gegenstände, suchen Nähe und Verbundenheit und zerstören die Sandkuchen anderer Kinder nicht. Konflikte entstehen unter ihnen am ehesten, wenn eine Zweierkonstellation gefährdet ist und Kinder sich ausgeschlossen fühlen oder ausgeschlossen werden.

Wenn kleine Jungen nun in eine Mädchen-Spielsituation hineinkommen, handeln sie nicht böswillig, oft aber tollpatschig. Sie nehmen Kontakt auf ihre Art auf: zum Beispiel indem sie ein Spielzeug wegnehmen, schubsen oder mutwillig den Spielfluss unterbrechen. Die Mädchen brechen ihr Spiel dann meist einfach ab oder beginnen etwas Neues, möglichst wieder mit anderen Mädchen. Ihr Spielrhythmus und ihre Spielinhalte sind nicht unmittelbar verträglich mit denen der Jungen. Was Kooperation und Wettbewerb angeht, lässt sich bereits sehr früh im Leben geschlechtsabhängig ein langfristiger Motivationsunterschied feststellen.

In einer Studie mit dem völkerballartigen Spiel *dodge ball* in den USA spielten Mädchen in geschlechtsgemischten Teams deutlich schlechter als untereinander, sogar, wenn eigentlich gute Spielerinnen mit schlecht spielenden Jungen konkurrierten. Sie nutzten ihre Chancen kaum und gaben gewissermaßen schon vor dem Spiel ihre Gewinnchancen auf.[26]

Studien, die das Wettbewerbsverhalten von Jungen und Mädchen untersuchen, sind oft sehr komplex. Berühmt ist ein Beispiel, bei dem die Kooperationsbereitschaft von vier- bis fünfjährigen Kindergartenkindern geprüft wurde. Hierbei wurden zunächst Vierergruppen von Jungen oder Mädchen gebildet und später gemischt. Die Kinder konnten einen Film durch eine Linse betrachten. Das funktionierte aber nur, wenn jeweils ein Kind die Handkurbel an einem Apparat drehte, das andere das Licht bediente, das Dritte zuschaute und das Vierte jeweils warten musste.[27] Die Kinder mussten also aushandeln, wer wie jeweils zum Zuge kam oder warten musste. Unter den Jungen setzten sich diejenigen häufiger durch, die körperlich agierten; unter den Mädchen diejenigen, die argumentierten. Trotz der Schubserei untereinander blieben die Jungen gut gelaunt und lachten viel, die Mädchen dagegen reagierten angespannt und lachten kaum. Der Wettbewerb bereitete ihnen keine spontane Lust.

Bei den Jungen machten die Ranghöchsten manchmal auch jeweils dem Schwächsten Platz. Bei den Mädchen dagegen blieben die Ranghöchsten immer am Ball und traten nie freiwillig zur Seite. Verallgemeinernd kann man daraus schließen: Stehen Mädchen im Wettbewerb, so sind sie angespannt und weniger sozial als sonst. In kooperativen Situationen dagegen neigen sie mehr als Jungen dazu, einander zu unterstützen.

Wurden die Teams im Experiment mit Jungen und Mädchen gemischt, so waren sofort eindeutig die Jungen dominant. Diesen spontanen Mechanismus gilt es auch für den Arbeitszusammenhang von Frauen und Männern zu verstehen. Ist dagegen ein Kraut gewachsen?

Wenn gute Leistungen und Anstrengungen von Mädchen weniger im Wettbewerb erfolgen, sondern Wettbewerbssituationen schon bei kleinen Mädchen ihren Anstrengungswillen eher blockieren, dann macht es wohl wenig Sinn, den Wettbewerb für sie zum Dreh- und Angelpunkt für Erfolg und Leistung zu machen. Es sei denn, diese Orientierungen würden sich im Laufe des Heranwachsens gründlich ändern. Wie wir jedoch noch sehen werden, verschieben sich die Grundmotivationen bis ins Erwachsenenalter hinein nicht mehr wesentlich.

Wettbewerbssituation haben für Mädchen zwei Unlustrisiken: Sie fürchten, durch ihren Erfolg andere zu verletzen oder zu kränken, weil ihre soziale Wahrnehmung und Anteilnahme ungleich differenzierter ist als die kleiner Jungen. Deswegen möchten sie auch ungern aus ihrer Gruppe heraus nach oben gehoben werden. Sie fürchten aber auch viel stärker als Jungen den Misserfolg, Spott und Ausgrenzung. Frauen fürchten demnach nicht – wie oft gesagt wird – den Erfolg, sondern den Misserfolg!

Die meisten Jungen, auch solche, die nicht dominant sind, trainieren in ihren unzähligen kleinen Rangeleien und Spielen Sieger- und Verliererrollen. Auch das Verlieren akzeptieren sie ohne Einschränkung ihres Selbstwertgefühls, denn eigentlich trauen sie sich Großes zu. Ursache von Misserfolgen sind – so sehen es schon kleine Jungen – die anderen. Mädchen dagegen scheuen den Misserfolg und können durch ihre Selbstzweifel Misserfolge nicht so leicht verarbeiten wie Jungen.

Dieser Unterschied hat gravierende Folgen: Wenn unter fünfzig potenziellen Bewerbungen nur jeweils fünf Frauen aus diesem Grund gar nicht erst antreten, während sich deutlich schwächere männliche Kandidaten fröhlich dem Wettbewerb stellen, so verschlechtert sich dadurch die Qualität des Bewerbungspools deutlich gegenüber dem eigentlich Möglichen. Auf Dauer rutschen dadurch zu viele weibliche Talente durch die Maschen des Netzes. Doch wie sie einfangen?

Bildung 3.0: Frauenaufstieg zulasten der Männer?

Große Veränderungen, die sich erst über einen langen Zeitraum vollziehen, werden von denen, die sie erleben, oft gar nicht recht bemerkt. Es hat Jahrzehnte gedauert, bis die bundesrepublikanische Gesellschaft realisierte, dass Deutschland ein alterndes und schrumpfendes Land in einem alternden und schrumpfenden Kontinent ist. Einer anderen dramatischen Veränderung mit weitreichenden gesellschaftlichen Folgen, die Mitte des 20. Jahrhunderts einsetzte, wurde viel zu wenig Beachtung geschenkt: dem sinkenden Erfolg von Jungen und Männern in den Bildungssystemen in den westlichen Ländern. Während die administrativen Spitzen der Bildungssysteme und die Professuren an den Universitäten fast überall noch mehrheitlich mit Männern besetzt sind, hat im unteren Bereich der Pyramide ein gravierender Umbruch stattgefunden: Jungen sind die Bildungsverlierer, sie stellen die deutliche Mehrheit der Schulabbrecher und Sonderschüler. In Deutschland ist ihre Zahl noch höher, die Zahl männlicher Akademiker zugleich niedriger als anderswo.[1]

Ein Land, das sich auf dem Weg in die postindustrielle Wissensgesellschaft befindet und dabei weniger männliche Akademiker ausbildet als früher? In dem die männliche Qualifikation vor allem auch an der Spitze sinkt? Wie soll das aufgehen? Und wie viele männliche Talente werden so vergeudet, in Sackgassen und tote Kanäle geleitet, mit durchaus unschönen Konsequenzen für den privaten Lebenserfolg, für das Selbstbewusstsein, für das Familiengefüge und für Wirtschaft und Sozialstaat!

Der Abschied der Männer vom Bildungssystem

Im Durchschnitt machen heute nur etwa 20 Prozent der jungen Männer eines Jahrgangs bei uns das Abitur, gegenüber 30 Prozent der jungen Frauen. Unter den Abiturienten finden sich also nur 40 Prozent Jungen, mit sinkender Tendenz[2], in den neuen Bundesländern ist ihr Anteil mit am geringsten. Deutschland hat besonders wenige weibliche Top-Führungskräfte und ist zugleich, mit den USA[3], ein Land, in dem die männliche Akademikerquote gegenüber der letzten Generation in absoluten Zahlen rückläufig ist. Promotions- und Habilitationstitel werden hierzulande zwar noch etwa zur Hälfte von männlichen Akademikern erworben, doch wird ihr Anteil entsprechend ihrer geringen Studierquote wahrscheinlich weiter sinken.[4]

Diese Zahlen, die in ihrer ganzen Bedeutung in der breiten Öffentlichkeit noch viel zu wenig thematisiert werden, verdeutlichen einen allgemeinen Trend in der westlichen Welt, der sich auf die Formel bringen lässt: Je stärker die Gleichberechtigung der Geschlechter insgesamt in einem Land ausgeprägt ist, desto niedriger der Bildungserfolg von Jungen![5]

Vorbei die Zeiten, als der Lateinunterricht Jungen vorbehalten und das Studium für Frauen nicht zugänglich war. Ein für alle Mal vorbei. Bildung ist heute insgesamt mehr Frauen- als Männersache! Zwar ist die hohe Bildungsbeteiligung von Frauen uneingeschränkt als wichtiger Emanzipationsschritt und als Chance für die Zukunft zu begrüßen, da es gelungen ist, die Begabungsreserven der Frauen besser zu erschließen. Niedrige Bildungsquoten bei den Männern und eine zu geringe Ausschöpfung männlicher Begabungsreserven sind aber gewiss kein Erfolgssignal – weder für die Jungen und Männer selbst, noch für die Frauen.

Nicht alle teilen diese Einschätzung. Etliche Expertinnen sehen diese Entwicklung eher als einen überfälligen Akt des Ausgleichs, schließlich seien Frauen an der Spitze auch des Bildungswesens immer noch unterrepräsentiert und die Männerdominanz in der Vergabe von Top-Positionen ungebrochen. Andere hoffen, der männliche Akademikermangel werde dazu führen, dass Frauen automatisch leichteren Zugang zu Top-Positionen finden und sehen das Problem deshalb eher gelassen oder sogar mit klammheimlicher Freude. Jetzt sind eben die Frauen dran! Doch werden wir sehen, dass dies ein Trugschluss ist: Männerdominanz lässt sich auch mit wenigen Männern an der Spitze aufrechterhalten, sofern die Grundmechanismen nicht verstanden und verändert werden. Nicht nur der Vatikan ist ein Beispiel dafür![6]

Eine Folge der weiblichen Bildungsdominanz aber wird darin bestehen, dass viele bisher sehr angesehene Berufsbilder in den kommenden Generationen ihr Image wohl drastisch verändern werden. Der patriarchale Arzt wird durch die gesprächsbereite Ärztin, der honorige Anwalt durch die tüchtige Anwältin ersetzt – aus Berufen, die bisher eher mit Ehrfurcht betrachtet wurden, werden mäßig bezahlte und mäßig angesehene funktionale Dienstleistungstätigkeiten. So war es, zumindest im Bereich der Medizin, bereits in den sozialistischen Ländern, wo vorwiegend Ärztinnen tätig waren. Wenn Tätigkeiten frauendominiert sind, lösen sich

Status und Nimbus auf, Bescheidenheit zieht ein, die Gehälter sinken. Je mehr Bildung weiblich wird, umso eher wird sie zum Gebrauchswert und gilt nicht mehr als Statussymbol. An der Spitze, in den Chefetagen und in der Machtelite muss sich deshalb noch nichts grundstürzend verändern. Denn wer dazu zählt, entstammt nicht zwingend der Bildungselite – dies war schon im Mittelalter so, wo Ritter und Krieger mit ihren Rüstungen und Waffenspielen das Land beherrschten, unterstützt von einer schriftkundigen und verwaltungskompetenten Ministerialenschicht, die das System erst funktionsfähig machte. Auch die Investmentbanker und Top-Manager von heute sind meist keine Intellektuellen; Fach- und Führungskompetenz ist nicht unbedingt mit akademischen Bestleistungen verknüpft. Zwar werden akademische Grade durchaus als schmückendes und Wert steigerndes Dekor angesehen, aber nicht unbedingt als Qualifikationsnachweis für Führungsaufgaben.

Gute Bildung ist jedoch für das Funktionieren des Systems insgesamt tatsächlich immer unverzichtbarer, und gerade Frauen erwerben – als Juristinnen, Biologinnen, Betriebswirtinnen, Wissenschaftlerinnen, Verwaltungsfachfrauen – immer mehr für das reibungslose Funktionieren der Gesellschaft notwendige Kompetenzen. Doch für den Zugang zur Macht ist anderes erforderlich: eine ganz bestimmte Mischung von Einstellungen, Codes und Kulturtechniken, über die Frauen oft weniger verfügen als Männer. Ohne eine Öffnung der Strukturen zugunsten weiblicher Einstellungen und Kulturtechniken bleibt den Frauen der Zugang zu einflussreichen Top-Positionen versperrt.

Exkurs: Weiblicher Bildungserfolg als Glücksbremse

Wir reden meist nur über die ökonomischen Kosten des Scheiterns von Jungen in unseren Bildungssystemen, über Fachkräftemangel, hohe Sozialkosten und den Ausfall für die Rentenkassen. Aber der sinkende Bildungsstandard junger Männer hat auch – gewissermaßen als unerwünschte Nebenwirkung – Auswirkungen auf die Glückspotenziale beider Geschlechter. Nicht zu unterschätzen ist, wie sehr er die Lebensprobleme beider Geschlechter akut verstärkt. Am unteren Rand der Gesellschaft wächst die Armut, weil Frauen sich ungern mit Männern verbinden, die aufgrund fehlender Schulabschlüsse keine ökonomische Stabilität bieten können – es steigen die Zahlen von alleinerziehenden Müttern, deren Einkommen aber wiederum nicht wirklich ausreichen, um Kindern ein sicheres Aufwachsen zu bieten. Doch auch für hoch qualifizierte Frauen sind Partner mit niedrigerer Bildung oft wenig attraktiv, selbst dann, wenn diese über ein gutes Einkommen verfügen. Der Status eines Partners macht sich für gut gebildete Frauen nicht mehr primär am Einkommen, sondern eher an seiner Bildung fest. Wenn das Bildungssystem deutlich weniger männliche Absolventen mit hohen Abschlüssen hervorbringt als Frauen, ist für die spätere Partnersuche ein großes Dilemma vorfabriziert, denn die Bilder eines starken und potenziell überlegenen Partners sind tief in der Psyche von Frauen verankert. Die schlechten Schüler von heute sind also häufig die weniger gebildeten und damit eher unbegehrten potenziellen Partner von morgen.

Denn für gut gebildete Frauen ist der gleichwertige verbale und intellektuelle Austausch mit dem Partner eine ganz entscheidende Beziehungsdimension. Schon bei gleichem Bildungsstand eines Paares ist der Unterschied von Männern und Frauen in ihren verbalen Kommunikationsfähigkeiten oft Konfliktstoff. Je höher die formale Bildung der Frau, desto stärker ist bei ihr das Bedürfnis nach bildungsadäquater Kommunikation. Frauen sind verbale Beziehungsmenschen. Wortarme Beziehungen und mangelnde Interessengleichheit bedrücken sie meist und »turnen sie ab«. Wenn der Partner weder ähnliche Bücher gelesen hat noch ähnliche kulturelle Vorlieben teilt, wenn er zudem eine andere, weniger elaborierte Sprache spricht, wird dieses Dissonanzproblem akut verstärkt.[7]

Es gibt zwar inzwischen mehr Frauen, deren Partner »jünger, dümmer und ärmer« sind, wie es die Sozialwissenschaftlerin und Gründerin der Europäischen Akademie für Frauen, Barbara Schaeffer-Hegel, einmal provozierend ausgedrückt hat. Dieser Wertewandel ist angesichts der großen Bildungsdiskrepanzen auch unvermeidlich, sonst müssten zu viele Frauen auf Partner verzichten. Aber gelungene Beziehungen bei großem Bildungsgefälle, etwa zwischen einer Ärztin und einem Handwerker, einer Gymnasiallehrerin und einem Autoverkäufer, stellen dennoch auf längere Sicht eine enorme kulturelle Herausforderung dar, auf die viele Frauen und Männer sich (noch) nicht einlassen mögen oder können. Auch feministische, starke und selbstbewusste Frauen verzichten oft lieber auf einen Partner, als sich an einen bildungsmäßig unterlegenen Mann zu binden. Die Beziehung zu einem Mann mit geringeren Einkommen oder auch einem ganz deutlich jüngeren Mann – etwa Künstler, Schauspieler, kreative Berufe – ist für viele Frauen inzwischen eher vorstellbar.

Für Männer gelten solche Einschränkungen der Partnerwahl viel weniger, neben der gleichwertig gebildeten Frau ist für sie oft de facto auch die jüngere oder weniger gebildete Partnerin eine mögliche Alternative, vor allem, wenn sie attraktiv ist.[8]

Dies ist nicht nur an der seriellen Partnerinnenwahl vieler mächtiger Männer zu erkennen, sondern auch in der Wissenschaft als Präferenz umfassend dokumentiert.[9]

Frauen mit einer deutlichen intellektuellen Überlegenheit oder einem sichtbar höheren beruflichen Status wirken – ungeachtet ihrer Attraktivität – nach wie vor oft eher bedrohlich und wenig anziehend auf Männer. Immer wieder erleben gut positionierte Frauen, dass mögliche Partner sich zurückziehen, sobald sie von ihren beruflichen Positionen erfahren. Oft verschweigen Frauen diese Tatsache zu Beginn einer Beziehung so ängstlich wie eine körperliche Behinderung oder Krankheit. Bildung und Erfolg bei Frauen, auch bei attraktiven Frauen, sind nur selten ein Aphrodisiakum für Männer.

Diese Erfahrung – dass der Erfolg ihre Anziehungskraft auf dem Partnermarkt sinken lässt oder ihre bereits bestehenden Beziehungen bedroht – führt dazu, dass viele von ihnen ihre Karriere nicht entschlossen verfolgen. Ich habe in den 1980er-Jahren in einer irischen Supermarktkette im Auftrag der Geschäftsleitung talentierte Verkäuferinnen danach befragt, weshalb sie nicht aufsteigen wollten. Viele gaben an, auf keinen Fall einen höheren Status als ihre Partner anzustreben, das wäre nicht gut für ihre Beziehungen!

Hat eine Frau bereits vor dem Karrieresprung einen Partner gefunden, so kann daraus im besten Fall eine erfolgreiche moderne Partnerschaft entstehen – sofern der Partner diese Rolle akzeptiert und unterstützt. Nicht wenige der heute vorzeigbaren Karrierefrauen mit Familie verweisen darauf, dass ihr Aufstieg sich auch der praktischen Hilfe und emotionalen Unterstützung ihres Mannes verdankt und ihm selbst den Verzicht auf allzu große berufliche Ambitionen abverlangt – oder er hat diese bereits ausgelebt.

Oft aber liegt im Karrieresprung von Frauen aber auch der Keim für spätere Trennungen, weil weder die Frau noch der Mann diesen Statusunterschied gut verarbeiten können.

Wir haben es also mit einem mächtigen Paradox zu tun: Berufserfolg und Bildung zahlen sich für Männer auf dem Partnerschaftsmarkt aus, machen Männer anziehend für Frauen – und trotzdem halten sich Jungen und Männer immer öfter von den Bildungswegen fern oder werden daraus verdrängt. Für Frauen gilt genau das Gegenteil: Bildung und Berufserfolg mindern ihre Chancen auf dem Partnerschaftsmarkt ganz direkt, sie bezahlen dafür oft mit einem gewissen Verzicht auf privates Lebensglück.[10] Die hohe Zahl kinderloser Frauen in Führungspositionen in Deutschland belegt dies: Weibliche Führungskräfte zumindest in Westdeutschland leben viel öfter allein und haben viel seltener Kinder als männliche Führungskräfte.[11] Und dennoch streben Frauen unverdrossen nach mehr Bildung.

Es wäre falsch, diese »privaten« Probleme für trivial zu halten. Menschen streben schließlich nicht nur nach beruflichem Erfolg, sondern auch nach privatem Glück. Und für Deutschland gilt, wie die Sozialwissenschaftlerin Elke Holst[12] herausgearbeitet hat, dass die Glückserwartung für beruflich erfolgreiche Frauen in der Gesamtbilanz auch nicht höher ist als die von Hausfrauen.[13] Solche Ergebnisse bieten den einen die willkommene Gelegenheit, alte Muster und eine vermeintlich heile Welt zurückzuwünschen. Für die anderen weisen sie auf ungelöste Widersprüche in den Geschlechterrollen hin, die sich wohl noch lange nicht auflösen lassen.

Mangelnde »Artgerechtigkeit«

Es hat lange gedauert, bis sich die Erkenntnis Bahn brach, dass ein massenhaftes Zurückbleiben von Jungen strukturelle Ursachen haben muss. Inzwischen wird sie in ganz Europa als »boy crisis« diskutiert. Sie wird allerdings teilweise von der Debatte über die Machokultur in Migrantenmilieus überlagert, weil sich dort das Schulversagen besonders heftig zeigt – obwohl das Bildungsproblem von Jungen keineswegs auf Zuwandererfamilien beschränkt ist. In den neuen Bundesländern etwa gibt es nur wenige Migranten, aber eine hohe Zahl von Jungen, die die Schule ohne Abschluss verlassen.[14]

Mir selbst hat sich die Brisanz dieser Entwicklung in Ausmaß und Bedeutung lange nicht erschlossen. Jahrelang war ich – ganz im Einklang mit dem Zeitgeist – mit der Entdeckung der mannigfaltigen realen Entfaltungshemmnisse von Mädchen und Frauen beschäftigt. 1975 hatte ich, im Zuge des Aufbruchs der neuen Frauenbewegung, als junge Verlegerin mit meinen Kolleginnen zusammen das Buch *Was geschieht mit kleinen Mädchen?* der italienischen Autorin Elena G. Bellotti veröffentlicht, das aufzeigte, wie Mädchen schon in der Familie weniger wahrgenommen und gestreichelt wurden, wie sie in der Schule marginalisiert blieben, wie Jungen von klein auf mehr Aufmerksamkeit und Erfolg ernteten. Das Buch war damals ein Augenöffner für viele Facetten der Benachteiligung von Frauen, die wir bis dahin gar nicht bewusst wahrgenommen hatten. Es war Teil einer Bewegung, die eine stärkere Berücksichtigung der Interessen der Mädchen in den Lehrplänen und neue Rollenbilder für Frauen in den Schulbüchern einforderte, in denen sie bis dahin vorzugsweise als treu sorgende Mütter, nicht aber als Ärztinnen und Polizistinnen auftauchten.

Meine eigene Schullaufbahn von Mitte der 1950er-bis in die 1960er-Jahre war noch ausgesprochen beispielhaft für die Aussortierung von Mädchen an unseren höheren Bildungsanstalten: In unserem humanistischen Gymnasium waren wir in der 5. Klasse, damals Sexta genannt, mit 33 Kindern gestartet, etwa ein Drittel davon Mädchen. Meine fortschrittlichen Eltern hätten mich lieber auf ein neusprachliches Gymnasium geschickt, aber ich wollte unbedingt auf die altsprachliche Schule, nicht um Latein zu lernen, sondern weil sie koedukativ war und ich auf keinen Fall nur mit lauter Mädchen im Klassenraum sitzen wollte! Die Lehrer an unserer Schule waren überwiegend Männer, es herrschte ein strenges Regiment, das Abfragen der Lateinvokabeln am frühen Morgen war ein gefürchtetes Ritual, nicht frei von Häme, Beschämung und Spott, falls ein Wort nicht einwandfrei konjugiert werden konnte. Besonders auf uns Mädchen wirkte ein solcher Stil einschüchternd und demotivierend.

Für die meisten Mädchen meiner Klasse wurde Griechisch, das damals in der 8. Klasse, der Untertertia, hinzukam, dann zum Sargnagel ihrer humanistischen Karriere. Der Griechischlehrer, ein noch unsicherer junger Mann mit Hornbrille, betrat unsere Klasse morgens mit dem teils ironischen, teils ernst gemeinten Spruch: »Wennste nicht geschunden wirst, wirst du nicht erzogen!!« – den wir, halb lachend, halb stöhnend, gern auf Griechisch zitierten. Dem Fach eilte der Ruf voraus, besonders schwierig zu sein. Die Ängste waren groß, das für den Erfolg so wichtige Selbstvertrauen der Mädchen schon geknickt, bevor das Lernen überhaupt losging, alles an diesem Unterricht war ähnlich abschreckend, so wie es heute das Fach Mathematik in den oberen Klassen für viele Schülerinnen ist. Jedenfalls nahm das Schicksal seinen traurigen Lauf. Fast alle Mädchen wurden aussortiert, »verstoßen«.

Meine Freundinnen wechselten auf das von mir verachtete neusprachliche Mädchengymnasium über und legten dort schließlich fast durchweg ein gutes Abitur ab, wurden Lehrerinnen, Apothekerinnen, eine von ihnen sogar Professorin. Nur die Tochter eines Ärzteehepaars und ich überlebten diesen Selektionsprozess. Natürlich schieden auch Jungen aus, aber es traf die Mädchen mit ungleich größerer Wucht.

Vor allem einige Kinder aus eher bäuerlichem Milieu hatten die Schule schon früher, meist bereits nach wenigen Monaten qualvoller Bloßstellung als »Tölpel« verlassen. Sie waren mit großen Hoffnungen aus ihren jeweiligen Dörfern auf dieses Gymnasium geschickt und dann für zu dumm befunden worden. Es »überlebten« vor allem Kinder aus Akademikerfamilien, 13 an der Zahl. Diese soziale Auslese kennzeichnet unsere Gymnasien bis heute – wie seit der PISA-Studie bis zum Überdruss bekannt ist. In humanistischen Gymnasien heute ist die Lage anders. In der Regel werden sie stärker von Jungen besucht, doch inzwischen ist der Anteil der Mädchen, die dort scheitern, meist geringer als der der Jungen. [15]

Ich weiß nicht, was damals an meiner Schule die Ursachen für das Scheitern der Mädchen waren – vielleicht die Unterrichtsmethoden, die Inhalte, der latente Schrecken, der über der Lernatmosphäre lag, die Fremdheit des Stoffs, die endlose Befassung mit männlichen Heerführern und Staatsmännern bei totaler Abwesenheit einer Alltagsdimension? Lediglich die historisch überlieferte Tatsache, dass in Sparta Mädchen im Sport gleichberechtigt erzogen wurden und nackt (!!) an den gemeinsamen Ertüchtigungen teilnahmen, ist mir zum Thema Geschlechter aus jener Zeit im Kopf geblieben – sowie ein leichtes Unbehagen, wenn unser Lateinlehrer süffisant lächelnd über den Raub der Sabinerinnen durch die Römer berichtete, immerhin ein frühes Zeugnis von

Massenvergewaltigungen im Krieg. Aber meine eigene Interpretation des Geschehens an dieser Eliteschule war damals kaum anders als die der Lehrer; wie sie glaubte ich, dass die gescheiterten Mädchen zu sehr mit pubertären Wünschen befasst waren, dass die Tanzstunde ihnen den Kopf verdreht hatte und sie einfach nicht den Fleiß oder die »Begabung« für dieses Fach besessen hatten.

Als meine Söhne in den 1980er-Jahren in der Holledau in Bayern das Gymnasium besuchten, erlebte ich das Drama der Ausgrenzung von der anderen Seite – sie verbrachten schwere Schuljahre an einem Kleinstadtgymnasium. Heute hat der eine promoviert, der andere hat ein Promotionsstipendium, und die Wunden des Nichtversetztwerdens sind hoffentlich allmählich vernarbt. Ich interpretierte die Schulprobleme meiner Söhne seinerzeit als Mischung aus fehlender Ganztagsschule und der Tatsache, dass ich in der Gymnasialzeit nicht bei ihnen lebte, dass sie trotz eines kooperativen Klimas zwischen ihrem Vater und mir, ihrer Mutter, insgesamt zu wenig Begleitung im Alltag fanden. Heute sehe ich solche schwierigen Schulbiografien anders. Ich glaube, dass die Entfremdung meiner Söhne gegenüber der Schule durchaus auch jungenspezifische Ursachen hatte – auch wenn es ganz sicher geholfen hätte, wenn die Familie »intakt« geblieben wäre oder zumindest eine gute Ganztagsbetreuung existiert hätte. So aber wurden sie zu Pionieren des Fernseh- und Computerkonsums, nur gemildert durch Fußballverein, Handball, durch eine liebevolle und Schweinebraten kochende Nachbarin und intensives Draußenspielen mit Nachbarskindern auf einem alten Bauernhof.

Meine Söhne waren da keine Ausnahme. Auch bei den Söhnen von Freundinnen und Bekannten sah ich, wie oft sie im

Schulsystem strampelten und strauchelten – während die Töchter zwar nicht immer glänzten, aber doch eher reibungslos ihren Weg gingen und erst später in der Berufsfindungsphase oder bei der Gründung ihrer jungen Familien in die üblichen Krisen gerieten.

Erst seit ich mich gründlich mit den Ursachen für den Misserfolg von Frauen beim Aufstieg in die Chefetagen der Wirtschaft befasse, den ich täglich bei meinen Kundinnen erlebe, ist mir eine augenfällige Verbindung bewusst geworden: Jungen bekommen heute im Schulsystem nicht das, was sie brauchen, und Frauen nicht in der Arbeitswelt. Es sind zwei Kehrseiten des gleichen Problems: Das jeweilige Scheitern hat, über Kreuz, die gleichen Ursachen – gewissermaßen und überspitzt gesagt: eine mangelnde »Artgerechtigkeit« von Strukturen.

Weibliche Dominanz an den Schulen

Statistisch lässt sich in allen OECD-Ländern eine parallele Entwicklung zwischen einem höheren Frauenanteil in der Lehrerschaft und einem relativen Rückgang des Schulerfolgs von Jungen feststellen. Oft wird heute deshalb die »Verweiblichung« des Schulsystems als Ursache für den mangelnden Bildungserfolg von Jungen angeprangert. Man kann es auch anders ausdrücken: Je mehr Gleichstellung in einem Land herrscht, desto mehr Frauen werden aufgrund der zunehmenden weiblichen Bildungsbeteiligung in der Regel auch Lehrerinnen; und mit ihnen steigt der Anteil der erfolgreichen Schülerinnen. Stagniert die Zahl der Lehrerinnen, so stagniert auch die Zahl der Abiturientinnen.[16]

Angesichts dieser statistischen Zusammenhänge wird nun oft gefolgert und gefordert, in Kindergärten und Grundschulen einfach wieder mehr männliche Lehrkräfte zu beschäftigen und die Zahl der weiblichen Lehrkräfte im Gymnasium und an der Universität nicht »überhand« nehmen zu lassen: Dann würden auch Jungen und junge Männer wieder erfolgreicher in ihren Bildungskarrieren sein. In den Konzepten zu einer neuen Jungen- und Männerpolitik, wie sie etwa Familienministerin Kristina Schröder in ihrem Ministerium seit 2010 formuliert und im Koalitionsvertrag der Bundesregierung festgeschrieben sind, wird diesem Ansatz große Bedeutung beigemessen.[17]

Ich stimme, um dies vorwegzunehmen, der These von der »Verweiblichung« des Schulwesens als strukturelles Erfolgshemmnis für Jungen zu – ebenso wie nach meiner Auffassung gerade die kulturelle Dominanz von »Männlichkeit« in der Wirtschaft ein zentraler Grund für den fehlenden Karriereerfolg von Frauen ist. Allerdings ist weder Verweiblichung noch Männlichkeit hauptsächlich messbar an der Anzahl von Frauen oder Männern innerhalb der Lehrkräfte oder Top-Entscheider. Es handelt sich vielmehr um »geronnene« Formen von Weiblichkeit oder Männlichkeit, verfestigt in Prozessen, Kommunikationsstrukturen, Inhalten, Methoden, Denkweisen, Normen: Ein Bildungssystem kann also Strukturen aufweisen, die für viele Jungen und Männer einfach nicht attraktiv, förderlich und zuträglich sind, die sie behindern, kaltlassen, ihre Motivation, ihr Interesse nicht wecken, ihnen keine Freude machen, weitgehend unabhängig davon, ob die einzelne Lehrkraft ein Mann oder eine Frau ist. Auch ein Unternehmen kann so organisiert sein, dass seine Anreize, Belohnungssysteme, Rituale, Arbeitsprozesse, ja sogar Produkte für die meisten Frauen nicht attraktiv und interessant sind, ihre innere Motivation nicht konsequent anzapfen oder sogar hemmen – unabhängig davon, ob die Vorgesetzten nun Frauen oder Männer sind. Wenn sich diese Mechanismen einmal verselbstständigt haben, braucht es Veränderungen bis ins Mark, um sie wieder zu öffnen. Es sind Systeme, die nicht in der Lage sind, die menschlichen Energiequellen umfassend und für beide Geschlechter zu erschließen.

Deshalb ist die Forderung nach mehr Männern in Erzieher- und Lehrerberufen, ebenso wie jene nach mehr Frauen in Führungspositionen, zwar richtig und wichtig, in der Schule aber wird diese Forderung erst dann zu tief greifenden positiven Veränderungen zugunsten von Jungen führen, wenn die jungenfeindlichen Wirkmechanismen im Schulsystem erkannt und abgebaut werden. Dasselbe gilt umgekehrt für Frauen in der Wirtschaft. Kurz gesagt: Mehr Männer im Lehrberuf und mehr Frauen in Führungspositionen sind absolut notwendige, aber nicht hinreichende Voraussetzungen für eine echte Geschlechtergerechtigkeit der Systeme!

Dass Jungen keineswegs automatisch von einem gleichgeschlechtlichen Lehrer profitieren, zeigen die Ergebnisse von zwei Studien, die davor warnen, allzu pauschale Hoffnungen auf die Erhöhung der Anzahl männlicher Lehrer zu richten, die die »boy-crisis« im Erziehungssystem erfolgreich bekämpfen werde. Marcel Helbig, Forscher am Wissenschaftszentrum Berlin, hat in seiner Studie »Sind Lehrerinnen für den geringeren Schulerfolg von Jungen verantwortlich?«[18] untersucht, inwieweit der Anteil männlicher Lehrkräfte an einer Grundschule die Kompetenzen, Noten und Übergangsempfehlungen bei Jungen und Mädchen beeinflusst. Dabei zeigt sich, dass Jungen weder in ihrem Leseverständnis noch in ihren Mathematik-Kompetenzen von einem höheren Anteil männlicher Lehrkräfte profitieren; hingegen weisen Mädchen bessere Leseleistungen auf, wenn sie Schulen mit einem höheren Lehrerinnen-Anteil besuchen. An den schulischen Übergängen, den für Eltern so entscheidenden Schaltstellen der wichtigsten biografischen Entscheidungen für ihre Kinder, war in den Gymnasialempfehlungen, die Jungen und Mädchen erhielten, kein Einfluss des Geschlechts der Lehrkräfte erkennbar, wohl aber waren sich Lehrerinnen und Lehrer in ihrer negativeren Beurteilung weitgehend einig, wobei sich zu diesem Zeitpunkt die oft schlechteren Leistungen der Jungen allerdings insgesamt bereits verfestigt hatten.

Eine weitere Studie[19], die das Geschlecht des Lehrers mit der Kompetenzentwicklung und den Noten von Mädchen und Jungen in Beziehung setzt, zeigt: Hier profitieren weder Jungen noch Mädchen in Mathematik, Deutsch oder Sachkunde von einem gleichgeschlechtlichen Lehrer. Wohl aber leidet die Leseleistung beider Geschlechter, wenn sie vier Jahre lang von einem männlichen Deutschlehrer unterrichtet werden. Ohne die Mechanismen hinter diesem Befund genau identifizieren zu können, zeigt sich, dass der pauschale Ruf nach mehr männlichen Lehrern unbeabsichtigte Folgen haben kann, die sogar beiden Geschlechtern in ihrer Kompetenzentwicklung schaden.

Das spricht keinesfalls gegen die Beschäftigung von mehr Lehrern, diese ist wichtig für eine besser ausbalancierte Lernumgebung gerade für Jungen. Aber sie ist keine mechanische Allzweckwaffe.

Jungen lernen anders – Mädchen auch

Wodurch also, wenn nicht durch das Geschlecht der Lehrkräfte, können Unterschiede im Lernerfolg von Kindern erklärt werden? Wir betreten mit dieser Frage ein Territorium, das in den letzten Jahrzehnten wenig Beachtung fand – auch aus Angst vor falschen rückwärtsgewandten Festlegungen und vor biologistischen Verirrungen. Jungen und Mädchen lernen anders, sie haben andere Strategien, andere Bedürfnisse, andere Kommunikationsstile, andere Motivationsantriebe, Freude an anderen Inhalten oder Darbietungen. Und darin äußern sich auch Reste ihres jeweiligen evolutionären Erbes.[20]

Evolution erfolgt, wie bekannt, nicht immer durch gezielte Veränderung, sondern meist durch unbeabsichtigte Mutationen. In den Schulen ist anscheinend genau dies zum Teil geschehen, ohne dass wir die Ursachen dieser Mutation kennen und ihre Folgen verstehen. Dort hat sich in den letzten Jahren de facto ein Kommunikations-, Aktions- und Leistungsmuster etabliert, in dem sich, zumindest in den unteren Jahrgangsstufen, Jungen nicht mehr genügend artikulieren und wiederfinden können – mit dem Ergebnis, dass sie sich nun oft an den Rand gedrängt sehen und weniger erfolgreich sind. Offensichtlich ist es viel leichter, Muster zu erzeugen, die entweder das eine oder das andere Geschlecht bevorzugen oder ausgrenzen, als tatsächlich integrative Modelle umzusetzen.

Jungen gehen im Bildungssystem nicht zuletzt deshalb verloren, weil die Arbeitsweisen und Motivationen der Mädchen mit dem heutigen Schulangebot und den Normen der Lehrpersonen besser kompatibel sind – und so die Arbeitsstile und Leistungsfähigkeit der Mädchen unterschwellig zum Maßstab werden.[21] Geschlechterunterschiede gerade in intellektuellen Kompetenzen sind nicht festgeschrieben. Frauen sind allgemein so klug wie Männer und umgekehrt. Aber die Zugänge, Schaltungen und Motivationen, um diese jeweils angelegten Potenziale zu entfalten oder auch zu stören, sind teilweise unterschiedlich. Erfolgreicher Unterricht für Jungen und Mädchen, ebenso wie erfolgreiches Management von Männern und Frauen muss diese Zusammenhänge berücksichtigen. Solange wir sie nicht kennen oder bewusst ignorieren und ständig auf ein pädagogisches »Korrekturprogramm« umschalten, werden wir die Jungen für das schulische Lernen nicht zurückgewinnen.[22]

Der Junge als Perpetuum mobile

Beginnen wir dabei mit dem vielleicht folgenschwersten Unterschied für das heutige Lernen in der Schule: Mädchen sprechen bekanntlich nicht nur früher und flüssiger als Jungen, ihre dafür zuständigen Hirnareale sind Jungen in puncto Reife um Monate voraus, ohne dass Mädchen deshalb generell »intelligenter« sind, vielmehr liegen dem unterschiedlich verlaufende biologische Entwicklungsprozesse zugrunde.[23] Mädchen sind auch feinmotorisch geschickter und »sesshafter« als Jungen, bewegen sich hingegen grobmotorisch deutlich später als diese. Kleine Jungen sind im Großen und Ganzen körperlich aktiver, grobmotorisch geschickter und verfügen über ein ausgeprägteres räumliches Wahrnehmungsvermögen. Ihre Muskelmasse ist von Natur aus viel größer als die der Mädchen – auch das ein Erbe der Evolution. Diese Muskelmasse will aber ständig bewegt und trainiert werden, ein biologischer Impuls, eine Notwendigkeit seit der Frühzeit der Menschen in den Steppen Afrikas, der kleine Jungen bis heute überall elementar antreibt. Solche geschlechtstypischen Unterschiede sind nicht in der Erziehung begründet, sie können auch nur sehr partiell durch die Umgebung verstärkt oder abgemildert werden.

Dies alles ist nicht nur durch die Forschung weltweit gesichert, es ist auch die Alltagserfahrung von Eltern und Erziehungspersonen, wobei Ausnahmen wie immer die Regel bestätigen: Es gibt natürlich Mädchen, die körperlich besonders mutig und aktiv, Jungen, die zurückgezogen und eher passiv sind – und nicht alle Jungen sind sportlich. Doch die größere motorische Aktivität von Jungen insgesamt ist eine Grundtatsache, die nicht in erster Linie sozial erzeugt ist.

Der elementare Bewegungsdrang insbesondere von Jungen, ihr intensives Bedürfnis nach körperlicher Erkundung, Erfahrung und Bewegung wird heute strukturell überall eingezwängt und behindert – vom ersten Krabbelalter an. Wohnungen sind eng oder aufgeräumt, Fahrstühle führen dazu, dass viele Kinder nicht einmal mehr das Treppensteigen lernen, vom Rückwärtslaufen ganz zu schweigen, was aber wichtig ist für das Erwerben mathematischer Grundkompetenzen. Eltern sind oft ängstlich bis überängstlich, Mütter ebenso wie teilweise auch Väter, gegenüber Jungen oft genauso wie bei Mädchen. Toben findet viel zu selten statt, Schreien wird nicht gestattet, Laufen ist tabu, Klettern, Springen, weiträumiges Verhalten sind insgesamt äußerst reduziert. Jungen sind aber nicht nur im Kleinkindalter mit einem stärkeren räumlichen Erkundungsdrang ausgestattet und widersetzen sich auch, wie bereits beschrieben, den Anweisungen von Erwachsenen viel stärker und früher als Mädchen. Ihr Lernen ist von Anfang an sehr stark mit Bewegungsabläufen verknüpft, sie müssen Dinge körperlich »erfassen«, erproben, räumlich zuordnen, um sie zu begreifen. Je jünger sie sind, umso wichtiger ist für sie der Gleichklang von intensiver Bewegung, Exploration und Lernen. Kurz gesagt: Langes Stillsitzen blockiert das Lernen insbesondere von Jungen. Auch die Familie bietet in den meisten Fällen für den verlorenen Auslauf keinen Ausgleich mehr – im Gegenteil, hier ist die räumliche Begrenzung meist noch stärker ausgeprägt. Sportvereine, Mannschaftssport und Jugendgruppen, Pfadfinder aller Richtungen verfügten früher über ein großes praktisches Wissen, wie diesen Bedürfnissen entsprochen werden kann – doch viele Kinder haben zu solchen Angeboten kaum noch Zugang. Es gibt auch Jungen, die ohne all das gedeihen, doch es mindert ihre Chancen beträchtlich.

Für die Lernbereitschaft von Mädchen ist diese körperliche Einengung bei Weitem nicht so nachteilig – ihr körperlicher Explorationsdrang ist schwächer ausgeprägt. Zwar ist auch für sie Bewegung nicht nur aus gesundheitlichen Gründen wichtig, sondern auch, damit sie selbstbewusster, stärker, sicherer und mutiger werden. Doch für ihr schulisches Lernen ist sie weniger ausschlaggebend als für Jungen. Mädchen haben ebenfalls Spaß am Klettern, Balancieren, Laufen und Hüpfen. Doch ebenso gern stehen sie mit ihren Freundinnen zusammen und reden oder kichern oder üben komplizierte choreografische Hüpfspiele. Sie werden nur selten spontan mit der gleichen Intensität wie Jungen katzbalgen, Bällen hinterherlaufen, springen und toben. Für Mädchen sind praktisch alle Tätigkeiten generell mehr mit Worten und Sprechen verknüpft – für Jungen ist dagegen das Wort ein zweitrangiges Medium. Sie können stundenlang nebeneinander sitzen, »Schulter an Schulter« in guter Kameradschaft, etwa vor einem Bildschirm oder beim Basteln, und sich auf das Objekt ihres Interesses konzentrieren, ohne sich anzuschauen oder viel zu reden. Bei Mädchen und Frauen ist stets auch der Austausch – face to face – untereinander wichtig und manchmal wichtiger als die reine Tätigkeit. Dies setzt sich bis ins Berufsleben fort.[24]

Praktische Konsequenz daraus sollte vor allem sein, dass der Unterricht für kleine Jungen – und auch das Angebot in der Frühförderung – bewegungsintensiv sein und kurze Sequenzen haben muss.[25] Eine Frühförderung, die primär auf Lesen, Schreiben und Rechnen abzielt, wie sich es international immer mehr einbürgert, spricht dagegen in Wirklichkeit viel stärker die Reifungspotenziale von Mädchen an.[26]

Vom Zappelphilipp zum Ritalinkind

Die offizielle Pädagogik ist noch immer vorwiegend damit befasst, die Geschlechteridentitäten gerade von Jungen im Hinblick auf deren Aggressionen abzurüsten, anstatt das Thema unterschiedlicher Lernstile und -motivationen systematisch aufzugreifen und zu integrieren. Ein Großteil der Energie von Lehrkräften wird heute darauf verwendet, kleine Jungen zum Stillsitzen und Ruhighalten zu ermahnen: Nicht wippen, nicht zappeln, nicht mit den Fingern klopfen! Viele Disziplinprobleme von Jungen und letztlich auch Leistungsdefizite sind mit diesem Symptomkomplex verknüpft. Da der Unterricht nicht auf die Dynamik von Jungen eingestellt ist, sind viele Lehrkräfte, ob Frauen oder Männer, deshalb verzweifelt und empfehlen Eltern immer öfter, doch Rat bei einem Arzt zu suchen, in der stillen Hoffnung, der Arzt werde eine entsprechende Diagnose stellen und ein ruhigstellendes Mittel empfehlen. In den USA geschieht das häufiger als bei uns, aber auch in Deutschland kommt es in steigendem und beunruhigendem Umfang vor. Die Eltern suchen dann medizinische Hilfe, bis sie einen willigen Arzt oder eine entsprechende Ärztin finden; es werden Medikamente verordnet, die das unterforderte und hungrige Gehirn ruhigstellen. Ritalin ist heute ein Standardbaustein der Unterrichtsdisziplin an vielen Schulen. Der Preis ist hoch. Viele betroffene Kinder wachsen nachweislich weniger, bleiben körperlich kleiner als es in ihnen angelegt war, manche Kinder werden auch langfristig antriebsloser – eine ziemlich brutale Beschneidung von Möglichkeiten, die gerade für Jungen eine lebenslange Beeinträchtigung darstellt.[27]

Die Medikalisierung des Symptoms erscheint Eltern und Lehrern heute oft als einziger Ausweg, um die körperlichen Energien von Jungen zu bändigen – zumal dieser Weg als zulässig akzeptiert wird. Meist wissen sie gar nicht, was notwendig wäre, um diese enormen Antriebe positiv zu kanalisieren, oder sie können die Bedingungen dafür selbst gar nicht herstellen: intensive Erlebnisse im Freien, echte Aufgaben und Projekte, die die Kinder körperlich und seelisch anstrengen und die sie auch tatsächlich konzentriert bewältigen und verantwortlich zu Ende führen dürfen. Der Göttinger Neurobiologe Gerald Hüther führt das ADHS-Problem auf die verzögerte Reifung der Frontallappen im Gehirn zurück, die sich letztlich der Verhinderung notwendiger Erfahrungen verdanke, wie sie in der Entwicklungsgeschichte der Menschheit fast allen Kindern zur Verfügung standen und erst in den letzten Jahrzehnten in der behüteten urbanen westlichen Zivilisation so drastisch beschnitten wurden.[28] Er bietet deswegen auch neue Therapieformen an, in denen Jungen einige Wochen auf der Alm verbringen und lernen, sich schwierigen Aufgaben zu stellen.[29] Seine Therapien sind umstritten, es gibt Kinder, bei denen sie nicht wirken oder die bald wieder mit Medikamenten behandelt werden müssen, weil die Symptome nicht verschwunden sind. Vier Wochen auf der Alm sind wahrscheinlich auch keine hinreichende Antwort – oder nur in glücklichen Fällen – auf ein lebenslang aufgebautes Defizit und eine Umgebung, die im Anschluss an die Almferien so reizarm und herausforderungsarm bleibt wie zuvor.

Es gibt in den USA Schulen, die ihre Kinder durch Sport täglich mindestens einmal völlig »auspowern« – in diesen Schulen ist das Leistungsdefizit von Jungen gegenüber Mädchen deutlich verringert.[30] Bewegung ist, wie wir sehen werden, nicht alles – aber ohne Bewegung ist zumindest für viele Jungen alles nichts!

Schöne Räume gestalten, basteln, schneiden, in Gruppen geordnet zum Park gehen, still sitzen, zuhören, Buchstaben ordentlich aufschreiben – all dies liegt dagegen in der Regel Mädchen mehr. Der verborgene Lehrplan ist also in vieler Hinsicht ein Mädchenlehrplan, weil beim Unterricht in geschlossenen Räumen oder beim Gang zum Spielplatz natürlich Disziplin herrschen muss. Wie dies heute, da es allerorten an körperlichen Herausforderungen fehlt, intelligent verknüpft werden kann mit dem vor allem für Jungen notwendigen Maß an Bewegung, Risikofreude und Widerspenstigkeit, genau das ist eine zentrale Frage. Um sie zu lösen, muss sie aber überhaupt erst einmal als Frage erkannt worden sein.

Hilfe – Gewalt!

Zum Korrekturprogramm heutiger Pädagogik gehört ein weiterer Aspekt, der Jungen in ihrer Entwicklung hemmt: die totale Vermeidung körperlich ausgetragener Konflikte und von Verletzungsrisiken aller Art, in der Familie, im Kindergarten und im Unterricht. Kinder im Schulalter können heute oft keinen Apfel mit dem Messer zerlegen. Wenn sie sich an einem Papierblatt schneiden, wird den Lehrkräften mangelnde Sorgfaltspflicht vorgeworfen – dies ist keine Übertreibung. Ein aufgestoßenes Knie ist ein Versicherungsfall, ein kleiner Sturz eine Verletzung der Aufsichtspflicht. Dem ist – angesichts klagewütiger Eltern und enger Versicherungsvorschriften – nicht leicht zu entkommen.

Es gibt Jungen, die auch ohne Raufereien und Rangeleien auskommen, aber für viele bedeutet dies eine Benachteiligung von Lernmöglichkeiten und Reifeprozessen. Eine jungen- und mädchenfreundliche Schule sollte sich bewusst sein, dass Jungen oft eine besondere Art der Kontaktaufnahme haben: Knuffen, schubsen, einen Schneeball werfen, ringen, einen anderen besiegen sind für sie spielerische Formen der Freundschaftsbildung – gekoppelt mit normaler Hierarchiebildung. Es gibt natürlich auch Jungen, die diese Formen der Kontaktsuche ebenso wenig schätzen wie die meisten Mädchen. Aber für sehr viele Jungen ist dies ein wichtiger Teil ihres sozialen Lernens, so wie viele Mädchen sich spontan etwas zureichen, einander anlächeln oder an die Hand nehmen. Diese Ausdrucksformen sind so legitim wie andere Lebensäußerungen. Jungen müssen allerdings verstehen und respektieren lernen, dass diese Spielformen Regeln brauchen, aber auch, dass sie meist für Mädchen gänzlich unattraktiv sind, dass für das gemeinsame Spiel mit Mädchen also andere Regeln gelten. Dies ist, ich wiederhole es, nicht gleichbedeutend damit, dass Jungen beliebig oder gar ihr Leben lang andere Menschen knuffen und schubsen sollen; sie müssen vielmehr lernen, diese Impulse zu zähmen und spielerisch zu wenden und in anderen symbolischen Formen auszudrücken und zu beherrschen.

Als erwachsene Männer leiten sie sie oft auf Sportveranstaltungen ab, meist als Zuschauer. Die enorme Bedeutung, die Wettbewerbssportarten in allen westlichen Kulturen haben, ist ja letztlich nichts anderes als ein mächtiger zivilisatorischer Kanal für diese mehr oder weniger spielerischen Aggressionen. Milliardenschwere Industrien profitieren davon. Dass so viel Geld, Energie, Infrastruktur, Talent, Ressourcen, Aufmerksamkeit erwachsener Menschen hoch entwickelter Gesellschaften in scheinbar so unproduktive und archaische Aktivitäten wie Fußball, Baseball, Cricket, etc. investiert wird, ist schon ein Indiz dafür, welche Urgewalt sich dahinter verbirgt. Die Antriebe von Frauen, die sich auf den Sport richten, sind in der Regel nicht die gleichen wie bei Männern. Wenn sie ein sportliches Geschehen beobachten, weisen ihre Gehirne mit Sicherheit nicht die gleichen Aktivitätsmuster auf wie die der meisten Männer. All dies gilt, obwohl es selbstverständlich auch Jungen und Männer gibt, denen Mannschaftssport völlig gleichgültig ist, und Frauen, denen Sport extrem wichtig ist.

Im Umgang zwischen Jungen und Mädchen zeigt sich heute, dass auch Mädchen immer öfter mit Jungen raufen – manche Mädchen greifen inzwischen von sich aus Jungen körperlich an. Körperliche Aggression ist aber kein Merkmal, an dem wir den Fortschritt der Emanzipation messen können; sie ist bei Frauen einfach weniger ausgeprägt, auch wenn sie sich heute öfter zeigt. Sie ist eine menschliche Ausdrucksform, stärker angelegt bei Männern, die durch die Zivilisation gebändigt und als Kraft produktiv genutzt sein will.

Augenjungen – Ohrenmädchen

Ein folgenschwerer Schauplatz von Fehlsteuerungen für Jungen liegt in dem Unwissen über eine gewisse Unterschiedlichkeit männlicher und weiblicher Sinnesorgane. Jungen und Männer hören im Durchschnitt deutlich schlechter als Mädchen und Frauen. Ihr geringeres Hörvermögen ist empirisch ausführlich dokumentiert[31], aber es ist nicht allgemein bekannt – es ist nicht erst, wie vielfach angenommen, die Folge von zu laut gestellten Kopfhörern der MP3-Player von Jungen in der Teenagerphase. Jungen reagieren auch anders als Mädchen auf akustische Reize: Während bei zu früh geborenen Mädchen eine Therapie mit klassischer Musik die Entlassungszeit aus dem Krankenhaus um fast zehn Tage nach vorne verschiebt, erzielt diese Art der Intervention bei früh geborenen Jungen keinen Erfolg. [32] Mädchen haben auch häufiger ein absolutes Gehör, da mag man noch so oft betonen, dass die musikalischen Genies überwiegend Männer gewesen sind. Erst die Zukunft wird zeigen, wieweit bei besserer Ausschöpfung der vorhandenen musikalischen Potenziale von Frauen dieser Unterschied noch weiter bestehen wird. Jedenfalls sagt die frühere oder spätere Reifung einer Fähigkeit oder auch die Tatsache, dass bei einem Geschlecht bestimmte Kompetenzen häufiger auftreten, nichts darüber aus, ob sich nicht Einzelne später gerade in den Disziplinen hervortun, die bei ihrem Geschlecht insgesamt schwächer ausgeprägt zu sein scheinen. Es gibt sehr viele Männer, die großartige Autoren geworden sind, obwohl die durchschnittliche Sprachmacht von Männern geringer ist als die von Frauen und Jungen viel später sprechen lernen!

Das oft schlechtere Hören von Jungen hat in der Schule von heute Folgen: Lehrerinnen sprechen oft sehr leise, Jungen sitzen oft weit hinten. Sie hören deshalb vieles nicht und schalten ab. Sie gelten dann als Träumer oder als »Verweigerer«, obwohl sie tatsächlich einfach nur schlecht hören. Oft bewirkt dieses schlechtere Hören eine Verstärkung des Zappelns, Herumalberns und der Gleichgültigkeit. Für eine bessere Unterrichtsbeteiligung würde es nach Leonard Sax, amerikanischer Kinderarzt und Entwicklungspsychologe, ausreichen, die Jungen nach vorne zu setzen und lauter zu sprechen, sich zu vergewissern, dass die Schüler auch tatsächlich hören und mitbekommen, was gesprochen wird. Jungen brauchen tendenziell stärkere Sinnesreize, mehr Abwechslung, um ihre Gedanken bei der Sache zu halten und nicht abzuschweifen.

Sie reagieren auch nicht so negativ und verschreckt auf eine laute, aggressive oder bestimmte Stimme wie Mädchen. Mädchen und erwachsene Frauen interpretieren oft den Stimmton eines Vorgesetzten oder eines Partners als aggressiv, selbst wenn dieser sich gar nicht bewusst kritisch oder abwertend äußern wollte.[33] Was also für Jungen in der Schule ein angemessener Ton und für ihre Disziplin und ihre Motivation förderlich sein mag, kann Mädchen durchaus demotivieren und entmutigen.

Jungen sind generell stärker augenbasiert[34] als Mädchen. Das Augentier Mann liebt als Junge andere Farben, und wenn der kleine Junge zeichnet, malt er anders als kleine Mädchen. Seine Netzhaut ist dicker, es werden andere Zellen und andere Kontakte aktiviert als bei Frauen.[35] All dies könnte für den Bildungserfolg gleichgültig sein – aber es hat Folgen für die Einschätzung kleiner Kinder durch Erwachsene. Wenn Jungen zeichnen, so sind sie nicht nur feinmotorisch ungeschickter als Mädchen, sie nutzen die Farben Schwarz, Blau, Silber, Mädchen dagegen eine wärmere und buntere Palette.[36] Die Lehrpersonen, meist Frauen, finden die Farbpaletten der Mädchen ansprechender und kreativer. Sie loben die Mädchen auch dafür, dass sie oft schon genauer zeichnen können, was gar nicht ihr Verdienst ist, da wir es hier mit Gehirnreifungsprozessen bei der Wahrnehmung und Feinmotorik zu tun haben.

Vor allem aber: Jungen malen vorwiegend andere Inhalte als Mädchen. Betrachten Sie einmal die Kinderzeichnungen in einem x-beliebigen Kindergarten der westlichen Welt; Jungen zeichnen mit oft ungelenker Bewegung meistens Aktionen, sie malen also gewissermaßen Verben: Eine Rakete fliegt und stößt auf ein Schiff, ein Pfeil durchbohrt ein Monster.[37] Sie begleiten dies gern mit den unmissverständlichen Lautnachahmungen bewegter Objekte – ihr zeichnen entspricht der Art, wie sie Autos, Playmobilfiguren, Raumschiffe mit der Hand durch den Raum bewegen und mit tatütata-, pfff-pfff-pfff, iiuiiuiiu-Rufen begleiten. Bei Mädchen dagegen lässt sich diese Aktionslautmalerei nur höchst selten beobachten.

Kleine Jungen zeichnen also eher »Verben«, meist in düsteren Farben, Mädchen dagegen Substantive: Gesichter, Sonnen, Blumen, ihre Familien. Häufig drücken sie Beziehungsgeflechte aus, in freundlichen Farben. Sie gelten damit bei den Lehrkräften und Eltern als zeichnerisch überlegen, obwohl sie lediglich einen anderen Zugang zur Welt haben und ihr Gehirn die Welt anders verarbeitet. Jungen dazu zu bringen, wie Mädchen zu zeichnen, ist in der Regel so wenig erfolgreich wie umgekehrt – beide nehmen ihre Umwelt real anders wahr und interpretieren sie anders.

Fließtext für Mädchen, PowerPoint für Jungen

Mädchen können längeren gesprochenen Abschnitten schon im frühen Schulalter gut folgen – sie nehmen dabei komplexe Inhalte auf, verstehen sie und können sie auch wiedergeben, während Jungen dabei oft rasch abschalten. Mädchen bringen die dafür nötige Konzentration auf, und es stört sie nicht, wenn eine Darstellung Schleifen macht und etwas mäandert. Im Gegenteil: Das Sprechen von Mädchen und Frauen untereinander kommt oft über Umwege zum Ziel – Frauen vermögen als Zuhörerinnen dabei durchaus den roten Faden im Auge zu behalten. Dies sorgt für viele Missverständnisse in Beziehungen, für Ungeduld in der Wirtschaft und für viele Witze.

Jungen zeigen früh eine große Vorliebe für symbolisch codierte Sprachen – Abkürzungen, Jargons, Codes wirken auf sie wie Geheimcodes und machen viele Stoffe erst interessant und exklusiv. Während Mädchen gern induktiver, vom Konkreten zum Allgemeinen, vorgehen, keine Mühe haben, längere Texte zu erfassen und – unterstützt von ihren größeren Leseerfahrungen – zu verfassen, profitieren Jungen für ihr Lernen sehr von grafischen Darstellungen und abstrakten verkürzten Vereinfachungen des Stoffs. Einen Stoff in Schaubilder zu verwandeln, in Diagramme, in PowerPoint-Listen, Pfeildiagramme – das animiert sie und erleichtert ihnen seine Aneignung.

Kürzlich habe ich eine Lehrerin interviewt, die schilderte, dass sie ein Thema in der 7. Klasse von Jungen und Mädchen aufbereiten ließ. Einige dynamische Jungen okkupierten dazu den Computer und fassten den bereits bekannten Stoff in wenigen Power Point-Thesen zusammen – die Kollegin war ungemein beeindruckt und fand dies sehr »professionell«. Die Mädchen hatten keinen Zugang zum Computer und begnügten sich damit, den Stoff kreativ zeichnerisch umzusetzen und in ihren Heften wiederzugeben. Die Kollegin aber formulierte erst auf meine Nachfrage, dass die Darbietungen der Mädchen eigentlich mindestens gleich hochwertig waren, den Stoff sogar selbstständiger verarbeitet hatten.

Mädchen erschließen sich die Inhalte eher von der Alltagswelt aus und neigen auch nicht zu solchen Verschlüsselungen, da sie eher an der Einbeziehung des Gegenübers interessiert sind. Dieses Muster zieht sich später auch durchs Berufsleben und erschwert die Kommunikation zwischen den Geschlechtern. Frauen können zwar die Symbolsprachen durchaus kompetent erlernen, empfinden dies aber als umständlich und überflüssig. Männer wiederum werten die »Normalsprache« für die Darstellung komplexer Inhalte oftmals als unprofessionell ab.

Im Unterricht macht es also durchaus Sinn, die Formen der Darbietung zu variieren – und Jungen damit Gelegenheit zu geben, ihr Wissen in Grafiken, Diagrammen, in PowerPoint etc. darzustellen – und es sich so anzueignen. Doch sollte dies nicht höher bewertet werden als die Fähigkeit von Mädchen, Inhalte in komplexen Sätzen exakt wiederzugeben. Wir haben es also mit einem Dilemma zu tun: Ermutigen wir die Darbietung in Grafik und Symbol, so werden wir vielen Jungen besser gerecht, geben ihnen die Möglichkeit, ihren eigenen Zugang zum Wissen einzubringen. Es besteht aber die Gefahr, dabei gerade die besondere Fähigkeit vieler Mädchen zum komplexen Formulieren und auch zum differenzierten Argumentieren zu entwerten. Hinzu kommt: Nicht jeder Inhalt lässt sich durch krasse Vereinfachungen und grafische Reduzierungen optimal wiedergeben.

In der Wirtschaft haben die Männer sich längst durchgesetzt: Der argumentative Text ist durch bunte Schaubilder und Power Point-Präsentationen ersetzt worden.[38] Dabei gehen in den Grafiken viele wichtige Teilaspekte und subjektive Faktoren verloren, es werden einseitige Zusammenhänge konstruiert, allzu einfache Wirkungsgeflechte optisch unterstellt, auf X folgt automatisch Y, ausgedrückt in Pfeilen und Kästchen. Generell ist die Fähigkeit und Bereitschaft, komplexe Inhalte jenseits einer Ingenieurslogik zu ertragen oder überhaupt wahrzunehmen, durch das vereinfachte Visualisierungs(un)wesen deutlich reduziert worden. Zwar hat sich inzwischen ein gewisses Unbehagen an der Präsentationskultur breitgemacht – doch die Gleichwertigkeit der Kompetenzen und Denkzugänge der Geschlechter wird dabei nicht mitgedacht, weil über diese Ausdrucksformen gar nicht im Zusammenhang mit dem Geschlechterthema nachgedacht wird.

Wichtig sind neue Verfahren, die ähnlich wie »Mindmaps« erweiterte Assoziationen und Nebenstränge zulassen und aktiv ermutigen, sie mit auszudrücken. Das hilft nicht nur vielen Frauen, sondern auch einem offeneren Denken als Grundlage für Entscheidungen.

Pädagogische Schonkost oder warum Lesen weiblich ist

Während die Kluft zwischen Jungen und Mädchen bei den mathematischen Leistungen sich international langsam verringert, ist die Kluft in den Leseleistungen weiterhin groß und wächst noch mit dem Alter.[39] Der Büchermarkt zeigt dies drastisch, mit immer noch steigender Tendenz. Bücher werden heute vor allem von Frauen gekauft und gelesen.[40] Die Welt der Bücher wird damit immer mehr zur Frauenwelt – weil es die Welt der Sprache ist. Übersetzer sind heute schon zu über 80 Prozent weiblich. Bücher, vor allem Romane, werden inzwischen zunehmend von Frauen geschrieben – auch wenn diese Literatur, wie Siri Hustvedt, Ehefrau des US-Schriftstellers Paul Auster und selbst erfolgreiche Autorin, kürzlich noch einmal ausführte, im Literaturestablishment noch längst nicht so hoch bewertet wird wie Texte von Männern.[41]

Misserfolgs- und Unlusterlebnisse von Jungen in der Schule werden oft dadurch verstärkt, dass der Lesestoff, der angeboten wird, ihren Interessen nicht entspricht. Jungen lieben Tatsachen, Sachbeschreibungen, Abenteuerberichte, Helden- und Detektivgeschichten. Früher gab es einen Literaturkanon, der sie ansatzweise begeistern und inspirieren konnte – Winnetou und die übrigen Helden von Karl May, Robinson Crusoe, Lederstrumpf oder Huckleberry Finn. Doch heute, in der Konkurrenz zum schnelleren und aktiveren Computer, finden Jungen ihre Helden und Abenteuer vorwiegend außerhalb der Bücher, in imaginären Welten. Mädchen dagegen lieben, neben dem Gespräch mit ihren Freundinnen, weiterhin Mädchengeschichten, Pferdegeschichten, Beziehungsgeschichten. Beide Geschlechter lieben Harry Potter, aber nur äußerst selten glückt eine so starke Überlappung der Interessenslagen wie bei dieser von einer Frau geschriebenen Internatsgeschichte mit Zauber- und Gruselfaktor.

Gibt es überhaupt Stoffe, die zunehmend des Lesens entwöhnte Jungen ansprechen können? Schafft es eine im Kindesalter eingeübte Kultur des Vorlesens, die ja in Mittelschichtfamilien auch kleinen Jungen zugutekommt, ihre Lust auf Bücher auch noch während der Schulzeit und darüber hinaus aufrechtzuerhalten? Und wenn ja, mit welchen Themen? Sicher ist jedenfalls, dass Jungen auch als mittlere und ältere Schulkinder Stoffe, die sich mit Beziehungen, Gefühlen, emotionalen Familiendramen befassen, weniger schätzen als Mädchen, dass aber solche Stoffe häufig den modernen Lesestoff bestimmen.

Die sogenannte Geschlechterpädagogik hat sich in den letzten Jahren eher für eine andere Frage interessiert – mit welchem Lesestoff sich die klassischen Jungen- oder Mädchenrollen verändern lassen. Aber ehe wir darüber nachdenken, welche Leseinhalte gerade Jungen dazu ermuntern könnten, ihr traditionelles Rollenverständnis zu überwinden, geht es doch darum, sie überhaupt noch für Bücher zu begeistern – oder nicht? In welcher Form kann Literatur die wichtigen Fragen kleiner Jungen aufgreifen: Wer hat das Sagen? Wer ist der Sieger? Wer ist der Held? Welche Abenteuer haben diese Helden erlebt? Sind diese Interessen kleiner Jungen pädagogisch unzulässig? Diese Fragen gehen weit über den Horizont der Kinderliteratur hinaus: Kann und darf es in einem Zeitalter, in dem auch in Wirtschaft und Politik die Helden nicht mehr das Rollenmodell sind und Jungen tatsächlich als Erwachsene andere Rollenmodelle brauchen, überhaupt noch »Helden« geben? In Deutschland ist die Suche nach vorbildhaften Helden ohnehin besonders schwierig. Aber nicht nur hierzulande. Europas Geschichte ist von blutigen Kriegen und Eroberungen durchzogen, die die Unterwerfung oder Auslöschung anderer Völker mit sich brachten. In welcher Form kann und soll also über vergangene Kriege oder »Helden« gelesen und gesprochen werden? Muss in einer Welt der Bürgerkriege und internationalen Militäreinsätze das Bild des Soldaten neu betrachtet werden? Die Geschichte hört ja nicht mit dem Holocaust, der Niederlage Deutschlands und der Gründung der UNO auf – aber darf es den »guten Soldaten« heute wieder geben?

In der religiösen Welt gab und gibt es Heilige und Märtyrer als Identifikationsangebote, die allerdings fast immer unter blutrünstigen Umständen zu Tode kamen. Frankreich zehrt von der heroischen Französischen Revolution oder von der Resistance, egal ob nun alles, was darüber berichtet wird, wahr ist oder nicht. In den USA liefern die amerikanische Revolution und der Bürgerkrieg noch immer Heldengeschichten, ebenso wie der Kampf gegen Japan und Deutschland im Zweiten Weltkrieg. Mit den Kriegen in Vietnam und im Irak sind solche Geschichten brüchiger geworden, aber immerhin, es gibt sie noch. In Russland ist der »Große

Vaterländische Krieg« gegen Deutschland die einigende Klammer, die gerade Jungen starke Bilder liefert.

Auch Widerstandskämpfer bieten theoretisch Identifikationsmöglichkeiten für Heldenwünsche – doch für kleine Jungen ist das nicht leicht zu verstehen, denn Menschen im Widerstand sind oft todgeweihte »Verlierer«. Das traurige Ende des Piraten Klaus Störtebeker, des Bürgerrechtlers Martin Luther King oder auch der Geschwister Sophie und Hans Scholl sind nicht so leicht zugänglich für die Jungenseele wie positive Helden, die sich erfolgreich durchgesetzt haben. Die Geschichten großer antikolonialer Kämpfer sind oft politisch befleckt, Maos langer Marsch oder Fidel Castros Befreiung Kubas endeten im Totalitarismus, kurz: Die reale Welt ist widersprüchlich und gibt lupenreine Heldengeschichten nicht her. Kampf und Waffen gibt es weiter, sie eignen sich aber nicht so recht für das Bildungserleben. Und dennoch bleibt der Wunsch kleiner Jungen nach einer Beschäftigung mit Heldengestalten, Macht und Sieg, tief in ihrem Fühlen verankert – auch wenn das Heldenzeitalter eigentlich vorbei ist. Es geht hier um entwicklungspsychologisch archetypische Denkfiguren, die die Menschen aus ihrer langen Geschichte mitbringen und die weiter wirkmächtig sind, selbst wenn heute andere Spielregeln gelten.

Viele Eltern meiden Märchen oder biblische Geschichten, weil sie ihren Kindern die darin geschilderten Grausamkeiten nicht zuzumuten wollen und die Geschichten dem Stand einer aufgeklärten Gesellschaft nicht mehr entsprechen. Und in der Tat – wie soll ich meinen Enkelkindern erklären, dass der »liebe Gott« die Ägypter im Meer ersaufen ließ, als sie die Juden verfolgten? Dass nur Noah, seine Frau und jeweils ein Tierpaar auf die Arche Noah durften und Gott den Rest der Welt in der Sintflut ertränkte? Dass er Adam und Eva aus dem Paradies verstoßen hat, »nur« weil Eva einen Apfel gegessen hat, den sie nicht essen durfte? Wie erkläre ich, dass die Hexe den Hänsel braten will und die böse Stiefmutter die Kinder im Wald aussetzt, weil es nichts zu essen gibt? Alte Volksmythen scheinen Kindern oft nicht zumutbar, wobei der Psychiater Bruno Bettelheim schon vor Jahrzehnten in seinem Buch *Kinder brauchen Märchen* auf die wichtige Rolle dieser Mythen zur Verarbeitung von Ängsten hinwies.[42] Von der Literatur geht die Zensur bis ins reale Leben: Zu Fasching dürfen kleine Jungen keine Schwerter mitbringen, keine Pistolen. Die so behüteten Kinder sehen sich dann am Bildschirm und in ihrer Umwelt mit Bürgerkriegen, Atomunfällen, Vergewaltigungsgeschichten, Autounfällen konfrontiert und müssen sich ihre Welterkenntnis zwischen den wohldosierten Häppchen der Pädagogik und der grausamen Wirklichkeit zusammensuchen.

Jungen mit ihren stärkeren Aggressionsimpulsen sind aber höchst interessiert an realen wie imaginären Konflikten, die gern auch blutrünstig sein dürfen. Dieses Interesse sollte im Lesestoff aufgegriffen werden, was nicht ausschließt, dabei deutlich zu machen, dass Krieg, Kampf und Heldentaten nicht mehr die Lösungen für Konflikte in der modernen Welt sind. Bleiben aber solche hoch spannenden Themen aus dem Unterricht ausgeschlossen oder werden sie politisch korrekt weichgespült, so greifen Jungen natürlich viel lieber zum Computer, denn mit ihm können sie sich genau die Abenteuer verschaffen, die ihnen bei der pädagogischen Schonkost konsequent verweigert werden.

Für Mädchen sind Themen, die mit Helden, Kampf und Sieg zu tun haben, meist weniger ansprechend. Wie also einen gemeinsamen Nenner im Schulunterricht finden? In der neutralen langweiligen Mitte? Abwechselnd, nach Jungen und Mädcheninteressen? Oder durch getrennte Lektüren?

So sehr die Lesekompetenz unverzichtbar scheint für den Lebenserfolg, so sehr lässt sich heute zugleich beobachten, dass die neue Medienwelt mit ihren Apps, iPads, Tablets und E-Books immer stärker visuell und auf kurzzeitige Impulse orientiert ist.

Es findet also im Hintergrund, aber machtvoll, eine Anpassung der kulturellen Techniken an das Augentier Mann mit seinen insgesamt kürzeren Aufmerksamkeitsspannen und seinem größeren Bedarf an sinnlicher Stimulation statt, in der er Angebote findet, die ihm viel mehr entsprechen als das Buch. Es ist jedenfalls sehr unwahrscheinlich, dass Jungen jemals wieder so stark in die Literatur eintauchen wie früher – für sie ist die Welt der Computer, Konsolen, Applikationen viel attraktiver, aufgrund der größeren Action, der Bildhaftigkeit, der Interaktivität, ja auch wohl wegen der Nähe zur Gewalt.

Intensive Lektüre ganzer Bücher wird also, allen Kulturkritikern zum Trotz, bald vermutlich nicht einmal in der akademischen Welt mehr der Standard sein – die Plagiatskandale rund um prominente Doktortitel weisen ja nur darauf hin, dass Kompetenzen heute flüchtiger sind und in der Realität für immer mehr Menschen vor allem die Fähigkeit zählt, den richtigen Inhalt zur richtigen Zeit an der richtigen Stelle zu finden, ob korrekt zitiert oder nicht.

Dieser Trend ist wahrscheinlich unaufhaltsam, und er kann mit dazu führen, dass Mädchen von ihrem enormen Lesevorsprung nicht mehr so profitieren wie bisher. Der quasi naturwüchsige Lernvorteil der Mädchen würde damit – zu ihrem Nachteil und zugunsten der Jungen – zurechtgerückt. Doch für die nächsten Jahre gilt sicher noch: Mädchen sind in der Schule erfolgreicher, nicht zuletzt, weil sie mehr lesen als Jungen. Und solange Lehrerinnen die fantasievolle Ausschmückung von Gegebenheiten, die Erörterung von Gefühlen beim Schreiben und bei der Wahl von

Schullektüre höher bewerten, sind Jungen meist von vornherein im Nachteil. Sicherlich gibt es auch Jungen, die sich gewandt ausdrücken und hervorragend gefühlvoll schreiben – gerade unter denen, die das Schulsystem erfolgreich »überleben«. Solche Jungen sind oft eher untypische Vertreter ihres Geschlechts, etwas zurückgezogen, nicht unbedingt Torwart im Fußballverein. Vielleicht stehen sie auch nicht ganz oben in der Rangordnung der Gruppe. Es geht aber darum, dass gerade auch »Normaljungen« eine Chance haben, sich am Schreiben in der Schule und an der Lektüre von Büchern zu erfreuen und mit ihnen zu wachsen – so wie wir uns für typische Frauen mehr Chancen auf echte Herausforderungen in Führungspositionen wünschen.

Der Scheinerfolg guter Noten

Jungen sind mehrheitlich tatsächlich leichter gelangweilt, brauchen also mehr Abwechslung in den Darbietungsformen des Stoffes. Hat ein Thema sie gefangen, so können sie sich mit einer für Mädchen wiederum selteneren ungeheueren Energie in dieses Thema stürzen, Vorbote des »Tunnelblicks« und des sehr zielgerichteten Fokussierens von Männern, das später im Berufsleben für viele die Basis ihres Erfolgs ist.[43] Genau an dieser Bruchstelle gehen heute aber viele Jungen dem Bildungswesen schon früh verloren: Sie fühlen sich nicht begeistert, nicht herausgefordert, nicht inspiriert. Sie steigen aus, weil der Stoff sie schlicht nicht genügend interessiert, ihre Aufmerksamkeit und ihre Anstrengungsbereitschaft nicht genügend geweckt werden. Mit Druck gelingt dies nur bedingt und begrenzt.

Mädchen strengen sich im Kern um einer Sache selbst willen an, sie haben einfach Freude daran, Aufgaben gut zu erledigen, eine Technik zu beherrschen, etwas zu Ende zu bringen, etwas gut und schön zu gestalten, seien es Zeichnungen, Bastelarbeiten, Aufsätze, Schreibübungen, Rechenaufgaben mit adrett geschriebenen Zahlen. Die Anerkennung durch ihre Lehrerinnen oder Lehrer, durch Eltern oder Freundinnen, später durch ihr Team und Vorgesetzte, ist ihnen ebenfalls äußerst wichtig, sie ist mit entscheidend für ihr Engagement.

Für Jungen ist das ganz anders. Den meisten von ihnen bedeutet ab einem gewissen Alter vor allem die Anerkennung durch ihre Freunde, ihre sogenannte Peergroup, mehr als die der Autoritätspersonen. Sie lernen auch früh, dass sie im Hinblick auf die äußere Perfektion von Sorgfalt, zum Beispiel im Schreiben und Zeichnen, mit dem Standard der Mädchen sowieso nicht mithalten können. Ein Lob des Lehrers oder der Lehrerin kann, vor allem bei etwas älteren Jungen, ihre Reputation geradezu schädigen. Tadel nehmen sie weniger tragisch oder werten sie gar als Auszeichnung – im Gegensatz zu Mädchen. Und wieder bestätigen Ausnahmen die Regel!

Eine deutsche Studie zeigt: Jungen, die gute Noten erhalten, entsprechen in ihrem Verhalten viel eher den Normen der weiblichen Lehrpersonen als andere Jungen. Sie befinden sich also in einem normativen Doublebind. Eine gute Passung zwischen den Vorstellungen von Lehrerinnen und Jungen, ist relativ rar und wird nicht selten mit sozialer Geringschätzung seitens der Altersgenossen der Jungen bestraft. Lehrpersonen schätzen dabei aber, und das ist das wirklich Perfide daran, die Jungen mit guten Noten persönlich nicht einmal unbedingt höher ein – ihre Wertschätzung und Achtung, ihr echtes Interesse gilt vielmehr oft gerade den »interessanten« Jungen, die intelligent und widerspenstig sind, die es zu zähmen gilt, selbst wenn die Noten nicht immer gut ausfallen.[44]

Wir befinden uns in einem Irrgarten falscher Spuren und Signale. Für Mädchen lohnt sich ihr Wohlverhalten durch bessere Noten, und doch ist dies oft ein Scheinerfolg, denn sie funktionieren gut, sind dabei oft brav und unauffällig, halten den Unterricht so am Laufen, gelten dafür aber bei den Lehrkräften oft auch als uninteressant, mittelmäßig und letztlich nicht so intelligent wie eher widerspenstige Jungen. In bestimmten prestigeträchtigen Bereichen wie Mathematik und Naturwissenschaften, fallen sie, wie wir noch sehen werden, im höheren Schulalter gerade in Deutschland hinter den Jungen zurück. Viele Klischees, die den Erfolg von Frauen später in der Wirtschaft behindern, sind so in der Schule bereits angelegt – trotz der insgesamt stark weiblich geprägten Lehr- und Arbeitsweise. Bessere Noten sind also gewissermaßen eine suggestive Falle für Mädchen, es wird bei ihnen in mancher Hinsicht genau das belohnt, was im späteren Leben in der Wirtschaft (noch?) nicht wirklich zählt – Disziplin, Sprache und Beziehungsfähigkeit.

Last Exit Boys: Computerspiele

Intensive Computerspiele sind dem Schulerfolg von Jungen nur selten förderlich – auch wenn mein Freund Matthias Horx, bekannter Trend- und Zukunftsforscher, immer wieder betont, dass Kinder dabei vieles lernen und wichtige Erfahrungen machen können.[45] Der Kriminologe Christian Pfeiffer hat dagegen auf die in den letzten beiden Jahrzehnten zu beobachtende auffällige Parallelentwicklung zwischen dem steigenden Konsum von Gewalt-Computerspielen und dem Schulversagen von Jungen in allen westlichen Ländern in den letzten beiden Jahrzehnten hingewiesen.[46] Nicht die Vielzahl weiblicher Lehrer ist nach seiner These für den Niedergang der Schulleistungen von Jungen verantwortlich, sondern vor allem der gesteigerte Konsum von Gewaltspielen. Regine Pfeiffer, Schwester von Christian Pfeiffer, ist eine erfahrene pensionierte Lehrerin und analysiert seit längerer Zeit gemeinsam mit Jugendlichen den Inhalt populärer Gewaltspiele wie »Counterstrike«, das seit 1999 in immer neuen Versionen von Millionen junger und nicht mehr so junger Männer gespielt wird – und stößt dabei auf wahre Abgründe sexualisierter Gewalt und auf ein enormes Suchtpotenzial einiger Spiele. Oft verlangen sie ungeheure Konzentration, schnelle Reaktions- und Entscheidungsfähigkeit, Risikobereitschaft – einfach alles, was Jungenseelen anspricht. Sie haben meist auch ein starkes Wettbewerbsprinzip: Wer ist der Beste? Sowohl das Gehirn wie das Gefühlsleben der Jungen und jungen Männer ist durch die Spiele aufs Höchste herausgefordert, und genau darin liegt der »Kick«. Was das Schulversagen von Jungen angeht, so ist die These der Pfeiffers, dass durch das Spielen nicht nur Zeit verbraucht wird, die sonst für die Schule verwendet werden könnte, sondern vor allem, dass durch die Intensität des Angsterlebens bei vielen Spielen das gerade Gelernte in den Köpfen gewissermaßen unerreichbar verschüttet wird. Angst und Schock erzeugen wirksame Gedächtnisblockaden. Christian Pfeiffer hat untersucht, was Kinder von einem in der Schule gelernten Stoff am nächsten Tag noch wissen. Wenn die Kinder am Nachmittag intensiv, verbunden mit vielen Angsterlebnissen, gespielt hatten, waren sie kaum imstande, noch etwas von dem Schulstoff zu erinnern. Nichtspieler, vor allem Mädchen, konnten den Stoff dagegen wiedergeben.

Für Mädchen ist das Computerspiel in der Regel nicht gleichermaßen existenziell bedeutsam, schon gar nicht das Gewalt- oder Wettbewerbspiel. Es gibt zwar auch hochaktive Spielerinnen, die sich in dieser Welt bewegen, oft mit ihren männlichen Partnern durch Welten fliegen, in denen weibliche Körper stets mit Wespentaille hypersexualisiert und Abläufe wie Inhalte völlig auf Jungenfantasien zugeschnitten sind. Die Spieleindustrie für kleine Mädchen konzentriert sich aber eher auf Pferde- und Hundespiele, die den Ausstattungssinn der Mädchen ansprechen. Der Einstieg ist kostenlos, Accessoires aber können oft nur für teures Geld erworben werden – eine perfide Variante der Ausbeutung durch Medienunternehmen. Zivilisationsspiele, an denen Frauen und Mädchen teilhaben, sind ganz anderer Art: »Die Sims« zum Beispiel ist ein sehr beliebtes Spiel bei Frauen, in dem man Beziehungen eingehen, Freundschaften schließen, Kinder bekommen, heiraten, ein Haus bauen kann; man geht arbeiten, um Geld zu verdienen, wird befördert, hat kleine Aufgaben, die die Figur erfüllen muss, um glücklich zu sein, und man wird alt.[47]

Aufgrund ihrer starken Beziehungsorientierung ziehen Mädchen fast immer die reale Begegnung mit ihrer Freundin, das reale Spiel dem Computerspiel vor. Letzteres ist ihnen meist schnell langweilig. Der Geschlechterunterschied ist in dieser modernsten aller Spielformen extrem ausgeprägt, mit der Tendenz, noch zu wachsen. Dieser Unterschied wird ganz sicher nicht verschwinden – der Markt hat längst verstanden, dass sich Mädchen und Frauen den Zugang zum Internet über ganz andere Interessen und Präferenzen erobern; sie chatten, mailen, shoppen, bloggen und twittern, sie strecken ihre Beziehungsfühler weit aus – und geraten dabei in der Welt der Chatrooms und sozialen Netzwerke zuweilen ebenfalls in ganz neue Gefahrenzonen. Insbesondere das

Cybermobbing – etwa in Facebook – wird auch von Mädchen praktiziert.[48] Dennoch sind Computerspiele aus dem Alltag von Kindern (und vielen Erwachsenen) nicht mehr wegzudenken. Sie bestimmen die Leidenschaften und Wünsche vieler Jungen, ihre Sehnsüchte und Träume.[49] Mit ihren Ausflügen in den Weltraum, den Avataren, den archaisch anmutenden Rittergestalten, den archetypischen Schlachtordnungen und Erfolgserlebnissen können Jungen heute ihre Abenteuerlust, ihre Expansionswünsche, ihren Freiheitsdrang, ihren Gestaltungswillen und ihr Autonomiebestreben gegenüber Erwachsenen ausleben. Sie sind Ersatz für viele sonst nicht mehr mögliche eigene Abenteuer, vermitteln Kicks und Anerkennung, Wettbewerb und Gruppengeist, Belohnungen und Niederlagen.

Ich respektiere durchaus die Freude, die gerade neugierige, letztlich unterforderte Jungen und Männer in diesen Welten finden können. Entscheidend ist aber, ob diese Welt die Oberhand über andere Erfahrungsmöglichkeiten gewinnt und wie sie das schulische Lernen tatsächlich blockiert. Für die westliche Welt trifft dies offensichtlich schon zu. Hier geht es um die Frage eines sozial- und kulturverträglichen Umgangs mit diesen machtvollen Reizen – so wie Jugendliche auch lernen müssen, Alkohol und Zigaretten entweder zu vermeiden oder bestenfalls gut dosiert zu konsumieren. Die meisten Jungen schaffen es, durch die Computerspiele nicht den Anschluss an das Leben zu verlieren; viele aber haben viel aus ihren Gehirnen gelöscht und viele spannende Dinge nicht erlebt, bis sie wieder aus der Trance der Spielwelten auftauchen.

Computersucht ist ein ernstes Problem. Das Suchtpotenzial liegt oft darin, dass die Spiele in Gruppen stattfinden, dass also Bestätigung in der Gruppe gefunden werden kann, das Team aber auch abhängig ist von der Unterstützung durch seine Spieler. Die Sucht wird zusätzlich verstärkt durch Faktoren, die völlig vom Zufall abhängen, aber entscheidend für den Spielerfolg sind. Ähnlich dem Spiel am Automaten warten junge Leute dann bis zur Verzweiflung darauf, dass der notwendige, aber unberechenbare Faktor eintritt. In Korea, wo die höchste Spielsuchtdichte der Welt herrscht, sitzen, wie mir Regine Pfeiffer berichtete, Hunderte junger Männer in langen Reihen in öffentlichen Spielstätten und beteiligen sich an E-Sport-Wettbewerben, die Sieger haben Starcharakter und werden von jungen Mädchen angehimmelt. Es kommt dabei aber immer öfter vor, dass ein Spieler vor der Maschine kollabiert und sogar an Dehydrierung oder Herzversagen stirbt. Auch in Deutschland gibt es nicht wenige Fälle, dass Jungen gewissermaßen in dieser Welt versinken, sich am »normalen« Familienleben nicht mehr beteiligen, sich tagelang nicht waschen und kaum noch essen.

Eltern sollten wissen, wo die Gefahren liegen, sie sollten wissen, dass es einen Zusammenhang zwischen dem Konsum dieser Spiele, Spielsucht und Verfügbarkeit im eigenen Zimmer gibt und ihren Kindern möglichst nicht zu früh einen Rechner ins Zimmer stellen. Empirische Untersuchungen zeigen, dass ausgerechnet Jungen aus bildungsfernen Schichten und Migrantenfamilien besonders häufig und früher als eher behütete Mittelschichtkinder über eigene Geräte verfügen.

Um das wirkliche Leben wieder konkurrenzfähig mit dem Computerspiel zu machen, muss sich einiges ändern – wir brauchen einen jungenfreundlichen spannenden Unterricht, mehr Ganztagsschulen, mehr herausfordernden Sport, andere Unterrichtsmethoden. Die Computersucht oder die allzu heftige Flucht in die Welt der Spielkonsolen wird so lange anhalten, wie Jungen keine attraktiven anderen Optionen finden, um ihren Leistungsdrang zu aktivieren. In der Spielwelt sind viele von ihnen in einem Ausmaß begeistert, ausdauernd und konzentriert, von dem die Schule und die reale Welt nur träumen können, das wir aber eben dafür wieder zurückgewinnen müssen.

Von der Lust und Unlust am Wettbewerb

Tief eingedrungen in das kulturelle Selbstverständnis unserer Gesellschaft ist die Vorstellung, der Wettbewerb sei die entscheidende Triebkraft für gezieltes Handeln und jeglichen Erfolg. Ohne Wettbewerb gäbe es keine Innovation. Das mag bis zu einem gewissen Grad für das Verhältnis zwischen Wirtschaftsunternehmen gelten, keineswegs für den zwischenmenschlichen Bereich. Hier tun sich Geschlechterdifferenzen auf.

Jungen fühlen sich durch Leistungswettbewerbe in fast jeder Form stark motiviert. Sie suchen ihn und haben Freude daran. Das Wohlfühlhormon Dopamin umspült das männliche Hirn auch und gerade in der aktiven erfolgreichen Durchsetzung gegenüber anderen, das körperliche Belohnungssystem bei Mädchen und Frauen setzt eher dann ein, wenn Harmonie herrscht. Mädchen scheuen deswegen selbst bei hoher Kompetenz vor Wettbewerben eher zurück.[50] Dieser Unterschied ist folgenschwer. Denn die Strukturen in Wirtschaftsunternehmen beruhen sehr stark darauf, gerade solche Personen zu befördern, die sich im persönlichen Wettbewerb gut behaupten. Diese Durchsetzungsfähigkeit wird für ein objektives Merkmal von Tüchtigkeit gehalten – ein großes kulturelles Missverständnis!

Kleine Mädchen sind von Anfang an und spontan viel weniger am Kräftemessen und Vergleichen mit anderen Personen interessiert. Der direkte Wettbewerb verursacht ihnen kein Behagen, sondern häufig eher Unlust. Was sie antreibt, wird von einem anderen Treibstoff als der Lust am Wettbewerb genährt. Sie verspüren Freude am Inhalt selbst, an Perfektion und dem Gefühl der Kompetenz. Die positive Beziehung zu anderen motiviert sie, für die und mit denen etwas geleistet wird. Vielleicht reizt sie auch der Gewinn an Ansehen bei guter Leistung. Wenn andere weniger Erfolg haben, befriedigt sie das nicht. Im Gegenteil. Sie sorgen sich, dass ihr eigener Erfolg andere kränken könnte und betonen ihn deshalb weniger. Lieber bleiben sie im Hintergrund, im sicheren Schutz der Gruppe.[51]

Für Jungen dagegen ist Wettbewerb in jeder Form eine ganz entscheidende Motivation, sich anzustrengen und etwas zu lernen. Sie haben oft eine geringere Eigenmotivation als Mädchen. Ein Thema muss für sie irgendwie herausfordernd sein; wenn es sich dagegen um eine aus ihrer Sicht nur stupide Wiederholung von Dingen handelt, nur um sie zu üben, so verweigern sie sich oft dieser Anstrengung.[52] Mädchen fügen sich dieser Routine meist leichter, sie gewinnen der Perfektionierung durch ritualisierte Wiederholung durchaus Stolz und Freude ab. Für Jungen jedoch braucht es oft zusätzliche Motivationsfaktoren.

Als sehr motivierend haben sich Teamwettbewerbe erwiesen: Eine Jungenschule in den USA trennt alle Jungen von Schulbeginn an, während der gesamten Schullaufbahn, in ein A- und B-Team. Was auch immer gelernt wird, es tritt das A-Team gegen das B-Team an.[53] Wenn der Einzelne sich nicht anstrengt, sei es beim Lesen, Rechtschreiben, im Baseball oder der Leichtathletik, so ist dadurch sein ganzes Team beeinträchtigt. Der Bezug auf die

Gruppe ist ein sehr starker Antrieb für die meisten Jungen; sie mögen den Inhalt langweilig oder banal finden, uncool oder sogar überflüssig – aber wenn sie durch ihr Nichtkönnen das ganze Team treffen, sind sie doch eher bereit, sich anzustrengen. Um aber solche Formen in die Gestaltung des Curriculums mit einzubeziehen, muss zunächst erkannt worden sein, dass Jungen in dieser Hinsicht anders »ticken« als Mädchen und durch eine Vielfalt an kompetitiven Elementen leichter Zugang zu Lerninhalten gewinnen, denen sie sich ansonsten gern entziehen.

In unseren Schulen ist aber der Wettbewerbsgedanke heute stark zurückgedrängt – weil Lehrerinnen selbst dadurch nicht so sehr angesprochen werden, aber auch weil Mädchen den Wettbewerb nicht so sehr schätzen und sich durch Wettbewerbe teilweise sogar unnötig entmutigen lassen.

Denn Jungen treten nicht nur lieber und mit Freude in Wettbewerbssituationen ein. Sie sind auch viel eher über Gebühr zuversichtlich, dass sie gewinnen werden! Bereits in frühesten Jahren verfügen sie im Durchschnitt über ein höheres Selbstbewusstsein, als es ihnen nach ihrer objektiven Leistung zukommt. Schon kleine Mädchen trauen sich dagegen weniger Erfolge zu, sind skeptischer, weniger selbstbewusst und haben weniger Selbstvertrauen. Niederlagen sind für Mädchen, aufgrund ihres meist ohnehin schon niedrigeren Selbstwertgefühls und ihrer geringeren Aggressivität, oft kein Ansporn, sondern Anstoß zum Rückzug.

Ich selbst war als Schulkind eine schlechte Sportlerin, ungelenk und ohne Ehrgeiz, beim Wettlauf immer unter den Letzten, beim Weitsprung unter drei Metern. Das kränkte mich nicht sonderlich, führte aber auch nicht dazu, dass ich mich mehr angestrengt hätte. Ich war einfach eine schlechte Sportlerin, dafür schrieb ich gute Deutschaufsätze. Irgendeine Anregung durch Lehrkräfte, wie ich es bei sportlichen Übungen besser machen könnte, fehlte völlig, niemand nahm sich die Zeit dafür. Die Lehrerinnen konzentrierten sich vielmehr darauf, die sportlich ohnehin starken Kinder zu loben und Urkunden an sie zu verteilen – während die Unbegabten unbeachtet am Rand standen oder milde gescholten wurden. Hätte ich einen konkreten Weg gesehen, meine Leistungen zu verbessern, hätte ich es sicher versucht. Der Wettbewerb aber mit vielen, die ganz offensichtlich besser waren, entmutigte mich einfach von vornherein. Ich war in dieser Hinsicht ein typisch weibliches Kind – denn Jungen treten unverdrossen selbst in Wettbewerbe ein, die sie nur verlieren können. Es war Unlust am Misserfolg und die völlig fehlende Erfolgsperspektive, die meinen Antrieb blockierten.

Die feministische Literatur sah und sieht darin eine Folge der strukturellen Minderbewertung des Weiblichen. Man müsse deshalb, so haben viele Autorinnen geschlussfolgert, Mädchen eben schon im frühen Alter verstärkt zum Wettbewerb erziehen, damit sie besser mithalten können. Mithalten wobei? In der Schule sind sie ja bereits erfolgreicher als Jungen, auch ohne einen solchen externen Antrieb. Im Wirtschaftsleben? Auch hier wird an dem Wettbewerb als zentralem Motivationsmotor inzwischen immer häufiger gezweifelt.[54]

Allerdings unterstützt er, vor allem als Teamwettbewerb, das Erlernen von Regeln – und auch den konstruktiven Umgang mit Niederlagen. Niederlagen nicht akzeptieren zu können, ist weder der Demokratie noch dem individuellen Seelenheil förderlich, stehen sie doch allen Menschen im Leben bevor. Jungen erwerben im Rahmen ihrer spielerischen Sozialisation in größeren Gruppen dafür in der Regel bessere Grundlagen als Mädchen mit ihrer intensiven Neigung zu Zweier- und Dreierkonstellationen, die anfällig sind für emotionale Konflikte. Schwierigkeiten, solche Konflikte produktiv zu lösen, ziehen sich bei Mädchen durch die ganze Kindheit und können auch im Berufsleben sehr hinderlich werden.[55] Dabei ist der Umgang mit Regeln in größeren Gruppen gerade auch bei Konflikten entscheidend für eine erfolgreiche Berufsperspektive von Frauen.

Der Wettbewerb hat also gewissermaßen für Jungen und Mädchen unterschiedliche Funktionen: Für Jungen ist er oft ein wichtiges Mittel, um sich überhaupt anzustrengen, ihr Bestes zu geben und Regeln einzuüben. Für Mädchen ist er vor allem hilfreich, um zu lernen, mit der Erfahrung von Sieg und Niederlage umzugehen und abweichende Meinungen zu akzeptieren, auch wenn sie nicht immer durch Kompromisse aufgehoben werden können. Für sie ist das Thema Konfliktmanagement und produktive Bewältigung von Dissonanzen die große Aufgabe, die sie in Gruppen, bei Spielen und auch im Wettbewerb erlernen müssen. Es ist für sie oft ein lebenslanges Projekt – der Hang zum Beleidigtsein und zu emotionalen Verstrickungen kann für sie ebenso hinderlich und belastend bleiben wie bei Jungen der Hang zu ungezügelter Aggression oder glatter Leistungsverweigerung.

Vielleicht aber lässt sich über das Phänomen der Wettbewerbsunlust von Mädchen auch ganz anders denken. Vereinfacht zusammengefasst: Mädchen und Frauen brauchen keinen Wettbewerb, um gut und gern zu lernen oder zu arbeiten – sie tun es von selbst. Ihr innerer Antrieb ist meist nicht, dass sie es unbedingt besser als andere, sondern einfach gut machen und verstehen wollen.[56] Mädchen und Frauen sind zu guter Leistung, erfolgreicher Kooperation und großer Produktivität in hohem Maße fähig, und zwar ohne ständig im Wettbewerbsmodus zu stehen. Als Stimulus für Leistung brauchen sie den Wettbewerb viel weniger oder gar nicht. Warum Wettbewerb also künstlich herstellen, wenn er Mädchen eher hemmt und blockiert? Das ist eine zentrale Frage für das zukünftige Funktionieren von Organisationen und Institutionen und für die Frage, wie diese gestaltet sein müssen, damit sich Frauen in ihnen ebenso wohlfühlen, vorankommen und erfolgreich sein können wie Männer.

Wo Wettbewerb ein wichtiges Auswahlkriterium für Aufstieg und Erfolg ist, gehen viele weibliche Talente verloren, weil sie sich zurückhalten und die Konkurrenz meiden. Neben diesem Verlust tritt ein weiterer weit schlimmerer Effekt auf: Überproportional viele Jungen und Männer kommen nach oben, die sich, gemessen an ihrer objektiven Leistung, viel zu viel zutrauen. Aufstiegspfade, die auf Wettbewerb basieren, erzeugen also eine systematische Qualitätsverzerrung, indem sie auf sehr gute Frauen verzichten und mittelmäßige Jungen und Männer an Bord halten. Wettbewerbe sind in der Regel keine objektiven Gradmesser für das Leistungsvermögen von Frauen, sondern Instrumente, die einen bestimmten Typus von Jungen und Männern künstlich bevorzugen. Neue Formen der Talentsuche sind dringend gefragt.

Aber welche?

Die Tücken der Koedukation

Noch um 1900 war in Deutschland eine umfassende und vollwertige Bildung in allen Fächern, von Latein und Griechisch bis zu den Naturwissenschaften, das alleinige Vorrecht der Jungen.[57] Mädchen war der Zugang zu den entsprechenden Schulen verwehrt. Ihre Bildung hatte sich bis dahin auf Sprachen, Rechnen,

Musik, Hauswirtschaft und Handarbeit konzentriert und zielte vor allem auf die Ausbildung einer weiblichen Persönlichkeit, die sich später als Hausfrau und Mutter bewähren und auf keinen Fall ihre Orientierung auf die Mutterrolle untergraben sollte!

Erst 1892 richtete das traditionell liberale Karlsruhe einen Gymnasialzweig für Mädchen ein, dem bald weitere Mädchengymnasien oder »Lyzeen« in ganz Deutschland folgten. Zweck dieser ersten Mädchenoberschulen war es vor allem, ihren weiblichen Zöglingen die Möglichkeit zur Erlangung der Hochschulreife und damit Zugang zu den Universitäten zu ermöglichen, die nach und nach auch für Frauen geöffnet wurden.

Die so entstandenen Mädchenschulen, obwohl oft von exzellenter Qualität, überwanden in Deutschland niemals ganz das Stigma der Zweitklassigkeit: Ihre Lehrpläne waren über lange Zeit nicht identisch mit denen der Oberstufen für Jungen; jahrzehntelang wurde insbesondere über den Stellenwert des mathematisch-naturwissenschaftlichen Unterrichts an Mädchenoberschulen diskutiert. Wie die Forschung später zeigte, kam und kommt aber unerwarteter Weise auch nach Einführung der Koedukation ein erheblicher Teil der erfolgreichen Naturwissenschaftlerinnen und Mathematikerinnen in Deutschland aus den verbliebenen Mädchengymnasien[58], doch ist dies der Allgemeinheit wenig bekannt.[59]

Die Idee der Koedukation in der Schule kam erst in der Mitte des letzten Jahrhunderts auf. Sie war Teil der Vision einer modernen Gesellschaft, in der ein offener Umgang der Geschlechter miteinander, frei von Prüderie, erlernt werden sollte, um so die Grundlage für eine partnerschaftliche Zusammenarbeit zu bilden. Dieses Bild leitete die bürgerliche Frauenbewegung ebenso wie gewerkschaftliche Kreise, es bestimmte die Erziehung in den sozialistisch geprägten Kibbuzim Israels, und es führte zur konsequenten Umsetzung des Prinzips Koedukation in allen sozialistischen Ländern, auch in der DDR.

In Westdeutschland waren es zuerst die sozialdemokratischen Stadtstaaten Berlin und Hamburg sowie das Land Hessen, die zu Beginn der 1950er-Jahre die Koedukation einführten. Geschlecht sollte keine zentrale Kategorie mehr im neuen Menschenbild sein, die alten Zwänge der Geschlechterrollen galten als überholt und nebensächlich. Ein freier und unschuldiger Umgang mit dem Körper, bis hin zur Freikörperkultur, ohne Sexualisierung, war ebenfalls Teil dieser Aufbruchstimmung für moderne Menschen. Fern schienen noch die Tage, in denen sich über freie Erziehung und Reformpädagogik der Verdacht sexuellen Missbrauchs legen konnte. Vorherrschend war vielmehr ein Gefühl der Befreiung von schwerem und hinderlichem Ballast einer vergangenen Kulturepoche. Die Koedukation wurde nach dem Zweiten Weltkrieg zur selbstverständlichen und für unsere Zeit als angemessen empfundenen Norm.

Die Vermutung, dass die Geschlechtermischung das Lernklima und den Schulerfolg insgesamt verbessern würde, stand dabei keineswegs Pate, es gab sogar starke Vorbehalte gegen die Anwesenheit von Mädchen – sie könnten womöglich das Niveau des Unterrichts senken, da ihnen ja weithin grundsätzlich rationale und logische Denkfähigkeit abgesprochen wurde. Für die Einführung der Koedukation in den 1960er-Jahren wurden hauptsächlich ökonomische Argumente geltend gemacht, ein getrenntes Schulwesen schien gerade auf der Oberstufe und in der Provinz als zu teuer, wie der bekannte Bildungsmahner Georg Picht ausführte.[60] Diesem Argument beugten sich schließlich auch die konservativen Bundesländer – Ende der 1960er-Jahre war dann die Geschlechterintegration der Schulen in allen Bundesländern im Wesentlichen abgeschlossen.[61]

Eine Debatte darüber, ob das schließlich erreichte und so sehr ersehnte gemeinsame Lernen tatsächlich die produktivste Form für Mädchen und Jungen darstellte, fand in der Öffentlichkeit nicht statt. Es schien keinen Anlass dafür zu geben, zumal Mädchen und Frauen, die die koedukativen Bildungsinstitutionen durchliefen, dies in der Regel mit gutem Erfolg taten, auch wenn sie im mathematischen Bereich etwas hinterherhinkten. Die Vorstellung, dass sich im Bildungswesen je tatsächlich eine »Jungenkrise« entwickeln könnte, hätte damals als absurd gegolten – die männliche Bildungsüberlegenheit schien naturgegeben und selbstverständlich.

Erst seit einem Jahrzehnt rückt nun die Koedukation mehr und mehr unter dem kritischen Blickwinkel einer möglichen Benachteiligung von Jungen in den Vordergrund. Der massiv ansteigende Anteil an männlichen Schulabbrechern und Sonderschülern, der rapide sinkende Anteil an Abiturienten und Studenten werfen Fragen nach den Ursachen für diese Entwicklungen auf.[62] Meist wird dafür die Überzahl an weiblichen Lehrkräften verantwortlich gemacht; erst allmählich beginnt man sich auch in Deutschland zu fragen, ob und wieweit Jungen und Mädchen unterschiedliche Bildungsinteressen und Lernstrategien haben. Eine mögliche Antwort darauf ist die Rückkehr zu reinen Mädchen- und reinen Jungenschulen.

Monoedukation für Mädchen

Das einzige kommunale Mädchengymnasium in Nordrhein-Westfalen, das Mädchengymnasium Borbeck, das als »Orchidee« in der Bildungslandschaft gilt, hat sich einem laufenden Vergleich mit einer zum gleichen Zeitpunkt gegründeten koedukativen Schule gestellt, bei dem die Biografien von Absolventinnen verglichen wurden. Trotz einer deutlich höheren Quote von sogenannten Arbeitertöchtern, so vermerkt die Homepage des Mädchengymnasiums, würden die Borbecker Abiturientinnen höhere Abschlüsse anstreben und mit einer dreimal so hohen Promotionsquote glänzen wie die Vergleichsschule. Ihnen gelänge auch die Vereinbarkeit von Beruf und Familie besser – zumindest sprächen kürzere Berufsunterbrechungen und eine höhere Berufszufriedenheit dafür. »Diese Untersuchungsergebnisse«, so das Fazit, zeigten, »dass Frauen ihre Chancen in Beruf und Leben nutzen und die Mädchenschule dazu beitragen kann bzw. dazu beigetragen hat, Lebenserfolg zu ermöglichen«[63].

An Mädchenschulen würden die naturwissenschaftlichen Begabungen von Schülerinnen intensiver gefördert, zudem könnten sie sich nicht hinter den Jungen »verstecken« und würden deshalb sowohl im Unterricht wie im außerunterrichtlichen Geschehen selbst alle verantwortungsvollen Aufgaben und »somit klassische Jungenrollen« übernehmen. Damit ermögliche die Monoedukation – ganz entgegen dem herrschenden Vorurteil – »eine breite, vielseitige Wissensvermittlung und Erziehung«, die beste »Voraussetzung für mehr Chancengleichheit und Gleichberechtigung!«.

Die »Monoedukation« ist für Mädchen offensichtlich besonders lerneffizient, sie legt einfach ihre Begabungsreserven leichter frei, stärkt das Selbstvertrauen und vergrößert die Chancen auf beruflichen Erfolg. Bei vielen, die sie gewählt haben, hat sie sich als solide Basis für spätere Karrierechancen bewährt, gerade in für Frauen untypischen Feldern, auch wenn dies bei Schuleintritt möglicherweise gar nicht das vorherrschende Motiv war. Dennoch sehen zahlreiche Eltern wie auch Schülerinnen diese Schulform kritisch, weil sie die Mädchen nicht ausreichend mit Jungen in Kontakt bringt, das »richtige« Leben später aber zwischen Frauen und Männern stattfindet. Der Beitrag eines Mädchens im vielbesuchten Internetportal »Gute Frage« bringt dies zum Ausdruck: »Ich bin (leider) immer noch in einer Mädchenschule. Der Grund, warum ich wechseln will in eine gemischte? Ich will endlich lernen, selbstbewusst zu sein und mit Jungen/Männern umgehen zu können. Man wird ja nicht immer mit Frauen arbeiten, oder? Ganz ehrlich, ist nicht die ganze Welt gemischt?«

Die Schulpolitik allerdings geht nicht mehrheitlich in Richtung Mädchengymnasium, wenngleich, nach einer langen Zeit des Niedergangs, heute wieder eine wachsende Nachfrage zu verzeichnen ist. Es hat sich herumgesprochen, dass Mädchenschulen in vieler Hinsicht besonders gute Bildungschancen bieten.

Für die universitäre Bildung hingegen hat sich auf ganzer Breite das Modell der Koedukation durchgesetzt.[64] Es gibt nur einzelne zaghafte Versuche, für Frauen im naturwissenschaftlichen Bereich eigene Studiengänge anzubieten, so zum Beispiel in Berlin an der TU den Bachelor-Studiengang Informatik und Wirtschaft.[65] Eine umfassende Sensibilisierung der Hochschuldidaktik im Hinblick auf eine besondere Berücksichtigung der Geschlechterthematik, hat bisher jedoch nicht stattgefunden – so wie auch die Personalentwicklung in Unternehmen diese Erkenntnisse bisher nicht konsequent für sich nutzbar macht.

Alles Macho – oder was! Jungen unter sich

Die Wirkungen von reinen Jungenschulen auf Leistung, Erfolg und Zufriedenheit sind umstritten, ebenso wie die Frage, ob in ihnen nicht klassisches Männerverhalten, negative Stereotypen und abwertende Haltungen gegenüber Frauen begünstigt werden. In vielen Ländern sind Jungenschulen und -internate seit Jahrhunderten Orte männlicher Elitebildung – in Deutschland galt dies vor allem für die katholischen Internate, etwa die Jesuitenschule in St. Blasien, die viele bekannte Zöglinge hervorgebracht hat. In den USA bevorzugen die bekanntesten Familien weiterhin nach Geschlechtern getrennte Schulen, am liebsten Internate, besonders für ihre Söhne.

Anders als das gängige Vorurteil es sehen möchte, sind Jungenschulen offensichtlich nicht immer Brutkästen der Machokultur. Eine Reihe amerikanischer Studien zeigt, dass Jungenschulen, ähnlich wie Mädchenschulen, teilweise zu einer Lockerung von Geschlechterstereotypen führen; dass Jungen dort weniger männlich definierte Kurse wählen und sich eher künstlerischen Fächern, wie Literatur, modernen Sprachen, Kunst, Musik und Theater, zuwenden – also die ihnen sonst zugeschriebenen Rollen etwas aufbrechen.[66] Der Leiter der angesehenen Jungenschule Dulwich-College in England, der nach siebenjähriger Tätigkeit an einer koedukativen Schule an dieses reine Jungen-College übergewechselt ist, bestätigt dies: Seine Schüler seien bei Abwesenheit des anderen Geschlechts weniger abgelenkt und könnten unbefangener auch ihre »empfindsame Seite« zeigen. »Ich bin fest davon überzeugt, dass ihnen dies in der Gesellschaft von Mädchen, die im Teenageralter viel schneller reifen, schwerer gefallen wäre. (…) In einem nach Geschlechtern getrennten schulischen Umfeld ist es möglich, den pädagogischen Ansatz auf die jeweiligen Präferenzen abzustimmen. Auch kann man einen klar umrissenen Verhaltenskodex erarbeiten, wenn man es nur mit einem Geschlecht zu tun hat. Aus Erfahrung weiß ich, dass man an einer gemischten Schule insbesondere bei Fragen der Disziplin vorsichtig sein und Mädchen und Jungen anders behandeln muss. Mädchen nehmen sich Strafen oft sehr zu Herzen, wohingegen Jungen zum Glück eher dazu neigen, die Bestrafung am nächsten Tag schon vergessen zu haben.«[67]

Insgesamt begünstigen Jungenschulen also ebenfalls den Schulerfolg, aber auch Stolz und Identifikation mit ihren Schulen, die ihnen in vielen gemischten Schulen so sehr fehlen. Das kann damit zusammenhängen, dass hier gewissermaßen intuitiv ein konsistenter Lernstil vorherrscht, der die Fragen von Statusbildung, Regelbildung, Disziplin, Motivation, Interesse bei Jungen erfolgreicher beantwortet als die meisten gemischten Umgebungen, die sich heute stärker an die Mädchen anpassen. Nicht immer findet sich ein effektiver neutraler Mittelweg zwischen den bevorzugten Kommunikations- und Kooperationsstilen.

Aber es gibt auch andere Erfahrungen, wie mehrere Studien[68] zu berichten wissen: Jungenschulen, an denen offen eine sexistische Sprache, Verächtlichkeit gegenüber Frauen und »unmännlichem« Verhalten vorherrscht, so wie wir es aus der Welt des Männersports und des Militärs kennen. Ein solcher Komment schweißt gewissermaßen Jungen und Lehrer zu einer höchst problematischen Machokultur zusammen. Jungenschulen können also sowohl die Überwindung von Rollenstereotypen unterstützen – als auch deren Festigung. Dies hängt stark davon ab, wieweit die Lehrkräfte sich dieser Problematik bewusst sind.[69]

In Deutschland hält der Trend zu Mädchenschulen auf niedrigem Niveau weiter an; Jungenschulen sind demgegenüber im Aussterben begriffen und kein Wachstumssektor – sie teilen dieses Schicksal mit den angelsächsischen Frauenuniversitäten. In ganz Ostdeutschland gibt es kein einziges Jungengymnasium, in Westdeutschland nur noch vier Gymnasien und einige Jungenrealschulen. Eine Antwort auf die Bildungskrise der Jungen lässt sich also wohl rein pragmatisch nicht durch Jungenschulen finden, selbst wenn es dringend notwendig scheint, die spezifischen Bedürfnisse von Jungen besser zu berücksichtigen. Manchmal wären Jungenschulen dafür sicher der leichtere Weg.

Kein Erfolg für niemand?

Dies Buch ist kein Plädoyer für die Wiedereinführung getrennter Schulen oder gar getrennter Arbeitsplätze, auch wenn ich an manchen besonders frustrierenden Tagen solche Sehnsüchte entwickle; wohl aber ist es ein Text, der darauf hinweist, dass wir die Voraussetzungen echter produktiver Kooperation von Mädchen und Jungen, Frauen und Männern in Schule und Beruf noch nicht wirklich entschlüsselt haben. Und dass angesichts naiver Vorstellungen zur Lösung dieser Aufgabe viele unbeabsichtigte negative Folgen übersehen werden.

Im Kern: Während die Koedukation vor allem dazu dienen sollte, überkommene Geschlechterklischees zu überwinden, erkennen wir heute: Sie verfestigt sie oft geradezu – und zwar für Jungen wie für Mädchen. Bereits in den 1970er- und 1980er-Jahren, als die Koedukation gerade erst abgeschlossen war, führten feministische Bildungsforscherinnen erste Studien zu ihren Auswirkungen durch – und fanden heraus, was seitdem immer wieder bestätigt wurde[70]: In Mathematik und den Naturwissenschaften fühlen sich Mädchen durch die Vorgehensweise und Wahrnehmungen der Lehrer und die De-facto-Dominanz der Jungen entmutigt, ziehen sich zurück und wählen die Fächer ab; sie besetzen »mädchengemäße« Fächer, die anderen überlassen sie den Jungen. Sie übernehmen im Unterricht die Rolle des sozialen Kitts, der Raum schafft für Aufmerksamkeit zugunsten von auffälligeren Jungen. Sie sind geduldig, leistungswillig und kooperativ – und ernten dafür zwar gute Noten, aber gleichzeitig auch die unterschwellige Klassifizierung als weniger interessant, kritisch, begabt, kreativ. Diese Ergebnisse wurden zwar in Expertenkreisen und von Feministinnen zur Kenntnis genommen, aber meist eher ratlos beiseitegelegt, sie waren damals zu weit außerhalb des »mainstream« der Kultusministerien, um Wirkung zu zeigen.

Das Dilemma liest sich schwierig: In unserem gemischten Schulbetrieb, in dessen Bilanz die Mädchen statistisch als die großen Gewinnerinnen auftauchen, kommen sie gleichzeitig weiterhin in vieler Hinsicht zu kurz. Einerseits in Mathematik und in den Naturwissenschaften, vor allem aber, und das ist folgenschwerer, in der Würdigung und Entfaltung ihrer Gesamtpersönlichkeit und ihres Führungspotenzials. Gerade dieser Aspekt – das Unsichtbarbleiben trotz aller Talente – legt die Grundlage für den geringeren Aufstiegsmut von Frauen später in der Wirtschaft!

Der normale Schulbetrieb konzentriert sich stärker auf Jungen, sie sind die aktiveren und auffälligeren. Sie verfügen, unabhängig von ihren realen Leistungen, über ein wesentlich größeres Selbstvertrauen als Mädchen – was sich bis in die Arbeitswelt hinein fortsetzt. Ihnen wird deshalb in der Schule auch mehr Beachtung geschenkt, sie werden häufiger gelobt oder auch getadelt, ihre Leistungen oft überbewertet. Im naturwissenschaftlichen Unterricht gelten Jungen automatisch als begabter, man rechnet ihnen ein klareres analytisches und abstrakt-logisches Denkvermögen zu – Fähigkeiten, die den Mädchen eher abgesprochen werden. An letzteren schätzen die Lehrkräfte eher die sprachliche Begabung und den Fleiß, die naturwissenschaftlichen Leistungen der Mädchen gelten meist bestenfalls als »ordentlich«. Energie und Aufmerksamkeit der Lehrkräfte für die Potenziale, die dahinter noch verborgen sein könnten, fehlen. Ihnen ist häufig auch gar nicht bewusst, wie sehr bestimmte Unterrichtsstile Mädchen oder Jungen begünstigen.

Mädchen etwa wünschen sich gerade in den naturwissenschaftlichen Fächern vor allem, dass sie gründlich nachfragen können, dass alles so lange erklärt wird, bis sie es wirklich verstanden haben – dies gilt selbst für leistungsstarke Mädchen. Sie bitten um Übungsmöglichkeiten und Rechenbeispiele zur Vertiefung. Ihr Explorationsverhalten hinein in neue Fragestellungen beruht meist auf einer sicher erworbenen Kompetenz. Jungen dagegen langweilen sich bei dieser Art des Unterrichts schnell – die einen, weil sie es wirklich schon verstanden haben oder dies zumindest glauben, die anderen, weil sie es nicht verstanden haben. Sie möchten dann einfach einen anderen Stoffbereich ausprobieren, in dem sie vielleicht mehr Erfolg haben, während Mädchen das Bisherige erst verstehen wollen.[71] Gerade das Fach Mathematik ist bei ihnen oft mit Angst besetzt, sodass sie sich viele Rückversicherungen wünschen. In gemischten Klassen wird darauf eher selten eingegangen, und die Mädchen rechnen sich ohnehin eine geringere Kompetenz in den Naturwissenschaften zu.[72] Die Folge ist, dass sie das Interesse an den Naturwissenschaften entweder gar nicht erst entwickeln oder schnell wieder verlieren und sich auf das sichere Terrain der Sprach- und Geisteswissenschaften zurückziehen.

Das ist das Tückische, Vertrackte und Widersprüchliche an der gegenwärtigen Lage: Jungen werden oft zu Schulverlierern oder zeigen unnötig schlechte Leistungen, gelten aber trotzdem »irgendwie« als interessanter und begabter. Mädchen erzielen fast durchgängig die besseren Noten, bleiben dabei aber oft weit unter ihren Möglichkeiten und gelten meist als eher durchschnittlich. Das gleiche Bild finden wir später in der Arbeitswelt vor.

Wie aber die »verlorenen« oder gefährdeten Jungen einfangen, ohne Mädchen noch mehr in die Rolle von braven unsichtbaren und biederen Arbeitsmäusen zu drängen, was ihre Ambitionen und ihre Zielsetzungen für die Zukunft bremst? Wie die Potenziale von Jungen und Mädchen gleichzeitig besser ausschöpfen und Exzellenz auf beiden Seiten zum Leuchten bringen? Die Frage nach möglichen Antworten wird immer dringlicher. In Berlin etwa stellt sich inzwischen heraus, dass für die Gymnasien nach den Übergangszeugnissen fast nur noch Mädchen zugelassen werden könnten. Was aber geschieht dann mit den Jungen? Und was bedeutet das für das höhere Schulwesen – außer dass es dann sicher entwertet wird?

Exkurs: Modernisierung auf Iranisch

Bevor wir zu irgendwelchen Schlüssen über mögliche Lösungen für das Dilemma von Koedukation und Monoedukation kommen, sei ein kurzer Ausflug in den modernen Iran gestattet. Ich sympathisiere in keiner Weise mit dem iranischen System. Aber das sollte uns nicht daran hindern, paradoxe Entwicklungen zur Kenntnis zu nehmen, die uns möglicherweise etwas über Zukunftsfragen auch westlicher Gesellschaften lehren können.

»Trotz Begleiterscheinungen wie Ungleichbehandlung und Zementierung von Stereotypen«, schreibt die Schweizer Zeitung *Der Bund*, »hat die islamische Revolution von 1979 paradoxerweise dazu geführt, dass es heute relativ viele Professorinnen gibt. Weil

Mädchen und Jungen seither getrennt unterrichtet werden, schicken auch konservative Eltern ihre Töchter zur Schule.«[73] Und auch hier ziehen die Mädchen den Jungen davon: An der Azad-Universität in Teheran sind 65 Prozent aller Studierenden weiblich; in der angewandten Physik besetzen die Frauen 70 Prozent der Studienplätze, und dementsprechend gibt es auch immer mehr Professorinnen an der Universität. Die Regierung hat deshalb kürzlich Quoten für Männer eingeführt: 30 Prozent der Studienplätze in Medizin, Ingenieurswissenschaften und Humanwissenschaften sollen künftig an männliche Bewerber vergeben werden. Wie rasant muss sich die Explosion der weiblichen Bildung, offensichtlich insbesondere in den Naturwissenschaften, vollzogen haben, wenn der Staat sich genötigt sieht, jetzt Männer-Quoten einzuführen?

Zwar dürfen Frauen nach wie vor nicht Luftfahrttechnik oder Rettungsmedizin studieren, ebenso wenig wie Männer Frauenärzte werden können.[74] Aber insgesamt scheint sich hier eine neue Form der Arbeitsteilung zwischen den Geschlechtern zu entwickeln: Frauen lernen und studieren, sie üben wichtige Funktionen in Banken, Technik und Forschung aus. Immer mehr hoch qualifizierte Bereiche der Gesellschaft funktionieren nur noch mit der Kompetenz und Tüchtigkeit von Frauen, während es immer weniger Männer schaffen, die Bildungshürden zu überwinden. Die iranischen Männer scheinen den Anschluss verloren zu haben. Was auch immer die Ursachen dafür sein mögen, diese Entwicklung wird die gesellschaftlichen Normen verändern. Männer der Oberschicht verdienen oft zwar nach wie vor – trotz ihres geringeren Wissensstandards – viel Geld in Handel und Spekulationsgeschäften. Aber Irans gebildete Frauen zögern, nicht anders als ihre deutschen Geschlechtsgenossinnen, immer zahlreicher, sich mit solchen Männern zu verheiraten, deren Bildungsstand ihnen zu niedrig ist und bei denen sie befürchten müssen, dass sie nur mit männlicher Zustimmung erwerbstätig sein dürfen.

An der Spitze und in der Mitte der Gesellschaft findet eine Neuordnung der Hierarchien statt, wobei die von Frauen eroberten, mit Bildung gekoppelten Felder relativ an Einfluss und Status verlieren. Im unteren Bereich der Gesellschaft dagegen versammeln sich männliche Bildungsverlierer, aggressiv, arbeitslos und ressentimentgeladen, ein deutlich stärker ausgeprägtes Phänomen als bei uns, da die Geburtenraten viel höher und die Arbeitslosigkeit viel verbreiteter ist. Der Ökonom und Soziologe Gunnar Heinsohn hat in seinen Publikationen schon mehrfach darauf verwiesen, dass hohe Geburtenzahlen, gekoppelt mit hoher Arbeitslosigkeit besonders der jüngeren Männer, in vielen Ländern ein starkes Unruhepotenzial darstellen – die Revolutionen in den arabischen Ländern 2011 zeugten davon.[75]

Was sich auch in westlichen Ländern abzeichnet, dass Männer sich aus der Bildung teilweise zurückziehen oder verdrängt werden, ist in solchen Gesellschaften schon auf eine viel extremere Art wahr geworden. Das moderne Wissen ist auch in der arabischen Gesellschaft unverzichtbar, aber es ist nicht gleichbedeutend mit dem Zugang Macht oder Geld – es ist eine notwendige bezahlte Dienstleistung, gewissermaßen ein Handwerk. Während die Frauen also in ihrer modernen Tüchtigkeit den Zugang zu dieser Domäne erobern, einschließlich der technischen Berufe und der Mathematik, ziehen sich die Männer zunehmend in die Welt des reinen Geldes, der Politik und religiösen Kontrolle zurück. An diesen Welten haben die Frauen praktisch keinen Anteil. Das ist im Iran Realität, für uns bisher noch schwarze Utopie – doch bisweilen scheinen solche Lichter am Horizont auch bei uns aufzuleuchten.

Es geht also für die Zukunft moderner Gesellschaften keineswegs nur um den Zugang zu Wissen und damit um die Verteilung von qualifizierter Arbeit, sondern letztlich immer um die Verteilung von Macht – auch jenseits des Wissens. Wer vermutet, dass Macht sich in modernen Gesellschaften generell vor allem auf Wissen oder intensiver Arbeit gründet, wer also an eine Meritokratie glaubt, wo Privilegien sich auf Leistung stützen, irrt sich oft. Arbeitsleistung und Kompetenz sollten nach Vorstellung der meisten Menschen in westlichen Ländern den Zugang zu Macht und Spitzenpositionen begründen – wir sind aber weiter davon entfernt als wir wahrhaben möchten. In Osteuropa wurde dieser Zusammenhang nach dem Systemwechsel ohnehin gründlich aufgebrochen, wie die russischen Oligarchien zeigen. Dabei sind nicht nur Geschlechtermechanismen am Werk, sondern zunehmend auch verfestigte Elitestrukturen, selbst in der in der Nachkriegszeit noch recht durchlässigen bundesrepublikanischen Gesellschaft.[76]

Gleichstellung und Mathematik-Noten

Aktive Ingenieurinnen und Mathematikerinnen finden sich heute also eher im Iran als bei uns, und sie fanden sich besonders in den vormals sozialistischen Staaten. Gute Mathematiknoten von Mädchen in der Schule finden sich auch in nordischen Ländern. Gesellschaftlich handelt es sich dabei offensichtlich um entgegengesetzte Pole. Doch was im Iran durch eine Trennung der Geschlechter erreicht wird, nämlich das notwendige Selbstvertrauen von Frauen und Mädchen in ihre mathematische Kompetenzen, wurde und wird in den sozialistischen und modernen sozialdemokratischen Staaten eher politisch erreicht: durch die stärker praktizierte reale Gleichberechtigung von Frauen und Männern, durch Erwerbstätigkeit, Kinderbetreuung und finanzielle Unabhängigkeit von Frauen. In diesen Ländern ist die höhere mathematische Kompetenz von Mädchen und Frauen Ausdruck ihres generellen Selbstbewusstseins – gewonnen auch durch das Vorbild ihrer Mütter und anderer Frauen.

Island und Finnland, gemeinsam mit einigen Ländern der russischen Föderation, zeigen im OECD-Vergleich gerade in diesen Fächern einen deutlichen Vorsprung der Mädchen – was nicht zuletzt als Resultat der übergreifenden Kompetenzzuschreibungen an Frauen interpretiert wird. Diese Länder haben eine Kultur starker Frauen, geformt durch eine jahrzehntelange Ideologie und Praxis der Gleichstellung. Island beispielsweise kann auf seine europaweit höchste Frauenerwerbsquote (über 80 Prozent) verweisen sowie auf eine der höchsten Geburtenraten – mit etwa 2,14 Kindern pro Frau[77], und pflegt ein Frauenbild, das niemals auf Abhängigkeit vom Mann zugeschnitten war. »Isländische Frauen mussten seit jeher hart arbeiten. Aufgrund der kargen Öden und des rauen Klimas konnten die Familien der Bauern und Fischer über Jahrhunderte nur unter großer Anstrengung überleben. Die Frauen mussten oft alleine zurechtkommen, weil sie früh Witwen wurden oder die Männer zur See fuhren. (…) Das Land entwickelte sich (…) von einer archaischen Agrarkultur direkt in eine moderne, emanzipierte Gesellschaft. Das bürgerliche Zeitalter, das die Frau als treu sorgende Mutter idealisierte, wurde übersprungen.«[78]

Es ist gerade in mathematischen Fächern also weniger die Variable des Geschlechts an sich, die die Leistungen beeinflusst, sondern die des Selbstvertrauens der Frauen und die positive oder negative Erwartungshaltung der Lehrer gegenüber den Mädchen.[79] Allerdings führen auch die besseren Mathematiknoten in sozialdemokratischen Ländern meist nicht dazu, dass Frauen verstärkt in technische Berufe strömen. Es mag wichtig und sinnvoll sein, dass Frauen mehr technische Kompetenzen erwerben – einen Automatismus im Zugang zu wirklich hoch bezahlten Berufen und Top-Positionen in Wirtschaft oder Politik gibt es dadurch aber nicht.

Fest steht: Gemessen an der Gleichstellung in den skandinavischen Ländern hängen Deutschland, die Schweiz oder auch Österreich gewissermaßen in der Mitte fest. Ihr Frauenbild ist generell ambivalent, die Kultur ist nicht konsequent auf Gleichstellung ausgerichtet, das koedukative Bildungswesen vermag es nicht, die alten Bilder grundsätzlich zu lockern. Der Weg zurück in eine stärker getrennte Bildung von Mädchen und Frauen aber ist angesichts dieses halbierten Fortschritts ebenfalls versperrt. Was also tun?

Die Defizit-Pädagogik

Es gibt inzwischen eine umfassende Literatur, aber nur wenig eindrucksvolle und überzeugende Praxisbeispiele für einen geschlechtergerechten oder geschlechtersensiblen Unterricht. Die Sozialwissenschaftlerin Hannelore Faulstich-Wieland prägte in den 1980er-Jahren den Begriff der reflexiven Koedukation, bei der der Unterricht kontinuierlich auf mögliche Geschlechterstereotypen hin überprüft werden soll. Reflexive Koedukation bedeutet aus ihrer Sicht, dass alle pädagogischen Gestaltungen dahingehend beleuchtet werden sollen, ob sie die bestehenden Geschlechterverhältnisse eher stabilisieren, oder ob sie eine kritische Auseinandersetzung und damit Veränderung fördern.[80] Er zielt nicht auf die Rückkehr zu einem Unterricht in getrennten Gruppen oder gar getrennten Schulen, sondern auf die bewusste Verbesserung des koedukativen Unterrichts durch geschlechtshomogene Gruppen in spezifischen Lernsituationen. So kann es sinnvoll sein, im Sport oder Sexualkundeunterricht wie auch in den mathematisch-naturwissenschaftlichen Fächern, nach Geschlechtern getrennte Unterrichtsgruppen anzubieten, wie das in Nordrhein-Westfalen beabsichtigt ist.[81] Das ist kein Abschied von der Koedukation, denn sie ist und bleibt ein Ergebnis der Bildungsreform, wohl aber ihre Weiterentwicklung und Ergänzung durch einen zeitlich begrenzten getrenntgeschlechtlichen Unterricht. Noch aber fehlt der Beweis in der Praxis. Denn Mädchen empfinden ein speziell auf sie ausgerichtetes Angebot in Mathematik oder Physik als eine Form der Sonderbehandlung, die mit einer Zuschreibung von Schwächen verbunden ist – Mathe für Dumme, so wie viele Frauen ja auch eine Quote als negativ bewerten.

Das Dilemma einer reflexiven Koedukation ist dem der Frauenförderung nicht unähnlich: Wenn sie unter Verdacht steht, dass damit eine Botschaft verbunden ist, der Zielgruppe fehle es an Entscheidendem, dann wird sie auf keine positive Resonanz stoßen. Korrekturansätze, die Defizite und »Fehler« von Menschen in den Mittelpunkt stellen, zeigen in allen Bereichen von Therapie und Pädagogik wenig Wirkung, doch in der Geschlechterpädagogik lebt das Korrekturmodell munter fort. Dass Jungen einen größeren Bewegungsdrang haben, dass sie kompetitiver und auf Rang und Status erpicht sind, aber sprachlich später reifen – solche Geschlechtermuster werden aus Angst vor falschen Festlegungen oder Klischeebildungen nicht angesprochen, schon gar nicht werden sie erklärt; ebenso wenig, warum Mädchen zu kleineren Gruppen neigen, enge Freundschaften bilden, den Wettbewerb weniger schätzen, sprachlich den Jungen voraus sind. Stattdessen wird ausführlich beschrieben, dass es auch »andere« Jungen und Mädchen gibt: Jungen als Köche und Pfleger, Mädchen als Torwartfrauen und Polizistinnen.

Die damit verbundene inhärente Botschaft lautet: Das »Normalverhalten« von Jungen oder Mädchen ist eigentlich immer problematisch. Jungen, die laut, dominant und wettbewerbsorientiert sind, die sich lieber mit Helden- und Tatsachengeschehnissen befassen möchten, und Mädchen, die eher schüchtern oder an ihren Freundschaften interessiert sind, gerne malen, nicht gern Fußball oder Computer spielen, gelten tendenziell als »reparaturbedürftig«. Bei Jungen wird immer wieder betont, sie müssten vor allem lernen, ihr zu großes Selbstbewusstsein zurückzunehmen und sich realistisch einzuschätzen – bei Mädchen dagegen, sie müssten lernen, selbstbewusster aufzutreten und sich zu behaupten! Es ist selbstverständlich sinnvoll und wichtig, deutlich zu machen, dass es für Mädchen und Jungen, Frauen und Männer viele Optionen gibt, mehr, als sie selbst kennen. Es ist auch wichtig, solche Optionen ganz praktisch anzubieten. Doch das allein reicht nicht aus.

Die Geschlechterpädagogik gerät angesichts der verwirrenden Debatten über Geschlechteridentitäten in einen unproduktiven Teufelskreis. Im Rahmen »dekonstruktivistischer« Theorien wird oft argumentiert, es gebe gar keine Geschlechteridentitäten, oder gleich sieben – wie die Feministin Judith Butler einst meinte.[82] Sehr beliebt ist auch die Argumentationsfigur, alle Menschen hätten weibliche und männliche Anteile, und deswegen seien Zuordnungen zu Gruppen von vornherein problematisch. Es gehe darum, das Geschlechterthema zu entdramatisieren, damit es keine Rolle mehr spielt in den Interaktionen. Damit aber wird, wie wir gesehen haben, der unbeabsichtigten Stereotypisierung Tür und Tor geöffnet.

Die Frage, die sich in der Schule vordringlich stellt, lautet doch: Wie können Mädchen und Jungen am besten und effektivsten lernen, wie können sie gute Noten erzielen, erfolgreich sein und produktive Erwachsene werden, möglichst gemeinsam und möglichst ohne einander zu schaden oder behindern? Diese Frage ist nicht identisch mit der Frage nach der Überwindung der Geschlechteridentität. Eine Identität als Mädchen oder Junge zu haben, als Frau oder Mann steht nicht im Gegensatz dazu, ehrgeizig oder fürsorglich zu sein. Im Gegenteil: Aus einer inneren Geschlechtssicherheit heraus lässt sich neues Terrain besser erkunden.

Die Pfade zur Erschließung der geistigen und körperlichen Kompetenzen sind bei Jungen und Mädchen nun einmal anders gelegt, sie sind individuell unterschiedlich, aber eben auch je nach Geschlecht. Es ist viel leichter, sich zu orientieren, wenn das allen bewusst ist und zugleich zu lernen, dass man experimentieren darf. So werden Grenzen geöffnet. Niemand soll in einem engen Rahmen stecken bleiben, aber alle Menschen kommen mit einer Grundausstattung, die tief mit ihrem biologischen und sozialen Geschlecht verwoben ist. Sie können sich viel leichter ändern, wenn sie erst einmal verstehen, warum sie sich so verhalten, wie sie es gerade tun. Das gilt im Übrigen auch für Paarbeziehungen.

Paradigmenwechsel: Der Gummibärchenansatz

Für die Geschlechterpädagogik, gerade wenn sie im koedukativen Rahmen stattfindet, brauchen wir einen Paradigmenwechsel. Es geht zunächst und vor allem darum, die Kinder mit ihren Stärken zu akzeptieren und zu schätzen, diese zu fördern und alles Weitere darauf aufzubauen.

Dieser Stärke-Ansatz, auch Respektansatz, wird heute bei der Frage von Religionen viel eher berücksichtigt. Kindergärten und Schulen, Krankenhäuser und auch Unternehmen haben sich darauf eingestellt, dass Muslime andere Kost essen und andere Feiertage haben. Eine Grenze wird oft beim Kopftuch gezogen – oder bei der Nichtteilnahme von Mädchen am Sportunterricht. Das ist diskutierenswert. Aber niemand erwartet, dass Muslime Schweinefleisch essen, um sich dadurch in eine Lern- oder Arbeitskultur einzufügen.

In unserer Familienservice-Schule in Berlin[83] wussten die nicht muslimischen Kinder genau, dass ihre muslimischen Klassenkameraden nach ihrem Glauben keine Gummibärchen essen dürfen, weil die Gelatine aus Schweineknochen hergestellt wird. Wir wollten die Gummibärchen deshalb gerade nicht grundsätzlich aus der Schule verbannen und für alle verbieten. Wir hatten uns für den anspruchsvolleren Weg entschieden: Die einen aßen (manchmal) Gummibärchen, die anderen nicht, und beide wussten um die Gründe. Wir wollten den eigenverantwortlichen Umgang mit Kulturtechniken und Versuchungen fördern. Wenn ein muslimisches Kind nun trotzdem Gummibärchen essen wollte, durfte es das selbstverständlich tun! Dieses Konzept erforderte das Mitdenken der Kinder.[84]

Analog stellt sich die Frage der Geschlechtergerechtigkeit im Unterricht. Wenn Lehrer wissen, dass die meisten Jungen viel Bewegung brauchen, so sollte ihnen dies auch ermöglicht werden, natürlich nicht nur Jungen, sondern auch Mädchen, aber mit dem Wissen darum, dass der Bewegungsdrang der meisten Jungen noch größer ist und spezifische Mittel braucht, um ihn kanalisieren zu können. Wenn Jungen ein (zu) großes Selbstvertrauen haben, so sollte man sie nicht kleinmachen, sondern eher humorvoll die Grenzen ihres Tuns herausarbeiten. Das größere Selbstvertrauen von Jungen ist ja nicht a priori gegen Mädchen gerichtet, sondern es ist eine Grundhaltung, die sie aus den Zeiten des Kampfes mitbringen und die ihnen auch in vielen Lebenslagen nützlich ist. Es geht auch nicht darum, ihre Heldenbilder zu zerstören, sondern gezielt daran anzusetzen. Auch ein kleiner Cowboy, Pirat, Ritter, Fußballer, Eroberer kann ein großer Liebhaber oder ein empfindsamer Vater werden; auch ein Junge, der als Kind vom heroischen Kampf geträumt hat, kann den Beruf eines Altenpflegers ergreifen. Ein Junge, der im Kindergartenalter Bleistifte in Gewehre verwandelt – statt Schwerter zu Pflugscharen – ist kein späterer Gewaltmensch, wie manche Kindergärtnerinnen fürchten. Kürzlich wurde meine Schwiegertochter zu einem Elterngespräch gebeten, weil ihr dreijähriger Sohn alle möglichen Objekte als Schusswaffen verwendet – womöglich würde dies damit enden, dass er in der U-Bahn später Leute niedermacht. Der Vater hatte dann die gute Idee, dem Sohn eine Schaffnerkelle zu geben, mit der er jetzt als vermeintlicher Polizist den Verkehr regelt. Ihm eine Puppe anzubieten, wäre sicherlich keine erfolgreiche Strategie der Umlenkung von Energien gewesen.

Bei Mädchen hängt, wie wir wissen, ihr geringeres Mathematikinteresse nicht zuletzt damit zusammen, was ihnen die Lehrer zutrauen.[85] Um Mädchen zu befähigen, müssen vor allem die Lehrpersonen mit ihren falschen Einschätzungen konfrontiert werden und nicht die Mädchen zurechtgebogen, ihre Denkansätze abgewertet werden. Es dürfte auch kaum helfen, die Treppenhäuser einer Grundschule, die ich kürzlich in einer neu erbauten Hamburger Stadtteilschule besucht habe, ganz in der Farbe rosa zu halten, die in unserer Kultur ein eindeutiges Bekenntnis zum Mädchenhaften ist – denn welches Signal sendet eine solche Maßnahme an die Jungen?

Ein geschlechtergerechter Ansatz, der die Stärken der Kinder respektiert, verlangt ein neues Verständnis der Lehrkräfte für die unterschiedlichen geschlechtsspezifischen Bedürfnisse. Lehrerinnen und Lehrer müssen sich darüber im Klaren sein, dass jede koedukative Klasse nicht nur aus lauter verschiedenen Individuen mit ihren jeweiligen Besonderheiten besteht – Kindern aus wohlhabendem Hause oder aus Hartz-IV-Familien, sportlichen oder übergewichtigen Kindern, Computerjunkies oder musikalischen Talenten. Sie müssen auch Gruppen mit ihren Besonderheiten wahrnehmen, zum Beispiel Ethnien, die teilweise eine ganz andere Sozialisation kennzeichnet, und Religionen, die ihren Gläubigen möglicherweise andere Gepflogenheiten abverlangt.

In jedem Fall aber gibt es noch jeweils vier besondere Untergruppen im Hinblick auf das Geschlecht: die »typischen« Mädchen – meist eher die Mehrheit, ergänzt durch eine meist eher kleine Gruppe »atypischer« Mädchen. Die »typischen« Jungen, meist wiederum eher die Mehrheit, ergänzt durch eine Gruppe eher untypischer Jungen. Natürlich sind die Grenzen willkürlich und im Einzelnen fließend, aber sie helfen, das Unterrichtsangebot und den Stil bewusst zu reflektieren. Untypische Jungen sind meist weniger dominant als die Mehrheit; sie sind oft eher Einzelgänger, nicht sehr beliebt, bisweilen mit ausgeprägten literarischen oder künstlerischen Interessen, eher mit guten Noten. Unter ihnen finden sich auch problematische Fälle, bis hin zu Jungen, die anonym andere Kinder im Internet bloßstellen, um so ihre fehlende Anerkennung zu kompensieren.[86] »Untypische« Mädchen dagegen sind oft recht angesehen, wenngleich dominanter und risikofreudiger als ihre Geschlechtsgenossinnen. Sie schätzen den Wettbewerb. Sie sind auch durchaus erfolgreich im späteren Leben. Sie sind aber dennoch keine Jungen, lernen auch anders als Jungen. Die typischen Mädchen dagegen, oft die schweigende Mehrheit in ihrer Klasse, sind die am stärksten benachteiligte Gruppe. Lehrer sollten sich bewusst sein, dass sie selbst dazu neigen, diese Kinder nicht sonderlich zu fördern, ihre brachliegenden sozialen Begabungen und Führungstalente zu vernachlässigen, weil sie genug mit den anderen beschäftigt sind und letztlich auch andere mehr wertschätzen. Hier liegt eine große Talentreserve für die Zukunft – denn die hübschen und tüchtigen Schülerinnen von heute, mit ihren Freundinnen kichernd, mit Modefragen und dem Ausprobieren ihrer erotischen Reize beschäftigt, sind bei etwas gezielterer Ermunterung oft die Fach- und Führungskräfte von morgen. Sie werden nur nicht so wahrgenommen und bleiben in ihrem »Aspirationsniveau« deshalb unter ihren Möglichkeiten. Gerade diese Normalmädchen sollten mit anspruchsvollen Projekten herausgefordert werden.

Wenn Lehrer und Schüler wissen, dass im Klassenverband solche ganz unterschiedlichen Profile bestehen, können die Kinder entsprechend wahrgenommen, gewürdigt, abgeholt und gefördert werden. So wenig die dominanten Gruppen als alleiniger Maßstab gelten sollten, so wenig macht es Sinn, sich primär an den jeweils untypischen Kindern als Verhaltensnorm oder Vorbild zu orientieren. Es gilt, alle, auch die Mehrheiten zu begeistern, zu motivieren, zu interessieren. Mit wechselnden Methoden, an denen alle Spaß haben: visuell, in Bewegung, frontal, einzeln, in Gruppen, im Wettbewerb. Das mag aufwendig klingen – es ist aber viel frustrierender für Lehrer, an den Kindern hartnäckig vorbei zu unterrichten, viele Jungen zu verlieren und viele Mädchen unterhalb ihrer wirklichen Möglichkeiten verharren zu lassen.

Die anspruchsvollste und für das spätere Arbeitsleben wichtigste Aufgabe dabei ist es, positive Kanäle für das Dominanzverhalten von Jungen zu finden und Mädchen darin zu unterstützen, dass sie sich Jungen nicht automatisch unterordnen. Das ist nicht leicht in einem Alter, in dem Jugendliche sich neben dem Lehrplan stark mit ihrer sexuellen Attraktivität und ihrem Marktwert auf dem Geschlechtermarkt befassen – eine existenzielle Erfahrung!

Eine Geschlechterdidaktik fehlt in Deutschland. Die allgemeine Hilflosigkeit zeigt sich besonders im Bereich der Sportpädagogik. Die Lehrpläne der meisten Bundesländer sehen inzwischen für alle Jahrgänge einen koedukativen Sportunterricht vor. Dies wird mit dem Ziel der Chancengleichheit und der Rücksichtnahme der Geschlechter aufeinander begründet. Außerdem diene es dem Abbau von geschlechtsspezifischen Vorurteilen. In Wirklichkeit verhindert es jedoch, dass die Kinder und Jugendlichen tatsächlich ihre eigene Leistungsfähigkeit gezielt erkennen und stärken. Häufig kommt es zu Notlösungen, wie Fußball spielen der Jungen und unsystematische Aerobic bei Mädchen, um die Freude am Sport nicht völlig zu untergraben. Peinlichkeiten, pubertäre Schamgefühle und körperliche Unsicherheit gegenüber dem anderen Geschlecht sind unvermeidliche Begleiterscheinungen und Hemmnisse für einen wirkungsvollen Unterricht. Solche Kritikargumente wurden 1983 vom Verband der katholischen Sportlehrerinnen angeführt und haben bis heute kaum an Aktualität verloren. Geschlechtsgemischte Fußballteams bewähren sich bei Kindern allenfalls bis zur Vorpubertät. Eine Geschlechterdidaktik fehlt aus Angst vor dem Vorwurf des Biologismus. Dabei geht es darum, weibliche oder männliche Verhaltensweisen von Kindern nicht zu ignorieren, sondern sie anzunehmen und nicht als peinliche Verirrungen abzuwerten, sie den Kindern bewusst zu machen und sie selbst daran zu beteiligen, die alten Fallen zu vermeiden. Das kann grandiose Lerneffekte und ein produktives Miteinander erzeugen. Es gilt, einen neuen Lehrplan zu entwickeln: mit Liebe, Respekt und Humor gegenüber dem, was wir als Erwachsene und als Kinder jeweils mitbringen und was uns auszeichnet.

Das moderne Geschlechterparadox

Oh, warum kann ein Mann nicht wie eine Frau sein? So fragt und seufzt ein wissenschaftlicher Artikel aus dem Jahre 2008, der sich mit der größten jemals durchgeführten vergleichenden Studie zu den Persönlichkeitsunterschieden von Frauen und Männern in 55 Kulturen befasst.[1] Und er liefert Zündstoff für unser Thema: Wir haben dargestellt, dass sich bereits sehr kleine Kinder auch in unseren modernen Gesellschaften in wichtigen Verhaltensdimensionen nach Geschlechtern unterscheiden, dass sie sich in geradezu irritierender Hartnäckigkeit für Rollenstereotypen entscheiden und vor allem, dass sich die Wege von Jungen und Mädchen sehr früh trennen.

Verringern sich nun diese Unterschiede zwischen den Geschlechtern über die Lebenszeit, werden erwachsene Männer und Frauen einander ähnlicher in ihrem Verhalten, ihren Gefühlen, ihrer Persönlichkeit? Kooperieren sie später problemlos? Dann wären die Geschlechterunterschiede eine Art frühes Entwicklungsstadium, das mit dem Heranwachsen mehr und mehr abgestreift wird, so wie die Raupe schließlich zum Schmetterling mutiert. Wir werden sehen, dass dies im Hinblick auf entscheidende Persönlichkeitsmerkmale keineswegs zutrifft – außer im Alter, wenn sich die Dominanz von Männern in der Regel etwas abgeschliffen hat.

Zwar, und hierher rührt die allgemeine Verwirrung, findet in der Tat eine sich stark beschleunigende Angleichung und Überlappung der Geschlechter im Bereich von Tätigkeitsfeldern und fachlichen Kompetenzen statt. Frauen boxen und spielen Fußball, in der Regel tun sie dies allerdings nicht mit Männern. Eine Juristin beherrscht die gleichen Paragrafen und wegweisenden Urteile wie ihr Fachkollege, eine Medizinerin die Anatomie des Menschen und die Wirkungen von Medikamenten wie ein Arzt, eine Geigerin spielt genauso virtuos wie ihr männlicher Kollege. Um dies zu erkennen, brauchte es allerdings erst Blindproben, bei denen die Auswahlgremien nicht sehen konnten, ob eine Frau oder ein Mann vorspielt – sonst hätte sich wieder das Vorurteil gegenüber den angeblich weniger ausdrucksstarken Musikerinnen durchgesetzt. Die Wiener Philharmoniker hielten mit dieser Begründung Frauen lange von ihrem Orchester fern und blieben ein grauköpfiges Männerensemble, während junge Orchester, aber auch die Berliner Philharmoniker, inzwischen eine bunte Nationenmischung aufweisen und immer mehr von Frauen besetzt sind.

Geschlechterunterschiede lassen sich immer seltener an Fachkompetenz oder beruflichen Fähigkeiten festmachen, eher zeigen sie sich in der Bevorzugung bestimmter Fachrichtungen oder in verschiedenen Herangehensweisen an ein Thema. So mag die Juristin sich häufiger dem Familienrecht zuwenden, der Jurist dem Wirtschaftsrecht; doch selbst solche Unterschiede nehmen ab, die Operationssäle werden immer häufiger auch von Chirurginnen bevölkert, die Kanzleien von Steuerfachanwältinnen. Statt früher deutlich getrennter Berufsbilder entstehen immer mehr sogenannte »Mischberufe«, die annähernd gleichermaßen von Frauen und Männern ausgeübt werden.

Gleichzeitig läuft jedoch ein ganz anderes »Programm« ab, das es so besonders schwer macht, Führungsaufgaben und Macht innerhalb der gemeinsamen Aufgabenfelder gleichermaßen auf Frauen und Männer zu verteilen. Kurz gesagt, handelt es sich um folgenden paradox erscheinenden Trend: Je wohlhabender, je entwickelter, je gebildeter und gleichberechtigter eine Gesellschaft ist, je mehr Frauen Zugang zu akademischen Ausbildungen und einem breiten Berufsspektrum haben, je stärker auch die rechtlichen Positionen von Frauen und Männern sich angleichen, je »westlicher« eine Gesellschaft ist, desto ausgeprägter sind einige wichtige Unterschiede in den Persönlichkeitsprofilen von Männern und Frauen. Es stimmt und verblüfft: In Gesellschaften, die eine striktere traditionelle Rollenteilung zwischen Männern und Frauen aufweisen als die europäischen – in Afrika, in Südostasien, im Nahen Osten etwa – sind zwar die Rollen und auch die Machtstrukturen extrem ungleich. Wichtige Persönlichkeitsmerkmale aber, und das ist das Überraschende, sind in diesen Ländern und Kulturen viel gleichmäßiger über die Geschlechter verteilt. Die Tatsache, dass Männer gesellschaftlich mehr Macht haben und andere Rollen ausüben als Frauen, führt dort nicht dazu, dass sie ihre Freundlichkeit und Emotionalität so stark einbüßen wie dies gemeinhin bei Führungskräften im Westen der Fall ist.

Eine Ahnung von diesem Paradox, nämlich dass Frauen und Männer vielleicht gerade in eher traditionellen Gesellschaften eigentlich gut kooperieren könnten, bekamen wir kürzlich bei dem Besuch einer Delegation aus dem Oman. Ein dortiger erfolgreicher Unternehmer reiste mit einigen Kollegen und seinen Frauen in Frankfurt an; die allerdings bekamen wir gar nicht zu Gesicht, sie gingen shoppen auf der »Zeil«. Bei einem Arbeitsessen mit den Männern, auf dem es um mögliche Kooperationen im Bereich von

Bildung und Kindergärten in Oman ging, geschah jedoch Eigenartiges: Die Männer sprachen mit uns einerseits sehr konzentriert und präzise über Ziele, Zahlen, Umsetzungen und viele einzelne Sachfragen – Details, mit denen sich männliche Führungskräfte hierzulande so ungern befassen, weil sie diese als Arbeitsaufgaben unterer Chargen ansehen; gleichzeitig wurde jedoch viel gescherzt und gelacht, es herrschte ein freundlicher direkter Blickkontakt ohne »schräge« Untertöne. Es wurde also, für uns völlig überraschend, ein verbundener Kommunikationsstil gepflegt, wie er sich oft unter Frauen findet, auch wenn sie nicht unbedingt einer Meinung sind, nicht aber unter Männern und Frauen aus westlichen Ländern bei ernsten Verhandlungen. Von arabischen Männern hatten wir dies zuletzt erwartet. Diese überraschend angenehme Erfahrung soll keineswegs dazu verleiten, die exzessive Gewalt zu verharmlosen, die in islamischen Gesellschaften gegenüber Frauen im Zusammenhang mit Moralvorstellungen ausgeübt wird und die bis zur Steinigung von vermeintlichen oder echten Ehebrecherinnen reicht. Es ist auch keine Leugnung der Ultrabrutalisierung, die etwa im Kongo besteht, wo Frauen zu Hunderttausenden gezielt vergewaltigt und verstümmelt werden im Rahmen der wirren Stammeskriege, die sich letztlich um die Ausbeutung der für unsere Handy- und Laptopindustrie seltenen und kostbaren Metalle drehen, und wo Ehemänner ihre vergewaltigten Frauen mit ihren Kindern einfach ins Nichts verjagen. Es ist nur ein Hinweis darauf, dass auch in diesen Kulturen – trotz aller Diskriminierungen von Frauen – positive Potenziale angelegt sind, die für das Zusammenleben der Geschlechter eine bessere Zukunft durchaus vorstellbar sein lassen, auch wenn es zunächst für die dortigen Männer unvorstellbar scheint, beruflich unterhalb einer Frau eingesetzt zu werden. Denn in diesen Ländern müssen »nur« die Rollenerwartungen und Rechtsstrukturen geöffnet werden, um Frauen den Weg nach oben freizumachen. In westlichen Ländern hingegen müssen Frauen und Männer sich zusammenfinden, obwohl sich ihre Persönlichkeiten in zentralen Dimensionen geradezu widersprechen.

Je gleicher, desto verschiedener

Eine gleichberechtigte Zukunft der Geschlechter wäre viel leichter zu verwirklichen, wenn sich im Rahmen der Moderne eine allmähliche Angleichung der persönlichen Motivationen und Eigenschaften von Frauen und Männern abzeichnen würde – so wie es der populäre Glauben unterstellt: Männer und Frauen werden sich immer ähnlicher. Aber die tatsächliche Entwicklung läuft eher auf eine Verstärkung der Geschlechterunterschiede hinaus.

Die Ursachen dafür sind unter Wissenschaftlern umstritten. Eine für unsere Debatte etwas beunruhigende Annahme lautet: In den Agrargesellschaften haben sich die über Millionen von Jahren gewachsenen körperlichen Unterschiede und Persönlichkeitsdifferenzen zwischen Frauen und Männern vorübergehend verringert, die sich – bei größerer sozialer Gleichberechtigung der Geschlechter – in der langen Morgendämmerung der Jäger- und Sammlergesellschaften herausgebildet hatten. Man darf sich die Jahrhunderte der frühen Menschheitsgeschichte keineswegs so vorstellen, dass die Frauen passiv am Herdfeuer saßen und auf das von den Männern erlegte Wild warteten; vielmehr haben sie den Lebensunterhalt für sich und ihre Kinder weitgehend selbst durch das Sammeln von Pflanzen und eiweißhaltigen Kleintieren bestritten, das tierische Eiweiß, das durch die Jagdausflüge der Männer herbeigeschafft wurde, bedeutete allerdings eine wichtige Ergänzung. In den wenigen tausend Jahren der Agrargesellschaften, einem bloßen Wimpernschlag der Evolutionsgeschichte, waren Männer im Alltag weniger als Jäger und Krieger gefordert, oft waren die Nahrungsmittel durch häufige Missernten knapp, häufig herrschte Hunger, Eiweiß- und Vitaminmangel. Die Männer blieben deshalb in ihrer Körpergröße unter ihren genetischen Möglichkeiten und glichen sich äußerlich den Frauen an. Auch ihre Persönlichkeitsmerkmale wurden dabei gewissermaßen sanfter, das herrische, kriegerische Element zurückgedrängt.[2]

Heute dagegen, in den postagrarischen, postindustriellen Gesellschaften nähern wir uns nach dieser Theorie in mancher Hinsicht wieder stärker an das Umfeld an, das unsere Evolution im Laufe von mehreren Millionen Jahren geprägt hat: den Bedingungen der Jäger- und Sammlergesellschaft, mit größerer Geschlechtergleichberechtigung bei gleichzeitig stärker ausgeprägten körperlichen und psychischen Unterschieden zwischen Männern und Frauen, dem sogenannten Dimorphismus. Ob nun diese These zutrifft oder andere Ursachen eine Rolle spielen, weiß ich nicht. Der heutige Trend zur wachsenden Unterschiedlichkeit der Geschlechter ist jedenfalls unter Persönlichkeitsforschern unstrittig – so sehr er auch dem widerspricht, was allgemein vermutet und gefühlt wird, nämlich eine »Vermännlichung« der Frauen und eine »Verweiblichung« der Männer. Aber es kommt noch krasser: Auch wichtige biologische Unterscheidungsmerkmale zwischen Frauen und Männern verstärken sich mit dem Grad des Reichtums und der Modernisierung und werden nicht etwa geringer. Je besser ernährt eine Gesellschaft ist, desto signifikanter zeigen sich auch Größenunterschiede zwischen Frauen und Männern. Und:

Innerhalb der Oberschicht eines Landes ist jeweils der Größenunterschied zwischen Männern und Frauen ausgeprägter als in den Unterschichten![3]

Der Mensch ist in dieser Hinsicht ein biologisches Wesen, und in der Biologie gilt: Je ressourcenreicher ein Umfeld ist, desto stärker ist der Trend zur optischen und körperlichen Unterscheidung, wobei ein Geschlecht dann jeweils viel größer und auch prächtiger ausgestattet ist als das andere. Je stressvoller und ärmer ein Umfeld, desto mehr ähneln sich die Geschlechter äußerlich – bei Mensch und Tier. In armen Gesellschaften sind also die Menschen insgesamt kleiner, vor allem aber die Männer.

Ich erinnere mich an die multikulturellen Gruppen von Fabrikarbeitern, mit denen wir in München während meiner Studienzeit unsere Freizeit in verrauchten Kellern beim Verfassen von mehrsprachigen Flugblättern verbrachten – Griechen, Türken, Jugoslawen, Italiener, die an den Fließbändern standen und mit denen wir über ihre Arbeitsbedingungen zu diskutieren versuchten, mit mäßigem Erfolg übrigens. Ich war damals noch komplett geschlechtsblind und registrierte nicht einmal, dass wir uns nur mit Männern unterhielten, während die Frauen, die im Akkord Autopolster nähten, morgens um fünf Uhr unbeachtet an uns vorbeizogen. Auffällig war, wie klein insbesondere die Sarden unter den Italienern waren, große Redner mit erheblichem Darstellungstalent, jedoch kaum 1,60 Meter groß. Sardinien war über Jahrhunderte eine von Malaria heimgesuchte verarmte und abgelegene Provinz gewesen, wo die Menschen schlecht ernährt und von der Seuche geplagt wurden. Das führte dazu, dass insbesondere die Männer sehr kleinwüchsig waren, sich also eher dem Format der Frauen annäherten.

Die Tatsache, dass in unseren reichen Ländern die Größenunterschiede zwischen den Geschlechtern wachsen, fällt nicht unmittelbar ins Auge, denn im heutigen Westeuropa sind viele Frauen deutlich größer als früher. Schuhgröße 42 ist keine Seltenheit mehr, und auch Körpergrößen von 1,80 Meter und mehr bei Frauen sind nicht mehr exotisch, wie es noch in meiner Jugend der Fall war, als ich mit meinen 1,77 Meter große Schwierigkeiten hatte, einen passenden Tanzstundenpartner zu finden. Heute gibt es auch sehr große Männer, manche sind 2 Meter groß oder gar darüber hinaus. In Mitteleuropa sind Frauen durchschnittlich um die 1,65 Meter groß, Männer dagegen ca. 1,80 Meter. Die größten Europäer leben übrigens in Holland, was nicht zuletzt auf das dortige Gesundheitssystem zurückgeführt wird, aber auch auf die Ernährung. Interessant ist, dass die US-Amerikaner in ihrer Körpergröße inzwischen hinter die Europäer zurückfallen. Waren sie zur Zeit der amerikanischen Revolution noch 5 Zentimeter größer als Europäer, so haben die Europäer sie inzwischen überholt. Amerikaner werden aufgrund der zuckerreichen und fetten Fast-Food-Ernährung heute in der Tendenz eher dicker als größer. Ein weiterer unerwarteter Unterschied zeigt sich im Sport: Zwar gibt es heute viel mehr Frauen, die schneller laufen als früher, doch Männer haben noch mehr an Geschwindigkeit zugelegt.[4] Der allgemeine Eindruck, dass Frauen die Männer beim Laufen bald einholen könnten, trügt also.

Es gibt noch weitere biologische Indikatoren für den stärker wachsenden Geschlechterunterschied je nach dem Stand der gesellschaftlichen Modernisierung: In traditionellen Kulturen wie Indonesien, Bangladesch oder Äthiopien ist beispielsweise der Blutdruck von Männern und Frauen praktisch identisch. In modernen Gesellschaften, wie Neuseeland, der Schweiz und den Niederlanden, dagegen unterscheidet er sich stark nach Geschlechtern, bei Männern ist er deutlich höher als bei Frauen, vermutlich bedingt durch den modernen Lebensstil. Nicht auszuschließen ist, dass sich im Verlauf der Zeit nach längerer intensiver und hektischer Berufstätigkeit von Frauen die Blutdruckwerte der Geschlechter einander wieder annähern. Doch auch dies ist keineswegs sicher, da Frauen aufgrund ihrer anderen Persönlichkeitsmerkmale auch unter modernen Bedingungen einen gesünderen Lebensstil pflegen. Sie sind heute Trendsetter für vegetarische und leichte Ernährung.

Ein markanter Geschlechterunterschied besteht auch weiterhin bei der Lebenserwartung, die nach wie vor bei Frauen in westlichen Gesellschaften höher ist als bei Männern.[5] Der stärkste jemals dokumentierte Rückgang von Lebenszeit erfolgte bei Männern im postsowjetischen Russland, wo plötzlich angesichts von Sinnkrise und eines kollabierenden Gesundheitssystems, gekoppelt mit wüstem Wodkakonsum, die Männer um fünf Jahre früher starben, während sich das Lebensalter der Frauen nicht verkürzte.[6]

Es ist übrigens fast verwunderlich und eine große solidarische Leistung, dass bei uns, wo vorwiegend hochaltrige Frauen durch ihre lange Lebenszeit das Gesundheitssystem und die Pflegeversicherung stärker belasten als Männer, über dieses Ungleichgewicht der Geschlechter nicht frauenfeindlich debattiert wird. Was nicht ist, kann allerdings noch kommen.

»Züchten« moderne Gesellschaften eher mütterliche Frauen?

Dass Frauen im Durchschnitt kleiner sind und einen anderen Körperbau, eine andere Muskelstruktur haben als Männer, dieser Geschlechterunterschied ist also nicht im Verschwinden begriffen. Kleidung, Farben, Stil können damit spielen, sie betonen, sie verwischen – das ändert sich mit der Mode und dem Zeitgeist. Modetrends ändern aber nichts daran, dass seit etwa 150 000 Jahren Evolutionsgeschichte Männer die Anlage haben, deutlich größer zu werden als Frauen, dass sich dies bei guter Ernährung auch durchsetzt und sich, wenn überhaupt, nur sehr langfristig verändert – es sei denn, Frauen würden in Zukunft relativ kleine Männer als Väter ihrer Kinder bevorzugen oder Männer vorwiegend mit relativ großen Frauen Kinder zeugen. Wenig deutet aber darauf hin.

Im Gegenteil: Eine 2005 im renommierten *Journal of Personality and Individual Differences* veröffentlichte Studie stellte fest, dass größere Frauen in der Regel weniger Kinder haben. Oft wurde vermutet, dies liege daran, dass große Frauen mehr Schwierigkeiten hätten, einen Partner zu finden. Doch die Studie kommt zu dem Schluss, größere Frauen hätten durchschnittlich einen höheren Testosteronspiegel, der auch für ihre Größe mit verantwortlich sei. Sie seien deshalb insgesamt etwas durchsetzungsorientierter, stärker am Wettbewerb interessiert, beruflich ambitionierter sowie erfolgreicher als kleinere Frauen.[7] Ihr Kinderwunsch ist im Durchschnitt geringer ausgeprägt, die Zahl ihrer Kinder kleiner, und sie bekommen ihre Kinder später. Als Mütter neigen sie etwas weniger zur »Überbemutterung«. Die Autoren warnen zwar vor dem falschen Schluss, kleine Frauen seien grundsätzlich eher mütterlich, große dagegen ehrgeiziger, aber sie sehen da doch einen gewissen Zusammenhang.

Wahrscheinlich ist die Wahrheit komplizierter. Als Schulkind war ich eher klein und fast rundlich, bis ich mit 13 Jahren plötzlich hoch aufschoss. Das bereits im Schrank hängende Konfirmationskleid musste durch ein neues ersetzt werden, das alte reichte mir nicht einmal mehr bis zu den Knien. Wie viele große Mädchen fühlte ich mich plötzlich ungelenk und war es auch. Und wie viele große Mädchen wurde ich von meinen männlichen Altersgenossen nicht gerade angebetet, obgleich ich später eine »Marktnische« als intelligente Partnerin und gewandte Gefährtin älterer Männer entdeckte. Die Kombination von Körpergröße, nicht so großer äußerer Attraktivität und einem äußerst fördernden Elternhaus führte dazu, dass ich mich intensiv für Literatur, Theater und Politik begeisterte. Ich hatte das Glück, darin von beiden Eltern sehr unterstützt zu werden, auch wenn meine Mutter zu meinem frühen Berufswunsch »Diplomatin« bedenklich den Kopf wiegte und meinte, das ließe sich aber nicht gut mit einer Familie vereinbaren. Wie recht sie hatte – auch wenn sie meine alternative Idee, nämlich Chemie zu studieren, ebenfalls ablehnte. Sie fürchtete, meine Experimente im Keller mit dem Kosmos-Experimentierkasten würden das Haus in die Luft sprengen, und als Naturwissenschaftlerin, so meinte sie, würde ich als »Blaustrumpf« enden! Und das von meiner Mutter, einer ehemaligen Berliner Superschülerin und aktiven Jungsozialistin aus dem Berlin der 1920er-Jahre!

Wie viele Frauen meiner Generation habe ich dann wenig formalen Ehrgeiz entwickelt und nur Pfade verfolgt, die mir Spaß machten. Wie viele Frauen habe ich potenzielle Misserfolgserlebnisse mehr oder weniger elegant umschifft, wie zum Beispiel die Statistikprüfung in Soziologie. Wie viele Frauen meiner Generation habe ich mehrere Talente eher dilettantisch gepflegt als eins systematisch zu vertiefen. Dennoch reichten meine Energie und Zielstrebigkeit glücklicherweise aus, um mir beruflich einen Platz zu erobern – wenn auch nie durch eine gradlinige Karriereplanung. Und mein Kinderwunsch, um auf die These von der geringeren Mütterlichkeit großer Frauen zurückzukommen, war in der Tat zunächst nicht sehr ausgeprägt, aber das ist er bei studierenden Frauen in ihren zwanziger Lebensjahren oft ohnehin nicht. Ich habe die wunderbare und intensive Bereicherung durch Kinder erst erlebt, nachdem sie geboren waren und nicht, weil ich sie so erwartet hätte. Vermutlich würden andere groß geratene, relativ erfolgreiche Frauen ähnliche Geschichten erzählen.

Sofern äußerliche wie auch Persönlichkeitsmerkmale von Frauen erblich sind (beides trifft partiell zu), werden wohl in Europa weiterhin eher traditionskonforme Eigenschaften vererbt. Frauen mit weniger beruflichem Ehrgeiz, geringerer Wettbewerbsorientierung und weniger dominanten Eigenschaften haben öfter Kinder als Frauen, die über diese Eigenschaften verfügen. Männer mit dominanten Eigenschaften und beruflichem Erfolg werden dagegen eher Familienväter als andere Männer, wenngleich sich dies vielleicht gerade ändert, denn Frauen in reichen Ländern mit gutem Gesundheitszustand der Bevölkerung fangen an, Männer mit guten Alltagspartnereigenschaften und einem weniger maskulinen Habitus mehr zu schätzen. In einer internationalen Studie mit 5000 Frauen von 16 bis 30 Jahren aus 30 Ländern[8] wurden Porträtfotos von Männern so bearbeitet, dass es jeweils eine maskuline oder eine feminine Version jedes Porträts gab, zum Beispiel einen ausgeprägteren Kiefer, buschigere Augenbrauen und dünnere Lippen bei der maskulineren Variante. In Schweden und Belgien bevorzugten 70 Prozent der Frauen die softere Version des Mannes, in Deutschland immerhin noch fast 60 Prozent. In Brasilien und Mexiko dagegen zogen Frauen den Machotyp vor. Die These der Forscher lautet, dass bei einem niedrigen Versorgungsniveau des Gesundheitswesens die maskulinen Gene für die Reproduktion wichtiger sind als bei einem hohen Niveau. Allerdings ziehen Frauen generell im fortpflanzungsfähigen Alter und an ihren fruchtbaren Tagen eher maskuline Männer vor, während Frauen, die die Pille nehmen, in diesem östrogenbedingten Dauerzustand von Quasischwangerschaft weniger dominante Männer schätzen. Demnach würde die sozialdemokratische Partnerschaftsvariante etwa in Schweden von der Pille begünstigt!

Abschied vom Alphatier

Ganz sicher gibt es nicht einen einzigen Faktor, der Frauen dazu veranlasst, eher maskuline oder eher feminine Männer zu schätzen. In Europa aber scheint sich zumindest ein Trend abzuzeichnen, der bei der Partnerwahl durch Frauen etwas weniger auf Testosteron ausgerichtet ist. Allerdings ist dies mit Einschränkungen zu versehen: Was für die Auswahl eines Lebenspartners zwecks Familiengründung – mit oder ohne Trauschein – gilt, ist nicht unbedingt identisch mit der erotischen Anziehungskraft. Frauen heute hegen nach wie vor oft eine tiefe Ambivalenz gegenüber sanften Männern, sie neigen im Beruf und privat durchaus dazu, sie gering zu schätzen, als Weicheier zu betrachten und auf ihre Kosten Witze zu machen – und Partner, die keine Alphamänner sind, dadurch bisweilen extrem zu kränken.

Ich erinnere mich in diesem Zusammenhang an eine äußerst unschöne Szene. Ein Freund von uns, ein kluger und sanfter Intellektueller, wurde von seiner äußerst extrovertierten Lebensgefährtin bei einem Abendessen mit Freunden im Biergarten unvermittelt gefragt. »Was würdest du tun, wenn in einer Tiefgarage jemand auf mich zukäme und mich bedrohen würde?« Er antwortete, er würde versuchen, den Mann anzusprechen oder abzulenken – eine vernünftige Option, da er selbst nicht der Typ ist, der aus Schlägereien unbedingt als Sieger hervorgehen würde. Sie aber begann daraufhin, ihn wüst als »Schwächling« zu beschimpfen, der sich für seine Frau nicht prügeln möge. Solche paradoxen Einstellungsmuster sind durchaus keine Seltenheit. In vielen Frauen tobt ein Kampf über die Bilder von Männern, die sie selbst wertschätzen. Dazu passt, dass Beziehungen, in denen Männer die Hausmannrolle übernehmen, überproportional häufig scheitern: Dies hat ganz sicher damit zu tun, dass die Rollenerwartungen von Frauen an Männer und umgekehrt nicht nur rational geprägt sind.

Insgesamt gilt jedoch: Männer mit dominanten Eigenschaften mögen langsam gegenüber Frauen als Partnerinnen an Terrain einbüßen; Frauen mit sehr dominanten Eigenschaften dagegen sind zahlenmäßig gegenüber anderen Frauen weiter deutlich in der Minderheit und liegen durch ihre geringere Kinderzahl im Hinblick auf ihre Nachkommenschaft weiterhin erkennbar im Hintertreffen gegenüber sanfteren, traditionelleren Frauentypen. In den meisten westlichen Gesellschaften haben weibliche Führungskräfte deutlich weniger Kinder als andere Frauen, oder sie sind kinderlos, können also ihre Merkmale nicht vererben.[9] Das bedeutet ganz banal, dass der Anteil an Frauen mit dominanten, durchsetzungsorientierten Eigenschaften an der Gesamtbevölkerung durch die ungleiche Geburtenverteilung zwischen Frauen verschiedenen Typs eher kleiner statt größer wird, denn Persönlichkeitsmerkmale sind tatsächlich zu einem erheblichen Anteil biologisch vererbt.

Auch sanfte Frauen können sehr mutig sein, Berge besteigen oder einen Nobelpreis in Biophysik gewinnen. Das heißt aber nicht, dass es ihnen leichtfällt oder Freude macht, sich in einem wettbewerbsorientierten Umfeld gegen dominante Personen durchzusetzen – wir haben das schon an der unterschiedlichen Reaktion von Mädchen und Jungen auf Wettbewerbselemente im

Schulunterricht diskutiert; aber genau von dieser Bereitschaft zu konkurrieren hängt es heute ab, ob sie Top-Führungskräfte werden können. Soll das Begabungspotenzial von Frauen insgesamt ausgeschöpft werden, auch für Führungspositionen, so braucht es Entwicklungspfade, die nicht primär von Dominanz abhängen. Wir werden noch erörtern, welche Modelle sich dafür eignen, und ob Wirtschaft überhaupt mit neuen, anderen Führungsphilosophien erfolgreich funktionieren kann. Auffällig ist jedenfalls, dass es gerade in den Unternehmen (noch) die besonders testosteronbetonten Eigenschaften sind, die für den Aufstieg in die Spitzenpositionen sorgen.

Im Führungskräftebereich von öffentlichen Verwaltungen und der Politik zeichnen sich hingegen Veränderungen ab.[10] Das hat nicht zuletzt damit zu tun, dass hier politische Prozesse wie Wahlen über die Auswahl bestimmen, also die reine Dominanzhierarchie durch Anerkennungsverfahren gemildert wird. In der modernen politischen Demokratie wird Hierarchie auf Abruf installiert und einmal zugebilligte Positionen können von den Untergebenen zurückgenommen werden. In diesem Sinn entwickeln sich politische Strukturen zunehmend so, dass sie mehr zu den spontanen Grundmustern von Frauen passen. Es ist daher sicher nicht völlig zufällig, dass Frauen, wenn auch noch mit erheblichen Einschränkungen, sich inzwischen in politischen Organisationen etwas leichter durchzusetzen vermögen als an der Spitze von Großunternehmen – auch wenn die Kommunikationsmuster der Politik vielen Frauen sehr fremd sind.

Die Big Five

Es gibt viele Verfahren zur Erfassung von Persönlichkeitsmerkmalen, sie werden von Personalabteilungen oder -beratungen auch gern, neben fachlichen Eignungstests und Bewerbungsgesprächen, als Baustein von Auswahlverfahren eingesetzt; aber auch bei Coachings, als Grundlage für Beförderungen, als Selbsterkenntnisinstrument für die Berufswahl, sogar für die Partnerwahl im Internet werden sie genutzt. Unternehmen wie queendom.com in Kanada bieten gegen eine geringe Gebühr eine riesige Palette von Tests für die Selbstanalyse an, von Intelligenz bis Persönlichkeit.

Es sei hier nicht darüber geurteilt, ob diese Verfahren immer sinnvoll und fair sind, und ganz gewiss bergen sie, wie viele Testverfahren, spezielle Risiken für die Chancengleichheit der Geschlechter.[11] Bei Multiple-Choice-Verfahren beispielsweise, bei denen mehrere Lösungsmöglichkeiten angekreuzt werden können, schneiden Männer in der Regel besser ab. Mit ihrer höheren Risikobereitschaft und ihrem Selbstvertrauen raten sie einfach öfter und entscheiden sich schneller, während Frauen länger überlegen und aufgrund ihrer größeren Sorgfalt gern eine »richtige« Antwort geben möchten.[12] Aber ohne Zweifel lassen sich mit Persönlichkeitstests bestimmte Eigenschaften ziemlich gut abbilden.

Eine der gebräuchlichsten Skalen setzt sich, in vielen verschiedenen Varianten, aus den sogenannten »Big Five« zusammen, fünf Persönlichkeitsdimensionen, die aus der Analyse von jeweils mehr als 10 000 verschiedenen Adjektiven zur Beschreibung von menschlichen Eigenschaften in vielen unterschiedlichen Sprachen und Kulturen herausgefiltert wurden:[13]

– Extraversion/Extrovertiertheit – dazu gehören beispielsweise Begeisterungsfähigkeit, Geselligkeit, Gesprächigkeit, aber auch

Durchsetzungsorientierung oder Dominanz (Assertiveness), Eigenschaften, die für Führungsaufgaben oft als besonders wichtig eingeschätzt werden;

- Verträglichkeit/Umgänglichkeit – zu dieser Gruppe zählen Vertrauen, Hilfsbereitschaft, Altruismus, Freundlichkeit und andere positive soziale Eigenschaften;
- Gewissenhaftigkeit/Sorgfalt, manchmal auch »Rigidität« genannt – hierzu werden Zielorientierung, Sorgfalt, Impulskontrolle, sorgfältige Überlegung, Detailgenauigkeit gerechnet, Fähigkeiten, die statistisch eng mit guter beruflicher Leistung und Effizienz verknüpft und dennoch paradoxerweise für den Aufstieg extrem hinderlich sind, wie wir noch sehen werden;
- Neurotizismus oder emotionale Stabilität/Instabilität – dazu zählen Ängstlichkeit, Stimmungsschwankungen, die Neigung zu Wutausbrüchen, Traurigkeit, eine Tabuzone mit negativen Konnotationen für den Erfolg;
- Offenheit – Fantasie, Interessenvielfalt, Aufgeschlossenheit für neue Ideen und Innovationen.

Die Geschlechter unterscheiden sich im Allgemeinen bei diesen Big Five nicht sehr stark, eher geht es um individuelle Schwankungen. Sofern aber Unterschiede bestehen, weisen sie in die nach unseren bisherigen Ausführungen vermutete Richtung: mehr Personenorientierung und Gefühle bei Frauen, mehr Gefühlskontrolle und Risikobereitschaft bei Männern.

Besonders deutlich ist der Geschlechterunterschied zwischen den eher traditionellen Ländern und den westlichen Nationen im Hinblick auf den sogenannten »Neurotizismus« – ein negativer Begriff, der mit Ängstlichkeit, Unausgeglichenheit, Verlegenheit Eigenschaften umfasst, die in unseren Ländern insgesamt viel deutlicher bei Frauen anzutreffen sind; der Begriff wurde deswegen in den Skalen moderner Personalberatungsfirmen inzwischen durch den neutraleren Terminus »emotionale Stabilität« ersetzt, was allerdings letztlich auch nichts anderes als »emotionale Instabilität« meint.

Dass Frauen in modernen Gesellschaften sich hierin deutlich von Männern unterscheiden, liegt nicht daran, dass sie mit der Moderne wankelmütiger oder emotionaler werden, sondern daran, dass Männer in den entwickelten individualistischen Kulturen Amerikas, Europas und auch Lateinamerikas ihre Gefühlswelt und ihre Gefühlsäußerungen viel stärker eingrenzen, zähmen und kontrollieren als Männer in traditionellen Gesellschaften. Dort zeigen auch Männer Stimmungsschwankungen oder Traurigkeit ähnlich intensiv wie Frauen, ohne dass ihnen deshalb ihre Autorität abgesprochen wird – sie ist ja ohnehin in der Regel viel größer.

Im Vergleich zu manchen eher traditionellen Gesellschaften sind westliche Männer aber auch weniger freundlich, weniger sozial, weniger umgänglich, wohl aber dominanter und aggressiver in ihrer Selbstwahrnehmung als Männer in Asien und Afrika. Sie sind auch weniger sorgfältig und weniger gewissenhaft. Das Männlichkeitsbild ist in seiner modernen Ausprägung und Radikalität also ein Produkt der Moderne – und es findet sich bei uns am stärksten in wirtschaftlichen Großorganisationen. Es ist nicht nur die offene Dominanz von Männern, die Frauen hier ausbremst, es ist vor allem auch die Zurückdrängung von Gefühlen und Gefühlsäußerungen, das Tabu in einer von Männern bestimmten Organisation, Freude oder Trauer zu zeigen, von Stimmungsschwankungen ganz zu schweigen. Meetings, in denen die Teilnehmer mit ausdruckslosen Gesichtern nebeneinander sitzen, ihre Meinung vortragen, ohne auf die anderen einzugehen, sich nicht durch

Kopfnicken, Nachfragen, kritische oder positive Signale auf das einlassen, was gerade gesagt wird, hemmen und blockieren viele Frauen geradezu, ungewollt hindern sie sie daran, ihre besten Gedanken zu finden und zu äußern. Das Persönliche ist für Frauen gewissermaßen der Humus, in dem die Arbeitsinhalte besser gedeihen. Wo diese Dimension tabuisiert ist und als Hindernis für beruflichen Erfolg und berufliche Eignung gewertet wird, bleiben Frauen vielfach außen vor, in einer Mischung von Ausgrenzung und Selbstausschluss. Eine Umgebung, die ihnen für sie zentrale Wesensäußerungen verbietet, ist für viele Frauen einfach nicht attraktiv.

Top-Führungskräfte: supernormale Männer, »unnormale« Frauen

Personalberatungen erhalten von ihren Auftraggebern heute oft Suchanfragen nach Frauen für Spitzenfunktionen. Sie sind also täglich mit den Hürden konfrontiert, die sich für Frauen in Unternehmen stellen. Die internationale Beratungsfirma Hudson Consulting hat sich dieser Frage gründlich angenommen. Sie hat, mithilfe eines Fragebogens, der auf den oben erwähnten »Big Five« beruht und diese noch etwas ergänzt, Persönlichkeitsprofile von über 63 000 Arbeitskräften aller Hierarchiestufen in Europa, den USA und Australien erstellt. Mit dem gleichen Instrument wurden sodann mehrere Hundert Männer und Frauen in hohen Positionen der Wirtschaft untersucht, Personen auf dem C-Level, also der dritten Führungsebene.[14] Für die »Normalangestellten« aller Ebenen zeigte sich bei dieser Studie: Frauen und Männer unterscheiden sich, wie auch sonst bei Persönlichkeitsstudien, insgesamt nicht sehr stark. Aber die feststellbaren Unterschiede weisen wiederum in die erwartete Richtung: Frauen sind mehr auf Menschen bezogen, aber auch sorgfältiger und gewissenhafter; Männer dagegen sind stärker in ihren Gefühlen kontrolliert und dominanter. Dies ist wenig überraschend.

Ein Blick auf die Eigenschaften der Top-Führungskader bringt dagegen Neues ans Licht. Wenn Männer auf dieser Ebene angekommen sind, betonen sie viel stärker als andere Männer die männlich-dominanten Aspekte der Ergebnisorientierung, des strategischen Denkens und autonomen Handelns. Männliche Führungskräfte entwickeln also für ihren Aufstieg bestimmte Eigenschaften noch stärker, über die sie bereits ohnehin verfügen; oder aber es werden nur solche Männer nach oben befördert, die diese Eigenschaften bereits in sehr starkem Maß ausgebildet haben. In jedem Fall aber entspricht die Top-Führungsfunktion, durch welche Verfahren auch immer sie in großen westlichen Unternehmen ausgeübt und besetzt wird, in hohem Umfang einem Persönlichkeitsmuster, mit dem grundsätzlich alle Männer vertraut sind und in dem sie sich bereits ein Leben lang wohlfühlen.

Führungsfrauen, die in amerikanischen, europäischen und australischen Unternehmen erfolgreich sind, befinden sich dagegen in einer dramatisch anderen Situation. Ihr Profil ähnelt in vieler Hinsicht dem der männlichen Führungskräfte und ist sogar auf der Ebene der Extraversion, Dominanz, Durchsetzungsorientierung noch stärker ausgeprägt als bei Männern derselben Ebene – dies entspricht denn auch dem verbreiteten negativen Klischee von der »allzu männlichen« Führungsfrau. Es gibt dabei aber interessante Nuancen: »Verglichen mit Männern auf der C-Ebene konzentrieren sich die Frauen nicht so stark auf kurzfristige Ergebnisse, sie behalten das größere Bild im Auge, beziehen selbstständigere Positionen. Sie lassen sich nicht von den Details des Alltags irritieren, denken konzeptioneller und aufgeschlossener als ihre männlichen Kollegen. Sie achten mehr auf offene Kommunikation in der Organisation, pflegen einen etwas »menschlicheren« Ansatz mit mehr Kooperation und wechselseitiger Unterstützung.«[15]

Im Gegensatz zu den kritischen Vorstellungen, die allgemein über Führungsfrauen herrschen, sind sie also weiterhin deutlich kooperativer und altruistischer als Führungsmänner. Und sie sind sogar, abweichend vom generellen Frauentrend, erheblich offener für Ideen und Veränderungen als männliche Top-Führungskräfte. Das ist ein für die Zukunft von Unternehmen bemerkenswertes Ergebnis.

Mit den Top-Männern teilen weibliche Führungskräfte dagegen eine massive Verachtung für Details, sie halten sich selbst für wenig sorgfältig. Ja, dieses Fehlen von Genauigkeit scheint in ihren Augen geradezu eine Voraussetzung für die Eignung zur Führungskraft – zumindest in der Beurteilung durch andere – zu sein. Und genau an dieser Stelle zeigt sich das Drama: So relativ gering sich Führungsfrauen in ihrer Persönlichkeit von Führungsmännern unterscheiden und sie im Bereich Dominanz sogar noch übertreffen, so krass sind ihre Unterschiede zu den »Normalfrauen« in den Unternehmen. Führungsmänner müssen, wie bereits gesagt, um aufzusteigen, »nur« einige Eigenschaften stärker ausbilden, mit denen sie als Männer bereits vertraut sind und die sie im Ansatz auch schon besitzen; Führungsfrauen aber müssen, um in heutigen westlichen Unternehmen in hohe Positionen zu gelangen, wichtige Anteile ihrer Persönlichkeit tatsächlich verleugnen, umklappen, verstecken – zumindest wenn sie über das

»Normalprofil« einer Frau verfügen. Wie die Psychologie weiß, ist das aber gar nicht wirklich möglich oder nur mit hohen Kosten, die emotionale Blockaden und Verzerrungen in der Person selbst hervorrufen können. Die andere Variante ist: Es können überhaupt nur solche Frauen aufsteigen, die in diesen wichtigen Persönlichkeitsmerkmalen sehr, sehr anders sind als die durchschnittliche Frau – was wiederum bedeutet, dass Frauen insgesamt äußerst benachteiligt sind in ihren Karrierechancen, denn Frauen mit einem so stark von anderen Frauen abweichenden Profil sind selten.

Noch einmal: Männer können sich aus ihrer Normalität heraus nach oben entwickeln, sie dürfen – oder müssen – gewissermaßen »supernormal« werden, um Erfolg zu haben. Frauen dagegen müssen sich für den Erfolg in heutigen Wirtschaftsunternehmen tatsächlich teilweise aus ihrer Haut, ihrem Wesen herausschälen oder sich verkleiden, also »unnormal« gegenüber der weiblichen Durchschnittspersönlichkeit sein oder gegen sich selbst werden – eine sehr problematische Ausgangsposition, die auch deswegen emotional äußerst unattraktiv ist, weil wir ja wissen, dass Frauen sich schon seit ihrer Kindheit in der Regel besonders ungern von anderen abheben und entfernen.

Betrachten wir die Felder genauer, in denen dieser »Umklapp-Effekt« von Frauen verlangt und vorausgesetzt wird: Dabei handelt es sich vor allem um den Bereich der Extraversion, der Führungsbereitschaft, der Durchsetzungsorientierung. Hier liegen »normale« Arbeitnehmerinnen systematisch deutlich unterhalb eines bestimmten Schwellenwertes, Männer generell darüber. Top-Frauen dagegen haben ganz besonders ausgeprägte Dominanzprofile entwickelt, die sogar noch die von männlichen Führungskräften übertreffen. Im Alltag bedeutet das, dass Frauen, die sich nicht so sichtbar dominant und durchsetzungsorientiert verhalten wollen oder können, wie dies die heutige westliche Norm für die Auswahl von Führungskräften verlangt, in großen westlichen Unternehmen kaum Chancen auf Führungsrollen haben.

Interessant sind auch Nuancen der sozialen Orientierung im Verlauf der Biografie: Jüngere weibliche Führungskräfte unter vierzig Jahren sehen sich (noch) als sehr personenbezogen. Ältere Frauen auf der dritten Führungsebene sind dagegen merklich abgekühlt: Sie bleiben distanzierter und sind weniger naiv in ihren Beziehungen. Sie entwickeln im Verlauf ihrer Karriere also eine Attitüde, die mehr der männlichen Führungsrolle entspricht: weniger freundschaftlich-nah gegenüber Kolleginnen und Kollegen. Allgemein wird dies so interpretiert, dass Führungsfrauen endlich gelernt hätten, sich professionell zu verhalten; sie seien auf einer höheren und angemessenerer Verhaltensstufe angekommen und hätten ein Defizit behoben.[16]

Zu viel Nähe und zu wenig Distanz können in der Tat extreme Verwirrung und Komplikationen in Organisationen stiften. In einem Frauenbetrieb wie unserem Familienservice ist dies täglich zu besichtigen. Andererseits brauchen die meisten Frauen ein gewisses Klima von Wärme, Nähe und Emotionen, um beruflich gut zu gedeihen und ihre vorhandenen Möglichkeiten überhaupt auszuprobieren. Allgemein lässt sich sagen, dass positive Emotionen für das Leistungsvermögen von Menschen eine viel größere Rolle spielen als dies im offiziellen Managementdenken bisher anerkannt wird.[17]

Der Business Attitudes Questionnaire (BAQ) von Hudson enthält neben den Big Five noch eine Dimension »Professionalismus«, die untersucht, wie ehrgeizig, wie sehr am Ergebnis orientiert und strategisch eine Person sich selbst einschätzt. Führungsfrauen zeigen sich hier deutlich ehrgeiziger als ihre Mitschwestern und wiederum etwas ehrgeiziger als ihre männlichen Kollegen.

Der zweite Bereich, in dem Führungsfrauen sich besonders heftig von »Normalfrauen« in Unternehmen abheben, ist die gesamte Dimension der Sorgfalt, Detailgenauigkeit, Gewissenhaftigkeit, Ordnungsliebe. Dies sind Fähigkeiten und Vorlieben, die viele Frauen schon als Kind eingeübt haben und gern beibehalten und im Übrigen Eigenschaften, die in Unternehmen äußerst notwendig und gefragt sind – Buchhaltung, Rechnungswesen, Zahlenwerte aller Art, Vertragsklauseln sind das Rückgrat für wirtschaftliche Seriosität und Erfolg. Offensichtlich hat sich jedoch eine Arbeitsteilung und Werteorientierung durchgesetzt, bei der diese Fähigkeiten und Eigenschaften gewissermaßen den »Arbeitsbienen« zugewiesen werden, die damit jedoch zugleich aus dem Aufstiegspotenzial ausgesondert werden. Das ist dasselbe Wahrnehmungsmuster nachdem Mädchen in der Schule tendenziell trotz guter Noten letztlich negativ beurteilt werden. Das Bekenntnis zu Sorgfalt und Gewissenhaftigkeit führt in die Karrieresackgasse. Es ist zu einer Art Rassemerkmal einer tüchtigen, aber minderwertigen Spezies von Arbeitnehmerinnen und Arbeitnehmern geworden, ähnlich trennscharf wie die falsche Hautfarbe oder Kaste es andernorts sein mag. Für das »große Denken« jedenfalls, wie es Wirtschaftsführern und Beratern zukommt, gilt die Liebe zum Detail als unerheblich bis schädlich. Soll dieser unbewusste aber wirkmächtige negative Selektionsmechanismus überwunden werden, so gilt es, Auswahlkriterien zu finden, die nicht von vornherein Arbeitnehmerinnen und Arbeitnehmer ausschließen, die sich zur Detailorientierung und Sorgfalt bekennen, es sind schließlich viel zu viele kluge und begabte Köpfe darunter. Die fatale Einordnung in die Kategorie der Arbeitsbienen muss übrigens meist nicht erst durch einen Fragebogen oder Test bestätigt werden. Männliche und weibliche Vorgesetzte haben, da sie davon profitieren, ein untrügliches Sensorium für die kompetente, begabte, gut ausgebildete Mitarbeiterin, die sich dankenswerterweise nicht um den Aufstieg bemüht, sondern geduldig und sorgfältig zeitraubende und notwendige, auch anspruchsvolle Arbeiten erledigt.

In weiblich geprägten Arbeitskontexten lässt sich oft die Kehrseite der Medaille beobachten: Hier werden Männer generell kritisch beurteilt. Die Kolleginnen bewerten sie als nicht wirklich »fleißig«, sondern zu sehr auf das Delegieren und Managen orientiert, was dazu führe, dass sie die »eigentliche Arbeit« nicht erledigten. Für Frauen als potenzielle Führungskräfte geht es zunächst darum, die beiden Dimensionen der »wirklichen« Arbeit und des Führens, Entscheidens und Managens richtig zu verbinden, statt die »Realarbeit« von vornherein völlig auszuklammern. Von diesen beiden Barrieren: »mangelnde klare Durchsetzungsorientierung« und »zu große Detailsorgfalt« werden also weibliche Karrieren für eine Mehrheit von Frauen schon blockiert, bevor sie überhaupt angefangen haben.

Die männlichen Codes

Der Jeanshersteller Levi`s stellte vor einiger Zeit[18] eine Studie vor, aus der deutlich wurde: Mehr als 50 Prozent aller Frauen probieren im Durchschnitt zehn Jeans an, bevor sie eine kaufen. Und auch dann sind 87 Prozent von ihnen weiter unzufrieden mit der Ergebnis, schreiben das aber vor allem ihrer Figur zu, die eben nicht die richtige sei. Frauen gehen also davon aus, sie selbst müssten sich ändern und nicht die Jeans. Männer hingegen legen eine Jeans, die ihnen nicht passt, einfach zur Seite und urteilen: »Diese Jeans ist eben nicht für mich gemacht.« Das Unternehmen Levi's hat jetzt die richtigen Konsequenzen gezogen und verändert die Jeans entsprechend neuen Vermessungen an 67 000 Frauen, um neue Formen zu entwickeln, die zu den real existierenden Frauenkörpern passen. Im Kern haben wir es in der Arbeitswelt mit dem gleichen Grundthema zu tun. Müssen sich die Frauen eher den dort üblichen Codes oder die Codes den Frauen anpassen?

Im modernen Deutschland von heute, unter jungen Leuten, herrscht verbreitet die Auffassung, Frauen im Männerumfeld müssten die männlichen Spielregeln verstehen lernen und sich zu eigen machen, sonst hätten sie keine wirkliche Karrierechance. »Sprache, Stimme, Gesichtsausdruck und Körperhaltung – als Ausdruck einer etwas weniger gefestigten Überzeugung von sich selbst«, so der Unternehmensberater Peter Modler, werden Frauen »zum Verhängnis in gemischten Teams«. Sie beherrschten nicht »Das Arroganz-Prinzip«[19], sondern pflegten ein »horizontales Sprachverhalten«, Männer hingegen ein »vertikales« Kommunikationsmuster. »Frauen und Männer bewegen sich in unterschiedlichen Sprachsystemen. Das fängt schon in der Kindheit an. Mädchen achten darauf, dass alle in der Gruppe gleichberechtigt sind. Tritt ein Mädchen als Chefin auf, wird es von anderen Mädchen eher nicht gemocht. In der Soziolinguistik nennt man das horizontales Sprachverhalten. Frauen argumentieren früher auf einer sachlichen Ebene. Es fällt ihnen schwer zu unterbrechen, unhöflich zu sein.« Bei Männern hingegen – in Unternehmen ebenso wie in akademischen Kreisen – stehe am Anfang die Frage nach der Territorialhoheit. Erst wenn sie ihre Statusüberlegenheit, ihre Rangordnung geklärt hätten, könnten sie sich Sachfragen zuwenden.

Legen Frauen hingegen ein ähnliches Verhalten an den Tag, nehmen sie das Ruder in die Hand, weisen sie ausdrücklich auf ihre Verdienste hin, versuchen sie, sich nachdrücklich Gehör zu verschaffen oder ausführlich das Wort zu ergreifen, verscherzen sie es sich mit der Geduld und den Gefühlen der anderen. Eine Frau, die ihre Stimme hebt, die klar, laut oder gar scharf spricht, gilt nicht unbedingt in positivem Sinn als Person mit einer festen Meinung, oft wird sie sogar spontan als besonders unsympathisch eingestuft. Mit einer leisen und warmen Stimme wiederum ist es nicht so leicht, sich Gehör zu verschaffen. Die Sozialwissenschaftlerin Alice Eagly hat die trügerischen Doppelbotschaften in Hinsicht auf forsches Auftreten und Zurückhaltung der Frauen in der Wirtschaft ausführlich erörtert. Eine klare Lösung für dieses Dilemma bietet sie nicht an.[20]

Es ist für Frauen sehr schwer, vor einem größeren Kreis an Zuhörern oder vor öffentlichem Publikum überzeugende Reden zu halten. Gestik, Mimik und Rhetorik geraten oft künstlich, die Stimme wird hart, die Argumentation zu plakativ. Rhetorikkurse helfen da nur begrenzt, denn sie durchbrechen nicht das Format, sondern versuchen, wie auch sonst das Coaching, aus Frauen unter erschwerten Bedingungen »das Beste zu machen«. Aber die Formen, in denen Frauen sich so ausdrücken können, dass sie sich wohlfühlen und das Publikum ihnen emotional folgt, sind noch im Werden. Das große Podium, auf denen meist ohne Bezug der Teilnehmer aufeinander nur einzelne Statements abgelassen werden, gehört jedenfalls – bis heute – nicht dazu.

Das frauenfreie Podium

Bis hinein in die 1970er-Jahre waren Podiumsgespräche zu politischen Themen oder Vorträge meist reine Männersache – die Kanzel in der Kirche, das Katheder in der Universität, das geschmückte Podest im Saal einer Akademie für den sonntäglichen Festvortrag über »Wilhelm von Humboldt und das deutsche Bildungsideal« vor bürgerlichem Publikum, untermalt mit einem Satz aus Mozarts Violinkonzert durch das örtliche Kammerorchester – damals noch ohne hübsche Geigerinnen im knappen Top. Es war eine Zeit, in der die erste weibliche Tagesschau-Sprecherin der ARD, Dagmar Berghoff, noch eine Sensation war. Öffentlichkeit war männlich. Punkt.

Vor einer großen Menschenmenge zu reden war vor hundert Jahren eine große Kraftanstrengung der Stimme, die ohne technische Verstärker auskommen musste und deshalb Männern mit einem lauten Organ vorbehalten war.[21] Die große Rede ist ein Format, das unter Frauen keine Tradition hat, von wenigen herausragenden politischen Persönlichkeiten abgesehen, wie der polnischen Sozialistin Emma Goldmann, die zu Beginn des 20. Jahrhunderts die Vortragssäle in der amerikanischen Provinz bereiste, um heftig Kritik an den miserablen Bedingungen der polnisch-russischen Textilarbeiterinnen in den sweat shops von New York zu üben.[22] Hundert Jahre später war Hillary Clinton eine leidenschaftliche Wahlkämpferin, fiel allerdings dem üblichen Killerurteil für Frauen zum Opfer: zu schrill, zu hart, zu männlich, zu altmodisch feministisch, während das Pathos von Barack Obama als Pluspunkt verbucht wurde.

Die spontane Autorität, die dem öffentlichen Mann unbewusst zugebilligt wird, genießt eine Frau viel weniger, sie stößt bei dieser Darbietungsform rasch auf Skepsis und emotionale Irritation, bei Männern wie Frauen. Ich habe das selbst oft genug erfahren.

Hart und unfair

Wenn es auf Kongressen oder in Akademien um Themen wie Demografie, Jugendkriminalität, Migration, politische Partizipation, Arbeitsmarkt geht, äußern sich meist Männer auf den einschlägigen Podiumsdiskussionen, gern zum darin erkennbaren Verfall von »Gemeinschaft« und »Kultur«, von Werten und Normen – wobei sich als Kern ihrer Argumentation häufig die aus ihrer Sicht negative Veränderung der Familienstrukturen herausschält. Frauen nehmen an solchen Diskussionen nur selten teil. Sie erwarten dort weder Gehör, noch für sich einen Gewinn. Für sie, besonders für die erfolgreichen und hochgebildeten Frauen, geht es in der Regel darum, sich durch eine geringere Kinderzahl und weniger Fürsorgearbeit einen aussichtsreicheren Platz im Unternehmen oder der Gesellschaft zu erobern. Das schafft einen ganz anderen Blickwinkel und Zugang zu den Themen.

Ich habe entgegen dem allgemeinen Trend an vielen solchen Veranstaltungen teilgenommen und kann nur bestätigen: Auch ich habe mich oft fehl am Platz gefühlt. Meist ist Frau allein unter mehreren Männern, mindestens im Minderheitenstatus, in Stimme, Klang und Autorität vielen Männern überdies unterlegen. Und schon die Themenstellungen solcher Veranstaltungen bildet fast nie das eigene Problembewusstsein ab. Wenn ich ein längeres Statement abgab, fand ich dafür im Publikum häufig offene Ohren, wurde dann aber vom Moderator gern mit der benevolenten Formel entlassen: »Vielen Dank, liebe Frau Erler, für diesen engagierten Beitrag« – was nichts anderes hieß als: Gehen wir doch jetzt zum Eigentlichen über. Und was Männer und Frauen darunter verstehen, unterscheidet sich fast immer kategorial.

Während Männer aller politischen Richtungen gern eine normative Diskussion über Demokratie, Politikverständnis, Freiheit,

Parteien, Markt oder Staat etc. führen, debattieren Frauen lieber über politische Antworten und Lösungen, die nicht unbedingt einem normativen Gerüst zuzuordnen sind. Sie bevorzugen das Gespräch über *policy* statt des Gesprächs über *Politik*. Männer mögen solche Konkretionen nicht – sie fühlen sich dadurch gelangweilt oder gedanklich unterfordert. Frauen, selbst scharfsinnige, theoretisch versierte Akademikerinnen meiden den rein normativen Systemdiskurs, zumindest Frauen im nordeuropäischen und angelsächsischen Raum. In Frankreich und Italien hingegen akzeptieren sie die Rigorosität des abstrakten Diskurses eher, viele Plätze auf den Führungsetagen von Wirtschaft und Politik hat ihnen das allerdings auch nicht eingetragen.

Erschwerend kommt hinzu, dass Frauen, entsprechend ihren Persönlichkeitsprofilen, eher den dialogischen und verbundenen Diskussionsstil mögen, Männer hingegen schätzen die offene kontroverse Debatte. Der Erfolg der TV-Sendung *Hart aber Fair* ist ein Sieg der scharfen Auseinandersetzung anstelle des ruhigen Gesprächs, des polarisierenden Stils, der Zuspitzung gegenüber dem suchenden Erörtern. Nur wenige Frauen setzen sich gern solchen Debatten aus, auch deswegen sind politische Talkshows seltener mit Frauen besetzt. Außerdem führt der normative Stil vieler Talkshows schnell in jene Grundsatzdebatten, an deren Ende als Ursache des allgemeinen »Werteverfalls« wiederum nur der Verlust des traditionellen Familienlebens steht, für das die moderne berufstätige Frau verantwortlich zeichnet.

Ich selbst war vor vielen Jahren einmal Teil einer Talkshow des Nachtcafés, zu der mich der Südwestdeutsche Rundfunk als erwerbstätige Mutter eingeladen hatte, die damals von ihren Kindern getrennt lebte und die Hausaufgaben teilweise aus der Ferne mit dem Faxgerät zu unterstützen versuchte, es gab noch keine

E-Mail. Mir gegenüber stand eine sehr junge Frau, Tochter aus einer Familie mit neun Kindern, die sich als glühende Anhängerin des Hausfrauenmodells erwies. Man kann sich vorstellen, dass die Herzen der Zuschauer natürlich dieser jungen Frau zuflogen und ich als Rabenmutter dastand. Der Mut, mich zu meiner Lage zu bekennen, war trotzdem nicht umsonst gewesen – ich bekam danach ergreifende Hilferufe von anderen Eltern, etwa Vätern, die ihre Kinder nicht mehr sehen durften und sich von mir Unterstützung erhofften. Aber meine Rolle in dieser Show war persönlich unangenehm, die Konfrontation zu plakativ und deshalb höchst unproduktiv.

Viel schlimmer erging es der damals frischgebackenen Familienministerin Ursula von der Leyen, als sie, kurz nach ihrer Amtsübernahme, in der Fernsehsendung *Hart aber Fair* die ganze Wucht der ätzenden Ablehnung gegenüber ihrem Familienmodell zu spüren bekam. Sieben Kinder und keine Mutter daheim – unzumutbar! Sieben Kinder und dennoch berufstätig – wie soll das denn funktionieren? Von allen Seiten brandete ihr Kritik entgegen, sowohl vonseiten der Hausfrauen, wie auch vonseiten der »normalen« berufstätigen Frauen. Am Schluss der Sendung war sie diejenige, in deren Familie kein anderer Diskutant aufgenommen werden wollte – eine gnadenlose Vorführung. Frau von der Leyen hat sich danach gehütet, ihr Privatleben zur Debatte zu stellen, auch wenn sie an politischen Debatten in Talkshows weiterhin versiert und kontrovers teilnimmt und zu den wenigen Frauen in Deutschland zählt, die dieses Genre souverän beherrschen.

Von Meisterdenkern und Geschlechtermoral

Aber es ist nicht nur die Männern bei öffentlichen und medialen Auftritten zugerechnete größere Autorität, die es Frauen schwer macht, hierin mit ihnen auf Augenhöhe zu konkurrieren. Es ist vor allem auch das Diskursverfahren selbst, die Art der Fragestellung, der Debatte und der versuchten Problemlösungen, die sehr viele Frauen bremsen und demotivieren oder zumindest nicht als glanzvoll erscheinen lassen. Vereinfacht gesagt, tendieren von Männern bestimmte Gremien dazu, Normen, Strukturen, Planvorgaben und feste Ziele zu definieren; konkrete Probleme werden nur im festen Rahmen solcher Grundsatzerörterungen und Prinzipien behandelt, gleich ob es um politische Programme oder Managemententscheidungen geht.

Frauen hingegen tendieren dazu, offene Fragen pragmatisch und eher empirisch anzugehen, mit Erfahrungen zu verknüpfen, realitätsbezogen zu diskutieren, dabei aber genau zu bleiben und insgesamt weniger intellektuellen Aufwand für die Systematisierung von Problemlösungen zu betreiben. Methodisch würde man ihr Vorgehen eher »induktiv« als »deduktiv« nennen, das bevorzugt in der Pädagogik eingesetzt wird, weil es »vom bekannten Einzelfall oder von mehreren Einzelfällen auf das Allgemeine bzw. ein generelles Gesetz« schließt. »Besonders bei Kindern und Jugendlichen ist das induktive Verfahren (...) vorzuziehen, da es von Erfahrung und dem jeweiligen Einzelfall ausgeht (...).« Im Gegensatz dazu geht die Deduktion »von einer bereits bewiesenen Gesetzmäßigkeit oder Regel aus und erklärt mit ihr Einzelphänomene der Alltagserfahrung, sie schließt vom Allgemeinen auf das Besondere.[23]

Ich habe diese Lehrbuchstelle zitiert, weil sie deutlich macht, dass das stärker erfahrungsgeleitete Vorgehen in der Lehre intellektuell gewissermaßen abgewertet wird, bestenfalls als für Kinder und Jugendliche geeignete Methode gilt, während der Deduktion, dem Vorgehen vom Allgemeinen zum Besonderen, eine höhere intellektuelle Weihe zugesprochen wird. Den philosophischen Ritterschlag erhielt diese Position durch die Stufentheorie der moralischen Entwicklung des amerikanischen Psychologen und Professors für Erziehungswissenschaften in Harvard, Lawrence Kohlberg.

Nach Kohlberg gibt es fünf aufeinander aufbauende Stufen der Moralentwicklung, die der Mensch durchläuft, aber nur wenige Personen, eigentlich nur Männer, erreichen die letzte und höchste Stufe der »absoluten Moral«.[24] Männer agieren nach Kohlberg überwiegend nach den Normen und Werten einer »Gerechtigkeitsmoral«, die Grundsätze wie Vernunft, Universalismus und Abstraktheit umfasst.

Kohlbergs Thesen stießen in der feministischen Wissenschaft der 80er-Jahre in den USA auf heftige Kritik, vor allem bei Carol Gilligan mit ihrem Buch *Die andere Stimme*[25]. Die höchste Stufe der moralischen Entwicklung ist bei ihr – im Gegensatz zu Kohlbergs Nichteinmischungsprinzip – gerade dadurch gekennzeichnet, dass jemand Verantwortung für sich selbst und andere zu übernehmen fähig ist; dazu gehört auch, zu intervenieren, um Schaden von anderen abzuwenden.

Bei Kohlberg, so Gilligans Kritik, bleibe weibliche Erfahrung nicht nur ausgeklammert, sondern seine Theorie widerspreche auch dem weiblichen Lebenszusammenhang. Die Rücksichtnahme auf Gefühle, der kooperative Interaktionsstil, Empathie und Sensibilität werden bei ihm als weibliche Schwäche, als Nichtautonomie von Frauen gedeutet. Nach dem, was wir heute wissen, ist es aber einfach ein anderer Zugang zur Welt, mit anderen Akzenten und Schwerpunkten, der tief in der Persönlichkeit der meisten Frauen verankert und nicht wertemäßig unterlegen oder überlegen ist.[26]

Es sei hier nicht noch einmal diskutiert, ob Frauen grundsätzlich weniger Abstraktionsfähigkeit besitzen. Oft genug wurde schon darauf hingewiesen, dass sie, anders als Männer, keine großen geschlossenen philosophischen Systeme entwerfen, wohl aber lebenspraktisch orientiert sind. Dieser Gegensatz zieht sich durch Jahrhunderte Philosophiegeschichte: Während sich die mittelalterliche Scholastik eines Thomas von Aquin der Widerlegung von unlogischen oder unklaren oder mit evidenten oder bereits bewiesenen Tatsachen unvereinbaren Behauptungen widmet, war die Mystik einer Hildegard von Bingen untrennbar mit ihrer praktischen Heilkunde verknüpft. Oder denken wir an das Liebespaar Martin Heidegger und Hannah Arendt – er durch sein unübertroffen unverständliches, aber viel bewundertes Hauptwerk *Sein und Zeit* (1927) ein geachteter bewunderter »Meisterdenker«, der die gesamte bisherige Philosophiegeschichte in einem großen gedanklichen Bogen als »Metaphysik« verwarf und persönlich doch anfällig für den Nationalsozialismus war. Die Jüdin Hannah Arendt, die sich – trotz seiner unloyalen Haltung ihr gegenüber – ein Leben lang nicht völlig von ihm lossagte, setzte sich aktiv mit dem Totalitarismus ihres Zeitalters auseinander und plädierte für die Notwendigkeit von »Pluralität« im politischen Raum, die die Perspektive des jeweils anderen einzunehmen ermögliche.[27]

Für die Unternehmenswelt ist der unterschiedliche Zugang zu Moral und Philosophie seitens der Geschlechter durchaus nicht folgenlos, auch wenn sie noch so oft die Abstraktionsfähigkeit gegen die »Küchenmoral« von Frauen auszuspielen versucht. Zwar ist die Liste von moralischen Verfehlungen auch bei Frauen in Führungspositionen in Politik oder Wirtschaft inzwischen durchaus lang; nicht selten handelt es sich dabei aber um Begünstigung von Partnern und Lebensgefährten. Gigantische Betrugsskandale in Milliardenhöhe, wie bei Enron in den USA, sind aber bei Frauen bisher nicht belegt, auch nicht Skandale mit Sexkomponente vom Zuschnitt der VW-Betriebsratskorruption. Für Frauen sind Sinn und Moral ihrer Tätigkeit in der Regel äußerst wichtige Motivationselemente. Sie sind auch eher sogenannte »whistle-blowers«, die Alarm bei Staatsanwaltschaft, Polizei oder im Internet schlagen, wenn in einem Unternehmen Unregelmäßigkeiten überhand nehmen. Studien zeigen deutlich, dass ihnen die Ethik ihres Unternehmens und ihres konkreten Arbeitsplatzes mehr am Herzen liegt und dass sie auch auf ihren Karrierepfaden mehr von moralischen Überlegungen geleitet werden als viele Männer.[28] Der oft konstatierten höheren abstrakten Moralfähigkeit von Männern steht also eine in der Tendenz größere praktisch gelebte Moral von Frauen in Unternehmen gegenüber. Dies hängt auch damit zusammen, dass Geld für Frauen zwar durchaus eine Rolle spielt, aber sie selbst in Top-Positionen weniger ausschließlich fasziniert als die meisten Männer.[29] In den USA verdiente 2010 der bestverdienende Manager 350 Millionen US-Dollar, die bestverdienende Top-Managerin 38,6 Millionen US-Dollar.[30]

Der männliche Diskurs in Unternehmen

Meine Erfahrungen aus meiner langjährigen Forschungspraxis am Deutschen Jugendinstitut, aus Konferenzen mit Unternehmern oder auch aus zahllosen Gesprächsrunden in politischen Akademien haben mir immer wieder gezeigt, dass die eher induktive

Methode (die sich übrigens sehr wohl mit Verallgemeinerungen und langfristigen strategischen Schlussfolgerungen verträgt) im männlich geprägten Umfeld Unbehagen erzeugt, ähnlich wie die persönlich geprägten Äußerungen von Frauen im Rahmen einer Strategiedebatte. Das ist insofern verwunderlich, als doch gerade in der Politik, aber auch in der Marktforschung großer Wert auf Empirie gelegt wird, auf endlose Befragungen von Bürgern zu ihren gerade akuten politischen Meinungen, oft ohne jeden Bezug zu längerfristigen theoretischen Positionen.

Dennoch gibt es im von Männern bestimmten Diskurs gerade auch in der Wirtschaft feste Vorstellungen, wie etwas präsentiert und diskutiert, kategorisiert, systematisiert und stilisiert werden sollte. Eine ganze Beratungsindustrie versteht sich darauf, eher triviale Erkenntnisse und relativ schlichte Aussagen in komplex erscheinende Schemata auf PowerPoint-Folien zu verwandeln und theoretisch aufzuwerten. Dadurch wird eine Bedeutsamkeit erzeugt, die genauer Betrachtung oft nicht standhält. Solche Ergebnisse hätten nicht selten aus den eigenen Daten und den konkreten Erfahrungen der Mitarbeiterinnen im Unternehmen oder im Ministerium selbst erstellt werden können, mit höherem Lern- und Gebrauchswert und größerer Zielgenauigkeit. Aber die flotte, optisch gekonnte Mischung von einer Prise Erfahrung, die mit eindrucksvollen Theoriefragmenten aufgeblasen wird – man nennt das »hochgecharted« – und eher blendet als Durchblick erzeugt, ist in der Unternehmenswelt weitverbreitet. Schwierige Entscheidungen, wie beispielsweise der Personalabbau, wirken – mit einem solchen Überbau versehen – begründeter, legitimierter. Das entlastet von Verantwortung.

Frauen fällt es schwer, diese Denkweise und diesen Schlagwort-Talk mitzumachen. Der Kostenaufwand rechtfertigt in ihren Augen oft nicht den Ertrag. Sie sind vorsichtiger mit Verallgemeinerungen und Zuordnungen zu großen Konzepten, sie suchen auch seltener Halt in vermeintlichen festen Denkstrukturen. Andererseits aber lassen sie sich von den Produkten der Beratungsindustrie auch beeindrucken und einschüchtern, denn sie selbst würden ihre Analysen und Vorbehalte in »einfacheren« Worten und Beispielen ausdrücken.

Männern erscheint die weibliche Debattenkultur teilweise als Ausdruck eines beschränkteren wirtschaftlichen Sachverstands und als Beratungsresistenz – praktisch ist diese Vorgehensweise jedoch oft höchst effizient, schützt vor Modetorheiten von Managementkonzepten und vor voreiligen Radikalkuren. Denn stark ausgeprägtes Systemdenken kann auch die differenzierte Wahrnehmung neuer Realitäten und die Flexibilität des Denkens behindern.

In vielen Unternehmen werden heute aufwendige Wirtschaftspläne und detaillierte Soll-Budgets erstellt, um damit Planungssicherheit zu gewinnen – eine Sicherheit, die am Markt im Übrigen niemals erreicht werden kann, denn die künftigen Umsätze, Erträge und der Markterfolg von Produkten sind letztlich nicht planbar. »Planungssicherheit« stützt sich stets auf Annahmen, die auch nicht besser als »Bauchentscheidungen« sind. In erfolgreichen Zeiten werden gute Zahlen einfach fortgeschrieben, in schlechten Zeiten erfolgen dann angeblich unvorhersehbare Einbrüche und strafen die Pläne Lügen.

Ein halbes Jahrhundert lang wurden Großunternehmen von immer neuen Managementkonzepten und wissenschaftlich begründeten Methoden beherrscht, mit teilweise raschem Wechsel der Grundannahmen. Im Taylorismus wurde die Arbeit zerlegt und optimiert; später suchte man mit immer neuen Methoden nach besseren Steuerungsinstrumenten, die vor allem zu einem irrwitzigen Überbau, zu übergroßen Bürokratien und sich selbst lähmenden Strukturen führten. Die Kritik an diesen Praktiken und ihren ungeheuren Kosten durch die dezentrale Verlagerung von Entscheidungen nach oben statt dorthin, wo die Märkte dem Unternehmen wirklich als Kunden begegnen, hat niemand so überzeugend formuliert wie Nils Pfläging, Präsident der Beratung MetaManagement Group in São Paulo, mit seinem »no budgeting«-Ansatz. Er vertritt die Philosophie eines international agierenden Netzwerks von Unternehmen, die weitgehend auf fiktive Planzahlen verzichten und ihre Budgets mit viel geringerem Aufwand konsequent an gemachten Erfahrungen orientieren. Solche Unternehmen sind besonders erfolgreich, weil sie sich schnell an sich verändernde Märkte anpassen können. In Deutschland zählen dazu unter anderem IKEA, die Drogeriekette dm und Toyota; sie zeichnen sich in ihrem internen Management durch besondere Effizienz und Mitarbeiterfreundlichkeit aus. Nicht alle sind ausdrücklich frauenfreundlich, aber vieles deutet darauf hin, dass sie zumindest bessere Voraussetzung für die Integration von Frauen in Unternehmensführungen bieten.[31]

Frauen im Management sind nicht weniger zukunftsorientiert und strategisch nicht weniger kompetent als Männer; sie beherrschen die Rhetorik der Managementkonzepte, sie können die Indikatoren einer »balanced scorecard« herunterbeten wie andere magische Formeln und auch die üblichen Zahlenwerke lesen und interpretieren. Aber im Kern planen, diskutieren und entscheiden sie bevorzugt möglichst nah am realen Erfahrungshorizont – und sind damit keineswegs erfolglos: Weibliche Unternehmen sind zwar im Durchschnitt kleiner, setzen ein geringeres Kapital ein und agieren in Branchen, die weniger gewinnträchtig sind, ihre

Kapitalerträge können dem Vergleich mit männlich geführten Unternehmen der gleichen Branchen aber durchaus standhalten. Es ist unstrittig, dass Unternehmen wirtschaftlich von Frauen in Führungspositionen profitieren – vorausgesetzt, sie schaffen es, sie dorthin aufsteigen zu lassen.

Die Unternehmensberatungsfirma McKinsey hat in vier großen Studien *Women Matter* (2007 bis 2010) das Thema »Frauen und Führung« aufgegriffen und kommt zu dem Schluss, dass letztlich das Geschäftsmodell der Unternehmen und Gesellschaften neu erfunden werden müsse, um Frauen wirklich Zugang zu Entscheidungspositionen zu verschaffen. McKinsey hat berechnet, dass bei unveränderten kulturellen Mustern in der Unternehmensleitung zum Beispiel in Spanien im Jahr 2035 erst 8 Prozent der Top-Positionen von Frauen besetzt sein werden, in Deutschland 17 Prozent, in Frankreich 11 Prozent und selbst in Schweden erst 25 Prozent! Das wäre ein Fortschritt mit der Schneckenpost. »Zusammengefasst lässt sich sagen, dass die berüchtigte »Glasdecke« fest an ihrem Platz bleiben und die Teilhabe von Frauen an der Unternehmensführung niedrig bleiben wird, sofern wir nicht die Wurzeln des Problems angehen.«[32]

Dass die demografische Entwicklung Unternehmen und Organisationen schon dazu zwingen wird, hoch qualifizierten Frauen mehr Karriereaussichten auf Spitzenpositionen zu verschaffen und überhaupt stärker darauf zu achten, was Frauen zu bieten haben – diese Hoffnung ist heute sehr verbreitet. Sicher ist das keineswegs: Zwar wird die Zahl gut gebildeter Frauen aller Voraussicht nach noch weiter zunehmen. Aber wenn sich an der Dominanz von Männern in den Top-Positionen von Unternehmen und an der gesellschaftlichen Machtverteilung nichts ändert, dann dürfte die Wirtschaft auf längere Sicht immer stärker dem »vatikanischen«

Modell folgen: Die Hauptarbeit wird – wie in der katholischen Kirche, wo eine kleine Minderheit kirchlicher Würdenträger eine große Zahl von Frauen führt, die eigentlich die Institution am Leben hält – von Frauen geleistet, die in unserer wissensbasierten Ökonomie aufgrund ihrer zunehmenden Bildungsüberlegenheit zentrale Funktionen und Dienstleistungen in Gang halten; Männer sind immer öfter ganz am unteren Rand der Gesellschaft angesiedelt und leisten die verbliebene körperliche und unqualifizierte Arbeit, leben verstärkt von Transferleistungen oder, je nach Kultur, von nebulösen Geschäften und Kleinkriminalität. Eine eher kleine Elite von Männern mit bestimmten kulturellen Insignien und Weihen aber kontrolliert das wirtschaftliche Gesamtgeschehen. Wir sind heute aufgrund verfestigter männlicher Elitestrukturen gar nicht so weit von dieser Realität entfernt.

Das geschlechtsgemischte Team

Das Heranwachsen von Jungen und Mädchen spielt sich, wie wir gesehen haben, de facto weitgehend in unsichtbaren Parallelwelten ab, mit unterschiedlichen Vorlieben, Spielzeugen, Fantasiewelten – selbst dann, wenn die Kinder die gleichen Räume bevölkern. Das gilt für die Kinderkrippe spätestens ab dem dritten Lebensjahr, für die Schule und weitgehend für alle Bildungseinrichtungen.

In Schulen und Universitäten hängt der Bildungserfolg jedes Einzelnen nicht in erster Linie davon ab, ob und wie Kinder und junge Menschen in Teams arbeiten und kooperieren; Lernen spielt sich letztlich im einzelnen Gehirn ab, vermittelt über Lernmethoden, Arbeitsformen und Beziehungen zu den Lehrkräften. »Irgendwie« sind Jungen dabei heute auf der gesamten Bildungskette auf der Strecke geblieben, bis in die Universität hinein – nur Professoren werden immer noch überwiegend von dem männlichen Geschlecht gestellt.

Die weibliche Bildungsüberlegenheit endet ziemlich dramatisch und völlig unerwartet in der Berufswelt, vor allem in der Privatwirtschaft. An dieser Schwelle wendet sich das Blatt: Die erfolgsverwöhnten Mädchen und jungen Frauen stoßen hier an Grenzen und Barrieren, auf die niemand sie vorbereitet hat und an die sie selbst gar nicht glauben. Eine Studie der London Business School über Nachwuchskräfte internationaler Konzerne stellt fest: »Es ist kaum überraschend, dass diese Generation die Unterschiede zwischen Männern und Frauen herunterspielt. Viele sind in Familien und Schulen groß geworden, wo Diversity und Gleichberechtigung als die Norm galten – und jetzt nehmen sie in ihrer Umgebung einen Mangel an Gleichstellung wahr. Sie sehen wenige Frauen an der Spitze, sie wissen, dass viele Frauen das Unternehmen möglicherweise verlassen werden, wenn sie Kinder bekommen, und sie nehmen den Druck wahr, unter dem ihre männlichen und weiblichen Vorgesetzten stehen. Das macht ihnen Sorgen, und es verwirrt sie.«[33]

Junge Männer hingegen, sofern sie einen erfolgreichen Bildungsabschluss mitbringen, finden sich mit dem Beruf nun plötzlich in einer Welt wieder, die ihnen mehr entspricht und entgegenkommt als die Bildungseinrichtungen, die sie bisher durchlaufen haben. Nun geht es nicht mehr so stark um ihre stille und effektive Einzelarbeit und die präzise Erfüllung von Erwartungen, sondern immer auch um die Positionierung in Teams und Gruppen. Ihre fachliche Kompetenz ist zwar gefragt, aber eben nicht ausschließlich und nicht einmal hauptsächlich. Je höher sie aufsteigen, desto weniger ausschlaggebend ist sie. Beruflicher Erfolg und Aufstieg sind vielmehr vor allem eine Frage der relativen Positionierung von Menschen in Teams und Gruppen. In den Unternehmen erleben wir nun – und zwar in PR-Agenturen wie in Lebensmittelkonzernen, in der Kommunikationsberatung wie erst recht in Entwicklungsabteilungen von Automobilkonzernen oder in der Hierarchie von Krankenhäusern –, dass talentierte junge Männer kometenhaft aufsteigen, talentierte junge Frauen aber entgegen ihren Erwartungen oder Hoffnungen eher stagnieren. Dieses unerwartete Verkümmern trifft Frauen mit Kindern besonders stark, wobei die wenigen Frauen, die auf der Karriereleiter relativ weit nach oben gelangen, bekanntlich nur zur Hälfte oder noch seltener Kinder haben. Aber: Auch die allermeisten tüchtigen Frauen ohne Kinder bleiben irgendwo in den Aufstiegskanälen stecken. Es gibt Firmen wie Procter & Gamble, die sich schon vor Jahren zum Ziel gesetzt haben, den Aderlass an weiblichem Talent einzudämmen und ihre 50 Prozent neu rekrutierten Frauen auch zu 100 Prozent über die Karrieresprossen nach oben mitzunehmen, bislang allerdings ohne durchschlagenden Erfolg. Frauen, die in den letzten Jahren ganz nach oben gekommen sind, verdankten dies – sofern sie keine Erbinnen oder Gattinnen sind – oft der Tatsache, dass ihre Unternehmen vorher durch Krisen und Skandale erschüttert wurden und sie gewissermaßen als Lückenbüßerinnen oder aus Imagegründen auf den Posten ihrer männlichen Vorgänger rückten.

Der entscheidende Ort, an dem diese unterschiedliche Dynamik in den Wegen von Berufsanfängern beiderlei Geschlechts Fahrt aufnimmt, ist das sogenannte Team. »Teamfähigkeit« wird von neu einzustellenden Personen vorrangig verlangt, worunter, ziemlich diffus Verträglichkeit, die Bereitschaft zum Austausch von Wissen und Kompetenzen, zu Abstimmung und Kompromissen verstanden wird.

Der Begriff des Teams klingt geschlechtsneutral. Doch trifft das wirklich zu? Wie gestaltet sich eigentlich die Kooperation von Männern und Frauen in Arbeitsgruppen tatsächlich, nachdem sie vorher kaum jemals wirklich inhaltlich an Aufgaben zusammengearbeitet haben, sondern eher nebeneinander her? Gibt es Konstellationen, die besonders erfolgreich und produktiv sind?

Geschlechtercocktails und Produktivität

Wir kennen inzwischen erfolgreiche berufliche Mann-Frau-Duos, insbesondere aus Polizeifilmen, oft mit einer Chefin, im Einsatz mit einem melancholischen Untergebenen, beim Erstürmen einer verdächtigen Wohnung mit der Waffe in der Hand. Diese Teamkonstellation ist zumindest in ihrer Botschaft nicht rein fiktiv: Es ist eine 50–50-Konstellation zweier Einzelpersonen, eine Frau, ein Mann, bei der die Kooperation von Frauen und Männern unter Umständen tatsächlich gut gelingt.

Wissenschaftlich fundierte Einblicke in die Geschlechterdynamik und die damit verbundene Produktivität von Teams sind allerdings selten – und sie sind ganz überwiegend im angelsächsischen Raum erarbeitet worden. Allgemein wird heute angenommen, dass ein höherer Frauenanteil an der Unternehmensspitze und in Teams den wirtschaftlichen Erfolg von Unternehmen befördert, vor allem durch die erweiterten Perspektiven, die Frauen ganz generell in bisher homogene Männerwelten einbringen. Dieser Tenor liegt auch den viel beachteten Studien zugrunde, die McKinsey unter dem Titel *Women Matter* erstellen ließ und zur Grundlage seiner Beratungsstrategien machte. Sie argumentierten für eine dramatische und schnelle Erhöhung des Frauenanteils in den Führungsspitzen von Unternehmen, andernfalls fehlten denen überlebensnotwendige Kompetenzen. Erst ab einem Frauenanteil von 30 Prozent, so McKinsey, werde die Schwelle erreicht, an der Frauen wirklich gehört würden und den Erfolg des Unternehmens subjektiv und objektiv beeinflussen könnten. Die Studien basierten vor allem auf den Einschätzungen von Top-Managern großer Unternehmen. Das Modell ist linear: je höher der Frauenanteil, desto besser, und je schneller sich dies umsetzen lässt, desto größer die Erfolgsaussicht für das Unternehmen.

Eine Studie, die 2007 vom Lehman Brothers Centre for Women in Business durchgeführt wurde, argumentierte ähnlich: Sie untersuchte über hundert Teams aus verschiedenen global tätigen Branchen, von Technologie- und Biotech-Firmen bis hin zu Finanzdienstleistern. Die Teams waren unterschiedlich zusammengesetzt, Frauen oder Männer jeweils paritätisch oder in der Minderheit. Das wohl wichtigste Ergebnis: Gruppen, in denen Frauen und Männer jeweils zur Hälfte vertreten waren, arbeiteten am effektivsten. Solche ausgewogenen Gruppen schafften ein Klima, in dem die Voraussetzungen zu kreativem Input für beide Geschlechter gleichermaßen gegeben waren. Die Beteiligten, so die Studie, fühlten sich psychologisch sicher und aufgehoben, sie wagten es, auch ungesicherte Gedanken zu äußern, und sie hatten keine Angst, lächerlich gemacht, nicht ernst genommen oder nicht gehört zu werden. Ganz entscheidend aber war auch: Erst ab einem Prozentsatz von 60 Prozent Frauen, also bei einer leichten quantitativen Überlegenheit der Frauen, war das Selbstbewusstsein beider Geschlechter tatsächlich ausbalanciert – das heißt, das Selbstbewusstsein der Männer war (noch) nicht geschwächt, das der Frauen aber gut ausgeprägt. Das entspricht unserem Vorwissen von einem insgesamt höheren Selbstbewusstsein der Jungen schon im Kindesalter. So können Frauen und Männer sich wechselseitig inspirieren – für die größte Produktivitätssteigerung spricht dieses Mischungsverhältnis allerdings noch nicht.

Wenig bekannt, aber für die Zukunft durchaus wichtig, war ein weiteres Ergebnis der Lehman-Brothers-Studie: Wenn Frauen in gemischten Teams in der deutlichen Überzahl sind, also erheblich mehr als 60 Prozent stellen, leiden Männer unter ihrem Minderheitenstatus – mit Ausnahme männlicher Führungskräfte. Nur wenn ihr hierarchischer Status als »Leitwolf« eindeutig geklärt ist, fühlen sich Männer in quantitativ von Frauen dominierten Umgebungen oft sogar besonders wohl. Dies gilt in indischen Hightechbetrieben ebenso wie auch in der katholischen Kirche.

Die kulturelle Erfahrung als Minderheit ist für Männer, wenn sie nicht in einer Führungsrolle sind, viel ungewohnter als für Frauen; sie verlangt von ihnen die Anpassung an Spielregeln und Kommunikationsweisen – zumindest müssen sie sie ertragen –, die ihnen oft fast körperliches Unbehagen bereiten. Männer in vorwiegend weiblichen Teams sind, so die Ergebnisse der Lehman-Brothers-Studie, insgesamt mit ihrem Leben unzufriedener, schlechter gelaunt und identifizieren sich weniger mit ihrem Unternehmen als ihre Kolleginnen oder als andere Männer und geben insgesamt ein ziemlich unglückliches Bild ab. Sie neigen zu Apathie und Resignation, nehmen seltener Kontakt nach außen auf und bringen dadurch auch weniger Informationen von außerhalb in ihr Team ein als Frauen in einer ähnlichen Situation. Frauen haben sich an einen Minderheitenstatus besser angepasst. Aber auch bei ihnen hat das Grenzen: Wenn Teams sehr ungleich zusammengesetzt sind und ein Geschlecht – gleich ob Männer oder Frauen – nur 20 Prozent der Gruppe ausmacht, ist nicht nur die persönliche Kreativität und Produktivität der einzelnen Minderheitenpersonen, sondern tendenziell die Innovationsfähigkeit des ganzen Teams gebremst.

Das sind schwerwiegende Aussagen. Sie bedeuten, dass viele Frauen und auch immer öfter Männer, sofern sie in einer deutlichen Minderheitenposition sind, ihr Potenzial nicht ausleben und nicht sichtbar machen können. Unternehmen müssten also bei der Personalentwicklung viel stärker als bisher nicht nur auf individuelle Förderung, sondern insgesamt auf eine ausgewogenere Zusammensetzung von Teams achten. Einzelne Vertreter eines Geschlechts isoliert in gegengeschlechtliche Gruppen einzupflanzen, wäre wenig produktiv.

In der Regel wird heute angenommen, eine ansteigende Kurve von Frauen, bis hin zu entweder 50 Prozent oder zumindest entsprechend ihrem Anteil an den entsprechend qualifizierten Beschäftigten, sei letztlich problemlos umsetzbar – vorausgesetzt, die Unternehmen beseitigten die äußeren Hürden und schafften es, die inneren Vorbehalte von Frauen durch entsprechende Maßnahmen zu verringern. Die meisten Managementtheorien gehen davon aus, dass dann die Talente der Geschlechter von selbst in einen produktiven Dialog treten – sachlich, effektiv und geschlechtsneutral.

Wichtige Erkenntnisse aus der sozialpsychologischen Forschung stehen dazu allerdings in einem gewissen Widerspruch. Bisher wird der zögerliche Umgang der Unternehmen mit Frauenkarrieren trotz aller offensichtlichen Notwendigkeiten als wirtschaftliche Inkompetenz oder Blindheit interpretiert. Neuere sozialpsychologische Studien aus den letzten Jahren werfen ein etwas anderes Licht auf dieses Thema. Sie haben untersucht, welche Rolle unterschiedliche subjektive Gruppen- und Identitätszugehörigkeiten – seien diese religiös definiert, nach Nationalitäten, nach Alter oder auch nach politischen Strömungen innerhalb einer Partei – für die Leistung eines Teams spielen und wieweit die Zugehörigkeit zu verschiedenen Untergruppen die Funktionen eines Gesamtteams tatsächlich nicht nur verbessern, sondern auch beeinträchtigen können.

Für unser Thema ist entscheidend, wie sich das bewusste Gefühl der Zugehörigkeit der Einzelnen zu einem Geschlecht auf die Teamleistung als Ganzes auswirkt. Unter dieser sozialpsychologischen Fragestellung, einer ganzen Forschungsrichtung, treten nun unerwartete Ergebnisse zutage. In einer frühen Studie verschiedener Teams (aus dem Jahr 1996) hatte sich noch gezeigt, dass bereits eine einzige Frau in einem männlichen Team nachweislich die größte Produktivitätssteigerung von allen möglichen Varianten erzeugte; waren aber mehr Frauen anwesend, so sank das Ausmaß der Leistungssteigerung – bis zu dem Punkt, wo das Ergebnis sich sogar ins Negative verkehrte und die Teams weniger leisteten als ohne Frauen.[34] Eine ganze Mathematik von möglichen Geschlechtercocktails ist inzwischen aus diesem Forschungszweig erwachsen: Mal waren es 5 Prozent vs. 95 Prozent, dann 20 Prozent vs. 80 Prozent, und nun, auf dem neusten Stand der Forschung, in der, methodisch verfeinert, vor allem die Betriebsergebnisse der Unternehmen und Branchen großflächig verglichen wurden, lautet das Resultat im Jahre 2011: Die höchsten Produktivitätssteigerungen durch die Anwesenheit von Frauen werden bei einem Anteil von 25 bis 28 Prozent erzielt, und zwar aufgrund insgesamt verbesserter Problemlösungsstrategien, stärkerer Kreativität, einem besseren Marktverständnis usw. Steigt der Frauenanteil darüber, so identifizieren sich die Teammitglieder stärker über ihr jeweiliges Geschlecht, kommt es eher zu Konflikten, zu sozialpsychologischen Abgrenzungen untereinander, zu verminderter Kommunikation, und die Produktivitätssteigerung verkehrt sich in ihr Gegenteil. Die Autoren dieser hier referierten australischen Studie befürworten unmissverständlich eine intensive Frauenförderung, sie zeigen auch auf, dass die Unternehmen damit – im Vergleich – erfolgreicher werden; sie weisen aber auch auf bisher ungelöste Probleme hin. Neue Geschlechtermischungen benötigen Zeit, bis sie tatsächlich Wirkungen im Unternehmensergebnis zeigen – mindestens fünf Jahre. Dies ist wichtig für Unternehmensleitungen, die stets unter dem Druck rascher Ergebnisse stehen.

Möglicherweise stellen sich diese Relationen in Kulturen, die wie die skandinavischen deutlich femininer sind und weniger streng abgegrenzte Geschlechterbilder haben, ganz anders dar. Für Deutschland indessen steht zu vermuten, dass die Schwelle, an der sich negative Wirkungen von Geschlechtermischungen zeigen könnten, vielleicht sogar noch niedriger liegt, da wir im internationalen Vergleich eine extrem männlich geprägte Unternehmenskultur haben.[35] In einem Unternehmen, das überwiegend von Frauen geprägt ist, dürften sich die Fragen der Eingliederung von Männern in die Abläufe, Teams und die Unternehmensspitze spiegelbildlich stellen.

Wichtig ist es in jedem Fall zu verstehen, dass es komplizierte Wechselwirkungen bei Gruppenidentitäten in Teams gibt. Wir befinden uns noch mitten in einem Lernprozess. Wird er zu langsam angegangen, so sind keine Effekte wahrnehmbar, und die Akteure resignieren. Wird er zu schnell angepackt, so kann dies ebenfalls zu Enttäuschungen und Desillusionierung führen. Die These jedenfalls, dass es für die Produktivität keinen Unterschied macht, ob und wie und in welchen Anteilen Männer und Frauen zusammenarbeiten, ist inzwischen umfassend widerlegt. Frauen bringen Mehrwert, vor allem in der Dienstleistungsbranche. Ob und wie höhere Männeranteile sich entsprechend positiv in Frauenberufen auswirken, ist bisher noch nicht erforscht worden.

Der weibliche Unterordnungsmodus

Dass Frauen, auch äußerst kompetente Frauen, in gemischten Teams oft eher unsichtbar und ungehört bleiben, liegt nicht nur an der Zahl oder an der unbewussten Dominanz von Männern. Der Mechanismus greift tiefer. Wir haben bereits gesehen, dass auch kleine dominante Mädchen sich in gemischten Gruppen den Jungen meist spontan unterordnen, ihnen gegenüber zurücktreten oder sie meiden. Eine Rolle, die sie von früh an üben, ist die fürsorgliche Rolle, das Bemuttern, Anteilnehmen, Hinhören, Unterstützen, was durchaus, zumindest im Privaten, auch als Macht erfahren werden kann. Feministisch geprägte Kommunikationsforschung von Deborah Tannen[36] zeigte zu Beginn der 1990er-Jahre in aller Deutlichkeit auf, wie Frauen durch Blickkontakt das männliche Gegenüber bei seinen Äußerungen stützen und durch Mimik und Gestik bestätigen, seine Sätze vollenden, Anteil nehmende Gurrlaute einfügen und »Ja« sagen. Männer dagegen, auch dies ist bekannt, folgen diesem Muster viel seltener. Sie reden, um etwas zu sagen, sie reden weniger dialogisch, ihnen geht es weniger darum, jemand anders zu ermuntern, sich auszudrücken. Bücher wie John Grays *Männer sind vom Mars, Frauen von der Venus*[37] haben solche Erkenntnisse popularisiert und lagen als Nachttischlektüre an den Betten vieler enttäuschter Ehefrauen, die sich von ihren Männern nicht verstanden fühlten. Heute sind sie teilweise bereits wieder vergessen, manche ihrer Themen gelten als altmodisch und verstaubt, so als stammten sie von vor hundert Jahren, als noch um das Frauenstimmrecht gestritten wurde, dabei sind sie erst vor zwanzig Jahren erschienen. Diese Texte waren Ausdruck einer Zeit, in der sich Frauen gern als Opfer fühlten und darstellten, und so wollen weder Frauen noch Männer heute miteinander oder übereinander reden. Das ist verständlich und richtig, setzt aber nicht den extrem unterschiedlichen Kommunikationsstil von Frauen und Männern außer Kraft, auch wenn dieser beiden Geschlechtern vielleicht gar nicht bewusst ist.

In Arbeitsteams entsteht genau an dieser Stelle ein fatales Knäuel von Ursachen und Wirkungen: Viele Frauen, selbst solche, die in einer weiblichen Gruppe artikuliert und selbstbewusst auftreten, halten sich jetzt verbal zurück – aus Sorge, gar nicht erst gehört oder nicht anerkannt zu werden, und Frauen fürchten, wie wir wissen, den Misserfolg. Gefördert wird ihr Zurücktreten ins zweite Glied durch die in unseren Gesellschaften gängige höhere Anerkennung männlicher Autorität – vielleicht eine anthropologische Disposition[38], die weit in unser evolutionäres Erbe zurückreicht. Männer mit Statusattributen ziehen mehr spontane und unwillkürliche Aufmerksamkeit auf sich als Frauen mit Statusattributen – das haben Tests gezeigt, in denen Studentinnen und Studenten Filmsequenzen vorgeführt wurden, bei denen man ihre unbewussten Augenbewegungen verfolgt und ihre Erinnerungen ausgewertet hat. Selbst Männer mit einem bösen und grimmigen Gesichtsausdruck werden oft positiv wahrgenommen und respektiert. Bei Frauen hingegen erfassten und würdigten die Testpersonen, ganz dem Klischee entsprechend, die physische Attraktivität und Jugendlichkeit – ein großes Auto oder ein teurer Pelzmantel verschafften ihnen kein automatisches Ansehen bzw. »Gesehen-Werden«.

Intuitiv kennen die meisten Menschen solche Mechanismen. Wohl deshalb streben Frauen in führenden Positionen viel seltener nach den klassischen Statussymbolen – dem teuren Dienstwagen, dem großen Büro. Solche Accessoires sind ihnen in der Regel weniger wichtig als Männern, nicht nur, weil sie einfach bescheidener sind oder noch nicht gelernt haben, so hart zu verhandeln wie Männer, sondern auch, weil sie wissen, dass sie dafür von ihrer Umwelt, von Männern wie Frauen, viel weniger belohnt werden. Die echten Karriereanreize für Frauen sind ganz anderer Art – wir kommen darauf zurück.[39]

Jedenfalls treten Frauen in Teams – ähnlich wie die Mädchen in den naturwissenschaftlichen Unterrichtsfächern der Schule – oft spontan und gar nicht ungern hinter Männer zurück. Sie stolpern jetzt über Eigenschaften, die sich früh abgezeichnet haben: Während kleine Jungen ihre eigenen Leistungen positiver bewerten als sie eigentlich sind, gilt für Mädchen ebenso wie für Frauen oft das Umgekehrte. Berufsanfängerinnen schreiben selbst nach vielen Jahren Erfolg im Bildungssystem ihre Meriten weniger sich selbst zu und haben ein weniger gefestigtes Selbstbewusstsein als junge Männer. In Teamsitzungen und Projektgruppen führen ihre größere Zurückhaltung, ihr geringeres Selbstwertgefühl und ihre bereitwillige Unterordnung gegenüber Männern oft zu einem gnadenlosen Niedermachen, das niemand so beabsichtigt hat und das niemand auch nur wahrnimmt.

Bis zum Überdruss bekannt ist, dass Männer oftmals aufgreifen, was Frauen vor ihnen gesagt haben, und dieses gern als ihre eigene intellektuelle Leistung ausgeben. Das ist keine bewusste Enteignung, sondern nur die Fortsetzung eines zwischen den Geschlechtern üblichen Kommunikationsverhaltens: Die Männer machen eben Gebrauch von der üblichen Unterstützungsrolle der Frauen. Und: Selbst artikulierte, relativ selbstbewusste und kompetente Frauen tendieren dazu, gern einem Mann in der Gruppe die Verantwortung zu übertragen, selbst wenn er fachlich nicht erkennbar überlegen ist. Dieser automatische Subordinationsmodus, den Frauen in gemischten Kontexten anschalten, ist relativ weitverbreitet. Er wird von Männern gar nicht unbedingt eingefordert oder durchgesetzt, auch wenn sie ihn in der Regel gern hinnehmen; oft wird er von ihnen nicht einmal bemerkt. Dank ernten Frauen dafür jedenfalls nicht, dafür ist die Unterstützung kulturell zu selbstverständlich; Unterstützung durch Männer für Frauen wird viel mehr gewürdigt, eben weil sie seltener ist.

Das Problem ist vertrackt; denn wenn Frauen lautstark auf ihre Verdienste hinweisen, sich Gehör zu verschaffen versuchen, wenn sie ausführlich oder nachdrücklich reden, verscherzen sie es sich mit der Geduld und den Gefühlen der anderen. Selbst ihre Geschlechtsgenossinnen neigen dazu, die Aussagen einer Frau geringer zu schätzen als die eines Mannes. Dies gilt auch dann, wie ich oft feststellen kann, wenn sie sich untereinander kritisch, ironisch-liebevoll oder manchmal auch abfällig über Männer im Allgemeinen oder im Besonderen verständigen. Das setzt das tiefer sitzende Unbewusste noch lange nicht außer Kraft. Ich erlebe diesen Bruch sehr häufig, wenn ich an Expertengremien teilnehme und meine Kolleginnen teilweise sichtbar ungeduldig und unwirsch auf die Beiträge von Frauen reagieren, während sie im Pausengespräch dann das Verhalten der männlichen Kollegen kritisieren.

Die Abgründe des Verwirrspiels in Teams gehen noch weiter: Eine Frau, die lächelt, gibt damit ein Stück Autorität auf, denn Lächeln ist evolutionär ein Unterwerfungsgestus, der dem anderen friedliche Absichten signalisiert. Die feministische Literatur hat nun ausführlich über diese Frage debattiert und Frauen aufgefordert, weniger zu lächeln und weniger entgegenkommend zu sein. Dieses Programm ist auch Teil des Coaching-Curriculums für viele Frauen: Selbstbehauptung durch weniger Freundlichkeit!! Nützen wird das nicht: Die strenge Frau flößt – anders als der strenge oder zornige Mann – weder Respekt, noch Furcht ein. Sie erfährt vielmehr Ablehnung und Sympathieverlust. Das wird besonders bei Führungsaufgaben zum Problem.

An solchen trivial scheinenden Fragen liegen die Sollbruchstellen vieler weiblicher Karrieren. Denn mitnichten haben sich in modernen Teams und Unternehmen solche normativen Wahrnehmungen seit den Zeiten feministischen Aufstands ins Nichts verflüchtigt; eher ist es so, dass Gleichheit, Gleichberechtigung und Partnerschaft hinter den vor zwanzig Jahren bereits erreichten Stand von Erkenntnissen zurückgefallen sind.

Noch einmal zusammengefasst: Das Team am Arbeitsplatz wird allzu häufig der Ort, an dem sich die Niederlage der Frau – von allen unbeabsichtigt – zusammenbraut. Sie wird als weniger strategisch wahrgenommen, sie argumentiert zu konkret, zu harmonisch, zu zögerlich; sie lässt Männern den Vortritt, sie irritiert, wenn sie viel redet, sie nervt, wenn sie laut redet, sie ist neidisch, wenn sie darauf hinweist, dass sie das Gleiche bereits vor einer Stunde gesagt oder vor drei Monaten geschrieben hat. Sie argumentiert sachlich, auch wenn es in Wirklichkeit um die Etablierung von Hierarchien geht.

Es sei aber noch einmal ausdrücklich darauf verwiesen, dass Männer in einer Minderheitenposition in einem Frauenteam ein ähnlich grausames Schicksal ereilt – ich kann dies in unserem Frauenunternehmen Familienservice oft genug beobachten: Frauen rollen die Augen, weil sie die Argumentation der Kollegen umständlich finden; sie werfen sich Blicke zu: Ach nein, bitte nicht schon wieder! Sie können nicht fassen, wie begriffsstutzig ihnen Männer oft erscheinen. Sie stöhnen über Vorgehensweisen, die sie als bürokratisch und überflüssig erachten und nur von der »richtigen« Arbeit abhalten. Sie machen sich selbst jedoch nicht klar, dass sie dieses Verhalten eher gegenüber Männern in der Minderheit und bei statusmäßiger Unterlegenheit des jeweiligen Mannes an den Tag legen, während sie Männern in gehobener Position mit Toleranz und befremdlicher Devotheit begegnen. Männer ohne Erfolgsinsignien haben im Beruf bei Frauen oft keinen leichten Stand und genießen wenig Geduld, wenn sie in der Minderheit sind.

Das geschlechtsgemischte Team ist also in Wirklichkeit ein kompliziertes Gebilde mit vielen Untiefen und Fallstricken für die Produktivität. Es steht am Beginn einer neuen Epoche unserer Evolution, in der wir erst lernen, über die Geschlechtergrenzen hinweg zu kooperieren.

Die Energiewende in der Personalwirtschaft

Möglicherweise herrscht nach allem, was Sie bisher gelesen haben, Ratlosigkeit bei Ihnen: Dass Frauen und Männer in Zukunft auf allen Ebenen und in allen Kompetenzbereichen der Gesellschaft verstärkt miteinander arbeiten und gemeinsam Verantwortung tragen sollen, wollen, müssen und werden, dürfte wohl von keiner Seite mehr ernsthaft angezweifelt werden – wie aber soll das gehen angesichts der oft sehr unterschiedlichen Ausgangsmotivationen, anderer Argumentationsmuster, Kommunikationsstile, Wahrnehmungsweisen und Persönlichkeitsmerkmale beider Geschlechter? Und wie vermeidet man, dass bei einem unreflektierten Miteinander, ganz ohne bewusstes Zutun der Verantwortlichen, fast zwangsläufig das eine oder das andere Geschlecht strukturell ins Hintertreffen gerät – in der Schule von heute die Jungen, in Unternehmen, in Großorganisationen und in der Politik die Frauen mit all den gesellschaftlich problematischen Folgen? Solange immer mehr Männer als Bildungsverlierer mit einer ungewissen Zukunft und wenig Chancen auf dem Partnerschaftsmarkt zurückbleiben, solange das hohe Potenzial von zahlreichen Frauen nicht ausgeschöpft wird, bleiben nicht nur individuelle Karrieremöglichkeiten und das Lebensglück der Einzelnen eingeschränkt, sondern solche Ausgrenzungen gefährden auch die Zukunft eines hochentwickelten Landes. Anzeichen dafür, dass sich dies rasch ändern könnte, gibt es im Moment kaum – der Aufstieg von Frauen in Top-Führungspositionen geht extrem langsam vonstatten, in den letzten Jahren ist er zuweilen sogar rückläufig gewesen, und der Bildungsrückstand von Jungen nimmt großflächig weiter zu.

Metaphern und Vergleiche hinken immer, aber um Antworten auf diese krisenhaften Tendenzen zu gewinnen, scheint es mir sinnvoll, auf einige offensichtliche Analogien zur Energiepolitik hinzuweisen. Die Weltpolitik wird seit einem Jahrhundert von der Frage der Kontrolle über die fossilen Brennstoffe, in erster Linie über die Erdölvorkommen, bestimmt – weder die dramatischen Auseinandersetzungen im Nahen und Mittleren Osten noch der Irakkrieg sind ohne diesen Hintergrund verständlich. Am 12. September 2001, einen Tag nach der Attacke auf die Türme des World Trade Centers in New York, brandmarkte der damalige US-Präsident George Bush diesen Angriff als »Kriegserklärung« gegen den American Way of Life, und er meinte damit vor allem auch die Nutzung der extrem viel Benzin schluckenden amerikanischen Autos als Symbol dieses »way of life«. Sarah Palin, Politikerin mit untrüglichem Instinkt für das kollektive Unbewusste mindestens eines Teils ihrer Nation, rief denn auch im Mai 2011, auf dem Rücken eines schweren Motorrads, provozierend: »Ich liebe den Duft dieser Abgase!!«

Doch in Krisenzeiten vollziehen sich zuweilen erstaunlich schnell Veränderungen, die gerade noch ganz undenkbar schienen: Galt das Erdöl lange Zeit als unverzichtbar für die hoch technologisierten und mobilitätsfixierten Auto-Gesellschaften, so wird heute in allen globalen Automobilkonzernen fieberhaft an Modellen geforscht und gearbeitet, die uns unabhängiger vom Benzin machen, die mit Hybridantrieb, also neben dem Benzin mit einem zweiten Energiespeicher, meist einem Elektromotor, ausgerüstet sind, um durch eine solche Koppelung den Benzinverbrauch zu drosseln. Angesichts schrumpfender Vorräte an fossilen Brennstoffen müssen wir sie möglichst sparsam einsetzen. Je knapper und damit kostbarer ein Stoff, umso eher lohnt es, selbst in anfänglich teure Verfahren zu investieren, um ihn in seiner Nutzung zu optimieren.

Genau hier möchte ich den Bogen schlagen von der Technik zur Gesellschaft, vom materiellen Energieträger zu den sogenannten Humanressourcen. Die Analogie liegt auf der Hand: Viele Potenziale bleiben aufgrund von Fehlsteuerungen im System ungenutzt, das gilt für die Talente von hoch qualifizierten Frauen ebenso wie für die Dynamik vieler intelligenter Jungen, vor allem aus benachteiligten Milieus. Zusätzlich wird diese gesellschaftliche Verschwendung noch durch eine unnötige Strapazierung individueller Lebensenergie von Männern und Frauen auf ihrem Karriereweg verschärft – durch ineffektive Arbeitsorganisation, aufgeblähte Berichts- und Sitzungsroutinen, durch Fehlanreize und eine überwiegend längst überflüssige Anwesenheitskultur. Der Burn-out von Leistungsträgern frisst sich wie ein ansteckender Bazillus in die Führungsetagen von Großorganisationen.[1] Daneben gibt es paradoxerweise das Phänomen des »bore-out« – der lähmenden Langeweile vieler qualifizierter Berufsanfänger, für deren gezielte Entwicklung meist niemand wirklich Verantwortung übernimmt.

Unterforderung und Unternutzung großer menschlicher Energiereserven finden sich also neben krasser Energieverschwendung. So wie wir lange Zeit geglaubt haben, wir verfügten über unerschöpfliche Reserven an fossilen Energievorräten und der Umgang mit ihnen sei nicht kostenrelevant, so hält man heute in vielen Unternehmen einen achtsamen Umgang mit den menschlichen Energieressourcen für überflüssig – wer den Kriterien von Dauerverfügbarkeit und häufig irrationalen Anforderungen an die Einsatzbereitschaft heute nicht entspricht, gilt eben nicht als Leistungsträger.

Solche Fehlsteuerungen müssen dringend korrigiert werden. Dabei sind allerdings nicht nur die individuellen »energetischen Unterschiede« zu beachten, sondern auch ihre unterschiedlichen Antriebskräfte bei Männern und Frauen. Um im Bild zu bleiben: Was einen männlich angetriebenen Motor beschleunigt, kann einen weiblichen verlangsamen oder ausbremsen. Auch gesellschaftlich geht es also gewissermaßen um die Entwicklung hybrider Motoren, die mit beiden Energien, der männlichen wie der weiblichen, angetrieben werden können, ohne dabei ins Stottern zu geraten.[2]

Die maskuline deutsche Unternehmenskultur

Wer Personal transnational führen muss, stößt unvermeidlich auf das Problem ganz unterschiedlicher Arbeitskulturen in verschiedenen Ländern. Neben allen individuellen Besonderheiten, die es beispielsweise unter den Indern, den Japanern oder den Deutschen gibt, lassen sich zwischen Indern, Japanern und Deutschen entscheidende Unterschiede in den kulturellen Einstellungsmustern erkennen. Auch wenn sie nicht in Stein gemeißelt sind und sich ständig verändern, so haben sie doch eine große Bedeutung für das, was Menschen bewegt, was sie erwarten, was sie für richtig oder falsch halten. Erfolg im Umgang damit verlangt interkulturelle Kompetenz.

Dass solche kulturspezifischen Unterschiede auch eine entscheidende Rolle für die Positionierung am Markt und für den wirtschaftlichen Erfolg spielen, hat als eines der ersten Unternehmen IBM, einer der führenden globalen Technologiekonzerne der letzten Jahrzehnte, erkannt. Der holländische Sozialwissenschaftler und Kulturpsychologe Geert Hofstede führte im Auftrag des mächtigen US-dominierten Konzerns von 1967 bis 1978 eine bahnbrechende Untersuchung in 53 Ländern durch, um das IBM-Management mit dem nötigen strategischen Wissen für die Führung eines transnationalen Konzerns auszurüsten. Ihr Ergebnis, eine Art internationaler anthropologischer Kulturatlas der IBM-Belegschaften in aller Welt, wurde 1980 unter dem Titel *Lokales Denken, globales Handeln: interkulturelle Zusammenarbeit und globales Management* veröffentlicht. Bis heute gilt diese Studie, trotz vieler Ergänzungen und mancher grundsätzlicher Kritikpunkte (»Theoriedefizit«), als die »Mutter aller Diversity-Studien«, sie legte das Fundament für das moderne »Diversity«-Management, das sich inzwischen praktisch alle internationalen Konzerne zu eigen gemacht haben. Hofstede entwickelte mehrere Kategorien, anhand derer kulturelle Unterschiede im Kern ausgemacht werden können. Dazu gehören Machtdistanz (wie wird in einer Kultur mit Macht und mit Ungleichheit umgegangen?), Individualismus (versus Kollektivismus: Wie sind Individuen in Gruppen integriert und welche Rolle spielen diese?), Maskulinität (versus Femininität: Wie sind die Rollen der Geschlechter definiert und welchen Einfluss haben sie?), Unsicherheitsvermeidung (wie wird in einer Kultur mit Unsicherheit und Ambiguität umgegangen?), Langzeitorientierung (versus Kurzzeitorientierung und mit welchen Wertorientierungen sind diese jeweils verbunden?).[3]

Entscheidend für unser Thema ist Hofstedes Maskulinitäts-Index, ein Indikator, dem er auch in seinen späteren Studien[4] stets nachgegangen ist. Zu den Werten, die der Sozialwissenschaftler als maskuline und feminine Orientierungen ausgemacht hat, gehören:

maskulin

- vorherrschende Werte sind materieller Erfolg und Fortkommen
- Geld und Dinge sind wichtig
- von Männern wird erwartet, dass sie bestimmt, ehrgeizig und hart sind
- leben, um zu arbeiten
- von Vorgesetzten erwartet man, dass sie entschlussfreudig und bestimmt sind
- Betonung liegt auf Fairness, Wettbewerb unter Kollegen und Leistung
- Konflikte werden beigelegt, indem man sie austrägt[5]

feminin

- vorherrschend ist das Bewahren von Werten und das Kümmern um Mitmenschen
- Menschen und intakte zwischenmenschliche Beziehungen sind wichtig
- von jedem wird erwartet, bescheiden zu sein
- arbeiten, um zu leben
- Vorgesetzte verlassen sich auf ihre Intuition und streben Konsens an
- Betonung liegt auf Gleichheit, Solidarität und Qualität des Arbeitslebens
- Konflikte werden beigelegt, indem man miteinander verhandelt und nach einem Kompromiss sucht

Während sich die Werte und Einstellungsmuster von Frauen interkulturell, zwischen verschiedenen Gesellschaften, nur graduell unterscheiden, stellt Hofstedes Untersuchung bei den Männern verschiedener Kulturen ein breites Spektrum an normativen Verhaltensstilen fest, das von äußerst durchsetzungs- und wettbewerbsorientiert bis zu Bescheidenheit und Anteilnahme reicht. In letzterem Fall kommen sie den Einstellungsmustern von Frauen schon ziemlich nahe, in sehr männlich geprägten Gesellschaften hingegen ist die Kluft zwischen Männern und Frauen am größten. In anderen Worten: Die sehr durchsetzungsorientierte Männlichkeit westlichen Typs ist keine Universalie, es gibt vielmehr äußerst erfolgreiche moderne Gesellschaften, in denen Durchsetzungskraft (Assertiveness) und persönlicher Wettbewerb, die bei deutschen Führungskräften als Gütesiegel gelten, für den Berufserfolg weniger zählen. Gemessen an Hofstedes Kriterienkatalog übertrifft Deutschlands Arbeitskultur in ihrer maskulinen Orientierung den Weltdurchschnitt um 32 Prozent und liegt damit weit höher als die skandinavischen Länder oder auch Holland und immer noch 6 Prozent höher als die USA. Maskuline Kulturen, zu denen neben Deutschland beispielsweise auch die Schweiz und Österreich gehören, sind zwar reiche Länder, zeichnen sich aber durch ein hohes Defizit an Geschlechterdemokratie aus.[6]

Da Frauen weltweit eher Bescheidenheit und Kooperation bevorzugen und sich in dieser Hinsicht global weit weniger unterscheiden als Männer, stellt sich für das so maskulin geprägte Deutschland die Gretchenfrage: Wie weit müssen bei uns erfolgreiche Institutionen in ihren inneren Mechanismen weiterhin auf dieses männliche Profil ausgerichtet bleiben, das Frauen so fremd ist? Ist hier eine kulturelle Verschiebung möglich, ohne dass Männer sich grundsätzlich ausgegrenzt fühlen? Und: Können »weiblichere« Unternehmen wirklich strategisch erfolgreich sein? Immerhin ist Deutschland die führende Exportnation der Welt, das Modell hat also gerade mit seinen männlichen Eigenschaften in mancher Hinsicht gut funktioniert. Aber ist es in dieser Ausprägung notwendig oder zukunftsfähig? Schließlich sind auch die viel »weiblicheren« Kulturen, wie die skandinavische und die holländische, ökonomisch äußerst erfolgreich. Beide sind überdies in den Indikatoren subjektives Glück, Lebenszufriedenheit, Bildung und demokratisch-zivile »Verfasstheit« der deutschen Gesellschaft voraus. Dass Skandinavien zudem weltweit führend in der Gleichstellung der Geschlechter ist, ist keineswegs zufällig. Das Dominanz- und Wettbewerbsdenken vieler Männer hat sich in diesen Ländern stärker auf Ersatzspielfelder, auf den Fußballplatz und in die Freizeit, zurückgezogen. Ein eher zurückhaltender Stil ist hier auch in Unternehmen akzeptiert und kein Karrierehemmnis.

Die Top-Führungspositionen der Privatwirtschaft sind allerdings auch in Skandinavien noch weitgehend Männern vorbehalten; und die starke Position von Frauen scheint auch dort für Männer mit Problemen verbunden zu sein. Darauf weisen nicht zuletzt die geradezu extrem melancholischen Einzelgänger und angestrengten alleinerziehenden Mütter unter den Ermittlern der düsteren skandinavischen Kriminalromane hin – Wallander im schwedischen Ystad ist nur eins der zahlreichen anschaulichen Beispiele für den kulturellen Stress, der berüchtigte exzessive Alkoholkonsum vieler Skandinavier auf ihren Ausflügen nach Süden ein weiteres. Gesellschaften mit stark ausgeprägter Gleichstellung und Rücksicht auf die Alltagsbedürfnisse von Frauen, Kindern und Älteren scheinen das Bedürfnis vieler energiegeladener und wettbewerbsorientierter Männer nach Risiko, Abenteuer und Abwechslung nicht mehr hinreichend berücksichtigen zu können.

Und dennoch, allem Gleichberechtigungs- und Gleichheitsstress zum Trotz: In vielen Untersuchungen sind Skandinavier beiderlei Geschlechts mit ihrem Leben zufriedener als die Südländer, wie Italiener, Spanier oder Griechen, obwohl deren Familienstrukturen intakter, das Patriarchat stärker ausgeprägt und das Wetter besser ist. Dafür ist sicher der größere materielle Reichtum der nordischen Gesellschaft mitverantwortlich, der sich unter anderem einer weitaus höheren Erwerbstätigkeit von Frauen gegenüber einer besonders niedrigen von Frauen im Süden verdankt, aber auch ein stärkerer Bezug der Menschen zum Gemeinwesen, wie er im Süden aufgrund der ausgeprägten Orientierung auf die eigene Familie, und nur auf diese, kaum besteht. Auch dieses Ergebnis widerspricht der landläufigen Vermutung, dass Menschen in traditionellen Strukturen glücklicher und geborgener seien. Dem ist – leider? – nicht so.

Hofstedes Untersuchung hat eine Schneise für interkulturelle Managementerfordernisse geschlagen, ihr folgten weitere Konzepte und Theorien von Vielfalt und Diversity. In Baden-Württemberg greift man auf die Forschungsergebnisse des Regensburger Psychologen Alexander Thomas zurück, um Verwaltungsbeamte in der Wahrnehmung interkultureller Differenzen und in der Außensicht auf die Attribute dessen, was als »deutsch« gilt, zu schulen. Denn was hierzulande als »deutsche Tugend« gilt, wird zwar auch im internationalen Kontext durchaus als korrekt, professionell, organisiert und systematisch gewürdigt, besonders im Arbeitsleben; es wird zugleich aber auch als eher distanziert, steif, emotionslos und unpersönlich, bürokratisch, unflexibel, regelungssüchtig und im Umgang mit Geschäftspartnern häufig als »zu direkt« erlebt und verursacht Kommunikationsprobleme auf dem internationalen Parkett. Es sind Attribute, die in einer unmittelbaren Beziehung zur ausgeprägten Maskulinität der deutschen Arbeitskultur stehen. Denn die deutsche Kultur wird weitgehend mit der Arbeitskultur deutscher Männer gleichgesetzt[7] – Frauen, die, gemessen an diesen Eigenschaften, viel weniger »deutsch« sind, werden dabei ausgeblendet, denn sie sind in der Wirtschaft bisher nicht stilprägend.

Das mag ein Grund dafür sein, warum die männlich-weibliche Differenz in den allermeisten Konzepten für interkulturelle Kompetenzen kaum vorkommt. Man vergleicht Nationalitäten, widmet sich der Altersmischung in Unternehmen, auch der Frage der Einbindung von Homosexuellen und Transsexuellen. Aber das Spezielle der Geschlechterdifferenz, die sich von allen anderen Dimensionen der Vielfalt unterscheidet, ihre grundlegende Bedeutung für Diversity in den Unternehmen wird dabei meist übergangen oder verwischt. Jedenfalls spielen die Unterschiede zwischen männlichen und weiblichen Wahrnehmungs-, Argumentations- und Handlungsmustern in den mir bekannten Personalentwicklungsstrategien für Führungskräftenachwuchs, in den meisten Diversity-Ansätzen von Unternehmen und in den Konzepten zur Gleichstellung keine entscheidende Rolle.[8]

Saxonisch oder teutonisch? Intellektueller Stil als Karriereblock

In deutschen Unternehmen herrscht immer noch die Auffassung vor, die Wirtschaft erfordere einfach »objektiv« ganz bestimmte Denkstile und Handlungsweisen, die mit Kultur, Alter, Nation oder gar Geschlecht gar nichts zu tun haben. Andere durchaus ebenfalls maskuline und wettbewerbsorientierte Kulturen, wie die USA oder Großbritannien, schaffen es aber dennoch, Frauen deutlich mehr Raum und Chancen zu eröffnen, obwohl die politischen Rahmenbedingungen für die Vereinbarkeit von Familie und Beruf, zum Beispiel in der Infrastruktur für Kinder, teilweise deutlich schlechter sind als in Deutschland. Woran liegt das?

Bei der Suche nach den Gründen hat mir ein Essay aus dem Jahr 1985 weitergeholfen, den der norwegische Mathematiker, Friedensforscher und Träger des Alternativen Nobelpreises (von 1987) Johan Galtung geschrieben hat.[9] Er befasst sich nicht explizit mit Unternehmenskulturen, und auch die Geschlechterfrage streift er nur am Rande. Galtungs Thema sind vielmehr die intellektuellen Debatten- und Forschungsstile in verschiedenen Wissenschaftskulturen – welche Fragen dort gestellt werden, was in einer Gruppe von Menschen überhaupt als akzeptabel, was als wahr und wichtig gilt, welche Beziehungen sich zwischen den Teilnehmenden einstellen. Indirekt erzählen sie uns damit auch etwas darüber, ob und wie Männer und Frauen daran teilnehmen (können). Galtungs Unterscheidungen verschiedener Debattenkulturen, die er saxonisch, teutonisch, gallisch und nipponisch[10] nennt, liefert uns einen Schlüssel zum Verständnis der Hemmnisse, die den Aufstieg von Frauen in der Wissenschaft ebenso wie in der Wirtschaft gerade in Deutschland so sehr erschweren. Am aufschlussreichsten für unsere Diskussion sind die Attribute, die der norwegische Wissenschaftler der saxonischen und der teutonischen Debattenkultur zuordnet.

Der im angelsächsischen Raum vorherrschende saxonische Stil beruht vor allem auf dem Grundwert von Pluralismus. Seine Protagonisten agieren in dem Bewusstsein, dass sie sich gemeinsam auf der Suche nach Ergebnissen und Lösungen befinden – niemand hat die Wahrheit gepachtet. Andere Ansätze, Auffassungen und Thesen werden deshalb positiv zur Kenntnis genommen und gewürdigt – es geht bei Diskussionen nicht darum, einen anderen fertigzumachen oder zu widerlegen, eher um die Frage, wie sich grundlegende Annahmen so operationalisieren lassen, dass sie zu einem Ergebnis führen. Methoden und Fragestellungen können und sollen dabei durchaus unterschiedlich sein, wichtig ist allein, ob man mit ihnen zu einem Ergebnis kommt. Frauen oder andere bisher ausgeschlossene Interessensgruppen finden hier mit neuen Ideen und Fragen relativ leicht Zugang und Akzeptanz, vorausgesetzt dass das, was sie einbringen, interessant und belegbar ist.

Ganz anders der teutonische Stil: Hier herrscht eine weit geringere Meinungsstreuung, gibt es viel weniger Widerspruch. Anerkennende Worte für die Kollegen unterbleiben. Die Diskussion steuert unmittelbar auf den schwächsten Punkt einer Argumentation zu. Während in der saxonischen Debattenkultur eine relative Unbekümmertheit herrscht und Ideen nicht unbedingt ausgereift sein müssen, um auf interessierte Ohren zu stoßen, erzieht die erwartbare Ablehnung durch die Mitdiskutanten den Vortragenden in der teutonischen Debattenkultur zur Vorsicht, warnt ihn davor, eine vorgeschriebene Bahn zu verlassen – für Galtung ein Indiz für einen gewissen Hang zur Autoritätshörigkeit.[11] Die Zugehörigkeit zu einem »Meister« mit seinem jeweiligen Theoriegebäude gilt denn auch als die entscheidende Visitenkarte der Teutoniker: Jünger müssen ihrem Meister folgen, ohne seine Theorie grundsätzlich infrage zu stellen – oder sie müssen das Denkgebäude ihres Meisters zerschmettern, um sich selbst zu etablieren.

Was eine solche maskulin geprägte Diskussionskultur für männliche Wissenschaftler gerade attraktiv macht, stellt für viele kluge Frauen eine extrem hohe Hemmschwelle dar, die sie daran hindert, in einem solchen Umfeld ernsthaft eine Karriere verfolgen zu wollen. Ihnen fehlt in einer solchen Diskussionskultur jene offene Kooperationswilligkeit und Anerkennung, auf die Frauen in ihrer

Produktivität stärker als Männer angewiesen sind; stattdessen erzeugt sie Befürchtungen vor unbarmherzigen Gegenangriffen und führt deshalb oft genug zum Rückzug. Das intellektuelle Potenzial, der »weibliche Blick«, die Originalität vieler Frauen, die zuweilen ganz anderen wissenschaftlichen Fragen nachgehen und zu anderen Ergebnissen kommen würden, bleibt so als Quelle unerschlossen.

Teutonische Intellektuelle neigen zum Extremismus, weil sie ihr eigenes Modell oft für ein echtes Abbild der Wirklichkeit halten – die rigorose logische Deduktion ist dabei letztlich weit wichtiger als die bescheidene Empirie. Zwar werden inzwischen auch in der deutschen Wissenschaft emsig Daten erfasst und interpretiert, das Vordringen der Computer in die Sozialwissenschaften hat in den letzten Jahrzehnten die empirische Forschung begünstigt. Doch die Tendenz zu deduktiven Denkmodellen, rigorosen Theorien und antagonistischen Diskussionsstilen ist weiterhin vorhanden und verhindert oftmals eine grundlegende Neuinterpretation von Daten. Andererseits liegen enorme Datenmassen auf Halde, die mangels schlüssiger Theorie und aus Angst vor Kritik niemand zu wirklich interessanten neuen Aussagen oder Thesen zusammenfasst. Die Folge ist empirisch überflutete Langeweile.

Galtung hält das Modell der teutonischen Debattenkultur für gefährlich, weil es die Vieldeutigkeit der Welt unterschätzt und zu großen Fehlinterpretationen führen kann. Die deduktive Mathematisierung der Wirtschaftstheorie mit ihren großartig gescheiterten Modellen ist ein Beispiel für das Vordringen dieses Denkstils auch in den angelsächsischen Raum – mit schwerwiegenden Folgen, wie in der Finanzkrise zu besichtigen.[12]

Führungskräfte von deutschen Unternehmen sind überwiegend vom teutonischen Denkstil geprägt, selbst wenn er in den letzten

Jahrzehnten durch internationale Kooperationen etwas gemildert worden ist. Die in interkulturellen Trainings vorgetragenen deutschen Kulturmuster – wie oben anhand des baden-württembergischen Schulungskurses beschrieben – sind Zwillinge dieses rigorosen wissenschaftlichen Denkstils. Alle diese Paradigmen führen dazu, dass viele Frauen in Deutschland sich in Wissenschaft und Wirtschaft besonders fremd fühlen und wenig subjektive Anreize haben, sich auf diese Welten einzulassen. Sofern sie dennoch aufsteigen, bleiben sie meist wenig anerkannt, weil ihre Denkstile und -ergebnisse oft nicht den gleichen Status genießen wie die der männlichen »Meister«.

Auch die Selbstverliebtheit französischer Denkschulen, die Galtung dem gallischen Stil zuordnet, ist keine Ermunterung für Frauen, sich einzubringen – selbst wenn einzelne Autorinnen sich innerhalb dieser Welt einen Platz erkämpft haben.[13] Jede einzelne dieser Denkschulen pflegt ihre eigene Sprache, wechselseitig nehmen sie sich kaum zur Kenntnis. Das schafft eine besondere Form von Exklusivität, von Abgrenzung und Ausschluss. Besseren Zugang haben Frauen in den skandinavischen Wissenschaftskulturen, die eher dem saxonischen Stil zuzuordnen sind. Sie können dort leichter mit unkonventionellen Fragestellungen und Methoden arbeiten, weil sie nicht zuvor eine stringente Theorie anbieten müssen, die ihren Erkenntniswillen erst legitimiert.

Im angelsächsischen und skandinavischen Kulturraum besteht mehr demokratischer Denkraum für Frauen, überhaupt für Menschen mit anderen kulturellen Prägungen. Für die Gleichstellung von Frauen sind offene Denkstile auf allen Ebenen entscheidend, das begründet letztlich die kulturelle Überlegenheit des saxonischen Modells für eine offene Personalentwicklung. Doch auch in der skandinavischen Unternehmenskultur bleiben bisher viele

Probleme noch ungelöst, stagniert die Entwicklung einer echten Zusammenarbeit der Geschlechter im Top-Führungsbereich der Wirtschaft, allerdings auf höherem Niveau. In der Politik dagegen sind die Frauen im Norden bereits weitaus stärker vertreten, oft weit oben, meist im zweiten Glied. Wir stehen erst am Beginn einer neuen evolutionären Stufe der Kooperation von Frauen und Männern – es finden viele Versuche und ebenso viele Irrtümer statt, bis sich die neuen Muster festigen.

Männlichkeit abrüsten oder Frauen aufrüsten?

Elemente des teutonischen Denkstils finden sich auch außerhalb von Wissenschaft und Wirtschaft. Nicht nur Staatenlenker und Wirtschaftsführer, sondern auch weniger dominante Männer haben oft ein Faible für hoch abstrakte Gedankensysteme, weitreichende Welterklärungen und globale Wirkungszusammenhänge – auch dies ist eine Form des Strebens nach Macht und Status, das in Männern tief verankert ist und in der Allmacht der Gedanken, manchmal im Größenwahn, gleich ob philosophisch oder ökonomisch gewendet, oder in den virtuellen Abenteuerlandschaften des Computerspiels Befriedigung sucht. Ein solches Streben ist nicht a priori negativ zu bewerten – großes Denken hat viel bewirkt, hat den menschlichen Fortschritt vorangetrieben, zur Entdeckung des Weltalls, zu Weltreichen und Staatsutopien, aber auch zu totalitären Systemen, zu großen kriegerischen Konflikten, zu gigantischen Unternehmensfusionen und zu weltweiten Crashs geführt.

Frauen können auch hochphilosophisch und sehr grundsätzlich über Demokratie, Freiheit oder Gemeinwohl räsonieren, doch in der Regel nähern sie sich der Entschlüsselung der Welt auf anderen Denkpfaden, die nicht weniger tragfähig und plausibel, meist aber an konkreten Wirklichkeiten festgemacht sind und stärker auf praktischen empirischen Erfahrungen fußen. Auch Frauen können weltumspannende Unternehmen aufbauen, The Body Shop war einer dieser Erfolge. In Zukunft wird dies noch öfter zu beobachten sein. Aber ihre Konzerne entstehen nicht auf der Basis geopolitischer Planspiele, sondern eher durch organisches Wachstum, durch Addition bei Erfolg.

Anders die männlichen Expansionsstrategien: Ihre Planungen sind meist nicht von der Wirklichkeit, sondern vom puren Willen getrieben. Sie ähneln den sozialistischen Versuchen, das Gewünschte und Gewollte mithilfe von Zahlen zur Wirklichkeit zu erklären und damit die widerspenstige Wirklichkeit zu zähmen. Für Fusionen etwa werden großartige Business-Szenarien entwickelt, die die Börse dann besser oder schlechter bewertet. Planwirtschaft in dieser Form ist lediglich eine vermeintliche und deshalb oft vergebliche Vermeidung von Unsicherheit – selten entwickelt sich die Wirklichkeit so, wie es die Planungsabteilungen vorsehen. Sofern die Welt sich ändert – durch ein Fukushima, durch einen neuen Wettbewerber mit einem neuen Geschäftsmodell, durch das Klima, durch veränderte Geschmackslagen der Kunden oder durch die Politik – brechen die Potemkinschen Dörfer wieder zusammen und lassen alle Pläne Makulatur werden. Das gilt für viele große Unternehmen der globalen Marktwirtschaft ebenso wie für die gescheiterten Ökonomien des Ostens. Diese Art von letztlich willkürlich deduktiver Planwirtschaft ist stark mit Denkstilen von Männern verbunden, von sanften wie von dominanten. Hier ist eine Ergänzung durch den anderen Problemzugang der meisten Frauen, der stärker an lebensweltlichen Fragestellungen und Rücksichten orientiert ist, äußerst sinnvoll, um die Herausforderungen der Zukunft besser zu bewältigen – als Projekt von Frauen und Männern. Nur darf dabei der spielerische Wunsch von Männern nach Abwechslung, Risiko, Wettbewerb, Rangfolgen dabei ebenso wenig aus den Augen verloren werden wie der Wunsch der meisten Frauen nach Sachbezogenheit, Harmonie, Emotion und Kooperation.

Frauen sind zu Höchstleistungen eher fähig, wenn der persönliche Wettbewerb eine geringe Rolle spielt und die Sachfrage ihre ganze Konzentration erfordert – am besten in Kooperation und auf Augenhöhe mit anderen. Frauen zu starkem Wettbewerbs- und Dominanzverhalten zu motivieren, sie gezielt in Richtung von maskulinen Normen »aufrüsten«, die ihnen weltweit eher fremd sind und die für die Zukunft ohnehin nicht mehr durchgängig als adäquate Problemlösungsstrategien taugen, ist objektiv viel schwieriger und letztlich hoffnungsloser, als Männer zu einem kooperativeren Stil zu ermutigen, der an ihr bereits vorhandenes Repertoire an »sanftem Potenzial« anknüpft.

Denn Männer, darauf haben wir bereits wiederholt hingewiesen, sind mitnichten nur teutonische Abenteurer, sie können auch Anteil nehmend, fürsorglich, solidarisch, geduldig sein – und zeigen dies heute nicht nur als Väter in der Elternzeit, sondern zunehmend auch in vielen beruflichen Situationen: als Krankenpfleger, als Wissenschaftler, als Kreative, als Pädagogen oder als Therapeuten, als Mitarbeiter von öffentlichen Verwaltungen, von Verbänden und in der Mitte der Hierarchien von großen Institutionen – sie haben allerdings oft Berufe, die bei uns kein sehr hohes Ansehen genießen. Bezeichnenderweise ist es in Finnland gelungen, dass gerade die besten Studenten, Männer wie Frauen, sich heute für das Lehramt entscheiden, weil diese Tätigkeit trotz niedriger Bezahlung höchstes Prestige auch unter jungen Männern genießt – eine solche Umwertung von Berufsidealen wäre auch in Deutschland wichtig.[14]

Nicht alle Führungskräfte in Deutschland verkörpern gleichermaßen intensiv die maskulinen Werte unserer Kultur. Aber Männer bleiben dennoch meist – und völlig legitim – mit einem Teil ihrer Person der Welt des Wettbewerbs, der Hierarchie, des Abenteuers verknüpft. Ohne solche anspornenden Elemente drohen ihre Energiespeicher zu versiegen. Hierarchisch höherstehende Männer, die Probleme lösen müssen, denken oft tatsächlich schneller als auf einem niedrigeren Rang. Gefahr wirkt, vermittelt über hormonelle Prozesse im Gehirn, als Stimulus für ihre Kreativität. Eine Umgebung, die Männer fördern möchte, darf diese Tatsachen nicht aus den Augen verlieren, sonst entwickelt sich ein Szenario, das wir heute an vielen Schulen finden, wo elementare Bedürfnisse vieler Jungen nicht angemessen berücksichtigt werden. So notwendig die Abrüstung von Männern ist, um Frauen eine bessere Ausgangsposition für einen erfolgreichen Karriereverlauf zu bieten, so wenig darf sie zur »Kastrierung«, zur Lähmung des männlichen Innovationspotenzials oder zur Marginalisierung führen. Aber das Alphatier darf nicht mehr die Leitkultur vorgeben.

Die Moderne des 21. Jahrhunderts mit ihrer ökologischen Agenda als wichtigstem Antrieb, verlangt andere Orientierungen und Fähigkeiten als sie im Katalog des ausgeprägten männlichen Dominanzverhaltens zu finden sind. Modernes Management basiert auf kooperativen, strategischen Denkweisen, es muss menschliche Energien und nicht nur technische Ressourcen erschließen – und dazu sind Frauen auf allen Ebenen vermehrt notwendig.

Modell Zukunft: Kooperativer Wettbewerb

Im Wahlkampf 1992, der ihm zum Sieg verhalf, rief der junge US-Präsidentschaftskandidat Bill Clinton aus: Es ist die Wirtschaft, ihr Dummköpfe!, die entscheidend ist – und nicht die Außenpolitik oder der Golfkrieg, wie sein Gegenkandidat George Bush verkündete. Es sind die Organisationsstrukturen und die falschen Anreizsysteme, nicht Fleiß oder Intelligenz, die Frauen letztlich am Aufstieg hindern – so meine vereinfachte These.

Wir sind in diesem Buch den tieferen Ursachen für zwei Fragen nachgegangen: Warum sind Frauen in Top-Führungspositionen trotz besserer Bildungsabschlüsse weiterhin so spärlich vertreten und warum sind Jungen so häufig Verlierer im Bildungssystem? In beiden Fällen, so meine Schlussfolgerungen, fehlen die richtigen Anreize, um vorhandene Energien und Begabungen zu erschließen. Es fehlen natürlich auch die richtigen »Rahmenbedingungen« – seien es Kinderbetreuungsplätze oder Sportangebote im Unterricht. Aber diese Hindernisse würden leichter überwunden werden können, wenn die Anreiz- und Motivationsbarrieren geringer wären.

Unsere Frage lautet also: Wie organisieren wir uns so, dass die Aufgabenfelder zunehmend wirklich gemeinsam bestellt und gestaltet werden? Dass Frauen wirklich führen, nicht nur ausführen und mitführen, sondern ihre eigenen Meinungen, Haltungen, Ideen gleichwertig einbringen wollen und können? Dort sind wir noch lange nicht – viele Frauen sind auch oben nur »dabei« –, und das System hat noch nicht gelernt, ihre Kraft wirklich zu nutzen. Und umgekehrt, viele Jungen sind heute in der Bildung ebenfalls nur dabei – aber das System kann ihre Stärken nicht mehr erkennen, fördern und nutzen. Das zumindest ist das große Bild. Es gibt jedoch Ansätze und Tendenzen in Wirtschaft und Gesellschaft, diese Muster tatsächlich aufzubrechen – und davon wollen wir in diesem Schlusskapitel sprechen. Die neue Zeit bietet tatsächlich neue Möglichkeiten. Wir müssen sie verstehen und nutzen!

Aufstiegskompetenz – was ist das?

Im Kern der meisten Maßnahmen, die von Unternehmen mit dem Ziel der Entwicklung von weiblichen Talenten inzwischen umgesetzt werden, hinter all den Coachings und Mentoring-Programmen, Seminaren und Selbsthilfebüchern steht fast immer ein Leitgedanke: Frauen brauchen, um Erfolg zu haben, vor allem mehr Konkurrenzverhalten und Durchsetzungsvermögen!

In der anerkannten Zeitschrift *Personalführung* vom Mai 2011, Organ der Deutschen Gesellschaft für Personalführung mit großer Reichweite unter Personalverantwortlichen, stoße ich beispielhaft auf einen kurzen Artikel über einen Vortrag der Managementtrainerin Monika Henn[15] zum unterschiedlichen Aufstiegsverhalten von gleich qualifizierten Männern und Frauen, aus dem ich zitieren möchte: »Vergesst Aschenputtel! Erfolgreiche Frauen ›ticken‹ anders. (…) Viele Frauen versuchen, durch Fleiß und Freundlichkeit zu gewinnen und irgendwie entdeckt zu werden. Das funktioniert aber im wirklichen Leben so gut wie nie. (…) Um nach oben zu kommen, braucht man (!) zunächst einmal die sogenannte Aufstiegskompetenz. ›Konkurrenzverhalten‹ ist hier das Stichwort. Während Männern (…) eine gewisse Freude am Wettbewerb (…) und auch am Thema Macht in die Wiege gelegt ist, zucken sogar einige recht erfolgreiche Frauen bei diesem Thema innerlich immer noch zurück. (…) Empfehlung: ›Visibility‹ zeigen. Einen eigenen weiblichen Stil entwickeln, sich ein dickes

Fell anschaffen und Rückschläge einstecken lernen sowie ein ›Zurückschrauben des Anspruchdenkens im Hinblick auf das Privatleben.‹«

Das ist eine gute Zusammenfassung dessen, was heute in den meisten Personalabteilungen gedacht wird und was auch viele Frauen selbst zum Thema Frau und Karriere denken. Ein eigener weiblicher Stil durchaus – aber eher in der Kleiderordnung und im äußeren Auftritt als im Arbeitsstil. Die Angebote reichen hier vom »erotischen Kapital«, das es in Zukunft immer mehr zu pflegen gilt, bis hin zu krassen Texten, in denen Frauen gewissermaßen das schlechte Benehmen antrainiert werden soll. Im April 2011 erschien im Programm eines angesehenen Verlages ein Buch mit dem Titel *Nett ist die kleine Schwester von Scheiße: Danebenbenehmen und trotzdem gut ankommen* von Rebecca Niazi-Shahab. Dazu findet sich folgende Inhaltsbeschreibung bei Amazon: »›Weniger ist mehr‹ gilt vielleicht für die Farbwahl der Abendgarderobe – nicht aber für das anschließende Geschäftsessen. Wer sich immer brav im Hintergrund hält und verbindlich lächelt, hinterlässt außer einem lauwarmen Händedruck bestimmt keine weiteren Spuren. *Nett ist die kleine Schwester von Scheiße* zeigt, dass Charisma erlernbar ist, wie Charme perfekte Manieren ersetzt und verrät die Geheimnisse prominenter Provokateure. Eine Kulturgeschichte des schlechten Benehmens, die Eindruck macht!«[16]

Solche Empfehlungen sind letztlich banal und unglaublich folgenlos. Sicher sind sie oft amüsant und anregend, wenden sich an das Frustrationsgefühl vieler Frauen und stacheln sie an, es jetzt »denen« und eigentlich »allen« zu zeigen. Das ist verständlich und manchmal auch kurzfristig wirksam, wie eine Diät, meist aber genauso hemmungslos ineffektiv wie alle Diäten. Denn: So wird Karriere für die meisten Frauen – zumindest in den nächsten Generationen – nicht funktionieren. Eher schließt ein solches Programm mit Sicherheit einen großen Teil von ihnen dauerhaft aus dem Aufstieg aus, darunter viele der hoch kompetenten und höchst qualifizierten. Denn hier liegt nicht ein kleiner Stein im Weg, der mit ein bisschen mehr angecoachtem Konkurrenzverhalten oder mit schlechten Manieren aus dem Weg geräumt werden könnte; sondern hier türmt sich eine unsichtbare, aber kaum überwindbare Wand auf, die nicht etwa nur leistungsschwache Verliererinnen ausbremst, sondern auch viele Frauen mit großem Potenzial. Sie ist nicht aus Beton, auch nicht aus Glas gegossen, vielmehr besteht sie aus Wettbewerbsverhalten, aus der Betonung von Rangunterschieden und der Bevorzugung abstrakter Diskussionsstile, die Strukturen begünstigen, die Frauen fremd sind.

Die oben von mir zitierte Monika Henn bezeichnet das »Konkurrenzverhalten« als entscheidende Qualifikation für »Aufstiegskompetenz« und ergänzt, die »Freude am Wettbewerb« sei den Männern »in die Wiege« gelegt. Allerdings: Männer empfinden, das haben wir ausführlich dargestellt, überwiegend tatsächlich Freude am persönlichen Wettbewerb – das bringen die meisten von ihnen mit, und das ist »auch gut so«. Es ist eine Eigenschaft, die fest in ihnen verankert ist und nicht einfach am Garderobenschrank abgegeben werden kann, auch wenn sie nicht bei allen Männern gleichermaßen stark ausgeprägt ist. Für Frauen aber gilt das Gegenteil, sie treten ungern direkt gegen andere an, sie diesbezüglich »nachzurüsten«, dürfte wenig erfolgversprechend sein. Doch, und hier liegt der Ansatz für meinen Optimismus: Das Denken und Fühlen in persönlichen Wettbewerbsmustern gerät zunehmend in Widerspruch nicht nur mit der Karriere und dem Aufstieg von Frauen, sondern mit dem Erfolg von Unternehmen insgesamt.

Bitte keine Boni mehr!

Das Industriezeitalter brachte ein Management hervor, das auf Konzepten von Befehl und Kontrolle, auf Kommandowirtschaft beruhte; Mitarbeiterinnen und Mitarbeiter bedienten Maschinen in vorgegebenen Takten, ohne eigenen Einfluss. Steuerung erfolgte über Leistungsmessung und finanzielle Belohnungen. Die Wissenschaft folgte dem Missverständnis, dass Menschen am meisten leisten, wenn sie dafür finanziell belohnt werden. Der Hund bekommt ein Leckerli, wenn er das Stöckchen bringt – der Mitarbeiter einen Bonus, wenn er eine Sache gut macht, der Vorstand eine Millionenbelohnung.

Finanzielle Anreize erzeugen aber in Wirklichkeit nicht mehr Leistung, sondern massive wirtschaftliche Risiken. Wissen wird zurückgehalten, Kooperation behindert, Kollegen werden ausgepunktet. Damit können manche Männer kulturell leichter umgehen als Frauen, aber auch für sie gilt: Bonuszahlungen blockieren letztlich die freiwillige Leistungsbereitschaft und setzen oft Anreize in die falsche Richtung.

Die Gehälterforscherin Margit Osterloh, die das Institut für Organisation und Unternehmenstheorien an der Universität Zürich leitet, veröffentliche 2008 eine sogenannte Meta-Studie[17], die Gehaltsdaten von 123 000 Unternehmen weltweit auswertete. Darin fand sie keinerlei stichhaltige Beweise für den positiven Einfluss von Bonuszahlungen auf den Unternehmenserfolg, eher einzelne Hinweise auf leicht sinkende Unternehmensgewinne genau dort, wo es hohe Bonuszahlungen für den Vorstand gab. Manager mit hohen Boni neigen dazu, kurzfristige und leicht messbare Ziele anzusteuern, langfristige Investitionen in Forschung und Entwicklung oder Ausbildung aber zu vernachlässigen. Osterloh nennt das den »Söldner«-Effekt: Hohe Bezahlung zieht Menschen an, die in erster Linie auf Geld reagieren. Wir können dies auch den Gier-Effekt nennen, der viele Frauen aufgrund ihrer anders komponierten Motivationslage insgesamt weniger antreibt. Ihre niedrigeren Gehälter in der Spitzengruppe sind nicht nur Ausdruck von Diskriminierung – das sind sie auch –, sondern Frauen nehmen sie hin, weil sie andere Prioritäten setzen. In der Tendenz legen Frauen im Management mehr Wert auf Sinn und Langfristigkeit sowie auf ethische Dimensionen. Auch hier bestätigen Ausnahmen die Regel.

Hohe Boni sind nach Osterloh nicht Ausdruck von Tüchtigkeit und Erfolg, sondern Resultat gering ausgeprägter Regeln für gute Unternehmensführung – je weniger solche Grundsätze gelten, je schwächer die Kontrollgremien und Aufsichtsgremien, je stärker die Verflechtung der Aufsichtsräte in Gremien, desto höher die Vorstandszahlungen. Die Wissenschaftlerin plädiert für den Verzicht auf Bonuszahlungen zugunsten von Festgehältern, die nur bis 500 000 Euro als Betriebsausgaben absetzbar sein sollten. Gewinnausschüttungen sollte es, wenn überhaupt, in guten Zeiten für alle Mitarbeiter geben – wie es etwa die Unternehmenskette dm in Deutschland praktiziert, die seit Jahren kontinuierlich wächst, trotz oder wegen fester und fairer Gehälter. Das Argument, dass die besten Kräfte ohne große Boni ein Unternehmen verlassen würden, zählt für Osterloh nicht. Sie betont, dass Menschen insgesamt primär für Anerkennung und ein faires Gehalt arbeiten, nicht für finanzielle Stimuli.

Das Menschenbild, das hinter Bonuszahlungen und anderen finanziellen Anreizsystemen liegt, ist im Kern falsch; es gehört einer bestimmten Phase der messbaren industriellen Produktion an, die wir inzwischen hinter uns gelassen haben. Und es ist besonders falsch für Frauen. Alle Menschen, Männer wie Frauen, wollen etwas leisten, sich und anderen etwas beweisen, etwas lernen. Sie arbeiten durchaus, um Geld zu verdienen, aber auch um sich zugehörig zu fühlen, Sinn und Anerkennung zu finden. Männer brauchen dabei – als Manager wie als Schüler – insgesamt mehr Abwechslung und Aufregung, um motiviert zu bleiben, sie lassen sich auch durch Geld eher locken, während Frauen einfach aus gut bewältigter Arbeit und Gewissenhaftigkeit Befriedigung ziehen. Das hält sie dann oft in Positionen von Zuarbeiterinnen fest. Männer kommen besser mit deutlichen Rangfolgen zurecht, sie wollen zwar anderen nicht unbedingt schaden, aber sie tun sich insgesamt leichter damit, wenn andere zurückstecken müssen.

Ein rein auf Mess- und Kontrollsysteme sowie auf finanzielle Anreize setzendes Menschenbild ist ungeheuer altmodisch: Es geht davon aus, dass Menschen nicht von selbst ihr Bestes geben, sondern fragt nur danach, wer leistet wo, was, wann, wie viel? Heute wird aber immer deutlicher, dass sich die Leistung von Führungskräften, von Architekten, von Forschungsmitarbeitern oder Verkäufern nicht einfach messen und bewerten lässt. Ist Umsatz immer der richtige Maßstab? Umsatz zulasten von Qualität? Das führt zu Ergebnissen, wie sie sich in den Skandalen um Ethik- und Vertriebspraktiken vieler Banken und Versicherungen offenbart haben, die inzwischen nur noch durch aufwendige Auflagen und Vorschriften mühsam unter Kontrolle gehalten werden können. Dabei sind zweifelhafte Vertriebsmethoden und Belohnungen wie Incentive-Reisen inklusive Bordellbesuche nur die Spitze des Eisbergs. Es ist seit Langem kein Geheimnis, dass vor allem Versicherungsvertreter neben ihren Verkaufsprämien mit krassen sexualisierten »Erlebnissen« belohnt werden, während ihre Unternehmen sich nach außen seriös und bieder geben. Allein schon eine solche Anreizkultur stellt einen massiven Ausschlussgrund für Frauen dar, die sich damit keineswegs belohnt fühlen dürften! Was für die einen ein Höhepunkt im Jahr sein mag, wäre für viele Frauen ein Horrortrip.

Die Kultur von hohen Boni und fragwürdigen Anreizen untergräbt allenthalben den Erfolg und kostet überdies sehr viel Geld – Geld, das besser als Fixgehalt ausbezahlt würde, Geld, das besser angelegt wäre in ausreichend Personalstellen besonders beim Führungskräftenachwuchs, damit gerade dort, wo Beschäftigte sich meist in der Phase der Familiengründung befinden, die Kultur extremer Arbeitsüberlastung eingedämmt werden kann; Geld, das besser in allgemeine Gewinnausschüttungen für alle Mitarbeiter investiert wäre – denn alle sind am Erfolg beteiligt.

2010 erschien zu diesem Thema auf dem deutschsprachigen Buchmarkt der amerikanische Bestseller des Autors Daniel Pink: *Was Sie wirklich motiviert*[18]. Pink befasst sich darin ebenso wenig mit der Geschlechterthematik wie die Gehälterforscherin Osterloh, setzt sich aber mit Anreizsystemen in Unternehmen auseinander und zeigt, wie monetäre Anreize und Boni, im Gegensatz zu der allgemein herrschenden Überzeugung, nicht etwa die Leistung von Menschen verbessern, sondern, im Gegenteil, Menschen sogar demotivieren und sich äußerst negativ auf die Unternehmensentwicklung auswirken: Sie können die intrinsische Motivation schwächen, die Leistung schmälern, die Kreativität vernichten, kooperatives Verhalten behindern, Mogeleien, Betrügereien und unethisches Verhalten befördern, abhängig machen und sie drohen, das bloße Kurzzeitdenken zu fördern.

Auch wenn alle diese negativen Auswirkungen schon in den Debatten über das Verhalten von Investmentbankern und Fondsmanagern erörtert und »exzessive Bonuszahlungen« mitverantwortlich gemacht wurden für die Finanzkrise, so blieb das Prinzip von materiellen Leistungsanreizen doch bis heute unangetastet. Ich widme mich diesem Thema hier so ausführlich, weil es tatsächlich eine der Ursachen für den mangelnden Karriereerfolg von Frauen ist. Geld ist ihnen im Vergleich meist weniger wichtig als Kooperation, ihr Engagement für die Sache bedarf vor allem eines guten Klimas, sachlicher Ziele und der Anerkennung, aber keiner »Leckerli«.

Daniel Pink empfiehlt, im Gegensatz zu finanziellen Bonussystemen, eher kleine, überraschende und spontane Belohnungen, die auch immateriell sein können: Lob, ein gemeinsames Essen, eine kleine Feier – nur gelegentlich, nur manchmal etwas Geld. Letztlich geht es um direkte persönliche Anerkennung, ohne dass diese zum erwarteten Ritual oder zum festen Anspruch wird. Nach Pinks Meinung lassen sich finanzielle Anreize noch am ehesten bei Tätigkeiten rechtfertigen, die monoton sind und wenig Eigenverantwortung verlangen. Leistungen wie die des sowjetischen Stachanow-Arbeiters, der die Arbeitsnormen durch übermenschliche Anstrengungen durchbrach, waren noch erkennbar Leistungen Einzelner – heute aber sind fast alle Arbeitsprozesse so intensiv miteinander verwoben, dass der Erfolg des Einzelnen für sich kaum mehr messbar ist. Was zählt, ist letztlich nur der Gesamterfolg einer Einheit. Allerdings muss auch klar sein, was Erfolg ist. Belohnen wir in Zukunft eine gute Lehrkraft nach den guten Noten ihrer Schüler? Nach der Zahl der Schulübertritte ins Gymnasium? Nach der Bewertung durch die Schüler? Nach der Zahl der sozial Schwachen, die sie integriert? Nach der Zahl der Jungen, die gut lesen können? Nach der Zahl der Elterngespräche? Es lohnt sich sicher, alle diese Dimensionen bei Lehrern intensiv und systematisch zu beobachten, Schüler und Eltern zu befragen, Noten zu verfolgen, die Leistungen der Schüler zu messen und dadurch zu verstehen, was eine gute Lehrkraft, eine gute Schule wirklich ausmacht. Aber dieses Ziel werden wir nicht erreichen, indem wir Lehrern Boni zahlen. Sie brauchen stattdessen eine bessere Ausbildung, konkrete Wertschätzung, Gelegenheit zu Weiterbildung, Austausch mit anderen Schulen, Entlastung, Kooperation! Und Zeit für Sonderaufgaben.

Jede individuelle, jede materielle Belohnung von Gruppen trägt in sich den Keim, andere vom Wissen abzuschneiden, sich Vorteile zulasten anderer Personen oder Teams zu sichern, sich durch geschönte Zahlen in ein besseres Licht zu rücken. Die Antwort darauf lautet auch bei Pink: faire und relativ gute Festgehälter – entsprechend der Leistungskraft des Unternehmens und der Branche, Boni, wenn überhaupt, dann für alle – als Erfolgsbeteiligung am Ganzen! Jedenfalls in der großen Linie.

Hier schließt sich der Kreis zum Thema Frauenkarrieren – die Leistungsbereitschaft und Arbeitsfreude von Frauen ist insgesamt größer, wenn ein tatsächlich wertschätzendes und eher solidarisches Klima herrscht, das den ganzen Menschen anspricht. Das sind für die meisten Frauen keine netten Extras, sondern zentrale Motivationsfaktoren.

Der Mythos der Rund-um-die-Uhr-Verfügbarkeit

Auch wenn es Studien gibt, die begründete Zweifel daran anmelden, dass Frauen sich durch einen anderen Führungsstil auszeichnen oder andere Akzente setzen als Männer, so neige ich doch der These zu, dass bei einer deutlich stärkeren Präsenz von Frauen und bei einer ausreichenden Durchlässigkeit von Unternehmen für Frauen aller Typen tatsächlich Unterschiede in Führungsmethoden und auch in strategischen Herangehensweisen erkennbar sein werden. Heute gilt dies kaum, weil die Auswahl von Frauen innerhalb eines ziemlich engen, mit der männlichen Kultur gut vereinbaren Spektrums von weiblichen Persönlichkeiten erfolgt – und sich auf sehr kleine Zahlen beschränkt.

Von den nötigen Strukturveränderungen, die es braucht, um Frauen gerade wegen ihres von Männern unterschiedenen Problemlösungsverhaltens in die Führungsspitze von Unternehmen aufsteigen zu lassen, sind die meisten Betriebe und Organisationen noch weit entfernt. Denn die tatsächliche Integration weiblicher Denkstile und Werte in die kulturelle DNA einer Firma erfordert ganz neue Formen der Arbeitsorganisation. Eine hoch dosierte maskuline Kultur in den Unternehmensspitzen macht es derzeit noch praktisch unmöglich, männliche und weibliche Potenziale zu einer effektiven Hybridkultur zusammenzuführen. Solange die Säulenheiligen der männlich dominierten Arbeitskultur – zu denen neben den monetären Anreizsystemen insbesondere die exzessive Anwesenheitskultur gehört – nicht gestürzt werden, wird sich das sogenannte moderne Personalmanagement mit Teilzeitstrategien, Kinderbetreuungsmöglichkeiten, Coaching und Mentoring-Programmen für Frauen bescheiden, um sie fit zu machen, im System zu überleben, nicht aber, um es zu führen. »Fix the Woman« heißt die Parole – und nicht: »Fix the Structure«.

Da modernes Personalmanagement verstärkt mit zentralen Zielvorgaben, Erfolgskontrollen und verschiedenen Bewertungs- und Beförderungsverfahren[19] operiert, die einem überholten Modell der Produktion verhaftet sind, aber die Illusion nähren, man könne das, was eine Führungskraft ausmacht, an messbaren Kriterien festmachen, droht es, für Frauen zur Falle zu werden. Denn hier ist das Einfallstor für willkürliche Zeitmessungssysteme, mit denen nicht *Leistung* gemessen wird – ist die Person kreativ, inspirierend, kooperativ, tüchtig? –, sondern ihre sogenannte Leistungs*bereitschaft*, was meist nichts anderes heißt als: Ist sie möglichst dauerhaft verfügbar und hoch flexibel?

Daran bemisst sich, wer für eine Führungsrolle geeignet ist, die extreme Zeitbelastung gilt gewissermaßen als zuverlässigstes Auswahlkriterium. Um die damit verbundene höhere Bezahlung zu legitimieren, muss gerade der Führungsnachwuchs über Jahre beweisen, dass er ein völlig überdurchschnittliches Zeitinvestment zu leisten bereit und hyperflexibel ist. Über diese exzessive Anwesenheitskultur, die so viele Unternehmen noch immer wie eine Seuche durchzieht, werden viele Frauen ausgesondert. Durch die Hintertür wird damit zugleich das hierarchische Modell von Top-down-Strukturen als unerlässlich bestätigt. Dabei hängt der tatsächliche Erfolg einer Führungskraft weder davon ab, wie lange sie arbeitet und ob sie immer anwesend ist, sondern wie gut es ihr gelingt, die Kolleginnen und Kollegen für ein gemeinsames – ebenso anspruchsvolles wie realistisches – Ziel zu motivieren, Wissen von außen einzuholen und nach innen wie außen weiterzugeben, die richtigen Partner im Unternehmen zu finden und vor allem, die Stimmungen und Bedarfe der Kunden am Markt zu erfassen, zu bedienen und diese innerhalb der eigenen Organisation effektiv weiterzuvermitteln. Ein Team darf nicht abhängig sein von der Erreichbarkeit seiner Führungskraft. Im Gegenteil: Es muss alle Aufgaben letztlich selbst übernehmen können – die Führungskraft dient vor allem der Inspiration, der Abstimmung und der Konfliktschlichtung, dem Finden von Kompromissen und der gemeinsamen Zieldefinition. Eine gute Führungskraft ist in dieser Rolle wichtig, in den konkreten Abläufen ist sie ersetzbar – je mehr, desto besser.

Extrem lange Arbeitszeiten im Führungsbereich von Unternehmen sind kein Zeichen für Kreativität oder gar Effektivität. Sie sind ein Zeichen von schlechter Planung, von geringer Produktivität und Effizienz – von unintelligenter menschlicher Energieverschwendung. Hinter sehr langen Anwesenheiten verbirgt sich in Wirklichkeit meist ein ineffektives Management[20], eine ungezielt wuchernde Kultur von Sitzungen und Telefonkonferenzen, die zu häufig stattfinden, zu lange dauern, sich nicht mit strategisch wichtigen Dingen befassen. Planungen, Papiere, Berichte, Beurteilungen aller Art fressen endlos Zeit, ohne wirklich effektiv zu sein. Es sind oft verselbstständigte Formen von Verwaltung, die letztlich der Abschottung vom Markt dienen, riesige Wasserköpfe, die den Markterfolg durch Planungsschritte beeinflussen und kontrollieren möchten. Letztlich aber bleiben nur die Unternehmen erfolgreich, die allen Planungen zum Trotz flexibel auf Veränderungen reagieren können. Sehr viel Führungszeit geht so in einer unproduktiven Kultur der inneren Selbstbeschäftigung verloren, die Zeit und Energie frisst, ohne die Effektivität, den Umsatz, die Zukunft zu befördern. Viele Großkonzerne sind durch die Schwere ihrer Gehirne verlangsamt – und können durch die Kosten, die das verursacht, zu wenig an ihre Peripherie weitergeben. Und leider: Viele Frauen sitzen genau in den Stäben, die diese Selbstbeschäftigung des Managements verkörpern, weil nur dort eine Arbeitsorganisation und Kultur herrscht, die Frauen Platz lässt, kulturell und zeitökonomisch. Gleichzeitig landen sie damit in Karrieresackgassen.

Der Wettlauf um Präsenz trennt nicht effektiv von ineffektiv, sondern überlässt das Ruder vor allem denjenigen, die wenig persönliche Verantwortung jenseits des Unternehmens tragen.

An dieser Stelle liegen auch die Schwachpunkte der Arbeitskultur in vielen Medienagenturen, den IT-Unternehmen, den modernen Unternehmensberatungen und Forschungsteams, die als cool, weniger hierarchisch, spontaner, egalitärer gelten. Sie sind wegen dieser Attribute eigentlich auch besonders attraktiv für Frauen – praktizieren aber meist eine gnadenlose Präsenzkultur, die für die jungen Singles das Familienleben ersetzt, aber gern mit Leistungsbereitschaft verwechselt wird. Wer ihre Sechzig-Stunden-Kultur nicht mitmachen kann, wird aus der Verantwortung ausgeschlossen.[21]

An diesem falschen Maßstab der ständigen Verfügbarkeit, der gerade auf dem Weg nach oben als wichtigster Parameter gilt, sehe ich täglich Karrieren äußerst kompetenter Frauen scheitern, besonders wenn sie Familienverpflichtungen haben. Es fehlt ihnen nicht plötzlich an Ideen und Kompetenz, es fehlt ihnen an einer Arbeitsumgebung, die Leistung nicht mit Anwesenheit verwechselt. Im Juli 2011 etwa legte die bis dahin erfolgreiche Arbeitsdirektorin Angelika Dammann ihr Amt bei der SAP nieder.[22] Sie hatte diese Position nach einer steilen Karriere bei Shell und Unilever angetreten und galt als große Hoffnungsträgerin. Ihren Rücktritt machte sie an der Kritik fest, die aufgrund ihrer mehrfachen Nutzung des Firmenjets (statt eines Linienflugzeugs) auf Flügen nach Hamburg zu ihrer Familie über sie hereingebrochen war – ein Privileg, das durchaus im Rahmen der Vereinbarungen lag, die das Unternehmen mit ihr getroffen hatte.[23]

Skandale um Spitzenfrauen haben oft mit dem Thema Arbeitszeit zu tun, mit dem Management persönlicher Zeitbudgets und der Verantwortung von Frauen für nahestehende Personen.[24] Wer Frauenkarrieren will – und Karriere für Männer mit Familiensinn – muss dem Präsenzfetisch Einhalt gebieten. So wie wir gelernt haben, Effizienz beim Energieverbrauch zu fordern, so müssen wir uns mit der Energieverschwendung in puncto Arbeitszeit auseinandersetzen und die unhinterfragte Verfügbarkeit von angehenden

Führungskräften aktiv begrenzen. Entscheidend wird es sein, die Strukturen im Unternehmen, in Forschung, Produktion, Vertrieb, Verkauf so zu gestalten, dass hier dezentral erfolgreich in der Regel mit normalen Arbeitszeiten gearbeitet werden kann. Da sich aber gerade beim Führungsnachwuchs oft jene dynamischen Singles sammeln, die sich bei den fröhlichen Vorabendmeetings und Nachtsitzungen nichts Böses denken, ist die Praxis in den meisten Firmen, auch in der Kreativbranche, meist noch sehr anders. In Skandinavien sind zumindest Ansätze für ein solches Umdenken vorhanden. Bereits vor zehn Jahren berichtete ein hochrangiger Nokia-Manager bei einem Treffen zum Thema Work-Life-Balance in Brüssel, er gehe jeden Abend durch seine Büros und schicke die jungen Ingenieure nach Hause, die nach 18 Uhr noch am Computer säßen – mit der Aufforderung, etwas anderes zu tun und ihr Gehirn wieder aufzuladen.

Große Konzerne bieten heute verschiedene Arbeitszeitmodelle, weil sie nur damit im Wettbewerb um Fachkräfte und hoch qualifizierte Frauen bestehen können – aber diese Öffnung geht meist nicht an die Substanz der auf finanziellen Anreizsystemen beruhenden Hierarchie und Kommandokultur. In modern aufgestellten Unternehmen sind die Hierarchien und die Gehaltsunterschiede flacher. Wenn an den Spitzen durch Bonuszahlungen weniger abgeschöpft wird, ist mehr Liquidität vorhanden, die in der Mitte in ausreichend Personal investiert werden kann, um die Aufgaben gut zu bewältigen, in faire Gehälter, die Menschen ermutigen, ihr Bestes für das Ganze zu geben und darüber hinaus auch noch zu leben. Wer lange arbeiten will, darf und soll das auch in Zukunft tun. Wer nachts am Computer sitzen will, auch. Wer seine Arbeit tagsüber bewältigt und gut organisiert, wird aber dafür nicht durch weniger Geld oder ausbleibende Karrierechancen bestraft. Eine erhöhte Produktivität, die letztlich auf unbezahlten und de facto unbegrenzten Überstunden von Nachwuchskräften beruht, ist mathematisch eine Scheinproduktivität.

Wo eine Kultur lebbarer Vollzeitarbeit – irgendwo zwischen 35 und 55 Stunden für Führungskräfte – herrscht, mit fairen Festgehältern und der Möglichkeit, bei Bedarf daheim zu arbeiten, ist die Bereitschaft von Frauen, Verantwortung zu übernehmen deutlich höher – und wird die Möglichkeit für Männer gestärkt, ihre Sinne und Verantwortlichkeiten über den Beruf hinaus einzubringen. Der persönliche Wettbewerb ist dann nicht die zentrale Achse des Berufslebens, sondern der kooperative Wettbewerb, der sich am Draußen, an den Marktkonkurrenten misst und sich nach innen kooperativ verhält. Das verbessert die Möglichkeiten zur echten Zusammenarbeit mit Frauen ungemein.

Flach, flacher, IKEA

Je männlicher eine Unternehmenskultur, desto stärker sind Hierarchien ausgeprägt, real oder symbolisch. Am deutlichsten ist dies im Militär, wo international nur sehr wenige Frauen hohe Funktionen bekleiden. Große Gehaltsunterschiede, sichtbare Statussymbole wie teure Dienstwagen, hierarchische Kommandostrukturen, Top-down-Prozesse kennzeichnen solche Kulturen. Es gibt Branchen, in denen generell mehr Frauen beschäftigt sind als in anderen – etwa im Einzelhandel oder im Gesundheitswesen. Das aber besagt noch nicht, dass bei ihnen eine ausgewogene Unternehmenskultur herrscht. In vielen Handelskonzernen finden sich an der Spitze der Pyramide nur Männer, wie etwa bei Arcandor mit seinem früheren Konzernchef Thomas Middelhoff, der die Pose des selbstverliebten Helden an der Spitze grandios verkörperte und mit überehrgeizigen und riskanten Manövern scheiterte. Die Drogeriekette Schlecker erlebt gerade mit der Schließung von 800 Filialen den Niedergang eines einst erfolgreichen, autoritär regierten Imperiums weiblicher Mitarbeiterinnen im Niedriglohnbereich.

Allerdings gibt es gerade im Handel auch Unternehmen wie IKEA, nicht zufällig ein Haus mit schwedischem Hintergrund, wo sich inzwischen deutlich mehr Frauen in Top-Positionen befinden als in anderen Unternehmen. In Österreich etwa besteht das Top-Management aus fünf Frauen und drei Männern, von denen die Mehrzahl auch Eltern sind. Auch international sind mittlerweile 40 Prozent der IKEA-Top-Manager Frauen.[25]

Bei IKEA herrscht im Unterschied zu den männlich dominierten Handelshäusern eine äußerst flache Hierarchie – kaum sichtbare Statusunterschiede im Alltag: Großraumbüros für alle, auch für die Geschäftsführung, eine Duzkultur, Gehaltsdifferenzen ja, aber in Maßen, und eben nicht sichtbar ausgestaltet. Für viele Männer sind solche Unternehmen nicht attraktiv, den Typus des geldorientierten Söldners ziehen sie nicht an. Für Frauen hingegen schafft die Kultur der Bescheidenheit, gekoppelt mit relativ familienfreundlichen Arbeitszeiten, eine äußerst wichtige Voraussetzung für die Bereitschaft, tatsächlich Karriere machen zu wollen, Verantwortung zu übernehmen, ohne sich von den anderen Kolleginnen sehr sichtbar abzuheben. Frauen scheuen nicht etwa höhere Einkommen, sie scheuen auch nicht Verantwortung – aber sie möchten dies in einem Klima der Verbundenheit leben.

Auch in einem Haus wie IKEA gibt es Konflikte, harte Entscheidungen, strategische Notwendigkeiten, Machtkämpfe. Aber eine Atmosphäre der Fairness und der Offenheit für Frauen bei gering ausgeprägter Hierarchie ist eine der realen Erfolgsbedingungen für dieses Unternehmen, das seinen größten Markt in Deutschland hat und auf alle Veränderungen seiner Kundschaft flexibel reagiert und sich deswegen immer wieder neu behauptet hat. Mit seiner Vision, gutes Design für alle erschwinglich zu machen, ist das Unternehmen die kapitalistische Variante des sozialdemokratischen Volksheims Schweden und erreicht die Mittelschichten nach wie vor ebenso wie Hartz-IV-Empfänger, für die es eigene Zahlungsmodelle entwickelt hat. Das bedeutet nicht, dass der Konzern in allen seinen Facetten politisch korrekt ist und auch nicht, dass die patriarchalische Eigentümerfamilie ein demokratisch verfasstes Unternehmen leitet. Immer wieder gerät der Konzern in die Kritik[26], seine Produkte würden nicht politisch und ökologisch korrekt hergestellt – auch wenn IKEA, wohl eher als optisches Trostpflaster, Öko-Projekte unterstützt –, die Gehälter seien niedrig zugunsten hoher Gewinne, die den Steuerbehörden durch verschachtelte internationale Stiftungen entzogen würden. Auch wenn dem Unternehmensgründer Ingvar Kamprad nachgesagt wird, Frauen in Top-Führungspositionen gegenüber nicht sonderlich aufgeschlossen zu sein, so hat das Unternehmen doch durch seine spezifischen Strukturen gerade Frauen zum Aufstieg ermutigt, auch Familienfrauen.

Zum lang anhaltenden Erfolg haben sie jedenfalls entscheidend beigetragen: Die Firma ist sowohl straff geführt, was die Produktpalette angeht, als auch äußerst direkt am Kunden, und vermag es, lokal auf Bedarfe zu reagieren. Ihre »rolling budgets«, die in der Svenska Handelsbanken, wiederum ein schwedisches Haus, erfunden wurden, richten sich an den realen Erfolgen vor Ort aus, sodass sie anspruchsvoll, aber für die Handelnden zugleich plausibel sind. Frauenfreundlichkeit ist nicht deckungsgleich mit gewerkschaftlicher Mitbestimmung auf allen Ebenen; sie bezieht sich auf innere Strukturen, Beförderungs- und Personalauswahlverfahren und vor allem auch die Art und Weise, wie diskutiert und argumentiert wird. Ein skandinavischer Diskursstil ist, erinnern wir uns an die Charakterisierung von Johan Galtung, dem angelsächsischen verwandt und fördert die Pluralität von Sichtweisen. Frauen fühlen sich dort eher daheim.

Ein Anreizsystem aus Verantwortung, Entscheidungskompetenz, partnerschaftlicher Einbindung, gutem Teamklima und fairer Bezahlung, gekoppelt mit mehr Familienfreundlichkeit als anderswo, bietet die richtige Mischung zur Personalentwicklung für Frauen – ohne dass im Unternehmen überhaupt über Frauenförderung gesprochen werden muss. Wenn Spitzenpositionen sich nicht extrem abheben von anderen Positionen, so bietet dies einen Anreiz für hoch motivierte und kompetente Frauen aufzusteigen – das Unternehmen gewinnt so tatsächlich seine stärksten und besten weiblichen Nachwuchskräfte.

Es lässt sich auch zynisch ausdrücken: Mit flachen Hierarchien lassen sich heute genauso gute oder sogar bessere (weibliche) Kräfte einkaufen als mit viel Geld und stark ausgeprägten Machtstrukturen. Für Frauen ist ein gutes Arbeitsumfeld der wichtigste Motor – Geld zählt, aber es ist längst nicht alles.

In der Managementtheorie wird immer klarer, dass Unternehmen ohnehin nicht wirklich in Hierarchien funktionieren, feste Führungsstrukturen erweisen sich für die heute erforderlichen Gestaltungsprozesse meist als unproduktiv. Schlagkräftige Organisationen der Zukunft sind auf dezentrale Strukturen und informelle Netzwerke angewiesen, auf kleine Einheiten auf allen Ebenen einer Firma, die sich miteinander verknüpfen und austauschen; nur dann haben sie eine echte Überlebenschance auf den sich schnell verändernden Märkten. Solche Organisationen stellen ihre

Budgets anhand der jeweils realen lokalen Gegebenheiten auf, denn hier wird das entscheidende Wissen entwickelt und gehandelt: Nicht die Vorgabe von oben, sondern das vor Ort Mögliche bestimmt den Umgang mit den Finanzmitteln und die Zielsetzungen. Ziele werden hochgesteckt, es wird viel verglichen mit anderen Einheiten und Wettbewerbern, aber es werden keine fixen Vorgaben von einer Zentrale gesetzt, die für die einen zu hoch, für die anderen viel zu niedrig sind. Verwaltung und Management werden damit als eigene Aufgaben unwichtiger.[27]

Exkurs: Gleicher Lohn für alle – nur nicht für meine Putzfrau

Frauen legen großen Wert auf relative Gleichheit mit ihren Kolleginnen. Starke Hierarchien locken Frauen nicht, sie sind eher ein Abschreckungsgrund. Die daran geknüpften Belohnungssysteme, hohes Einkommen und demonstrative Statussymbole, sind ihnen eher gleichgültig.[28] Wenn sie deutlich mehr verdienen, genießen sie dies, möchten es aber nicht durch starke Statusmerkmale auch noch unterstreichen. Als berufstätige Familienfrauen dagegen sind sie, wenn das Land nicht über ausgezeichnete Betreuungsangebote für Kinder und pflegebedürftige Menschen verfügt, dringend auf eine Gehaltsungleichheit unter Frauen angewiesen. Sonst greifen sie auf Schwarzarbeit zurück.

In den USA kam es immer wieder zum Ende von politischen Frauenkarrieren, weil die Ministerinnen im Verlauf ihres Aufstiegs, als noch nicht hoch bezahlte Führungskräfte, Migrantinnen schwarz im Haushalt beschäftigt hatten, um ihr Privatleben zu managen. Für jüngere amerikanische Aufstiegskräfte sind legal bezahlte Arbeitskräfte in Vollzeit nicht finanzierbar, sodass sich letztlich für sie die Frage stellt: Karriere in einem unkontrolliert anspruchsvollen Arbeitszeitsystem oder schwarz bezahlte Kinderfrau – sofern keine Großmutter und kein Ehemann zur Verfügung stehen.

Wo Dienstbotinnen billig »zu haben« sind, machen qualifizierte Frauen von ihnen auch Gebrauch. Sie hängen mit ihrer Karriere von der Zeit und Zuwendungsbereitschaft von Kinderfrauen, Putzhilfen, Haushaltshilfen und Köchinnen ab. In Brasilien ist es heute für eine Ärztin oder Rechtsanwältin leichter, erfolgreich zu sein als in Deutschland, weil sie ihre Haushaltshilfen bezahlen kann. Die Ausbeutung von Hauspersonal in Schwellenländern, gerade durch Frauen, ist kein Ammenmärchen. In den arabischen Ländern gibt es Horrorberichte von Tausenden philippinischen Einwanderinnen, die als Haussklavinnen gehalten werden, und zwar nicht primär von den Männern.

Frauen trennen sehr stark zwischen der eigenen Gruppe, der sie sich zugehörig fühlen, und anderen Gruppen, von denen sie sich emotional abgrenzen. Ihnen gegenüber können sie im Alltag hart, grausam und ungerecht sein – Männer neigen weniger zu solchen sadistischen oder gleichgültigen Verhaltensweisen, die wir beim Mobbing von Mädchen gegenüber anderen an Schulen erleben, bei der oft besonders feindseligen Haltung von einheimischen Frauen gegenüber Ausländerinnen und Ausländern, bei der betont schnippischen und bürokratischen Attitüde von manchen Frauen in Behörden gegenüber Klientinnen – und eben auch gegenüber Frauen, die im Haushalt helfen. In Deutschland und Europa hat sich diese Einstellung in den letzten Jahrzehnten gewandelt; aufgrund der generellen Demokratisierung, der stärkeren sozialen Rechte und relativ hohen Bezahlung werden Haushaltshilfen und Kinderfrauen mehr respektiert, der Negativklatsch von Arbeitgeberinnen über ihre Putzperlen hat sich deutlich verringert. Doch das dahinter liegende Problem bleibt virulent: Frauen mögen es gleich – unter ihresgleichen. Gegen Schwestern außerhalb ihrer Gruppe und Familie ist ihre Abgrenzungsbereitschaft hoch.

Natürlich gibt es auch Frauen, denen Status, Hierarchien, Rituale und Privilegien zusagen und wie auf den Leib geschneidert sind – die damit gut zurechtkommen und erfolgreich handeln. Doch ganz ohne Zweifel zeigt ein großer Teil der heute vorhandenen gut ausgebildeten Frauen nur wenig Dispositionen und wenig Faszination dafür. Sie mögen diese Attribute bei Männern schätzen, auch erotisch finden – für sie selbst zählt die Möglichkeit zur Verbundenheit mit anderen mehr.

Was das Einkommen angeht, so weisen selbstverständlich erfolgreiche Frauen hohe Gehälter nicht zurück. Aber die Top-Verdienerinnen in den USA bewegen sich im Gehaltsbereich bis 25 Millionen Euro pro Jahr – während große Fondsmanager das Zehnfache erzielen. Waren sie so viel mehr wert? Risikofreude bis zum Untergang, Abenteuerlust und extreme Gratifikationen sind weit eher männliche Domänen. Steckt in diesem Unterschied eine Frauendiskriminierung? Wahrscheinlich. Steckt darin eine sinnvolle weibliche Bescheidenheit auf hohem Niveau? Wahrscheinlich auch.

Stark hierarchisierte Organisationen der Privatwirtschaft werden wohl nur schwer interne Strukturen entwickeln können, die tatsächlich durchlässig für Frauen von unten sind. Sie werden Frauen in Führungspositionen allenfalls von oben und von der Seite her einfädeln können. Dies ist schon heute in zahlreichen globalen Unternehmen in Deutschland zu erkennen: Sie haben in ihren Führungen Frauen aus Großbritannien und den USA, aus Frankreich und Indien angesiedelt – weil dort Talente gefördert werden und Frauen sich im Rahmen einer anderen Diskurskultur entwickeln können, während bei uns Frauen nicht von unten nach oben kommen, da es ihnen an Stimulation und Strukturen auf dem Weg nach oben fehlt.

Von Arbeitsbienen und weiblichen Innovationen

Es gibt viele antihierarchisch auftretende Unternehmen, vor allem in der IT-Branche, in denen Frauen trotzdem eine höchst geringe Rolle spielen. Äußerlich gibt sich die Branche sehr egalitär – es wird viel Geld verdient, der Ton ist locker, demonstrative monetäre Statusmerkmale sind gering ausgeprägt. Ein Unternehmen wie Google bietet den Müttern und Vätern unter seinen Angestellten viele Möglichkeiten, ihr Arbeitsleben familienverträglich zu gestalten. Dennoch ist die Zahl der Top-Frauen in diesem Sektor sehr gering. Das hat zu tun mit der spezifischen IT-Kultur. Für viele Frauen, auch kompetente Frauen, ist diese Kultur zu technikverliebt, zu codiert, sie denkt zu wenig vom Verbraucher her.

Dabei waren es Frauen, die zu den Ersten gehörten, die die Potenziale von Computern erkannten und die frühen Programmiersprachen entwickelten. Es war Grace Hopper, Absolventin der berühmten Frauenuniversität Vassar in den USA, Mathematik- und Physikprofessorin in Harvard, die eine der ersten mächtigen Programmiersprachen entwickelte, indem sie abstrakte mathematische Codes in umgangssprachliche Begriffe übersetzte, damit die vielen Frauen, die in der Wirtschaft mit den ersten Rechnern zu tun hatten, diese leichter bedienen konnten. Anfänglich stieß ein solcher Versuch selbst bei ihrem eigenen Management auf Widerstand, englischsprachige Computer schienen damals undenkbar, doch letztlich führte ihre Initiative zum Durchbruch breit anwendbarer, verständlicher Programmiersprachen.

Hopper nahm sich mit ihrem Team etwa 500 Programme vor und schrieb auf der Basis von dreißig umgangssprachlichen Begriffen, wie zum Beispiel Compare, Transfer, Replace, ein Programm für einen Compiler, den sie B-0 nannte, B für business. Um ihr Management und andere Geldgeber zu überzeugen, ließ sie sich für den Prototyp des B-0 einen besonderen Clou einfallen: Sein Programm verstand die Befehle nicht nur auf Englisch, sondern konnte sie auch ins Deutsche oder Französische übertragen. Was für Grace und ihr Team eigentlich nur eine kleine Spielerei gewesen war, erschien den fassungslosen und auch misstrauischen (potenziellen) Geldgebern fast wie ein Werk des Teufels. So fanden Hopper und ihr Team tatsächlich Geldgeber für die Entwicklung des B-Compilers, der später in FLOW-MATIC umbenannt wurde.[29]

Die IT-Spezialistin besaß als Frau einen völlig anderen Zugang zur Informatik als die meisten Männer und machte dadurch den Durchbruch des Programmierens in der Welt der Wirtschaft überhaupt erst möglich. Sie betonte stets, dass es die Bereitschaft von ihr selbst und ihren Kolleginnen war, Dinge anders zu machen als sie bisher getan und gedacht wurden – eben deshalb waren sie und ihr Team äußerst innovativ und erfolgreich. Die Ausnahme Grace Hopper ist zugleich aber auch ein Symbol dafür, wie wenige Frauen ihrer Generation aus dem Gefängnis monotoner Tätigkeiten entlassen wurden. Das frühe Programmieren war eine Knochenarbeit, der sich Männer weitgehend entzogen. Frauen mit ihrer Geduld und hohen Bereitschaft, Vorgegebenes konsequent und liebevoll umzusetzen, mühten sich mit dem Abschreiben endloser und sinnlos scheinender Formeln ab.

Bis heute zehren Unternehmen und Verwaltungen in hohem Maß von der Zuverlässigkeit und Geduld von Frauen. Oftmals erkennen Frauen denkbare Lösungsansätze und hätten die Kompetenz zu Veränderungen und Innovationen, aber diese wird nicht gezielt abgerufen und gefördert. Die möglichen Verbesserungen erscheinen ihren Vorgesetzten oft nicht wichtig, entweder weil sie die Bedeutung gar nicht erkennen oder weil es unbequem ist, Veränderungen in der Arbeitsorganisation zuzulassen, die sie nicht selbst initiiert haben. Frauen haben oft eine stille innovative Stimme – aber paradoxerweise auch ein hohes Potenzial zur konsequenten Umsetzung von vorgegebenen Verfahren und Prozessen. Wird dieses belohnt, bescheidet sich Frau damit, das Muster gut nachzustricken und jede Missachtung des Vorgegebenen streng zu ahnden. Ihre Identifikation mit dem Bestehenden ist potenziell stets groß. Es braucht eine Kultur, die explizit den Veränderungswillen, die Neugier, die kleinen und großen Innovationen wahrnimmt und stützt, um den Schatz an Innovationsmöglichkeiten und großen Ideen zu heben, der sich in den Köpfen von Bürokräften, Assistentinnen, Sekretärinnen, Verwaltungsangestellten verbirgt. Der Status quo ist weit teurer, aber vordergründig bequemer für alle, auch für viele Frauen. Männer sind vor solchen Erstarrungen durch ihre mangelnde Geduld und ihr Interesse an Abwechslung weitgehend geschützt. Frauen scheint die Befriedigung, die aus erfolgreicher Veränderung erfolgt, oft zu weit entfernt und zu riskant. Doch wenn ihre Innovationsfreude tatsächlich gefördert wird, ist es, als ob Wasserfälle freigesetzt würden. So jedenfalls habe ich es in meiner Firma erlebt.

Roadmap zu einer kooperativen Unternehmenskultur

Für mich ergibt sich aus dem bisher Dargestellten eine Art vorläufiger Fahrplan, eine Roadmap zu einer Unternehmenskultur, die beiden Geschlechtern kulturellen Raum bietet. Es ist allerdings eher eine grobe Skizze als eine detaillierte Landkarte im Dschungel der Geschlechteridentitäten – und es werden sich noch viele Pfade als Sackgassen erweisen, bis die richtigen gefunden sind. Aber der folgende Handwerkskasten mag helfen, erste Maßnahmen einzuleiten, die uns auf dem Weg zu einer kooperativen männlich-weiblichen Hybridkultur voranbringen: Dazu muss der Talentradar für Führungskräfte anders ausgerichtet werden, die Arbeitskultur sich durch Verzicht auf Boni und exzessive Präsenz den Lebenssituationen und den Motivationen von Frauen öffnen und der Kommunikationsstil im Unternehmen sich saxonisch reformieren.

In der Quintessenz geht es darum, unterschiedliche Maßstäbe und Stile in der Unternehmenskultur – wirkliche Diversity – zuzulassen: Dominanz und Wettbewerbsverhalten können und müssen weiterhin einen Platz finden, wenn auch nicht automatisch so, dass ihnen die Top-Entscheidungsfunktionen zufallen. Männer oder Frauen, die sich in diesen Dimensionen ausdrücken, dürfen keineswegs ausgeschlossen bleiben, andernfalls droht eine Monokultur. Eine Balance zwischen dem Harmoniewunsch und der Konfliktscheu vieler (nicht aller) Frauen und der starken aggressiven Dominanz mancher (nicht aller) Männer ist wünschenswert und auch notwendig. Allzu viel Umarmung von Wettbewerbern kann ebenso tödlich sein wie strikte Ausgrenzung, Vertrauensseligkeit ebenso negativ wirken wie Paranoia. Aber der kriegerische Geist darf nicht dominieren, es darf kein unhinterfragtes Aggressions- und Selbstbehauptungsdenken herrschen. Der durchsetzungsorientierte Mann ist nicht mehr der Leitwolf, der das Klima bestimmt – aber es gilt, seinen Platz in Team so zu definieren, dass seine Stimme nicht verstummt.

In der Führungskultur dürfen alle diese Stile vertreten sein, um sich zu ergänzen. Optimisten sind notwendig, Realisten und Pessimisten ebenfalls. Sofern es um dominante Stile geht, liegt jedoch die Zukunft im Bereich des Kooperativen. Das lässt Frauen mehr Platz, aber auch den weniger dominanten Männern. Dafür braucht es wechselseitigen Respekt und ein Quentchen Selbstironie – auf allen Seiten. In einigen amerikanischen Unternehmen haben Frauen ein Zeichen verabredet, mit dem sie sich gegenseitig auf ihre Neigung zur Selbstherabminderung ironisch aufmerksam machen. Männern – oder einzelnen Frauen – wiederum wird durch das Handzeichen einer Pyramide angezeigt, wenn Dominanzverhalten oder Selbstdarstellung überhand nehmen.

Lob der Schüchternheit

Um die Schätze weiblichen Innovations- und Führungspotenzials in Unternehmen zu heben, ist die sorgfältige und langfristig andauernde Beobachtung des Talentpools erforderlich – welche Kolleginnen erledigen ihre Aufgaben mit Sachkompetenz, rasch, umsichtig und effektiv, lassen dabei wenig Sand im Getriebe entstehen und setzen hier und da kleine Neuerungen um. In jedem Unternehmen gibt es eine Vielzahl von solchen strategisch bedeutsamen Innovationen, die nicht wahrgenommen und gewürdigt werden, weil ihre Urheberinnen sich der Bedeutung ihres Beitrags gar nicht bewusst sind und sich keinesfalls in den Vordergrund drängen möchten. Dies gilt selbst für unser Frauenunternehmen. Wann immer ich an überregionalen Treffen teilnehme oder Standorte besuche, fallen mir solche Neuerungen ins Auge: verbesserte Routinen, aber auch neue Produktideen für den Markt. Solche Anstöße werden sehr oft von eher stillen Frauen mit echtem Führungspotenzial eingebracht. Sie genießen dafür auch Respekt und Ansehen unter ihren Kolleginnen und Kollegen. Der Talentradar aber erfasst diese Frauen meist nicht, weil ihre Signale nicht gelesen werden können. Sie werden nicht zu überregionalen oder strategischen Treffen eingeladen, haben keine Gelegenheit, ihr Können sichtbar zu machen – nicht selten, weil ihre Vorgesetzten daran auch wenig Interesse haben.

Zuweilen bleiben Talente auch deshalb unerkannt, weil gerade Freundlichkeit, Sorgfalt, Bescheidenheit und Schüchternheit immer noch als Indiz für mangelnde Führungseignung und Durchsetzungskraft gelten und den Ergebnissen, die solche Mitarbeiterinnen erbringen, weniger Wertschätzung entgegengebracht wird. Da sie über zu wenig eigenes Darstellungspotenzial verfügen, werden ihre Fähigkeiten nicht wirklich gefördert.

Die Studie *Disappearing Acts*[30] aus den USA hat genau dies in der Untersuchung eines technischen Unternehmens gut herausgearbeitet. Viele Vorgänge, die zu seiner Effektivität entscheidend beitragen, zum Beispiel die informelle Kommunikation über Abteilungsgrenzen hinweg, der notwendige praktische tägliche Wissenstransfer zwischen Tür und Angel, unersetzbar auch in Zeiten des Wissensmanagements, werden stillschweigend vorausgesetzt und genutzt, ohne jedoch offizieller Teil der Aufgabendefinition und der Bewertung zu werden. Es sind dies oft »freiwillige« Zusatztätigkeiten, die gerade Frauen Freude machen und zugleich für das Funktionieren des Gesamten unbedingt erforderlich sind. Sie zählen aber nicht – während individuelle Selbstinszenierungen sehr wohl bemerkt werden. Diese Diskrepanz ist, wie wir gesehen haben, auch aus der Schule bekannt, wo die bisweilen glänzenden Gedanken von ansonsten ruhigen Mädchen weniger Prestige genießen als die Beiträge auffälliger Jungen – dort allerdings in der paradoxen Gesamtkonstellation von besseren Noten für Mädchen bei fortdauernder Geringschätzung ihres intellektuellen Potenzials.

Während vorwiegend männliches Wettbewerbsverhalten als unverzichtbar gilt, muss die strategische Bedeutung von – weiblicher – Kooperation erst erkannt werden, bevor sie in die Beobachtung und Beurteilung mit eingehen kann. Und sie muss als eigene Leistung gewertet werden, nicht als kostenloses Naturereignis. Das ehrenamtliche soziale Engagement von Mitarbeitern außerhalb der Firmen wird heute hoch bewertet und gilt immer öfter als Voraussetzung für beruflichen Aufstieg. Das alltägliche stille Kooperieren, die intellektuelle und kreative Hilfestellung für andere im Betrieb, die Geld und Zeit spart, die fachliches Wissen uneigennützig weitergibt, Reibungsverluste verhindert, das Einspringen, Aushelfen, Informieren, das Glätten von fachlichen Unebenheiten, die sachkompetente Gefälligkeit so vieler Frauen sind dagegen ein weit unterbewertetes Gut. Sie werden, analog zur Hausarbeit, einfach in Anspruch genommen und nicht hoch bewertet, obwohl sie für den erfolgreichen Zusammenhalt von Unternehmen entscheidend sind. Sie gelten als selbstverständlich, nicht als Leistung. Sie bilden aber wichtige Teile des »sozialen Kapitals« eines Unternehmens, das mit seinem ökonomischen Potenzial eng verwoben ist.

Personen, die sich bei vielen Gelegenheiten durch ihre stille, aber effektive Kooperation auszeichnen, sollten unbedingt auf die

Vorschlagsliste der »high potentials« gesetzt werden und auf die Beförderungsschienen gelangen – sie wachsen, einmal befördert, oft sehr gut in höhere Führungsaufgaben hinein und verlieren mit zunehmender Erfahrung und steigendem Selbstbewusstsein auch einen Teil ihrer ursprünglichen Zurückhaltung. Viele Bewerbungs-, Assessment- und Beurteilungsverfahren belohnen demgegenüber eher Schnelligkeit, Sichtbarkeit, aggressives Sich-Durchsetzen, oberflächliche Teamorientierung und dringen nicht auf diese essenziellen Ebenen vor. Die wenigsten strategisch wichtigen Entscheidungen erfordern sekundenschnelles Handeln und die wenigsten klugen Entscheidungen setzen die Fähigkeit zu einem dreidimensionalen Rotieren von Objekten im Kopf voraus, die heute bei Bewerbungstests so gern abgefragt wird. Auch Frauen können bei Gefahr zum Feuerlöscher greifen. Doch Firmen werden nicht mit dem Feuerlöscher geführt.

Ohne Ansehen der Person

Die Umsetzung dieser neuen Prinzipien ist Aufgabe von Bewerbungsverfahren. Gegenwärtig kommen anonyme Bewerbungsverfahren in Mode, bei denen alle Hinweise auf Alter, Geschlecht, Nationalität etc. getilgt sind. Auf Fragebögen werden die Kompetenzen getrennt von den Personenmerkmalen erfasst, sodass ein Personaler vor dem ersten Gespräch gar nicht wissen kann, welche persönlichen Eigenschaften eine Bewerberin oder ein Bewerber mitbringt. Es zeigt sich, dass bei solchen Vorauswahlverfahren tatsächlich mehr Frauen eingeladen werden – also eine geschlechtsneutralere und fairere Sichtweise herrscht.[31] Die anonyme Bewerbung sieht zunächst vor allem vom Äußeren ab, sei es das Alter, die Hautfarbe oder auch die Attraktivität. Das ist für Frauenkarrieren in der Privatwirtschaft durchaus bedeutsam. Es mag mancherorts sinnvoll sein, eine Kleiderordnung zu haben und bei Führungskräften ein gepflegtes Äußeres vorauszusetzen. Luxusimmobilien lassen sich sicher besser verkaufen, wenn die Verkaufsperson aus der Sicht der Kunden Kompetenz und Gepflegtheit ausstrahlt. Kleiderordnungen können auch im Wettbewerb zählen: Aus einer bekannten Agentur ist mir die Dienstanweisung bekannt, dass die jeweiligen Beraterinnen und Berater immer um einen Grad schicker angezogen sein müssen als ihre jeweiligen Kunden! Das ist schon merkwürdig genug – aber vielleicht sind die Zeiten so. Und es gehört vielleicht im weitesten Sinn zum Thema des »erotischen Kapitals«, jener Kombination aus Attraktivität, Ausstrahlung, Charme und Kleidung, das nach Meinung von Catherine Hakim an der London School of Economics die Chancen der Individuen in Zukunft entscheidend mitbestimmt.[32]

Aber dennoch lässt sich festhalten: Wenn in einem Unternehmen nur optisch besonders attraktive Frauen aufsteigen, so haben wir es in der Regel mit einer Machokultur zu tun – basta. Je ausschließlicher Frauen, bewusst oder unbewusst, danach ausgewählt werden, ob sie den Vorlieben vieler Männer im Hinblick auf Figur, Gesicht, Kleidung und Frisur entsprechen, je mehr also das weibliche Personal einer Firma den Reklamen arabischer Airlines mit ihren Flugbegleiterinnen ähnelt, desto eindeutiger ist der Befund einer im Kern nicht auf Kompetenz ausgerichteten Beförderungskultur von Frauen. Wenn Physikerinnen, Betriebswirtinnen, Anwältinnen, Ärztinnen und Ingenieurinnen bei ihrer Karriere ebenso sehr oder noch mehr nach ihrer Optik wie nach ihrer Fachkompetenz beurteilt werden, so begrenzt dies den Talentpool aufs Unsinnigste. Je unterschiedlicher, je »normaler« die optische Präsenz des weiblichen Führungskaders eines Unternehmens, umso eher haben wir es mit einer de facto tendenziell gleichberechtigten Kultur zu tun. Je selbstverständlicher sich also auch füllige, ältere und äußerlich weniger attraktive Frauen im Kreis der aussichtsreichen Führungsnachwuchskräfte finden, umso eher können wir auf Auswahlverfahren in der Wirtschaft schließen, die auch tatsächlich auf Kompetenz beruhen.

Das ist kein Plädoyer für die bevorzugte Auswahl unattraktiver Menschen, und auch kein Argument gegen eine attraktive Aufmachung, sondern es ist ein Plädoyer für die gleichen Rechte von Frauen auf optische Normalität wie bei Männern – oder auch für die gleichen Rechte kleinerer Menschen gegenüber großen. Mancherorts wird gar argumentiert, Größendiskriminierung sei die letzte noch akzeptierte Form der Diskriminierung[33], sie sei allgegenwärtig, zumindest im Hinblick auf Männer, und sie verstärke sich eher noch. Es ließe sich auch lange darüber debattieren, ob das Schlankheitsdiktat, das inzwischen auch für männliche Führungskräfte großer Konzerne gilt, in irgendeiner Weise Ausdruck von höherer Leistung oder größerer Führungskompetenz ist. Vielmehr können wir es anders herum betrachten: Da Führungskompetenz und auch die Effektivität von Führung in Wirklichkeit schwer zu bemessen sind, wird hilfsweise auf äußere Indikatoren zurückgegriffen. Bei Männern ist gut belegt, dass Körpergröße eine wichtige Rolle für das Erlangen von Top-Positionen spielt. Körpergröße gilt als Zeichen von Dominanz – größere Männer sind bei Frauen erfolgreicher, haben mehr Kinder, sind öfter verheiratet. Sie haben auch öfter einen Doktortitel, was auf den Zusammenhang zwischen Bildung, sozialer Schicht und Ernährung verweist. Sie sind statistisch Gewinner und deswegen werden ihnen auch im Einzelfall leichter Führungsrollen zugetraut.[34] Bei Frauen ist Körpergröße dagegen, wie wir gesehen haben, zwar mit tendenziell mehr

Ehrgeiz, einer größeren Berufsorientierung und einer geringeren Kinderzahl verknüpft.[35] Große Frauen sind aber nicht unbedingt für Männer attraktiver – ein Zusammenhang von Erfolg und Körpergröße ist also insgesamt bei Frauen weit unklarer als bei Männern, viele weibliche Stars sind unter 1,60 groß und Hillary Clinton wie Angela Merkel nur weniger als 1,65 m.

Vor einigen Jahren gab es den Versuch nachzuweisen, dass Menschen, die als schön gelten, auch intelligenter seien[36] – immerhin erhalten hübschere Kinder bessere Schulnoten[37]. Dieser Zusammenhang war zwar ein Mediengag, wurde aber inzwischen widerlegt.[38]

So spricht vieles dafür, Bewerbungen zunächst einmal unabhängig von der Optik, vom Alter, Geschlecht und anderen äußeren Attributen anzunehmen und auch Kandidaten innerhalb von Organisationen ebenso »neutral« für den Aufstieg zu empfehlen. Doch auch solche Verfahren werden letztlich nicht von Erfolg gekrönt sein können, wenn die so ausgewählten Kräfte die für sie zentralen Eigenschaften und Haltungen in der Unternehmenskultur nicht aktiv praktizieren dürfen. Bisher bleibt die Geschlechterdifferenz der Arbeits- und Kommunikationsstile meist de facto unberücksichtigt, denn sie stellen die größten Herausforderungen an die Arbeitsorganisation, an Anreize und Strukturen.

Wir haben es dabei mit mehreren Schichten von Strukturen zu tun, die sich öffnen und anpassen müssen. Die äußere Haut umfasst Themen wie die Infrastruktur für Kinderbetreuung oder pflegebedürftige Angehörige – hier wurde bereits vieles angestoßen, aber die Kluft zwischen Wirklichkeit und Bedarf ist nach wie vor groß. Die zweite Schicht betrifft Fragen des Arbeitsortes, der Arbeitsorganisation, der Arbeitszeit – hier sind viele Dinge in Bewegung, ohne dass jedoch das Herz der Anwesenheitskultur infrage gestellt wurde oder die systematische zeitliche Überbelastung gerade von Nachwuchskräften in der Familiengründungsphase ernsthaft infrage gestellt wurde. Die tieferen inneren Schichten der Personalgewinnung, die Motivation, die Diskurse und die Denkstile, sind als Geschlechterthema noch kaum im Bewusstsein der Unternehmen und Personalabteilungen angekommen. Stellt sich der kulturelle Wertekontext eines Unternehmens für die Mitarbeiter als nicht stimmig dar, dann werden sie auch nicht auf dem für sie höchst möglichen Leistungsniveau arbeiten, sondern bestenfalls mit gebremster Energie.

Der niederländische Kulturanthropologe und Unternehmensberater Alfons Trompenaar hat dafür ein schönes Bild gefunden: »Ein Fisch spürt erst dann, dass er Wasser zum Leben braucht, wenn er nicht mehr darin schwimmt. Unsere Kultur ist für uns wie das Wasser für den Fisch. Wir leben und atmen durch sie.«

Der runde Tisch

Im Erste-Hilfe-Koffer der wirksamen Entwicklung von Frauen findet sich ganz zentral die Frage: Wie müssen Sitzungen, Workshops und Seminare gestaltet sein, damit das Potenzial von Frauen ebenso sichtbar und verstanden wird wie das von Männern? Bei der formalen Sitzung am ovalen Tisch im getäfelten Meeting-Room, unter formaler Leitung und Tagesordnung, bei der alles entscheidenden Präsentation von Ideen und Vorschlägen, zeigen sich sehr viele tüchtige Menschen, besonders jüngere Frauen, nicht in bester Form, im Gegenteil: Sie haben schwitzende Hände, einen trockenen Mund, die Gedanken kommen langsam oder es entstehen sogar Blackouts.

Frauen, die sich in gemischten Gruppen zu Wort melden, sind sich aufgrund ihrer Minderheitenposition ihrer Sache oft nicht sehr sicher und zeigen dies auch – in ihrem Gesichtsausdruck, in ihrer Körpersprache und im Gebrauch von Konjunktiven und Fragen. Zu ihrer Verunsicherung trägt schon die einfache Tatsache bei, dass Männer häufig einfach teilnahmslos geradeaus schauen – was Frauen durchaus als feindselig erleben. Stellen sie etwas gar ausführlich dar, so ist die Geduld des anderen Geschlechts schnell erschöpft.

Es gibt sehr einfache Regeln und Verfahren, um solche Sitzungen sowohl erfreulicher als auch effektiver zu gestalten. Im Umfeld von Mütterzentren und Community-Organisationen wurden Leadership-Methoden entwickelt, die den echten Dialog der Teilnehmer fördern. Thema und Ziel einer Sitzung werden in allgemeinverständlichem Stil kurz zusammengefasst, Beiträge nicht direkt negativ kommentiert. Sollen kontroverse Entscheidungen getroffen werden, so muss den Bedenken ausreichend Raum gewährt werden – und das Ergebnis sollte nicht von vornherein feststehen. In ihrem Konzept von Female Leadership betont die Managementberaterin Helga Breuninger, dass die Stärke von weiblicher Führung genau darin liegt, offene Prozesse zuzulassen, Wendungen zu ermöglichen und Gefühle als Hinweise für Risiken und Chancen im Geschäftsleben nicht zu leugnen.[39]

Alle anwesenden Personen kommen tatsächlich zu Wort, gerade auch die stillen – Themen und Ideen können auf Wunsch auch zu zweit, abwechselnd, interaktiv vorgestellt werden. Optische Elemente wie handgemalte Flipcharts oder Mindmaps, oder auch kleine Rollenspiele, werden mit eingesetzt. Kommentare würdigen grundsätzlich zunächst den positiven Inhalt, das Neue und Interessante, und leisten nicht nur Kritik. Es wird verhindert, dass in strenger Abfolge unverbundene Statements abgegeben werden. Auch »dumme« Fragen sind erlaubt – sie führen oft zum größten Erkenntniswert. Ausführliche jargonöse PowerPoint-Präsentationen werden nicht zum bestimmenden Teil von Meetings. Erfahrungen aus der Praxis und aus eigenem Erleben im Fachkontext sind grundsätzlich gleichwertig. Niemand wird künstlich zu freundlicher persönlicher Anteilnahme gezwungen, aber die Gesprächsweichen sind so gestellt, dass ein feindseliges Klima nicht gefördert wird. Sachlichkeit wird nicht mit Kühle gleichgesetzt, emotionales Verhalten nicht mit Unsachlichkeit. Wer präsentiert, wird zumindest von der Diskussionsleitung durch Blickkontakt unterstützt, denn Frauen denken und argumentieren besser, wenn ihre Worte auf sichtbares Interesse stoßen.

Coopetition – vorwärts in die Hybridkultur

Wenn Ingenieure sich heutzutage überlegen, wie sie Energie aus 3000 Metern Tiefe nach oben befördern können, sollte es auch möglich sein, der im Raum vorhandenen menschlichen Energie nicht den Weg durch einseitige Barrieren zu versperren. Dafür gibt es ein in den letzten Jahrzehnten vom Feminismus erarbeitetes professionelles Wissen über Geschlechterkommunikation. Um Vorwürfe gegenüber einem Geschlecht geht es dabei nicht: Es geht um die Nutzung dieses Wissens für eine erfolgreiche und gleichwertige Zusammenarbeit von Frauen und Männern.[40]

Generell befindet sich die Wirtschaft ohnehin in einer Phase, in der die extreme Polarisierung immer deutlicher dysfunktional wird und vermehrt Brücken zu anderen durch Kooperation geschlagen werden müssen, auch zu Mitbewerbern. Coopetition heißt das Stichwort für diesen neuen Umgang zwischen Firmen und Nationen. Dominante, durchsetzungsorientierte und wenig kommunikative Menschen wird es weiterhin geben, und sie werden weiter die Geschicke von Unternehmen und Politik mitbestimmen. Doch müssen sie als Teil einer neuen Zeit lernen, in Strukturen zu arbeiten, die andere Verhaltensmuster gleichwertig wahrnehmen, integrieren und insofern zu einem inneren und äußeren Kompromiss mit diesem anderen Stil finden. Es bedarf dazu einerseits neuer Spielregeln – aber auch der Selbstreflexion. Männer, die dazu nicht fähig oder willens sind, werden sich in der Arbeitswelt der Zukunft, in einer echten Kooperation mit Frauen und weniger dominanten Männern, weniger gut behaupten können als heute.

Viele Männer trainieren ihre kooperativen und zuhörenden Anteile heute zunächst im Umgang mit ihren Kindern, lernen dort, was es heißt, Unterschiede zu respektieren und auch, dass Erziehung mehr auf Ansporn und Dialog, auf individueller Wahrnehmung beruht als auf schlichten Kommandos. Die Familie und die Begegnung mit der Partnerin auf Augenhöhe sind wichtige Lernorte für Männer – ohne dass sie sich ihren Spaß am Wettbewerb und der Herausforderung abgewöhnen müssen. Einige westliche Kulturen, vor allem die angelsächsische und die skandinavische, befähigen durch ihre eher pluralistische Ausrichtung Männer leichter zu dieser Art von offenem Dialog. In Deutschland wird diese neue Offenheit bisher eher in der Familie trainiert – eine große Veränderung gegenüber dem patriarchalen Esstisch früherer Zeiten, wo die Kinder still zu sein hatten und der Mann stumm das größte Stück Fleisch verzehrte.

Die Elternzeit ist deshalb für junge Paare, die nach einer neuen Geschlechterbalance suchen, ein wichtiger Baustein ihrer kooperativen Neuausrichtung. Für Männer ist sie eine Art Labor, in dem sie die kulturelle Wertigkeit von Erziehung und Fürsorge erlernen. Dass nahezu jeder fünfte Vater sie inzwischen nutzt, ist auf jeden Fall erfolgreicher Ausdruck für eine Trendwende in der maskulinen Kultur – zumal die daran beteiligten Väter durch eigene Erfahrung ein größeres Verständnis für die Mehrfachbelastung durch Beruf, Haushalt und Familie entwickeln. Versuche, die Elternzeit für Väter wieder abzuschaffen, verkennen diese hohe gesellschaftliche Bedeutung und ihren Aufforderungscharakter an Arbeitgeber. Dass Spitzenverdiener die Elternzeit nicht nutzen, weil sie »nur« 1800 Euro Gehalt bekommen, widerspricht der These von der Abkehr der maskulinen Arbeitskultur nicht. Eine Rückabwicklung würde sie de facto wieder stärken, und das in einer Zeit, da sich viele Männer und Frauen ernsthaft für eine Öffnung interessieren.

Für Frauen bedeutet reflektierte Kooperation mit Männern, ihre Gefühle nicht zu verstecken, aber doch etwas stärker einzudämmen als es gemeinhin unter Frauen üblich ist. Bei sich bleiben! Eine leise Stimme nicht künstlich laut machen, die eigene Freundlichkeit nicht durch artifizielle Kühle ersetzen! Emotionen zeigen – aber auch wieder einfangen! Es bedeutet auch, im professionellen Umgang mit anderen Frauen, die Impulse zu indirekten Aggressionen, negativen Äußerungen über andere Frauen und manchmal zu ablehnender Haltung gegenüber Außenstehenden – sprich Kundinnen oder Klientinnen – besser zu beherrschen. Sie zu *beherrschen*, ist etwas anderes, als davon auszugehen, es gebe sie nicht!

Es ist bekannt, dass Frauen, die wenigstens teilweise nur mit Frauen arbeiten oder gearbeitet haben, ebenso wie Schülerinnen, die aus Mädchenschulen kommen, sich leichter und selbstbewusster in der Männerwelt behaupten, weil sie eine gewisse Selbstsicherheit in ihrem eigenen Denk- und Arbeitsstil gewonnen haben. In geschlechtsgemischten Umgebungen ist dies schwerer zu erwerben. Deshalb ist es möglicherweise sinnvoll, in gemischten Unternehmen Arbeitszusammenhänge oder Seminare unter weiblicher Führung zumindest gelegentlich nur mit Frauen zu besetzen, und zwar gerade mit solchen, die als High Potentials gelten, nicht mit denen, denen eher wenig zugetraut wird. Dabei geht es nicht um Coaching, sondern um die Erfahrung selbstbewusster und kompetenter Kooperation in Sachzusammenhängen.

Eine solche kooperative Kultur unterschiedlicher Stile ist gerade erst im Entstehen begriffen, vorsichtig noch, tastend, zuweilen fast zaghaft, ohne dass die Akteure sich dessen unbedingt bewusst sind. Und mit vielen Rückschlägen. Aber je öfter Frauen und Männer gut zusammenarbeiten, je mehr Frauen aufsteigen, desto eher werden sich solche Formen des wechselseitigen Respekts weiterentwickeln. Genau darum geht es: echten Respekt von Männern für Frauen, aber auch neuen Respekt von Frauen für Männer – gerade im Hinblick auf die Unterschiede. Beides ist in den letzten Jahrzehnten, aus verständlichen Gründen, manchmal aus dem Blick geraten. Die Zeit ist aber reif für diese Hybridkultur, die die Energien beider Geschlechter zu nutzen weiß – in Schule, Wirtschaft und Politik.

Immer stärker zeigen auch Forschungsergebnisse, dass das reine Eigeninteresse nicht der effektivste Motor für erfolgreiches Handeln ist, sondern dass Kooperation sowohl das individuelle Glück als auch den Erfolg stärkt. Immer öfter zeigen auch die Primatenforschung und die Verhaltensbiologie der Tiere, dass – entgegen den Stereotypen der früheren Verhaltensbiologie – Gruppenkooperation auch bei Tieren in vielen Fällen weit effektiver ist als die reine Vorherrschaft von Alphatieren.

Wieweit und wie schnell sich der Schwerpunkt von wirtschaftlichen Handeln und reinem Wettbewerb zu einer tatsächlichen Kooperation der Geschlechter entwickelt, ist noch nicht abzusehen. Unverkennbar aber ist die Tendenz, dass die Erfordernisse einer modernen lokal-globalen Wirtschaft sich stärker mit den Bedürfnissen von Frauen treffen. Das Gleiche gilt für die Politik. Wir befinden uns in einer neuen Phase der kulturellen Evolution der Geschlechter hin zu einem neuen Mix der Handlungsstile.

Schmutzige Wäsche, kochende Leidenschaften und neue Glücksbilanzen

Wir kommen nun zum Ende unserer Tour d'Horizon, unseres Rundgangs durch die Geschlechterdynamik in Unternehmen, Politik und Schule. Wir haben gesehen: Die Idee der Gleichstellung, Gleichberechtigung, Gleichwertigkeit ist heute in unseren westlichen Gesellschaften praktisch Allgemeingut und ein hohes Ziel. Nur sehr wenige Menschen dürften noch die Trennung der Geschlechter nach Aufgaben und die frühere Arbeitsteilung zwischen privat und öffentlich, zwischen Hausarbeit und Beruf in der alten Form befürworten, nur eine absolute Minderheit der Unterordnung von Mädchen und Frauen das Wort reden. Ein Phänomen wie der »Club der gehorsamen Ehefrauen«, der 2011 in Malaysia von Frauen gegründet wurde und die weibliche Hingabe an die Wünsche der Ehemänner propagiert, inklusive der Lizenz zur Polygamie, wird vielfach mit Erstaunen, auch mit Sorge betrachtet.[1] Gemessen an der Ideologie und Realität in manchen muslimischen Ländern sehen wir uns in Privatleben und Beruf doch schon viel weiter vorangekommen – auch wenn die Großkonzerne noch von Männern geleitet werden. Und doch gibt es auch bei uns ein verbreitetes Unbehagen an der Neuordnung der Geschlechter, ein leichtes Grummeln, Verlustgefühle, Zweifel, nicht nur in den Unternehmen, sondern auch im Privatleben vieler Frauen und Männer.

Hatte die alte Arbeitsteilung nicht doch ihren Sinn? War das Leben in der »alten Zeit« nicht leichter und übersichtlicher? Geordneter? Besser für die Kinder? Waren die Menschen nicht letztlich geborgener, als Frauen noch Frauen und Männer noch Männer waren? Wozu die ganze Anstrengung, wenn die alte Ordnung eigentlich doch ganz erfolgreich war – Weltkonzerne errichtet, Flugzeuge gebaut, medizinische Wunderwaffen erfunden hat. Facharbeiter und Chefs hatten ein Familieneinkommen und eine Frau daheim, die ihnen den Rücken freihielt.

Auch wenn sich kaum noch jemand traut, solche Zweifel offen auszusprechen, so betrachten doch selbst moderne Schwiegermütter und Schwiegerväter die Karriereambition ihrer Schwiegertöchter oft mit Skepsis – bedeutet sie doch häufig, dass die Karriere des eigenen Sohns sich mindestens verlangsamt und die Kinder bisweilen schon mit sechs Monaten in eine Kinderkrippe gebracht werden. Da nützt es wenig, darauf zu verweisen, dass der Sohn in einer solchen Ehe auch eine geringere Last und ein geringeres Unterhaltsrisiko zu tragen hat und dass Krippenkinder öfter Abitur machen als andere Kinder. Die Großeltern sehen einfach, dass das Modell auch anstrengend ist und die Kinder öfter bei Husten und Schnupfen außer Haus gebracht werden. Bilder sind hartnäckig und langlebig. Und sie haben einen wahren Kern: Die klare Arbeitsteilung der Geschlechter ist ein Erbe, das uns Menschen seit Anbeginn begleitet hat. Männer und Frauen kamen sich nicht wirklich »ins Gehege« – Rollen und Aufgaben waren ziemlich gut getrennt, auch wenn die Trennungslinien je nach Land, Region und geschichtlicher Epoche höchst unterschiedlich verliefen und sich nicht in allen Gesellschaften glichen. Meist galten die Männer mehr als Frauen, oft hatten sie viel mehr Rechte, aber in ihrem jeweils eigenen Bereich fanden viele Frauen Geborgenheit, Identität und auch Stolz, der die Unterordnung unter ihre Männer, wie es der oben zitierte »Club der gehorsamen Ehefrauen« in Malaysia empfiehlt, durchaus einbezog. Der Stolz auf den beflissenen Dienst an der eigenen Obrigkeit war im Übrigen nicht nur Frauen vorbehalten, er kennzeichnete auch die Beziehung zwischen Gesinde und Herrschaften auf den ostpreußischen Rittergütern.

Diese strikte Aufgabentrennung zwischen den Geschlechtern aber ist es, die gegenwärtig wie ein Wollknäuel aufgeschnürt wird – und ein neuer Ariadnefaden ist noch nicht gefunden, weder privat noch in der Öffentlichkeit. Das Privatleben ist allerdings in der Überwindung der Aufgabenteilung im Umbau bereits viel weiter gediehen als der Beruf – trotz der Zeitbudgetstudien, die monieren, dass Frauen noch immer den Löwenanteil der Hausarbeit leisten. Diese Statistiken erfassen viele dramatische Veränderungen nicht. Niemand hat dies so klar und schön, zugleich witzig und leicht melancholisch beschrieben wie der französische Soziologe Jean-Claude Kaufmann in seinen Büchern. Den Auftakt machte der stille Bestseller: *Schmutzige Wäsche: zur ehelichen Konstruktion von Alltag.*[2] Die früheren Regeln im Haushalt gelten nicht mehr, so Kaufmann, junge Menschen übernehmen von ihren Müttern und Vätern keine festen Rituale mehr. Die Routinen des Kochens, Waschens und Putzens beherrschen beide meist nicht, wenn sie einen gemeinsamen Hausstand gründen, eigene Normen und Regeln müssen erst erarbeitet werden. Freude an einer Tätigkeit entstehe aber erst dann, wenn sie so weit eingeübt ist, dass sie als Routine leicht von der Hand geht. Das Wickeln eines Kleinkinds, ein geputzter Boden, ein halbwegs gelungenes Abendessen, verleihen mit wachsender Erfahrung und Kompetenz durchaus Befriedigung. Sind diese aber, und hier liegt die Gefahr, erst einmal bei einem Partner stärker ausgebildet, so verfestigt sich das arbeitsteilige Muster auch schnell. Der weniger erfahrene Partner, der nur gelegentlich das Bad putzt, das Kind wickelt oder füttert, wird für sein Ungeschick getadelt – die Partnerin ist oft stolz auf ihre neuen Fähigkeiten und zugleich ärgerlich über das sinkende Engagement des anderen. Denn eigentlich hatte das junge Paar die Vorstellung, die Arbeit partnerschaftlich aufzuteilen.

Partnerschaftliche Arbeitsteilung aber ist nicht in der allgemeinen Kultur verankert – sie ist labil, was durch äußere Vorgaben, wie unterschiedliche Arbeitszeiten und Einkommen, fehlende Kinderbetreuung noch verstärkt wird. Aber auch durch Reste innerer Bilder. So beginnt oft eine Phase der Desillusionierung, der stummen oder auch lauten Vorwürfe. Viele junge Paare finden aber inzwischen eine frische eigene konstruktive Balance. Angesichts der nicht immer leichten privaten Aushandlungsprozesse unter erfolgsorientierten berufstätigen Paaren und angesichts der Tatsache, dass das Berufsleben mit seinen falsch gesetzten Anreizen und mangelnder Unterstützung für Frauen so häufig nicht hält, was es verspricht, rauschen triumphierend immer wieder neue Stürme der Nostalgie und der Infragestellung von Frauenkarrieren durch den westlichen Medienwald. Das gilt besonders für Länder wie die USA und England, wo die sozialpolitische Unterstützung für erwerbstätige Frauen schwach ausgeprägt ist und die Arbeitszeiten besonders lang sind, aber auch in Westdeutschland, Österreich und der Schweiz, wo die kulturelle Akzeptanz von Emanzipation oder Gleichstellung niedrig, die Ambivalenz hingegen stark ausgeprägt ist.

Am 22. August 2006 erschien im amerikanischen Wirtschaftsmagazin *Forbes* unter dem Titel »Don't Marry Career Women« ein Artikel des angesehenen Journalisten Michael Noer, der heiße Diskussionen auslöste.[3] Egal, welche Frau »man« sich aussuche, dunkel oder blond, hübsch oder hässlich – es sollte nur keine Karrierefrau sein. Als solche definiert der Autor eine Frau, die mehr als 35 Stunden in der Woche arbeitet und mehr als 35 000 Dollar im Jahr verdient. Warum? Weil nach vielen amerikanischen Studien, die er sicher durchaus korrekt zitiert, dann für einen Mann statistisch die Chancen auf eine glückliche Ehe geringer sind als mit einer Frau ohne berufliche Ambitionen. Mehr Scheidungen, weniger Kinder. Mit jedem Dollar Zusatzeinkommen der Ehefrau steigt das Scheidungsrisiko. Verdient sie mehr als er, sind beide eher unzufrieden als in einer traditionellen Ehe. Wenn Karrierefrauen Kinder haben, hadern sie öfter damit als Hausfrauen. Haben sie keine Kinder, sind sie ebenfalls seltener glücklich. Außerdem sei die Wohnung tendenziell schmutziger, wenn die Ehefrau stark beruflich engagiert ist, und wenn Frauen mehr als 45 Stunden pro Woche arbeiten, steige die Gefahr, dass der Mann schwere Krankheiten bekommt, weil sie dann seine Essgewohnheiten und seine Gesundheit nicht intensiv genug beobachtet. Umgekehrt gilt das nicht – erwerbstätige Frauen mit lang arbeitenden Ehemännern sorgen durchaus selbst für ihr physisches Wohlbefinden.

Auch wenn all dies bestenfalls statistisch gilt, so wiegt doch die Tatsache, dass heute sehr viele Ehen mit zwei erfolgreichen Menschen und Kindern glücklich verlaufen, ihre Kinder gut gedeihen und die Ehemänner gesund bleiben, die Ängste nicht auf, die durch solche Botschaften geschürt werden. Auch die Tatsache, dass es vielen Männern und Frauen trotz Scheidung gelingt, mit ihren Kindern auch weiterhin ein erfülltes und glückliches Leben zu führen, spielt bei so schlichten Schlussfolgerungen keine Rolle – auch nicht, dass viele Scheidungen keineswegs der Erwerbstätigkeit der Frau, sondern ganz im Gegenteil, ihrem Alleingelassensein daheim und der Untreue ihrer Männer geschuldet sind.

Solche Artikel und Studien, die das Gestern als vermeintliche Lösung präsentieren, bilden nicht ab, was allenthalben bereits im konstruktiven zukunftsweisenden Umbruch ist. Im Haushalt wird durch die ständig steigende Einbeziehung der Männer in alle Tätigkeitsbereiche und die damit verbundene Auflösung der alten Rollenbilder und Routinen eine neue Kultur rasch vorangetrieben – gerade in der kleinen Gruppe von Familien voll berufstätiger Mütter und Väter schreitet eine Art kreativer Zerstörung voran. Der Haushalt meiner Mutter mit seinen komplizierten Reinigungsritualen, Tafelsilber-Geheimnissen, dem Bettenlüften und Gemüseputzen basierte auf weniger Technik, einem anderen Warenangebot, mehr verfügbarer Arbeitskraft und objektiv wie subjektiv größeren Hygieneanforderungen. Der heutige Haushalt ist bequemer, gemütlicher, kind- und lebenszentrierter und deshalb nicht weniger »richtig«. Er ist einfach anders als früher. Der frühere Haushalt wurde von Männern nur mit genutzt – heute, da sie viel öfter aktiv beteiligt sind, entwickeln sie auch seine Spielregeln mit: weniger Putzroutinen, mehr Leben!

Sind solche Beziehungen glücklicher? Nicht unbedingt. Es stimmt, dass die glücklichsten Ehen gerade in westlichen Ländern wie den USA oder Deutschland noch immer unter den Hausfrauenehen zu finden sind, erwerbstätige Frauen sind mit ihrer Ehe nicht automatisch zufriedener.[4] Wer in seinem Leben einem anderen Modell nachtrauert, wird in der neuen Ordnung sicher weniger zufrieden sein. Frauen oder Männer, die in sich noch das Bild der Ernährer-Ehe als Option tragen – und es sind nicht wenige in den westlichen Ländern –, neigen oft zur Sehnsucht nach einem Versorger-Modell, vor allem wenn die Kinder erkältet sind, der Kindergarten früh schließt, ein Termin unaufschiebbar ist und der Partner ebenfalls unter Druck steht. All dies umso mehr als in demokratischen Gesellschaften mit eher geringen Gehaltsunterschieden die Dienstboten teuer und die verfügbaren Großeltern immer knapper werden. So banal es klingt: Äußere Entlastungen sind für eine berufliche Gleichstellung der Geschlechter unverzichtbar.

Ohne attraktive und zeitlich zuverlässige Kinderbetreuung, ohne Ganztagsschulen, ohne eine gute Infrastruktur für gebrechliche Menschen und privatlebenstaugliche Arbeitszeiten lässt sich der Druck auf die Geschlechterbalance in modernen Gesellschaften niemals abbauen – alle diese Elemente sind zwingend notwendig. So erklärt sich auch, dass in den neuen Bundesländern aufgrund ihrer größeren Erfahrung mit der Erwerbstätigkeit von Frauen und einer grundlegend positiv erlebten Kinderbetreuung die Sehnsucht nach dem männlichen Ernährer-Modell praktisch ausgestorben ist. Das Geschlechterverhältnis ist dort in jeder Hinsicht entspannter als in Westdeutschland. Allerdings stehen Frauen auch dort seltener an der Spitze von Unternehmen als Männer – darunter jedoch gibt es deutlich mehr weibliche Führungskräfte als im Westen Deutschlands. Die neuen Bundesländer sind in ihrer inneren Geschlechterverfassung viel eher mit Skandinavien vergleichbar als mit Westdeutschland – allerdings in einem wirtschaftlich schwächeren Umfeld.[5] Denkmodelle von Menschen zum Thema Geschlechterbalance sind also auch von Erfahrungen abhängig und die Familienvisionen bewegen sich im festen Gehege des Bekannten und Erprobten. Doch nicht alle Erfahrungen sind Menschen beliebig zumutbar – wir haben beim Kibbuzmodell gesehen, dass eine allzu radikale Trennung von Kindern und Eltern von den Müttern selbst wieder zurückgenommen wird. Die Form der Ganztagsbetreuung aber, die von Schweden bis Frankreich heute praktiziert wird, hat sich als durchaus vereinbar mit den Wünschen von Eltern und dem Wohl von Kindern erwiesen.

Sind moderne Ehen mit zwei berufsorientierten Partnern ökonomisch erfolgreicher? Nicht in jedem Fall – die Top-Familieneinkommen werden immer noch von Männern erzielt, die eine nicht erwerbstätige Partnerin haben. Allerdings ist das Einkommen einer Frau in der Mitte der Gesellschaft heute entscheidend für einen ordentlichen Lebensstandard, für die Absicherung gegen Lebensrisiken wie Arbeitslosigkeit oder Krankheit des Mannes. Und immer öfter erwirtschaften Frauen fast so viel oder auch mehr Einkommen als ihre Partner. Bisher ist die Frauenkarriere aber oft eher eine Art Risikovorsorge für den Not- oder Scheidungsfall als ein echtes Ideal für Frau und Mann. Die beruflichen Anreize passen nicht wirklich zu den meisten Frauen, die äußere Unterstützung ist zu gering – und zu groß ist für viele Frauen zumindest unbewusst auch die Gefahr, in einer solchen Rolle nicht wirklich attraktiv für einen Partner zu sein.

Sitzen wir also fest in immer der gleichen Rhetorik? Ist das Ganze hoffnungslos? Eher nicht – aber wir sind wirklich erst am Anfang. Es geht darum, dass die neuen Modelle für Frauen wie für Männer attraktiv sein müssen. Noch einmal: Es geht um Anreize, nicht um Umerziehung!

Im Umgang mit Kindern ist inzwischen klar geworden: Väter sollen nicht genau wie Mütter handeln, sondern eben als Väter. Sie wickeln, füttern, stehen nachts auf. Sie bestellen Kinderkleidung im Internet. Sie können fast alles, was früher nur Mütter konnten – sie tun es mit wachsender Routine tatsächlich immer besser. Aber: Sie gehen an viele Dinge anders heran. Oft – aber nicht immer – sind sie etwas sportlicher, lauter, härter, weniger ängstlich, fordern ihre Kinder mehr heraus und treiben sie zum Wettbewerb an. Wir haben also eine Aufgabenüberschneidung mit unterschiedlichen Akzenten. Die Familie funktioniert dann am besten, wenn Mütter akzeptieren, wie Väter mit den Kindern umgehen – und umgekehrt. Das ist nicht immer so und will gelernt sein, aber es sind die Bedingungen dafür, dass Männer Spaß in der Familie haben und sich darauf einlassen.

Genau diese Veränderungen stehen analog auch in den Unternehmen an. Frauen, vor allem im Führungsbereich, können dem System nicht einfach hinzugefügt werden, sondern das System wird sich ihrem Eintritt kulturell anpassen müssen – sonst bleiben Frauen in der inneren Emigration, verweigern sich dem Aufstieg oder entziehen sich ganz. Es gilt, wie wir gesehen haben, Bewerbungs- und Personalentwicklungsstrategien neu zu gestalten, Hierarchien abzubauen, Anreiz- und Belohnungssysteme zu verändern, den Kommunikationsstil zu öffnen, Prioritäten neu zu definieren, manches wegzulassen. Unterschiedliche Arbeitsstile positiv zu bewerten. Das Unternehmen der alten Art war nicht besser oder schlechter, aber es war anders. Diese Umwandlung kann gezielt angesteuert werden oder sich schrittweise einfach faktisch vollziehen, aber sie ist unvermeidlich, soll die Geschlechterkooperation auf allen Ebenen gelingen.

An dieser Stelle möchte ich als Analogie die Wiedervereinigung Deutschlands heranziehen. Sie wurde bewusst als »Beitritt« gestaltet, mit der expliziten Ansage, dass das westdeutsche System die Regeln definieren werde. Deshalb sollte auch keine neue gemeinsame Verfassung entworfen werden. Und trotzdem, auf stille Art haben die neuen Länder auch den Westen umgeformt. Die billigen Arbeitskräfte mit ihrer hohen Qualifikation, Flexibilität und Anpassungsbereitschaft waren eine Innovationskur für die westdeutsche Wirtschaft und trugen entscheidend zu den heutigen Wettbewerbsvorteilen bei. Der Aufbau Ost schien teuer und führte zu vernachlässigten Straßen in Westdeutschland, brachte aber enorme Produktivitätsschübe in West und Ost. Diese positiven Auswirkungen stellten sich ein, obwohl große Teile der Bevölkerung in West und Ost die alten Zustände noch lange schmerzlich vermissten.[6] Die deutsche Einigung veränderte auch das Denken über die Geschlechter – ohne sie wäre die moderne Familienpolitik mit ihrem Krippenausbau, begleitet von vielen Kontroversen, wohl weit weniger rasch vorangekommen, wären das achtjährige Gymnasium und die neue Zweigliedrigkeit des Schulsystems viel länger auf heftigeren Widerstand gestoßen. Sachsen und Thüringen übernahmen hier Vorreiterrollen für alle Bundesländer.

Doch zurück zur gemeinsamen Zukunft der Geschlechter in der Wirtschaft: Können die neuen Unternehmen mit gleicher Macht und gleichen Aufgaben von Frauen und Männern auch an der Spitze wirklich erfolgreich sein? Offensichtlich, sogar sehr! Machen sie die Menschen zufriedener? Nicht unbedingt und nicht sofort – hier liegt die echte Herausforderung. Ohne Arbeitszeiten, die ein Privatleben zulassen, lässt sich die Spannung und Spaltung zwischen den Geschlechtern nicht lösen. Jedenfalls schließt das, was ich »lebbare Vollzeit« nenne, eine andauernde 70-Stunden-Wochen, egal wie oder wo, aus, mit der heute so viele Führungskräfte kokettieren. Die SPD-Politikerin Andrea Nahles hat im Sommer 2011, selbst Mutter geworden, endlich auch für die Politik einen arbeitsfreien Sonntag gefordert – immerhin ein Einstieg in einen Kulturwandel, ohne den Frauen politische Spitzenämter weiterhin meist meiden werden.

Ohne neue Strukturen wird die Zerreißprobe weitergehen und die Zurückhaltung der Frauen anhalten. Aber vor allem gilt auch: Ohne Rücksicht auf die inneren Wünsche und Bedürfnisse von

Frauen und Männern, Jungen und Mädchen, wird kein neues Gleichgewicht in Wirtschaft, Politik oder Bildung zu finden sein. Dabei ist eine der schwersten Hypotheken die tiefe innere Bereitschaft von Männern und Frauen, männliche Autorität höher zu bewerten – gewissermaßen aus dem Fundus des kollektiven Unbewussten heraus. Ein langer selbstverständlicher Umgang der Geschlechter miteinander auf allen Ebenen kann diese Neigung zurückdrängen, in einigen früher sozialistischen Ländern und in Skandinavien ist sie im Arbeitsleben viel weniger ausgeprägt als etwa in Westdeutschland. Doch die erotisch unterlegte Heldenverehrung, die gerade Wladimir Putin seitens vieler junger Frauen in Russland genießt, zeigt, welche Dynamik und Sprengkraft in diesem Muster noch liegt und lange liegen wird.

Wir bringen Neigungen und Dispositionen mit aus unserer Evolution – sie sind in Körperbau, Gene, Hormone, in die Neurologie, in unsere Emotionen eingeflossen. Viele der biologischen Grundlagen für die Unterschiede zwischen den Geschlechtern, wie Kraft, Dominanz oder körperliche Aggression werden immer weniger wichtig für das Überleben, Kooperation und intelligente Systeme hingegen immer bedeutender. Aber die biologischen Spuren dieser Geschichte tragen wir noch in uns. Es kann sein, dass in 100 000 Jahren auch unsere geschlechtsspezifischen Eigenschaften im Erbgut deutlich verändert sind. Noch aber leben wir mit dem, was wir aus der Steppe Afrikas mitbringen.

Dabei, ich wiederhole das ausdrücklich, leben schon heute die glücklicheren und zufriedeneren Menschen meist in den Ländern, in denen die Gleichstellung der Geschlechter weit vorangeschritten ist – vor allem in Skandinavien. Es stimmt, dort sind die Scheidungsraten hoch. Aber geschiedene Männer müssen nicht ein Leben lang Unterhalt bezahlen, Frauen nicht jahrelang um Unterhalt kämpfen, da sie sich selbst ernähren können. Und das Sorgerecht für die Kinder ist geteilt. Trotz hoher Scheidungsraten und vieler alleinerziehender Eltern hat Skandinavien äußerst gute Schulleistungen bei seinen Kindern vorzuweisen! Nicht alle Probleme sind damit gelöst – wie gerade das blutige Attentat von Oslo im Sommer 2011 zeigte, aber es sind doch neue Vorstellungen über das entstanden, was ein gutes Leben ausmacht, Vorstellungen, die die meisten Menschen dort teilen: dass Frauen auch führen können, in Politik und Wirtschaft; dass Männer auch aktive Väter sein und, wie in Finnland, selbst mit sehr guten Abiturnoten, oft lieber Lehrer als Unternehmensberater werden wollen. Letzteres ist wichtig: die Aufwertung von Berufen, die mit Fürsorge und Erziehung zu tun haben, und die kulturelle Relativierung von Tätigkeiten, die vor allem auf hohe Einkommen abzielen. Es ist eine Kultur, die ökonomisch weniger stark auf Ungleichheit beruht als in vielen anderen Ländern.

Die technologische Energiewende in der Wirtschaft, die bereits begonnen hat, wird neue Antriebe bereitstellen und mehr erneuerbare Energien nutzen, sie wird jedoch die inneren Abläufe und Arbeitsprozesse von Unternehmen zunächst wenig verändern, ist sie doch weitgehend von Ingenieuren getragen. Die Energiewende in der Personalwirtschaft aber, der Einzug zahlreicher Frauen in die Top-Entscheidungspositionen aller Branchen, wird die Ziele, Methoden und Grundannahmen über Wirtschaftlichkeit langsam, aber spürbar verändern – oder sie kann nicht stattfinden. Die Marktwirtschaft wird sich also von innen heraus neu erfinden müssen, wenn sie die Potenziale von Frauen auf allen Ebenen erschließen möchte. Bisher war ihre innere Grammatik nicht wertneutral, sondern primär männlich aufgebaut – durch die Frauen wird sie erweitert, ergänzt und umgestellt werden. Auch das wird eine Art kreative Zerstörung bedeuten – analog zu den Regeln der

Haushaltsführung, die nicht mehr die gleichen wie vor fünfzig Jahren sind, nicht zuletzt, weil sich die Männer- und Frauenrollen verändern und immer mehr ineinandergreifen.

Es gilt nun, und hier beginnt die neue Aufgabe, genau auf die Töne und Abstufungen zu achten, auf die konkreten Verschiedenheiten von Motiven und Antrieben, um den ganzen Reichtum an Ideen und Gedanken beider Geschlechter tatsächlich nutzen zu können und um zu einem wirklichen aktiven Miteinander, statt zu einem bloßen Nebeneinander oder Oben-Unten von Frauen und Männern zu gelangen. Das aber ist ein echter Sprung in der Evolution, der sich da mit unserem Zutun entwickelt.

Mit einer solchen kooperativen Unternehmenskultur wird sich auch das Paradox auflösen lassen, das heute so gern angeführt wird, nämlich dass Frauen durch die bisherige »Emanzipation« keineswegs glücklicher geworden sind, sondern ihre Zufriedenheit sogar gegenüber den 1960er-Jahren zurückgegangen ist, insbesondere in den USA.[7] Wer mit Geschlechterdifferenzen so umzugehen weiß, dass eine fruchtbare Kooperation auf allen Karriereebenen entsteht, ist auch für die übrigen Verschiedenheiten, etwa nach Alter, Nationalität oder Religion, gerüstet – eine zentrale Aufgabe gerade für das heute so vielfältige Europa.

Aber dennoch: Bei aller Überschneidung von Tätigkeitsfeldern zwischen Frauen und Männern werden einige Bereiche noch lange – oder für immer – vorwiegend getrennt bleiben, Parallelwelten bilden. Das Ingenieurbüro der Zukunft wird vielleicht von Frauen und Männern gemeinsam geführt; doch Romane lesen sehr wahrscheinlich weiterhin vorwiegend Frauen, der girls' talk wird nicht aussterben, auch nicht unter erwachsenen und erfolgreichen Frauen. Fußball bewegt Männerherzen wahrscheinlich auch in Zukunft stärker, selbst wenn die Familie mit ins Stadion kommt. In der Kindergartenzeit und im jüngeren Schulalter werden Jungen und Mädchen weiterhin weitgehend getrennte geistige und emotionale Welten bewohnen, auch wenn sie aus den gleichen Schulbüchern lernen.

Wie war das mit dem Frauenfußball? Frauen spielen Fußball, ja, und zwar richtig gut und mit Begeisterung. Sollten sie gemeinsam mit Männern spielen? Im Moment wohl eher nicht. Was aber ist der Hauptunterschied zwischen Männer- und Frauenfußball? Mein jüngerer Sohn Brendan brachte es kürzlich schön auf den Punkt: Die Fankultur! Nichts, gar nichts, deutet darauf hin, dass Frauenfußball jemals die gleiche intensive irrationale Massenenergie von Fans zu mobilisieren vermag wie Männerfußball. Auch wenn das Zuschauen durchaus Freude macht. Wir haben es hier mit dem evolutionären Erbe der abgeleiteten kollektiven Aggressionen vorwiegend von Männern zu tun. Das ist in Ordnung, auch wenn es manchmal komisch wirkt, wie so vieles an uns allen. Wichtig ist nur, dass diese Energie heute eher im Sport ausgelebt wird als im Krieg oder in der Wirtschaft.

Ob das Modell einer Kooperation der Geschlechter auf Augenhöhe, aber mit oft unterschiedlichen Akzenten, das ich hier skizziert habe, sich auch in den Ländern Asiens, Afrikas und Lateinamerikas durchsetzen wird, weiß ich nicht. Es ist ja auch bei uns ein holpriger Weg. Auch dort jedoch werden, wie wir am Beispiel Iran gesehen haben, die immer besser ausgebildeten Frauen in Zukunft ganz sicher viele verantwortungsvolle Aufgaben übernehmen, die traditionell Männern vorbehalten waren. Vielleicht geht die Entwicklung insgesamt gar nicht so viel langsamer als bei uns, nur in anderen Etappen vonstatten – und mancherorts sicher nur mit bitteren Konflikten. Evolution ist, so und so, ein langwieriger Prozess, immer wieder bilden sich Irrläufer, die wieder absterben, aber auch Modelle, die sich durchsetzen und verbreiten.

Augen auf und durch!

Für die Ehe gibt es das Modell der Gütertrennung, das heute oft aus gutem Grund praktiziert wird. Für die Zukunft der Geschlechter in der Gesellschaft aber sollte das Modell der Zugewinngemeinschaft gelten: Beide profitieren von der Entwicklung.

Viele Bücher und Diskussionen beschreiben die Entwicklung der letzten Jahrzehnte als eine Negativbilanz für Männer – der Soziologe Walter Hollstein beispielsweise sieht in seinem Buch *Was vom Manne übrig blieb*[8] das Unternehmen als letzte Fluchtbastion des Mannes. Er habe sich dorthin zurückgezogen und verteidige sein Territorium, weil die Welt außerhalb zunehmend von Frauen dominiert werde. Der Historiker Philipp Blom leitet in seinem grandiosen Buch *Der taumelnde Kontinent*[9] gar die blutigen Katastrophen des letzten Jahrhunderts daraus ab, dass die überkommene Männlichkeit und das Männerbild ins Wanken geraten seien. Andere wiederum sehen durch die Modernisierung vor allem die Frauen um ihre Schutzräume gebracht – der Zwang zur Erwerbsarbeit, die Knappheit an Zeit für die Familie und die Pornografisierung der Kultur werteten die klassischen Rollen und Bilder von Frauen ab, ohne ihnen wirklich neue und befriedigende Perspektiven zu eröffnen. Weil ein Familieneinkommen für Männer nicht mehr realistisch scheint, wird von dieser Seite oft das staatliche Erziehungsgehalt gefordert, um den Bereich der Familie zu stabilisieren und die Fürsorgearbeit wieder aufzuwerten. Es sind dies aber die Debatten von gestern: Modelle, die Rollen und Aufgabenbereiche strikt trennen, die ganze Bevölkerungsgruppen langfristig von regulärer Erwerbsarbeit ausnehmen und sie stattdessen staatlich versorgen möchten, sind nicht zukunftsweisend. Es geht vielmehr um offenere Grenzen zwischen Fürsorgearbeit und Erwerbsarbeit, um Rollenvielfalt und Überlappungen – für alle Menschen. Beziehungen sind keine Nebensache mehr, für niemanden, weder im Beruf noch außerhalb. Sie sind das Fundament für Wirtschaft und Gesellschaft, sie brauchen Raum, Zeit und Geld. Überall. Das gilt es neu auszuhandeln. Und zwar so, dass beide Geschlechter sich in den Strukturen wiederfinden und entfalten können und nicht die Logik des einen Geschlechts dominiert. Wir haben gesehen, dass diese Logiken nicht starr sind, aber sehr wohl erkennbar.

Der Aufstieg der Frauen weltweit kann verglichen werden mit dem Aufstieg der Länder der Dritten Welt. Es sind in der Tat große Verschiebungen in der Machttektonik, die gegenwärtig stattfinden. Die Zeit imperialer Herrschaft einzelner Staaten ist abgelaufen, neue kooperative Modelle ergänzen und ersetzen teilweise den Wettbewerb der Staaten und Systeme. Bewirkt die neue Stärke Chinas die Schwäche Europas? Nein, sie bietet viele Chancen! Ist der Aufstieg von Indien oder Brasilien eine Bedrohung für die Länder des Westens? Im Gegenteil. Allerdings müssen jetzt Interessenskonflikte ernsthaft diskutiert werden – die Zeit der Diktate ist vorbei.

Der Aufstieg der Frauen jedenfalls kann die Menschen, Männer wie Frauen, überall bereichern, an Ideen, Gesundheit, Kompetenzen – er wird in vielen Ländern, vor allem in Afrika, auch ganz direkt zu mehr materiellen Wohlstand beitragen. Und bei uns hoffentlich zu einem Wohlstand, der wieder stärker an Sinn und Verantwortung gekoppelt ist. Darauf baue ich, dazu möchte ich beitragen. Denn danach sehnen sich heute die meisten Menschen.

Danksagung

Dieses Buch wäre nicht entstanden, hätte mich nicht Ingke Brodersen, meine Lektorin und Agentin, seit vielen Jahren dazu ermuntert – auch wenn es oft aussichtslos schien, die nötige Ruhe dafür zu finden. Ihr danke ich für dieses Vertrauen und für die sorgfältige und geduldige Bearbeitung meiner Textbausteine. Wenn ich Schaffenskrisen hatte, vieles noch zu unfertig fand und entmutigt war, pflegte sie zu sagen: Was meinst du denn, wie andere Bücher entstehen! Danke!

Dieses Buch wäre auch nicht entstanden, hätte ich nicht fast zwanzig Jahre lang mit meinen Kolleginnen und Kolleginnen in unserer Firma »Familienservice« die Stärken, Besonderheiten, auch die Merkwürdigkeiten eines vor allem von Frauen geprägten Unternehmens erfahren dürfen. Unsere Erfolge sind das Ergebnis unserer gemeinsam entwickelten ganz besonderen Art, Arbeit und Privatleben zu verbinden und dabei Sinn wie Gemeinschaft zu erfahren. Ihnen allen gilt mein Dank!

Unser Unternehmensmodell ist sicher nicht verallgemeinerbar, aber es ermöglicht tiefe Einsichten in die Motivationen und Arbeitsweisen, die viele Frauen auszeichnen – und in das, was sie zuweilen blockiert. Es macht auch deutlich, dass in einem solchen Unternehmen die erfolgreiche Kooperation mit männlichen Kollegen erhöhter Aufmerksamkeit bedarf und nicht immer von selbst glatt läuft!

Mein besonderer Dank gilt dabei Alexa Ahmad, die das Unternehmen seit 2008 ebenso umsichtig wie zielorientiert führt; er gilt auch Elke Birkheuser, die buchstäblich von der ersten Minute an unsere Geschickte mit gestaltet und vor allem unsere Datenbanken entwickelt hat, die ja heutzutage den Blutkreislauf jeder modernen Firma ausmachen; sowie meinem Sohn Daniel Erler, der das Unternehmen gemeinsam mit den Kolleginnen für die Zukunft aufstellt.

Nicht denkbar wäre dieses Buch auch ohne die über 800 Firmen und Behörden, die diesem Unternehmen als Kunden ihr Vertrauen schenken, es als Teil ihrer Zielsetzung sehen, ihren Mitarbeitern und Mitarbeiterinnen eine bessere Verknüpfung von Privatleben und Beruf und Frauen einen besseren Zugang zu Führungspositionen zu ermöglichen. Viele dieser Kunden sind nicht nur unsere Auftraggeber, sondern auch Gesprächs- und Entwicklungspartner. Mit ihnen habe ich erfahren, wo die Möglichkeiten, aber auch die Grenzen der heute verfolgten Konzepte liegen.

Von 2000 bis 2007 habe ich die europäische »Work-Life & Diversity Conference« für den Managementveranstalter geleitet und in diesem Rahmen Gelegenheit gehabt, mit Personalverantwortlichen aus vielen amerikanischen, britischen, französischen, spanischen und deutschen Konzernen intensiv über die Strategien zu diskutieren, die zu diesen Themen die besten Erfolge versprechen. Unternehmen wie IBM haben in unsere Diskussionen den ganzen Reichtum ihrer internationalen Erfahrung, ihrer Forschung und Praxis zu »Diversity« eingebracht – mit Ted Childs aus Chicago als Inspirator. Aus Deutschland waren in dieser Zeit insbesondere Barbara David von der Commerzbank, Natalie Lotzmann von SAP und Monika Rühl von der Lufthansa konstruktive und zugleich kritische Diskussionspartnerinnen. Sie teilen gewiss nicht alle Vorstellungen, die ich in diesem Buch vertrete, aber im freundschaftlichen Dialog mit ihnen habe ich vieles reflektieren und für mich weiterentwickeln können.

Ellen Galinsky vom »Families and Work Institute« hat mir seit meinem Aufenthalt in New York 1982 durch ihre Studien und im Gespräche immer wieder neue Anregungen gegeben, gerade auch im Hinblick auf die veränderten Einstellungen von Männern zu Beruf und Familie. Mit ihr zusammen habe ich die erste internationale Studie überhaupt zu »Work-Life-Balance« durchgeführt, in den USA, Großbritannien und Deutschland, sie war der Ausgangspunkt dieser Gedankenreise.

Das Buch reicht aber mit seinen Thesen viel weiter zurück in meiner Biografie – unsere Forschungsgruppe am Deutschen Jugendinstitut in München mit Monika Jaeckel, Greta Tüllmann, Jürgen Sass und Annemarie Gerzer-Sass schuf mit die Grundlagen dafür, sich nicht auf die Fehler und Defizite, sondern auf die Kompetenzen zu konzentrieren, die alle Menschen mitbringen. Dieser Grundgedanke prägte nicht nur unsere Modellprojekte wie die »Tagesmütter« und die »Mütterzentren«, sondern auch das so umstrittene »Müttermanifest«, das ich 1987 mit einigen anderen Frauen verfasst habe. Monika Jaeckel, meine leider inzwischen verstorbene streng feministische Freundin, war stets eine kritische Beobachterin meiner Arbeit; der Dialog mit ihr begleitet mich weiter.

Ohne dieses »Empowerment« durch so viele hätte ich mein Unternehmen nicht so aufbauen können, wie ich es dann getan habe, und könnte heute nicht so an mein Amt als Staatsrätin für Bürgerbeteiligung und Zivilgesellschaft herangehen, wie ich es jetzt versuche.

Mein Dank gilt auch den vielen Freundinnen und Freunden, mit denen ich die Zeit der Studentenbewegung und der Wohngemeinschaften sowie die frühe Familienphase und die Kinderladenerfahrung geteilt habe. Wir haben damals neue Rollen und Lebensformen erprobt, manchmal durchaus schmerzhaft. Wir haben dabei auch gelernt, dass gerade die Geschlechteridentitäten nicht nur oberflächlich sind, sondern uns und unsere Kinder entscheidend prägen.

Ich danke meinen Söhnen und Stiefsöhnen, meinen Schwiegertöchtern. Sie leben uns jeden Tag vor, was es heute heißt, ein junger Mann oder eine junge Frau zu sein. Sie haben sich auf den Weg gemacht, ihren Alltag in gemeinsamer Verantwortung zu gestalten und setzen vieles fort, was wir in den 1960er-Jahren begonnen haben. Die insgesamt sechs Enkelinnen und Enkel sind, jedes für sich genommen, starke und witzige kleine Individuen – und dabei bemerkenswert deutlich unterscheidbar als Mädchen und Jungen.

Mit vielen Menschen habe ich den letzten Monaten über diese Geschlechterunterschiede diskutiert, bei zufälligen Treffen, in Firmen, Restaurants, im Zug, bei Seminaren und bei Ferienaufenthalten in der Bretagne. Manche teilen meine Sichtweise voll und ganz, andere sind eher skeptisch. Zu diesen wichtigen Gesprächspartnern zählten Anke Domscheit, Marie-Therese Krings-Heckemeier, Uli Pfeiffer, Hanspeter Neuhoff, Ruth Winkler, Oona Strathern Matthias Horx und mein Sohn Brendan Erler. Aber auch Isa Hempel, die einige Interviews durchgeführt hat, und Sabrina Ludwig, die sich mit ihren Recherchen rund um die Quellen große Verdienste erworben hat.

Bleibt noch mein Mann Warnfried Dettling. Er hat die Entstehung dieses Buches in jeder Phase sehr unterstützt; es ist ihm ein wichtiges Anliegen, dass meine Gedanken nicht im Alltag untergehen. Wir haben zu vielen Fragen sehr ähnliche Auffassungen und erleben dennoch jeden Tag, dass das Denken, Fühlen und Sprechen von Frauen und Männern sehr verschieden sein kann. Diese tägliche Erfahrung war und ist für mich ein wichtiger Antrieb für dieses Buch. Mit großem Dank!

Anmerkungen

Ein Frauenunternehmen: Über die Erschließung verborgener Rohstoffe

1 2007 wurde jedes dritte Unternehmen von einer Frau gegründet, siehe dazu: »Immer mehr Frauen gründen Unternehmen«, in: *Focus Online* (Stand: 19. August 2007), www.focus.de/finanzen/karriere/existenzgruendung/gruender-portraets/selbststaendigkeit_aid_70286.html (Zugriff: 12. Juni 2011)

2 So lud beispielsweise die Deutsche Bank Berlin 1994 zu einer Informationsveranstaltung über die neuartige Personaldienstleistung in die Vorstandsetage ihres Turms am Ernst-Reuter-Platz ein; es erschienen über fünfzig Unternehmensvertreter, unter denen sich die ersten Kunden fanden.

3 Unserer Frauenrealität ist es zu danken, dass wir stets nur mit Apple-Computern gearbeitet haben: Sie waren vor zwanzig Jahren in ihrer Benutzerfreundlichkeit deutlich überlegen, sie ermöglichten einen schnelleren Learning-by-Doing-Zugang, auf den wir auch dringend angewiesen waren. Frauen im Alter von 40 oder 45 Jahren hatten damals daheim meist noch keinen PC, keine Kurse belegt und lernten, ihre Ängste vor dieser Technik erst im praktischen Alltag zu überwinden.

4 Es sei allerdings darauf hingewiesen, dass auch Männer eine, wenngleich viel verborgenere, persönliche Agenda haben, die sie immer begleitet: die

Sexualität. Der britische *Telegraph* berichtet über eine Studie, in der 3000 Männer befragt wurden, die bis zu 13-mal am Tag an Sex denken. Immer wieder geistern erotische Bilder durch Kopf und Gemüt des durchschnittlichen Mannes in seinen besten Jahren, immer wieder flackern über seinen inneren Bildschirm erotische Lichter, die ihn ablenken, ihn jedenfalls treu begleiten – als unlöschbares Element seines Mannseins. Diese Begleitmusik ist ebenso wenig abstellbar für Männer wie für Frauen die Beziehungsdimension zu ihrem Gegenüber und ihrem Umfeld.
»Men think about sex 5,000 times a year«, in: *The Telegraph* (Stand: 08. Januar 2010), www.telegraph.co.uk/news/newstopics/howaboutthat/6950545/Men-think-about-sex-5000-times-a-year.html (Zugriff: 18. Juli 2011)

5 Pink, Daniel H.: *Drive: The Surprising Truth about what Motivates us*, Edinburgh, London, New York, Melbourne 2010, S.110ff.

6 *Engagement Index Deutschland 2010*, Berlin 2010, www.eu.gallup.com/Berlin/146030/Praesentation-zum-Gallup-EEI-2010.aspx (Zugriff: 12. März 2011)

7 Vgl. dazu das Kapitel »Frühe Muster«, dort besonders den Abschnitt über »Dominanz versus Ansehen«.

8 Pfläging, Niels: *Die 12 neuen Gesetze der Führung. Der Kodex: Warum Management verzichtbar ist*, Frankfurt, New York 2009

9 Siehe dazu: ebenda, S.59–80

10 Vgl. dazu Geym, H.: *Working together: Women and Men. European Women's Management Development Network*, London 1987; Geym spricht vom »crab basket«.

11 Heim, Pat; Murphy, Susan A.: *In the Company of Women. Indirect Aggression Among Women: Why We Hurt Each Other and How to Stop*, New York 2003

12 Ebenda, S.212–247

13 Galinsky, Ellen; Bond, James T.; Friedman, Dana E.: *The Changing Workforce. Comparison of Federal and Nonfederal Work/Family Programs and Approaches*, New York 1992

14 *Das Leben von Frauen und Männern in Europa: Ein statistisches Porträt*, Luxemburg 2008, S.68

15 Tünte, Markus: »A Man's Work in a Female World? Gender Paradoxes of Male Childcare Workers«, in: *Gender Forum* (Juli 2007)

16 Vgl. Kasiske, Jan: *Zur Situation von Männern in »Frauen-Berufen« der Pflege und Erziehung in Deutschland. Eine Überblicksstudie*, Hg. v. Jens Krabel; Olav Stuve, Opladen 2006

17 Vgl. ebenda

Frühe Muster: Die Erotik des Traktors und die Macht der Puppe

1 Die Trennung der Geschlechter bereits im Kindesalter wurde Jahrzehnte lang erforscht. Das berühmte Buch der Sozialisationsforscherin Eleanor Maccoby hierzu heißt *The two Sexes – Growing up apart, Coming together*. Auf Deutsch erschien es unter dem Titel *Psychologie der Geschlechter – Sexuelle Identität in verschiedenen Lebensphasen*, Stuttgart 2000. Das Buch ist ein Leuchtturmprojekt früher Geschlechterforschung.

2 Brizendine, Louann: *Das weibliche Gehirn. Warum Frauen anders sind als Männer*, 2. Auflage, Hamburg 2007

3 Vgl. hierzu das Kapitel »Das moderne Geschlechterparadox«

4 Vgl. Dannhauer, Heinz.: *Geschlecht und Persönlichkeit – Eine Untersuchung zur psychischen Geschlechtsdifferenzierung in der Ontogonese*, Berlin 1973

5 Serbin, Lisa: »Gender Stereotyping in Infancy: Visual Preferences for and Knowledge of Gender-Stereotyped Toys in the Second Year«, in: *International Journal of Behavioral Development*, Vol. 25 (2001), S.7–15

6 Hüther, Gerald: *Männer. Das schwache Geschlecht und sein Gehirn*, Göttingen 2008

7 Ebenda, S.65

8 Wer mehr darüber wissen möchte, braucht nur zu der wundervollen Autobiografie von Amoz Oz: *Eine Geschichte von Liebe und Finsternis*, 6. Auflage, Frankfurt a. M. 2004 greifen, in der Israels Entwicklung zwischen sozialistischer Utopie und russisch-orthodoxer religiöser Prägung als Familiengeschichte lebendig wird.

9 Spiro, Melford E.: *Gender and Culture. Kibbutz Women Revisited*, 2. Auflage, New Jersey 1996

10 Getreu seinem Prinzip der Geschlechteregalität war der israelische Staat auch einer der Ersten, der Frauen in die Armee aufnahm. Bis heute werden junge Frauen ebenso wie junge Männer zum Wehrdienst eingezogen. Das Bild der wehrhaften Soldatin, Symbol einer freien und starken Jugend, die entschlossen ist, sich nie mehr als Opfer zu sehen, war einst Stolz des Landes und ist es, wenn auch gebrochen, noch immer. Jahrzehntelange Besatzungspolitik hat allerdings auch hier Spuren hinterlassen. David Grossman zeigt in seinem Buch *Eine Frau flieht vor einer Nachricht*, München 2009, für das er 2010 den Friedenspreis des Deutschen Buchhandels erhielt, die Wunden und Konflikte, die der Besatzerstatus den Seelen von Männern und Frauen zufügt. Die Frage jedenfalls, ob bei einer Veränderung der traditionellen Rollen Frauen auch in das Geschäft des Tötens an vorderster Front einbezogen werden wollen, können und sollen, ist weiter heiß umstritten.

11 Bischof-Köhler, Doris: *Von Natur aus anders: die Psychologie der Geschlechtsunterschiede*, 4. Auflage, Stuttgart, Berlin, Köln 2002, S. 190

12 Fleischhauer, Jan; Hollersen, Wiebke: »Kuck mal, meine Vagina«, in: *Der Spiegel*, Nr. 25 (21. Juni 2010), S. 40–46

13 Nickel, Horst; Schmidt-Denter, Ulrich; Ungelenk, Bernd: *Sozialverhalten von Vorschulkindern. Konflikt, Kooperation und Spiel in institutionellen Gruppen*, München 1980

14 Vgl. dazu Maccoby, Eleanor E.: *Psychologie der Geschlechter*, a. a. O.

15 Gurian, Michael: *Boys and Girls Learn Differently! A Guide for Teachers and Parents*, San Francisco 2011

16 Brizendine, Louann: *Das weibliche Gehirn*, a. a. O.

17 Sax, Leonard: *Why Gender Matters. What Parents and Teachers Need to Know about the Emerging Science of Sex Differences*, New York 2005

18 Tannen, Deborah: *Job-Talk. Wie Frauen und Männer am Arbeitsplatz miteinander reden*, Hamburg 1995

19 Vgl. zusammenfassend: Gurian, Michael: *Boys and Girls Learn Differently!*, a. a. O.

20 Savin-Williams, Ritch C.: »Dominance Hierarchies in Groups of Early Adolescents«, in: *Child Development*, 50 (1979), S.923–935; siehe auch: Omark, D.R.; Edelmann, M.S.: »The Development of Attention Structures in young Children«, in: M.R.A. Chance; R.R. Larsen (Hg.): *The social Structure of Attention*, London 1976, S.119–153

21 Die Psychologie-Professorin Doris Bischof-Köhler nennt das »Geltungshierarchie«, nicht »Ansehenshierarchie«, in: *Von Natur aus anders: die Psychologie der Geschlechtsunterschiede*, a. a. O., S.318

22 Ebenda, S.317

23 Es könnte sein, dass sich solche Muster in stark egalitären Gesellschaften wie Skandinavien langsam zu verschieben beginnen. Allerdings liegen dazu bisher noch keine vertiefenden Studien vor. Die geringe Präsenz von Frauen in den Führungspositionen der skandinavischen Privatwirtschaft lässt dies (noch) nicht vermuten. Die Wirkung der Quote von Frauen in Aufsichtsräten bleibt abzuwarten.

24 Vgl. den »Exkurs: Weiblicher Bildungserfolg als Glücksbremse«

25 Vgl. u.a. Sutter, Matthias; Rützler, Daniela: *Gender Differences in Competition Emerge Early in Life*, Bonn 2010; sowie Niederle, Muriel; Vesterlund, Lise: »Do Women Shy away from Competition? Do Men Compete too much?«, in: *The Quarterly Journal of Economics* (August 2007)

26 Cronin, C.L.: »Dominance Relations and Females«, in: D.R. Omark; F.F. Strayer; D.G. Freedman (Hg.): *Dominance Relations: An Ethological View of Human Conflict and Social Interaction*, New York 1980, S.299–318

27 Charlesworth, W.R.; Dzur, C.: »Gender Comparisons of preschoolers Behavior and Resource Utilization in Group Problem Solving«, in: *Child Development*, Vol. 50 (1987), S.191–200

Bildung 3.0: Frauenaufstieg zulasten der Männer?

1 Lenzen, Dieter: »Mädchen gewinnen, Jungen verlieren?«, in: *F.A.Z.net* (Stand: 19. Mai 2009), www.faz.net/s/RubF3CE08B362D24486 9BE7984590CB6AC1/Doc~E5C45E1D79F17454CBCEDC015 A73E07F9~ATpl~Ecommon~Scontent.html (Zugriff: 03. Mai 2011); und: »Deutschland liegt im EU-Vergleich bei Akademikeranteil weit hinten«, in: *karrierefuhrer.de*, www.karrierefuehrer.de/newsletter/studie-akademikeranteil.html (Zugriff: 09. März 2011)

2 »Deutschland liegt im EU-Vergleich bei Akademikeranteil weit hinten«, in: *karrierefuhrer.de*, www.karrierefuehrer.de/newsletter/studie-akademikeranteil.html; und: Stürzer, Monika: »Geschlechtsspezifische Schulleitungen«, in: Monika Stürzer; Henrike Roisch; Annette Hunze; Waltraud Cornelißen: *Geschlechterverhältnisse in der Schule (DJI-Reihe Gender 20)*, Opladen 2003, S.83–121; Jessen, Elisabeth; Mikuteit, Hanna-Lotte und Ulrich, Friederike: »Langzeitvergleich: Mädchen hängen die Jungs ab«, in: *Abendblatt.de* (Stand: 16. April 2010), www.abendblatt.de/hamburg/schule/article1460234/Langzeitvergleich-Maedchen-haengen-die-Jungs-ab.html (Zugriff: 17. Februar 2011)

3 An den Colleges und Universitäten der USA ist ihr Anteil auf 35 Prozent geschrumpft. Coates, Julie; Draves, William A.: *Smart Boys, Bad Grades. Why Boys Get worse Grades than Girls and are only 35 % of Graduates in higher Education*, River Falls 2006

4 Ein niedriger Akademikeranteil wird nicht von allen Bildungspolitikern als Menetekel der ökonomischen Wettbewerbsfähigkeit Deutschlands gesehen. Vor allem in den süddeutschen Bundesländern glaubt man an die Stärke eines hochwertigen dualen Systems, über das oft »nützlichere« Qualifikationen für den Arbeitsmarkt erworben werden könnten. Unbestritten ist, dass mit dem dualen System die Jugendarbeitslosigkeit in Deutschland weit niedriger gehalten werden konnte als in vielen anderen Ländern. Seine praxisorientierten Qualifizierungspfade entsprechen den Lernstrategien und -interessen gerade junger Männer oft besser als der verbale Lehrbetrieb eines Studiums. Die manchen so rückwärtsgewandt erscheinende »Handwerksideologie« darf nicht un-

terschätzt werden in ihrer Fähigkeit, »jungengerechte« Talente aufzuschließen und vor dem Ausstieg aus der Bildung zu bewahren. Das duale System funktioniert so gewissermaßen als Schutzraum, als »Bildungsbypass«, der manchen Jungen eine berufliche Zukunft sichert, die sonst mit schlechten Schulabgangszeugnissen große Schwierigkeiten auf dem Arbeitsmarkt hätten. Allerdings gilt ein nicht unerheblicher Teil junger Männer als gar nicht ausbildungsfähig, die entweder die Schule nicht abschließen oder deren Grundkenntnisse trotz Schulabschluss zu gering, ihre sozialen Fähigkeiten zu unterentwickelt sind.

5 Helbig, Marcel: »Sind Lehrerinnen für den geringeren Schulerfolg von Jungen verantwortlich?«, in: *Kölner Zeitschrift für Soziologie und Sozialpsychologie*, Nr. 62 (2010), S.93–111

6 Siehe dazu im Kapitel »Das moderne Geschlechterparadox« den Abschnitt »Der männliche Diskurs in Unternehmen«

7 Eine der noch kaum thematisierten Auswirkungen unseres sozial gegliederten Schulsystems ist der weniger ausgefeilte Sprachcode, über den Schulabgänger von Haupt- und Realschulen verfügen. In der ehemaligen DDR mit ihrem längeren gemeinsamen Schulverlauf waren die Sprachbarrieren zwischen den Schichten deutlich weniger ausgeprägt, und nicht zuletzt wohl deswegen waren auch »Mischehen« unter Partnern unterschiedlicher Bildung kulturell leichter möglich.

8 Junge Mädchen wünschen sich, ganz dem Klischee entsprechend, immer noch – oder wieder – häufiger hübsch als klug zu sein. Das ist das Thema des britischen Bestsellers *Living Dolls – The Return of Sexism*, London 2010, von Natasha Walter, ein Buch, das die frauenpolitisch engagierten Mütter jüngerer Frauen deprimiert und zu heftigen Kontroversen Anlass gibt. Das sind natürlich falsche Alternativen, aber mit einem Kern trauriger Wahrheit.

9 Brumbaugh, Claudia: »Rating Attractiveness: Consensus Among Men, Not Women«, in: *Journal of Personality and Social Psychology* (Juni 2009)

10 Stevenson, Betsey; Wolfers, Justin: »The Paradox of Declining Female Happiness«, in: *American Economic Journal: Economic Policy*, Vol. 1, Nr. 2 (2009), S.190–225

11 In Ostdeutschland ist dies übrigens, im Rahmen einer generell gleichberechtigteren Kultur, weniger ausgeprägt. Die partielle Familienfeindlichkeit des Sozialismus begünstigte in der Summe eher die Familienbildung und den Familienzusammenhalt, wenn auch nicht in der klassischen Form – wie die verblüffte Familienforschung nach der Wende von 1990 herausfand. Die intensive ideologische Familienorientierung des westdeutschen Modells dagegen blockierte die Familiengründung und die Geburtenrate – ein weiteres Paradox.

12 Holst, Elke; Trzcinski, Eileen: *Why Men Might »Have It All« While Women Still Have to Choose between Career and Family in Germany*, Berlin 2011

13 In den USA und England tobte vor kurzer Zeit ebenfalls eine große Debatte, als die Forschung herausfand, dass die Glücksgefühle und Zufriedenheit der Frauen nach 30 Jahren Feminismus insgesamt niedriger ausfallen als vor Beginn dieses Aufbruchs.

14 Erler, Daniel; Dähner, Susanne: *Frauen machen Neue Länder: Lebenssituationen und Perspektiven junger Frauen in den neuen Bundesländern – Forschungsstand*, Berlin 2008

15 Mein Schulfreund Karl Mohrenstein hat dies dankenswerterweise von seinen Kollegen am Bismarck-Gymnasium in Karlsruhe für die letzten Jahre genau errechnen lassen – solche Zahlen liegen sonst nicht offiziell vor.

16 Dass in den neuen Bundesländern der Anteil der Jungen an den Abiturienten und Studenten noch niedriger ist als in Westdeutschland, lässt sich damit erklären, dass die Länder der ehemaligen DDR der gleichberechtigtere Teil der Bundesrepublik sind. Dies schlägt sich auch im Schulsystem mit einem höheren Lehrerinnenanteil nieder. Die neuen Bundesländer sind in dieser Hinsicht, wie in so vielem, eher den skandinavischen Ländern verwandt.

17 Beispielsweise soll das Modellprogramm »MEHR Männer in Kitas« den Anteil von derzeit 3 Prozent männlicher Erzieher aufstocken helfen.

18 Helbig, Marcel: *Sind Lehrerinnen für den geringeren Schulerfolg von Jungen verantwortlich?*, a. a. O.

19 Neugebauer, Martin: *A teacher like me: Can teacher's gender explain the ›boy crisis‹ in educational attainment?*, Mannheim 2010

20 Gurian, Michael: *Boys and Girls Learn Differently!*, a. a. O., und Birkenbihl, Vera F.: *Jungen und Mädchen: wie sie lernen*, 4. Auflage, Regensburg 2009

21 Sax, Leonard: *Jungs im Abseits. Die aufrüttelnde Analyse eines Kinderarztes: 5 Gründe, warum unsere Söhne immer antriebsloser werden. Mit einem Vorwort von Wolfgang Bergmann*, München 2009

22 Vgl. allgemein: Hüther, Gerald: *Männer. Das schwache Geschlecht und sein Gehirn*, a. a. O.

23 Lenroot, Roshel; Gogtay, Nitin; Greenstein, Deanna u.a.: »Sexual Dimorphism of Brain Development Trajectories during Childhood and Adolescence«, in: *NeuroImage*, Band 36 (2007), S. 1065–1073

24 Siehe dazu Tannen, Deborah: *Du kannst mich einfach nicht verstehen. Warum Männer und Frauen aneinander vorbeireden*, München 2004

25 Kleine Jungen sollten nicht unbedingt still sitzen müssen. An einigen amerikanischen Schulen wird im Unterricht der ersten Klassen für Jungen weitgehend ohne Stühle gearbeitet. Es bewährt sich auch, Jungen Objekte in die Hand zu geben, mit denen sie ihre innere Bewegungsenergie kanalisieren können.

26 Siehe dazu Sax, Leonard: *Jungs im Abseits*, a. a. O.; ich kann hier keine detaillierten Empfehlungen für jungen- und mädchengerechte Bildung in Kindergarten und Schule vorlegen. Es gibt aber inzwischen vielfältige Materialien, vor allem aus den USA, zu diesem Thema und auch verbreitete Schulversuche aus dem Umfeld von Michael Gurian in einigen US-Staaten. In Deutschland hat anstelle der offiziellen Pädagogik die Ratgeberliteratur für Eltern dieses Thema in Ansätzen entdeckt. Die offizielle Pädagogik ist dagegen noch immer vorwiegend damit befasst, die Geschlechteridentitäten gerade von Jungen im Hinblick auf deren Aggressionen abzurüsten, anstatt das Thema unterschiedlicher Lernstile und -motivationen systematisch aufzugreifen und zu integrieren.

27 Sax, Leonard: *Jungen im Abseits*, a. a. O., S. 109ff

28 Hüther, Gerald; Bonney, Helmut: *Neues vom Zappelphilipp:* ADS *verstehen, vorbeugen und behandeln*, Ostfildern 2010

29 »Interview: Alm statt Ritalin!«, in: *GEO.de* (Stand: 28. März 2010), www.geo.de/GEO/mensch/medizin/62250.html (Zugriff: 23. Juni 2011)

30 Siehe dazu Beck, Günter: »Forderung nach besseren Bedingungen im Schulsport«, in: *Badische Zeitung* (Stand: 27. Februar 2009), www.badische-zeitung.de/sportpolitik/forderung-nach-besseren-bedingungen-im-schulsport--12061247.html (Zugriff: 23. Juni 2011)

31 Gurian, Michael: *Boys and Girls Learn Differently*, a. a. O., S. 12; und: Corso, John: »Age and Sex Differences in Pure-Tone Thresholds«, in: *Journal of the Acoustical Society of America*, Vol. 31 (1959), S. 489–507

32 Caine, Janel: »The Effects of Music on the Selected Stress Behaviors, Weight, Caloric and Formula Intake, and Length of Hospital Stay of Premature and Low Birth Weight Neonates in a Newborn Intensive Care Unit«, in: *Journal of Music Therapy*, Vol. 28 (1991), S. 180–192

33 Sax, Leonard: *Why Gender Matters*, a. a. O.

34 Die sogenannte Lese-Rechtschreib-Schwäche trifft überwiegend Jungen, und auch sie liegt darin begründet, dass die spezifischen Lernstrategien von Jungen nicht erkannt werden. Der seit vielen Jahren mit unserem Unternehmen kooperierende Lerntherapeut Nicolay (Nicolay, H.D.: *Das Legasthenie-Märchen. Jedes Kind hat die Fähigkeit, fehlerfrei lesen und schreiben zu lernen*, München 2010) führt diese spezielle Störung, die in Deutschland Hunderttausende von Kindern betrifft, auf einen simplen Fehler zurück: die vor allem phonetische Unterrichtsform im Lese- und Schreibunterricht. Kinder, die heute erfolgreich lesen und schreiben lernen, meist Mädchen, prägen sich die Wortbilder im Wesentlichen als Ganzes ein, die phonetischen Elemente sind für sie nur Hilfsmittel der Analyse und des Verständnisses. Jungen, die Hauptbetroffenen der Lese-Rechtschreib-Schwäche, werden dagegen – nach Nicolay – gerade durch die primär phonetisch zerlegenden Unterrichtsmethoden des ersten Schreib- und Leseunterrichts in ihrem Lernprozess behindert, denn eigentlich sind sie primär visuell orientiert.

35 Salyer, David; Lephart, Edwin: »Sexual Dimorphism and Aromatase in the Rat Retina«, in: *Developmental Brain Research*, Vol. 126 (2001),

S. 131–136; und: Tuman, Donna: »Sing a Song of Sixpence: An Examination of Sex Differences in the Subject Preference of Childrens Drawings«, in: *Visual Arts Research*, Vol. 25 (1999), S. 51–62

36 Iijima, Megumi; Arisaka Osamu; Minamoto, Fumie; Arai, Yasumasa: »Sex Differences in Childrens Free Drawings«, in: *Hormones and Behavior*, Vol. 40 (2011), S. 99–104

37 Sax, Leonard: *Why Gender Matters*, a. a. O.; und Tuman, Donna: »Sing a Song of Sixpence«, a. a. O.

38 Johnston, Sue: *Does PowerPoint Make Us Stupid? A »minifesto« on Using the Software that Changed Meetings forever* (Stand: 2004), www.itsunderstood.com/docs/PowerPointMinifesto.pdf (Zugriff: 15. Juli 2011)

39 Mechtenberg, Lydia: »Warum Mädchen besser schreiben und Jungen besser rechnen können. Lob und Tadel wirken je nach Geschlecht unterschiedlich«, in: WZB-*Mitteilungen*, Nr. 129 (2010), S. 20–23; und: PISA *2009 Ergebnisse: Was Schülerinnen und Schüler wissen und können. Schülerleistungen in Lesekompetenz, Mathematik und Naturwissenschaften (Band I)*, Berlin 2010, S. 63–65

40 »Warum lesen Frauen überwiegend Bücher, Männer hingegen Zeitung?«, in: *P.M.de*, www.pm-magazin.de/r/gute-frage/warum-lesen-frauen-überwiegend-bücher-männer-hingegen-zeitung (Zugriff: 15. Juli 2011)

41 Mayer, Susanne: »Siri Hustvedt: ›Warum lieben sich Menschen? Ich habe keine Ahnung‹«, in: *Zeit Online* (Stand: 20. März 2011) www.zeit.de/2011/12/Interview-Siri-Hustvedt (Zugriff: 17. Juli 2011)

42 Bettelheim, Bruno: *Kinder brauchen Märchen*, München 1993

43 Oberhuber, Nadine: »Lächle und herrsche«, in: *Zeit Online* (Stand: 03. Juni 2004), www.zeit.de/2004/24/Frauen (Zugriff: 17. Juni 2011)

44 Berg, Detlef; Scherer, Lukas; Oakland, Thomas; Tisdale, Timothy: *Verhaltensauffälligkeiten und schwache Leistungen von Jungen in der Schule – die Bedeutung des Temperaments*, Bamberg 2006

45 Horx, Matthias: »Die Reise mit den Söhnen. Das Computerspiel World of Warcraft und sein pädagogischer Nutzen«, in: *Psychologie heute*, Nr. 12 (2007), S. 44–50

46 Kegel, Sandra: »Computerspiele: Wenn Kinder Mörder spielen«, in: *F.A.Z.*, Nr. 295 (2007), www.faz.net/artikel/C30351/computer spiele-wenn-kinder-moerder-spielen-30090102.html295 (Zugriff: 17. Juli 2011)

47 Mündlicher Bericht Regine Pfeiffer

48 Diverse Skandale und Rechtsstreitigkeiten ranken sich beispielsweise um das Internetportal »I share gossip«, das besonders häufig von Schülern frequentiert wird und in den Schulen zahlreiche dramatische »Beziehungskrisen« auslöst.

49 Nur selten noch schafft es ein »natürliches Spiel«, dem etwas entgegenzusetzen – wie im Moment die »Bayblades«, merkwürdig geformte metallene Kampfkreisel, mit denen Jungen in vielen Ländern gegenwärtig Wettkämpfe austragen. Jauer, Marcus: »Der große Dreh«, in: *F.A.Z.net* (Stand: 15. Februar 2011), www.faz.net/artikel/C31435/spielzeug-der-grosse-dreh-30327745.html (Zugriff: 17. Februar 2011)

50 Es gibt nur wenige Studien, die Hinweise darauf enthalten, dass Mädchen und Frauen sich unter veränderten gesellschaftlichen Bedingungen in Wettbewerbssituationen ähnlich stark einbringen wie Jungen und Männer. Eine neuere Studie aus Schweden zeigte, dass Mädchen ihre Leistung steigerten, wenn sie sich im Laufen, Seilhüpfen oder Tanzen an anderen messen konnten. Das ist ein wichtiges Ergebnis. Es könnte darauf hinweisen, dass in modernen Umgebungen, wo Mädchen sehr lange und konsequent gleichbehandelt werden, sich auch ihre Bereitschaft zum Eintritt in den Wettbewerb positiv verändert. Doch selbst damit ist noch nicht ausgesagt, dass sie den direkten Vergleich in dem Umfang suchen und genießen, wie Jungen dies tun.
Das Gros der aktuellen und älteren Untersuchungen spricht dagegen. So auch eine neue Studie aus Österreich mit 1035 Kindern zwischen 3 und 18 Jahren, die das Ziel hatte, herauszufinden, ab welchem Alter Geschlechtsunterschiede im Wettbewerbsverhalten sich deutlich zeigen (Sutter, Matthias; Rützler, Daniela: *Gender Differences in Competition Emerge Early in Life*, a. a. O.). Im Versuchsaufbau wurden den Kindern und Jugendlichen einfache Rechenaufgaben und Laufspiele angeboten.

Nun ist Österreich weder eine Gesellschaft mit schwedischer Gleichstellungspolitik noch ein muslimisches Land mit starker Geschlechtertrennung. Vielmehr zeichnet sich das reiche Österreich durch hohe Frauenerwerbstätigkeit aus. Somit sind die verblüffend eindeutigen Ergebnisse der Studie für viele westliche Industriegesellschaften mit einem mittleren Emanzipationsniveau von Frauen aussagefähig: Bereits im Alter von drei Jahren zeigte sich ein deutlicher Unterschied zwischen Jungen und Mädchen. Jungen sind schon in diesem jungen Alter viel eher bereit, sich an einem Wettbewerb zu beteiligen. Der Abstand zu den Mädchen beträgt 14 bis 20 Prozent und bleibt stabil über alle Altersgruppen hinweg.

51 Dazu ein kleines Beispiel aus der Welt des Schülersports: Völkerball ist unter Mädchen sehr beliebt, obwohl es als militärisches Ertüchtigungsspiel erfunden wurde. Wer von einem Ball getroffen wird, muss vom Spielfeld; wer am Schluss übrig bleibt, der gewinnt. In einschlägigen Jugendforen im Internet habe ich gelesen, dass viele in diesem Spiel erfolgreiche Mädchen dadurch gewinnen, dass sie sich einfach im Hintergrund halten und darauf achten, nicht in der Wurflinie zu stehen (»Völkerball-›Zombieball‹-Tipps?«, in: *Mädchen.de* (Stand: 23. November 2010). www.maedchen.de/forum/sport-fitness/87766-voelkerball-zombieball-tipps.html (Zugriff: 17. Juni 2011). Gewinnerin kann damit gerade diejenige werden, die am geschicktesten im Hintergrund geblieben ist – eine sehr, sehr aussagekräftige Abweichung vom Fußball und vielleicht mit eine Erklärung, warum Völkerball spontan bei Mädchen recht beliebt ist.

52 Das ist einer der Gründe, weshalb Hausaufgaben von Jungen besonders ungern erledigt werden, die ja oft nicht dem Neuen, sondern dem Einüben von bereits Bekanntem dienen – eine Unlust, die in vielen Schulen zu ihrer negativen Beurteilung beiträgt. Dabei weisen viele empirische Studien darauf hin, dass die Wirkung von Hausaufgaben für den Lernerfolg eher gering ist (Gängler, Hans: »Hausaufgaben haben oft nicht den gewünschten Effekt«, in: *Deutschlandradio Kultur* (Stand: 13. Februar 2008), www.dradio.de/dkultur/sendungen/thema/738959/ (Zugriff am 15. Juni 2011)

53 Siehe dazu Sax, Leonard: *Why Gender Matters*, a. a. O.

54 Kröger, Michael: »Warum Egoismus im Geschäftsleben schadet«, in: *Spiegel Online* (Stand: 12. November 2009), www.spiegel.de/wirtschaft/soziales/0,1518,655217,00.html (Zugriff: 12. Februar 2011)

55 Heim, Pat; Murphy, Susan A.: *In the Company of Women*, a. a. O., S.68–83

56 Campbell, Anne: »Female competition: Causes, Constraints, Content and Contexts«, in: *The Journal of Sex Research* (Februar 2004).

57 Kleinau, Elke; Opitz, Claudia: *Geschichte der Mädchen- und Frauenbildung. Band 2: Vom Vormärz bis zur Gegenwart*. Frankfurt a. M., New York 1996

58 Zum Beispiel von dem Mädchengymnasium Borbeck in Nordrhein-Westfalen

59 Baumert, Jürgen: »Koedukation oder Geschlechtertrennung«, in: *Zeitschrift für Pädagogik*, Vol. 38 (1992), S.83–110

60 Picht, Georg: *Die deutsche Bildungskatastrophe*, Freiburg i. Brsg. 1964

61 Die »Volksschulen«, vor allem auf dem Land, standen von Anfang sowohl Jungen wie Mädchen offen, vor allem, da es im Dorf meist nur einen Lehrer gab. Doch auf ihnen ging es schließlich ja auch nur um die Vermittlung elementarer Kenntnisse in Lesen, Schreiben, Rechnen und Religion – wie sie für alle Bürger notwendig schienen und auch für Mädchen als unschädlich galten.

62 Holzmüller, Maria: »Unterricht mit Mädchen: Dauerstress für Jungen«, in: *Sueddeutsche.de* (Stand: 07. April 2011). www.sueddeutsche.de/karriere/jungenforscher-im-gespraech-unterricht-mit-maedchen-dauerstress-fuer-jungen-1.1081989 (Zugriff: 08. April 2011)

63 www.mgbessen.de

64 Die amerikanischen Frauen-Eliteuniversitäten mit so klangvollen Namen wie Vassar und Wellesley oder jenes Radcliffe, das einst an Harvard angeschlossen war, haben Unschätzbares für Frauen geleistet, und viele prominente Frauen hervorgebracht (zum Beispiel die Dichterin Elizabeth Bishop und Pulitzerpreisträgerin Jane Smiley). Doch der Trend, die noch vorhandenen Frauen-Universitäten von Mono- auf Koedukation umzustellen, bleibt auch in den angelsächsischen Ländern ungebrochen.

65 Schmidt, Birte: »Studieren ohne Männer«, in: *Karrierewelt* (4./6. Juni 2011), S.9

66 Jackson, C.; Smith, I. D.: »Poles apart? An Exploration of Single-Sex and Mixed Sex educational Environments in Australia and England«, in: *Educational Studies*, Vol. 26, Nr. 4 (2000)

67 www.dulwich.org.uk. Vgl. auch: Dweck, C.S.; Davidson, W.; Nelson, S.; Enna, B.: »Sex Differences in learned Helplessness, II: The Contingencies of Evaluative Feedback in the Classroom and III: An Experimental Analysis«, in: *Developmental Psychology*, Vol. 14, Nr. 3 (1978), S.268–276

68 *Single-Sex Education for Boys*, www.ericcholis.com/single_sex_education/psychological_impact_of_single-sex_schools.htm (Zugriff: 08. April 2011)

69 Younger, M.; Warrington, M.: »Single-Sex Classes in co-educational comprehensive Schools in England: an Evaluation based upon students' performance and classroom interactions«, in: *British Educational Research Journal*, 28, Nr. 3 (2002), S.353–374, hier S.366–367

70 Metz-Göckel, Sigrid: »Signifikante Unterschiede zwischen Mädchen und Jungen«, in: *Zweiwochendienst*, Nr. 09–10 (2002), S.1f.; und: Giest, Hartmut : »Mädchenschule – Jungenschule … oder doch gemeinsam? Koedukation oder Monoedukation – was ist besser für mein Kind?«, in: *Das Familienhandbuch des Staatsinstituts für Frühpädagogik* (IFP), München 2004

71 Martignon, Laura; Niederdrenk-Felgner, Cornelia; Vogel, Rose (Hg.): »Soziale Bezüge beim mathematischen Beweisen sehen – Verschiedene Akzente bei Mädchen und Jungen«, in: *Mathematik und Gender*, Hildesheim 2006

72 Mechtenberg, Lydia: »Warum Mädchen besser schreiben und Jungen besser rechnen können. Lob und Tadel wirken je nach Geschlecht unterschiedlich«, a. a. O., S.20–23

73 Nowotny, Sarah: »Was Iran der Uni Bern voraushat«, in: *Der Bund.de* (Stand 05. März 2009), www.derbund.ch/zeitungen/ausland/Was-Iran-der-Uni-Bern-voraushat/story/13679489 (Zugriff: 18. Juli 2011)

74 www.derbund.ch/bern/dossier/175-jahre-uni-bern/Was-Iran-der-Uni-Bern-voraushat/story/13679489

75 So beispielsweise in: Heinsohn, Gunnar: *Söhne und Weltmacht: Terror und Aufstieg im Fall der Nationen*, erw. Auflage, Zürich 2006; auch: Klingholz, Reiner: »Machen junge Männer Krieg?«, in: *Die Zeit*, Nr. 10 (26. Februar 2004)

76 Hartmann, Michael: *Der Mythos von den Leistungseliten: Spitzenkarrieren und soziale Herkunft in Wirtschaft, Politik, Justiz und Wissenschaft*, Frankfurt a. M. 2002

77 »Trotz Krise: Island erreicht höchste Geburtenrate in Europa«, in: *Wirtschaft.ch* (Stand: 20. März 2009), www.wirtschaft.ch/Trotz+Krise+Island+erreicht+hoechste+Geburtenrate+in+Europa/378320/detail.htm (Zugriff: 16. Juli 2011)

78 Jahnke-Klein, Sylvia: »Chancengleichheit für Mädchen und Jungen im mathematisch-naturwissenschaftlichen Unterricht«, in: Frank Hellmich (Hg.): *Lehren und Lernen nach* IGLU – *Grundschulunterricht heute*, Oldenburg 2005, S.125f.

79 Prenzel, Manfred; Burba, Desiree: »PISA-Befunde zum Umgang mit Heterogenität«, in: Günther Opp; Theodor Hellbrügge; Luc Stevens (Hg.): *Kindern gerecht werden*, Bad Heilbrunn 2006. Und: Burba, Desiree; Rost, Jürgen: »Mädchen und Jungen – unterschiedliche Fertigkeiten trotz gleicher Fähigkeiten?«, Ergebnisse aus PISA 2003

80 Faulstich-Wieland, Hannelore (Hg.): *Abschied von der Koedukation? (Materialien zur Sozialarbeit und Sozialpolitik 18)*, Frankfurt a. M. 1987

81 www.muc.kobis.de/index.php?id

82 Ullrich, Charlotte: »Wer ist Judith Butler und was macht sie? ›Undoing gender‹«, Butlerlesenachmittag der AG feministischen Theorie und Praxis (Stand: 15. Mai 2005), www.ruhr-uni-bochum.de/fwu/texte/tp_butler.pdf (Zugriff: 10. Februar 2010)

83 Die Schule musste vor allem aufgrund von veränderten Rahmenbedingungen für die Elternbeiträge in Berlin im Sommer 2011 leider geschlossen werden.

84 In den USA habe ich im Schulbetrieb einer privaten Reformschule erlebt, dass Kinder niemals ihr mitgebrachtes Essen mit anderen teilen

durften – streng jüdisch-orthodoxe Kinder hatten andere Tabus als Katholiken oder Muslime und der Tabuverletzung wurde mit einem strengen Tauschverbot begegnet. Das ist jedoch ein eher mechanisches Konzept von Vielfalt, vielleicht nur bei sehr kleinen Kindern angemessen.

85 Jahnke-Klein, Sylvia: »Chancengleichheit für Mädchen und Jungen im mathematisch-naturwissenschaftlichen Unterricht«, a. a. O., S.3

86 Lundgren, Manuela: »Virtuelle Belästigung mit realen Folgen«, in: *Deutschlandradio.de* (Stand: 31. Oktober 2010). www.dradio.de/dlf/sendungen/hintergrundpolitik/1307104/ (Zugriff: 22. Juli 2011)

Das moderne Geschlechterparadox

1 Schmitt, David P.; Voracek, Martin; Realo, Anu u.a.: »Why Can't a Man Be more like a Woman? Sex Differences in Big Five Personality Traits Across 55 Cultures«, in: *Journal of Personality and Social Psychology*, Vol. 94, No. 1 (2008), S.168–182

2 Schmitt, David P.: »Measuring Sociosexuality across People and Nations: Revisiting the Strengths and Weaknesses of cross-culture Sex Research«, in: *Behavioral and Brain Sciences*, Vol. 28 (2005), S.297–311

3 Guégan, Jean-François; Teriokhin, Anatoly T.; Thomas, Frédéric: »Human Fertility Variation, size-related obstetrical Performance and the Evolution of sexual Stature Dimorphism«, in: *Proceedings of the Royal Society of London, Series B: Biological Sciences*, Vol. 267 (2000), S. 2529–2535

4 Die neuen Amazonen, die in ihrem attraktiven Sportdress heute so telegen den Bildschirm bevölkern, etwa im Hochsprung oder beim Marathonlauf, zeigen hervorragende Leistungen, besonders in Disziplinen, in denen sie früher undenkbar waren – Leistungen, die sich aber nur in einem eigenen weiblichen Bezugs- und Messsystem würdigen

lassen. Deaner, Robert O.: »More Males Run fast: Stable Sex Differences in Competitiveness in U.S. Distance Runners«, in: *Evolution and Human Behavior*, Vol. 27 (2006), S. 63–84

5 »Lebenserwartungen im internationalen Vergleich, im Zeitvergleich sowie im regionalen Vergleich«, in: *Gender Datenreport*, www.bmfsfj.de/Publikationen/genderreport/8-Gesundheitsstatus-und-gesundheitsrisiken-von-frauen-und-maennern/8-2-lebenserwartung-im-internationalen-vergleich-im-zeitvergleich-sowie-im-regionalen-vergleich.html (Zugriff: 20. Juli 2011)

6 Hille, Stephan: »Russland bald ohne Russen?«, in: *Deutsche Welle.de* (Stand: 15. März 2006), www.dw-world.de/dw/article/0,,1935101,00.html (Zugriff: 20. Juli 2011)

7 Harrell, Eben: »Taller Women are more Career-driven – that's the long and the short of it«, in: *News Scotsman* (Stand: 05. Oktober 2005), http://news.scotsman.com/scotland/Taller-women-are-more-career-driven.2666916.jp (Zugriff: 22. Juli 2011)

8 Einzmann, Simone: »Warum deutsche Frauen Softies bevorzugen«, in: *Psychologie heute* (September 2010)

9 In den neuen Bundesländern ist dieser Trend deutlich weniger ausgeprägt; Bauer, Uta; Dähner, Susanne: *Das volle Leben! Frauenkarrieren in Ostdeutschland. Studie im Rahmen des Kongresses »Frauen machen Neue Länder – Frauenkarrieren in Ostdeutschland« 2010*, Berlin 2010, was auf eine bessere Infrastruktur aber auch eine generell partnerschaftliche Orientierung unter den Geschlechter zurückzuführen ist.

10 Van Keer, Etienne; Bogaert, Jeroen: *Decoding the* DNA *of Public and Private Sector Leaders*, Washington, D.C. 2009

11 In Österreich wurde vor einiger Zeit der Eingangstest für das Medizinstudium verändert – mit dem Resultat, dass die Zahl der jungen Frauen, die diesen Test bestehen, drastisch gesunken ist und damit der sich abzeichnende Trend zur Verweiblichung der Medizin ausbremst wurde (Fisch, Sabine: »EMS-Test. Bedarf an Reflexion«, in: *Österreichische Ärztezeitung*, Nr. 6 (25. März 2009)). Die starke Konzentration auf die Naturwissenschaften, die den Test jetzt kennzeichnet, hat Kritiker auf den Plan gerufen, denn ob diese Gewichtung für den

Medizinberuf wirklich unerlässlich ist, darf bezweifelt werden. De facto jedenfalls stellt diese Veränderung eine – vielleicht ungewollte, aber dennoch wirksame – Begünstigung von Männern für einen angesehenen Beruf dar.

12 Fisch, Sabine: »EMS-Test«, a. a. O.

13 Borkenau, Peter; Ostendorf, Fritz: NEO-*Fünf-Faktoren-Inventar* (NEO-FFI) *nach Costa und McCrae*, Göttingen 1993

14 Van Keer, Etienne; Bogaert, Jeroen; Trbovic, Nikola: *Could the right Man for the Job Be a Woman? How Women Differ from Men as Leaders*, Washington, D.C. 2008

15 Ebenda

16 Ebenda

17 Siehe dazu auch Lenz, Ilse (Hg.): *Die Neue Frauenbewegung in Deutschland. Abschied vom kleinen Unterschied. Eine Quellensammlung*, 2. aktual. Auflage, Wiesbaden 2010

18 Siehe dazu Kaiser, Alfons: »Jeans-Studie: Unzufrieden in der zweiten Haut«, in: *F.A.Z.net* (Stand: 09. August 2010). www.faz.net/artikel/C30994/jeans-studie-unzufrieden-in-der-zweiten-haut-30296561.html (Zugriff: 25. Juli 2011)

19 So der Titel seines erschienenen Buches, auf dessen Basis der Unternehmensberater Arroganzseminare für Frauen anbietet; siehe zu seinen Thesen auch das Interview mit Modler in Spiegel Online vom 24. März 2010: Hartig, Marion: »Männer klären zunächst, wer der Bestimmer ist«, in: *Spiegel Online* (24. März 2010), www.spiegel.de/unispiegel/jobundberuf/0,1518,685288,00.html (Zugriff: 25. März 2011)

20 Eagly, Alice.H; Carli, Linda L.: *Through the Labyrinth – The Truth about how Women become Leaders*, Boston 2007

21 Zwar bot schon das griechische Amphitheater mit seiner ausgeklügelten Akustik den Schauspielern die Möglichkeit, sich sogar im Flüsterton Gehör zu verschaffen – eine architektonische Meisterleistung, die die Griechen bis nach Lykien in der heutigen Türkei getragen hatten –, die später aber, zusammen mit vielen Errungenschaften der Antike, im Dunkel des europäischen Mittelalters wieder verloren ging.

22 Emma Goldmanns wunderbare und eindrucksvolle Autobiografie wurde 2010 in Deutschland wieder aufgelegt: Goldmann, Emma: *Gelebtes Leben*, Hamburg 2010

23 Köck, Peter; Ott, Hanns: *Wörterbuch für Erziehung und Unterricht*, 5. Auflage, Donauwörth 1994, S.126

24 Kohlberg, Lawrence: *Die Psychologie der Moralentwicklung*, Frankfurt a. Main 1996

25 Gilligan, Carol: *Die andere Stimme. Lebenskonflikte und Moral der Frau*, München 1996

26 Siehe dazu auch Gilligan, Carol: »Verantwortung für die anderen und für sich selbst – das moralische Bewusstsein von Frauen«, in: Schreiner, Günter (Hg.): *Moralische Entwicklung und Erziehung*, Braunschweig 1983

27 Arendt, Hannah: *The Origins of Totalitarism*, New York 1951 (deutsch: *Elemente und Ursprünge totaler Herrschaft*, 1955)

28 Eagly, Alice H.; Carli, Linda L.: *Through the Labyrinth. The Truth about how Women become Leaders*, a. a. O., S.314

29 Vgl. dazu das Kapitel »Die Energiewende in der Personalwirtschaft«, besonders den Abschnitt »Bitte keine Boni mehr!«

30 »Top 25 Highest Paid Men and Top 25 Highest Paid Women«, in: *Electronic Recruiting News* (Stand: 30. August 2010), www.interbiznet.com/ern/archives/100830.html (Zugriff: 19. Juli 2011)

31 Siehe dazu das Kapitel »Die Energiewende in der Personalwirtschaft«, besonders den Abschnitt »Flach, flacher, IKEA«

32 McKinsey 2007, »Women Matter 1«; Avivah Wittenberg-Cox und die britische Financial-Times-Kolumnistin und Publizistin Alison Maitland vertreten die gleiche Auffassung in ihrem Buch *Why Women Mean Business: Understanding the Emergence of our next Economic Revolution*, London 2008

33 Gratton, Lynda; Kelan, Elisabeth; Voigt, Andreas u.a.: *Innovative Potential: Men and Women in Teams. Executive Summary*, London 2007, S.14

34 Siehe dazu Rogelberg, Steven G.; Rumery, Steven M.: »Gender Diversity, Team Decision Quality, Time on Task, and Interpersonal Cohesion«, in: *Small Group Research*, Vol. 27, Nr. 1 (1996), S.79–90

35 Siehe dazu das Kapitel »Die Energiewende in der Personalwirtschaft«, besonders den Abschnitt »Die maskuline deutsche Unternehmenskultur«

36 Deborah Tannens Buch *Du kannst mich einfach nicht verstehen. Warum Männer und Frauen aneinander vorbeireden*, Gütersloh 1991, war auch in Deutschland ein großer Bestseller.

37 Gray, John: *Männer sind anders. Frauen auch* (englisch: *Men Are from Mars. Women Are from Venus*, 1992), München 1998

38 Seit der Primatenzeit gilt das graue Haar als positives Statusmerkmal dominanter Männer und hat sich tief in die Psyche eingegraben, während graues Haar bei Frauen kein unbewusstes Autoritätsattribut ist. Es wäre zu prüfen, ob das heute noch als Statuszuschreibung für Männer in derselben Weise trägt wie vor fünfzig Jahren oder ob sich die Attribute verändern, mit denen Männer sich Anerkennung verschaffen.

39 Vgl. dazu das Kapitel »Die Energiewende in der Personalwirtschaft«, besonders den Teil »Modell Zukunft: kooperativer Wettbewerb«

Die Energiewende in der Personalwirtschaft

1 In *Spiegel Online* liest sich das so: »Massenleiden Burn-out – Wie Firmen ihre Spitzenkräfte verbrennen.« (Marquart, Maria: »Massenleiden Burnout. Wie Firmen ihre Spitzenkräfte verbrennen«, in: *Spiegel Online* (Stand: 28. Mai 2011), www.spiegel.de/karriere/berufsleben/0,1518,765353,00.html (Zugriff: 29. Mai 2011))

2 In der IT-Sprache könnte man auch sagen, es geht um die effektive Verknüpfung zweier Betriebssysteme, wie Apple oder Windows, die sich vordergründig sehr ähnlich und doch in ihrer inneren Struktur nicht gleich sind. Ingenieure und Programmierer mögen mir meine ungenauen Bilder verzeihen!

3 Vergleiche dazu: www.transkulturelles-portal.com/index.php/5/52. Deutschland wies dabei einige besonders ausgeprägte Eigenschaften auf,

die auch spätere Studien, trotz vieler kultureller Veränderungen seit den 1970er-Jahren, immer noch feststellten. So sind deutsche Arbeitskräfte generell eher bereit als zum Beispiel die individualistischen Amerikaner, in Gruppen zu arbeiten; das hierarchische Denken, das Hofstede mit dem Kriterium Machtdistanz zu fassen suchte, ist in Deutschland im Vergleich zu den USA etwas geringer, im Vergleich mit Japan sehr viel geringer ausgeprägt. Die niedrigste Ausprägung weisen die skandinavischen Länder auf. Das ist auch für die Kooperation der Geschlechter ein wichtiges Ergebnis: Da Frauen, nach allen bekannten Befunden über alle Kulturen hinweg, weniger hierarchiebetont denken und fühlen als Männer, fassen sie auch leichter in einer solchen wenig hierarchiebetonten Unternehmenskultur Fuß.

4 Siehe dazu seine Internetseite www.geert-hofstede.com

5 Hofstede, Geert; Hofstede, Gert Jan: *Lokales Denken, globales Handeln: interkulturelle Zusammenarbeit und globales Management*, München 1997, S.133

6 Oft geht in männlicher orientierten Kulturen die Ungleichheit der Geschlechter auch noch mit einer stärkeren Ungleichheit der Klassen einher. Die Spreizung der Gehälter ist ein sichtbarer Indikator dafür. Ihre Profiteure sind die gehobenen Einkommensklassen: Wo niedrig entlohnte Arbeitskräfte zur Verfügung stehen, ist das Essen in Restaurants billiger, sind allerlei private Dienstleistungen wie Putzarbeiten oder Gartenarbeiten bezahlbar. Einkommensstarke Haushalte können sich so zahlreiche Entlastungen erkaufen; mehr Gehälteregalität hingegen bedeutet, dass weniger Dienstleistungen erworben werden können. Hier liegt eine der Wurzeln für die Vorbehalte gegen die »Gleichmacherei« – und hier bedarf es in der Tat neuer Lösungen. Denn wenn mehr Frauen für den Arbeitsprozess und insbesondere für Spitzenpositionen in Unternehmen gewonnen werden sollen, dann müssen sie auf Dienstleistungen anderer, auf ausreichende Kinderbetreuungsmöglichkeiten und auf familienverträgliche Arbeitszeiten zurückgreifen können. Das unterstreicht gerade in egalitären Gesellschaften die Notwendigkeit einer familienverträglichen Arbeitszeit.

7 Kulturell gibt es übrigens viele Anzeichen dafür, dass die neuen Bundesländer in Deutschland in ihren kulturellen Einstellungen eher den skandinavischen Ländern ähneln, bei Männern wie bei Frauen, gewachsen in vierzig Jahren Orientierung an der Gleichberechtigung der Geschlechter und an einer Kultur der Bescheidenheit, allerdings im totalitären Umfeld einer sozialistischen Ideologie und Praxis.

8 Im Gegensatz zu den Ansätzen des amerikanischen Beraters Michael Gurian, der »gender diversity and effectiveness« ins Zentrum seiner Beratungstätigkeit für Schulen, Unternehmen und Organisationen stellt.

9 Galtung, Johan: »Struktur, Kultur und intellektueller Stil«, in: Wierlacher, Alois (Hg): *Das Fremde und das Eigene. Prolegomena zu einer interkulturellen Germanistik*, München 1985, S.151–196

10 Galtungs Modell ist nicht universell, es fehlt zum Beispiel Osteuropa, doch für unsere Frage ist das nicht entscheidend. Und mit dem nipponischen Debattenstil beschäftigt er sich in seinem Essay kaum.

11 In den intellektuellen Stilen drückt sich immer auch die politische Kultur eines Landes aus – die Meinung anderer vorbehaltlos zuzulassen, drückt eine freiheitliche Grundstimmung aus.

12 In einem Interview mit der *Financial Times Deutschland* zur Finanzkrise hat Galtung am 7. Juni 2011 noch einmal darauf hingewiesen, welches Gefahrenpotenzial in einem eindimensionalen Vorgehen steckt: »Es gibt keine reine Lehre … In allem gibt es Widersprüche.« Erst wenn Gegensätze miteinander verbunden und in eine Beziehung gesetzt werden, können sie sich auflösen lassen.

13 Rund um das Thema der Geschlechteridentitäten haben sich auch angelsächsische feministische Autorinnen in die Schule des französischen Konstruktivismus /Dekonstruktivismus und die Debatten um die Theorien von Pierre Bourdieu, Jacques Derrida und Michel Foucault hineinbegeben, Judith Butler beispielsweise. Für manche Feministinnen bietet ein Denkmodell, das alle Identitäten, inklusive der Geschlechteridentität, für reine kulturelle Konstrukte hält, eine wichtige Basis für die Infragestellung von Herrschaftsmustern. Ich teile das Denkmodell zwar nicht – aber es liefert spannende und wichtige Anstöße, das Gegebene zu hinterfragen.

14 Ohne die Wirtschaft in ihrer Bedeutung zu schmälern, sei doch darauf hingewiesen, dass noch in meiner Jugend die Bildungseliten selten eine Karriere als Finanzmanager oder Unternehmensberater anstrebten. Eine berufliche Laufbahn als Professor, Arzt, Ministerialbeamter oder Richter galt als höchst erstrebenswert – und auch Lehrer, insbesondere Gymnasiallehrer, genossen ein hohes Ansehen. Geld war wichtig, dominierte aber die Werteskala vor allem unter jungen Männern nicht so stark wie heute.

15 Jussen, Sascha: *Personalführung*, Nr. 5 (2011), S. 74

16 Niazi-Shahab, Rebecca: *Nett ist die kleine Schwester von Scheiße: Danebenbenehmen und trotzdem gut ankommen*, München 2011

17 Osterloh, Margit: »Muss sich Leistung lohnen?«, Vortrag vor der Bertelsmann Stiftung am 7./8. Dezember 2009

18 Pink, Daniel: *Drive: Was Sie wirklich motiviert*, Salzburg 2010

19 Managementautor Niels Pfläging ist ein radikaler Kritiker vieler zentraler Bausteine heutiger Personalarbeit. Nach seiner Ansicht sind Mitarbeitergespräche und Beurteilungsverfahren Methoden, die die Einzelnen in die Position von Kindern und Abhängigen versetzen, unnötige Bürokratie verursachen und nichts Produktives erzeugen. Disziplin und Kooperation müssen aus dem Team heraus entwickelt werden – vom Kunden her oder von gemeinsam gesteckten anspruchsvollen Zielen. Führung liegt damit jeweils punktuell bei denen, die die meiste Erfahrung haben und respektiert werden.

20 Die realen Leistungen einzelner Manager und ihr Erfolg für das Gesamtsystem werden nicht en détail evaluiert und gemessen – während bei Produktion, Forschung und im Vertrieb jeder einzelne Handgriff genauester Prüfung unterzogen wird.

21 Was das Thema Arbeitszeit angeht, sind leider auch die meisten der modernen Kritiker von Managementtheorien fast völlig geschlechtsblind – Niels Pfläging etwa, der die meisten modernen Managementkonzepte genauso schonungslos kritisiert wie Daniel Pink, der ebenfalls der Ansicht ist, das Menschenbild in Managementtheorien bleibe im Hinblick auf die Arbeitszeit als Thema stumm und kritiklos.

22 Freytag, Bernd: »Angelika Dammann verlässt SAP – ihr Kritiker tritt zurück«, in: *F.A.Z.*, Nr. 157 (9. Juli 2011), S. 16. In einer emotionalen Mail an ihre KollegInnen schrieb sie: »Die Ereignisse dieser Woche haben mich zutiefst getroffen, habe ich Euch und die SAP doch so erlebt, dass man sich gegenseitig unterstützt und an einem Strang zieht, nicht aber beschädigt.«

23 Auch die damalige Bundestagspräsidentin Rita Süssmuth war in die Kritik geraten, weil sie im Rahmen von Dienstfahrten ihre Tochter in der Schweiz besucht hatte.

24 Sie brechen dann auf, wenn auch andere Konflikte im Hintergrund schwelen – im Fall Angelika Dammann ging es wohl um einen Umbau des Bonussystems.

25 In Deutschland stellen die Frauen 53 Prozent der Teamleiter, 40 Prozent der Abteilungsleiter, 33 Prozent der Filialleiter.

26 Zuletzt durch das Buch des ehemaligen Top-Managers Johan Stenebo: *Die Wahrheit über* IKEA*: Ein Manager packt aus*, Frankfurt, New York 2010

27 Der Managementtheoretiker Niels Pfläging zählt zu den Firmen, die nach diesen Prinzipien arbeiten, Toyota, Gore-Tex, überraschenderweise auch die Firma Aldi, ferner – als Pioniere – die Svenska Handelsbanken und IKEA. Diese Firmen verzichten auf große Wasserköpfe und auf zentrale Planung. Verwaltung und Management werden damit als eigene Aufgaben unwichtiger – weshalb Pflägings Vortragstitel heute oft lautet: »Bye-bye Management!«

28 Natürlich gibt es auch andere Beispiele – Fälle, bei denen Frauen, die hohe Ämter antreten, etwa in der Politik, sich ständig im Ton vergreifen, nur noch in VIP-Lounges verkehren, ihren Untergebenen gegenüber aus der Rolle fallen, launisch und herrisch sind oder es infolge ihrer Ämter werden. Dies mag ihnen entsprechen, wird aber auch verstärkt durch eine Art innere Rollenunsicherheit und ein Missbehagen an Strukturen, die neu und tatsächlich fremd sind.

29 www.net.t-labs.tu-berlin.de/~britta/Frauen/hopper.shtml

30 Fletcher, Joyce: *Disappearing Acts: Gender, Power, and Relational Practice at Work*, Cambridge, Massachusetts, London 2001

31 Vgl. Engeser, Manfred: »Schön schwarz«, in: *Wirtschaftswoche*, Heft 25 (2011), bei den anonymen Bewerbungsverfahren kommen auch mehr Migranten und Migrantinnen und ältere Arbeitnehmer zum Zug.

32 Hakim, Catherine: *Erotisches Kapital: Das Geheimnis erfolgreicher Menschen*, Frankfurt, New York 2011

33 Rahot: »Height Discrimination – The Issue of Modern Society«, in: *guvsm.com* (Stand: 24 Juli 2011), www.guvsm.com/height-discrimina tion-the-issue-of-modern-society.html (Zugriff: 05. August 2011)

34 Mai, Jochen: »Die Größe macht's – Erfolg ist eine Frage von Zentimetern«, in: *Karrierebibel.de* (Stand: 20. März 2010). www.karrierebibel. de/die-grose-machts-erfolg-ist-eine-frage-von-zentimetern (Zugriff: 04. August 2011).

35 Vgl. Harrell, Eben: »Taller women are more Career-driven – that's the long and the short of it«, in: *News Scotsman* (Stand: 05. Oktober 2005), www.news.scotsman.com/scotland/Taller-women-are-more-careerdriven.2666916.jp (Zugriff: 22. Juli 2011)

36 Denny, Kevin: »Beauty and Intelligence may or may not be related«, in: UCD *Geary Institute Discussion Paper Series* (Februar 2008)

37 Jiménez, Fanny: »Die Not mit den Noten«, in: *Welt Online* (Stand: 31.Oktober 2010) www.welt.de/print/wams/vermischtes/article10644 443/Die-Not-mit-den-Noten.html (Zugriff: 05. August 2011)

38 Vgl. Denny, Kevin: »Beauty and Intelligence may or may not be related«, a. a. O.

39 www.female-leadership.de/kooperation/schirmfrauen/dr-helga-breuninger/

40 Oft wird heute betont, dass eine Mischung verschiedener Kulturen, Auffassungen und der Geschlechter stets die besseren Resultate und größere Kreativität hervorbringe. So einfach und mechanisch ist es nicht. Es gibt auch Diversity-Strategien, die wenig erfolgreich sind. Es sollten zwar jeweils Vertreter beider Geschlechter an Bord sein – am spürbarsten steigt aber die Produktivität zunächst bis zu einem Anteil von etwa 30 Prozent Frauen in Männerumgebungen. Die effektiven und erfolgreichen Spielregeln für eine weiter gehende Parität sind noch nicht entwickelt – das ist erst das Projekt der nächsten Phase.

Schmutzige Wäsche, kochende Leidenschaften und neue Glücksbilanzen

1 »Malaysian ›obedient wives‹ club: Good sex is a duty«, in: *newsyahoo.com*, www.old.news.yahoo.com/s/ap/20110605/ap_on_re_as/as_malaysia_obedient_wives (Zugriff: 12. Juni 2011)

2 Kaufmann, Jean-Claude: *Schmutzige Wäsche: zur ehelichen Konstruktion von Alltag*, 3. Auflage, Konstanz 1995

3 Noer, Michael: »Don't Marry Career Women«, in: *Forbes.com* (Stand: 22. August 2006), www.forbes.com/2006/08/23/Marriage-Careers-Divorce_cx_mn_land.html (Zugriff: 06. August 2011)

4 Vgl. Holst, Elke; Trzcinski, Eileen: *Why Men Might »Have It All« While Women Still Have to Choose between Career and Family in Germany*, a. a. O.

5 Bauer, Uta; Dähner, Susanne: *Das volle Leben! Frauenkarrieren in Ostdeutschland*, a. a. O.

6 »Studie: Wirtschaftsstandort Deutschland durch Wiedervereinigung gestärkt. Bei der Frage nach den Ost-Subventionen scheiden sich die Geister«, in: *presseportal* (Stand: 21. September 2009), www.presseportal.de/pm/16952/597942/studie-wirtschaftsstandort-deutschland-durch-wiedervereinigung-gestaerkt-bei-der-frage-nach-den-ost (Zugriff: 06. August 2011)

7 Stevenson, Betsey; Wolfers, Justin: »The Paradox of Declining Female Happiness«, a. a. O.

8 Hollstein, Walter: *Was vom Manne übrig blieb*, Berlin 2008

9 Blom, Philipp: *Der taumelnde Kontinent: Europa 1900–1914*, München 2009

Literatur

AHNERT, LISELOTTE: *Wieviel Mutter braucht ein Kind? Bindung-Bildung-Betreuung: öffentlich und privat*, Heidelberg 2010

AHNERT, LIESELOTTE; GAPPA, MAIKE: »Entwicklungsbegleitung in gemeinsamer Erziehungsverantwortung«, in: Jörg Maywald; Bernhard Schön (Hg.): *Krippen. Wie frühe Betreuung gelingt. Fundierter Rat zu einem umstrittenen Thema*, Weinheim, Basel 2008, S.74–96

ARENDT, HANNAH: *The Origins of Totalitarianism*, New York 1951 (deutsch: *Elemente und Ursprünge totaler Herrschaft*, 1955)

BAUER, UTA; DÄHNER, SUSANNE: *Das volle Leben! Frauenkarrieren in Ostdeutschland. Studie im Rahmen des Kongresses »Frauen machen Neue Länder – Frauenkarrieren in Ostdeutschland« 2010*, Berlin 2010

BARSH, JOANNA; CRANSTON, SUSIE; LEWIS, GEOFFREY: *How remarkable Women Lead. The Breakthrough Model for Work and Life*, New York 2009

BAUMERT, JÜRGEN: »Koedukation oder Geschlechtertrennung«, in: *Zeitschrift für Pädagogik*, Vol. 38 (1992), S.83–110

BECK, GÜNTER: »Forderung nach besseren Bedingungen im Schulsport«, in: *Badische Zeitung* (Stand: 27. Februar 2009), www.badische-zeitung.de/sportpolitik/forderung-nach-besseren-bedingungen-im-schulsport--12061247.html (Zugriff: 23. Juni 2011)

BELOTTI, ELENA G.: *Was geschieht mit kleinen Mädchen?*, München 1975

BENENSON, JOYCE F.: »Gender Differences in the Development of Relationships«, in: Gil G. Noam; Kurt Fischer (Hg.): *Development and Vulnerability in Close Relationships*, New York 1996, S. 263–286

BERG, DETLEF; SCHERER, LUKAS; OAKLAND, THOMAS; TISDALE, TIMOTHY: *Verhaltensauffälligkeiten und schwache Leistungen von Jungen in der Schule – die Bedeutung des Temperaments*, Bamberg 2006

BETTELHEIM, BRUNO: *Kinder brauchen Märchen*, München 1993

BIDDULPH, STEVE: *Jungen! Wie sie glücklich heranwachsen*, 22. Auflage, München 2002

BIRKENBIHL, VERA F.: *Jungen und Mädchen: wie sie lernen*, 4. Auflage, Regensburg 2009

BISCHOF-KÖHLER, DORIS: *Von Natur aus anders: die Psychologie der Geschlechtsunterschiede*, 4. Auflage, Stuttgart, Berlin, Köln 2002

BLICKHÄUSER, ANGELIKA; VON BARGEN, HENNING: *Gender-Mainstreaming-Praxis. Arbeitshilfen zur Anwendung der Analysekategorie »Gender« in Gender-Mainstreaming-Prozessen*, Band 7, 2. Auflage, Berlin 2010

BLOM, PHILIPP: *Der taumelnde Kontinent. Europa 1900 bis 1914*, München 2009

BORKENAU, PETER; OSTENDORF, FRITZ: NEO-*Fünf-Faktoren-Inventar* (NEO-FFI) *nach Costa und McCrae*, Göttingen 1993

BREMSER, FRANK: »Die Proteste auf den Straßen werden zunehmen«, in: *Financial Times Deutschland* (Stand: 07. Juni 2011), www.ftd.de/finanzen/:griechenland-krise-die-proteste-auf-den-strassen-werden-zunehmen/60061794.html (Zugriff: 09. Juni 2011)

BRIZENDINE, LOUANN: *Das weibliche Gehirn. Warum Frauen anders sind als Männer*, 2. Auflage, Hamburg 2007

BRIZENDINE, LOUANN: *The male brain. An essential owner's manual for every man, and a cheat sheet for every woman!* London, Toronto, Sydney, Auckland, Johannesburg 2010

BRUMBAUGH, CLAUDIA: »Rating Attractiveness: Consensus Among Men, Not Women«, in: *Journal of Personality and Social Psychology* (Juni 2009)

BURBA, DESIREE; ROST, JÜRGEN: »Mädchen und Jungen – unterschiedliche Fertigkeiten trotz gleicher Fähigkeiten?«, Ergebnisse aus PISA 2003

BÖHM, SABINE; HERRMANN, CHRISTA; TRINCZEK, RAINER: *Herausforderung Vertrauensarbeitszeit. Zur Kultur und Praxis eines neuen Arbeitszeitmodells*, Berlin 2004

BÖING, SUSANNE: *Grundlagen zur Geschlechts- und Genderproblematik in Unternehmen*, Lohmar 2009

CAINE, JANEL: »The Effects of Music on the Selected Stress Behaviors, Weight, Caloric and Formula Intake, and Length of Hospital Stay of Premature and Low Birth Weight Neonates in a Newborn Intensive Care Unit«, in: *Journal of Music Therapy*, Vol. 28 (1991), S. 180–192

CAMPBELL, ANNE: »Female competition: Causes, Constraints, Content and Contexts«, in: *The Journal of Sex Research* (Februar 2004)

CHARLESWORTH, W.R.; DZUR, C.: »Gender Comparisons of preschoolers Behavior and Resource Utilization in Group Problem Solving«, in: *Child Development*, Vol. 50 (1987), S. 191–200

CHESLER, PHYLLIS: *Women's Inhumanity to Women*, Chicago, Illinois 2009

COATES, JULIE; DRAVES, WILLIAM A.: *Smart Boys, Bad Grades. Why Boys Get worse Grades than Girls and are only 35% of Graduates in higher Education*, River Falls 2006

CORSO, JOHN: »Aging and Auditory Thresholds in Men and Women«, in: *Chrives of Environmental Health*, Vol. 6 (1963), S.359–356

CORSO, JOHN: »Age and Sex Differences in Pure-Tone Thresholds«, in: *Journal of the Acoustical Society of America*, Vol. 31 (1959), S.489–507

CRONIN, C.L.: »Dominance Relations and Females«, in: D.R. Omark; F.F. Strayer; D.G. Freedman (Hg.): *Dominance Relations: An Ethological View of Human Conflict and Social Interaction*, New York 1980, S.299–318

DANNHAUER, HEINZ: *Geschlecht und Persönlichkeit – Eine Untersuchung zur psychischen Geschlechtsdifferenzierung in der Ontogonese*, Berlin 1973

DEANER, ROBERT O.: »More Males Run fast: Stable Sex Differences in Competitiveness in U.S. Distance Runners«, in: *Evolution and Human Behavior*, Vol. 27 (2006), S.63–84

DENNY, KEVIN: »Beauty and Intelligence may or may not be related«, in: UCD *Geary Institute Discussion Paper Series* (Februar 2008)

DESVAUX, GEORGES; DEVILLARD-HOELLINGER, SANDRINE; BAUMGARTEN, PASCAL: *Women Matter. Gender diversity, a corporate performance driver*, Paris 2007

DESVAUX, GEORGES; DEVILLARD, SANDRINE: *Women Matter 2. Female leadership, a competitive edge for the future*, Paris 2008

DESVAUX, GEORGES; DEVILLARD, SANDRINE; SANCIER-SULTAN, SANDRA: *Women Matter 3. Women leaders, a competitive edge in and after the crisis*, Paris 2009

DESVAUX, GEORGES; DEVILLARD, SANDRINE; SANCIER-SULTAN, SANDRA: *Women Matter 4. Women at the top of corporations: Making it happen*, Paris 2010

DEWALL, C. NATHAN; MANER, JON K.: »High Status Men (But Not Women)«, in: *Evolutionary Psychology*, Vol. 6, Nr. 2 (2008), S. 328–341

DWECK, C.S.; DAVIDSON, W.; NELSON, S.; ENNA, B.: »Sex Differences in learned Helplessness, II: The Contingencies of Evaluative Feedback in the Classroom and III: An Experimental Analysis«, in: *Developmental Psychology*, Vol. 14, Nr. 3 (1978), S. 268–276

EAGLY, ALICE; CARLI, LINDA: *Through the Labyrinth – The Truth about how Women become Leaders*, Boston 2007

EINZMANN, SIMONE: »Warum deutsche Frauen Softies bevorzugen«, in: *Psychologie heute* (September 2010)

ENGESER, MANFRED: »Schön schwarz«, in: *Wirtschaftswoche*, Heft 25 (2011)

ERLER, DANIEL; DÄHNER, SUSANNE: *Frauen machen Neue Länder: Lebenssituationen und Perspektiven junger Frauen in den neuen Bundesländern – Forschungsstand*, Berlin 2008

ERLER, GISELA ANNA: *Frauenzimmer. Für eine Politik des Unterschieds*, Berlin 1985

FAULSTICH-WIELAND, HANNELORE (Hg.): *Abschied von der Koedukation? (Materialien zur Sozialarbeit und Sozialpolitik 18)*, Frankfurt a. M. 1987

FINE, CORNELIA: *Declusion of Gender. How our Minds, Society, and Neurosexism Create difference*, New York, London 2010

FISCH, SABINE: »EMS-Test. Bedarf an Reflexion«, in: *Österreichische Ärztezeitung*, Nr. 6 (25. März 2009)

FLEISCHHAUER, JAN; HOLLERSEN, WIEBKE: »Kuck mal, meine Vagina«, in: *Der Spiegel*, Nr. 25 (21. Juni 2010), S. 40–46

FLETCHER, JOYCE K.: *Disappearing Acts: Gender, Power, and Relational Practice at Work*, Cambridge, Massachusetts, London 2001

FREYTAG, BERND: »Angelika Dammann verlässt SAP – ihr Kritiker tritt zurück«, in: *F.A.Z.*, Nr. 157 (9. Juli 2011), S. 16

GÄNGLER, HANS: »Hausaufgaben haben oft nicht den gewünschten Effekt«, in: *Deutschlandradio Kultur* (Stand: 13. Februar 2008), www.dradio.de/dkultur/sendungen/thema/738959 (Zugriff: 15. Juni 2011)

GALINSKY, ELLEN; BOND, JAMES T.; FRIEDMAN, DANA E.: *The Changing Workforce. Comparison of Federal and Nonfederal Work/Family Programs and Approaches*, New York 1992

GALTUNG, JOHAN: »Struktur, Kultur und intellektueller Stil«, in: Alois Wierlacher (Hg.): *Das Fremde und das Eigene: Prolegomena zu einer interkulturellen Germanistik*, München 1985, S. 151–196

GEYM, H.: *Working together: Women and Men. European Women's Management Development Network*, London 1987

GIEST, HARTMUT: »Mädchenschule – Jungenschule … oder doch gemeinsam? Koedukation oder Monoedukation – was ist besser für mein Kind?«, in: *Das Familienhandbuch des Staatsinstituts für Frühpädagogik* (IFP), München 2004

GILLIGAN, CAROL: »Verantwortung für die anderen und für sich selbst – das moralische Bewusstsein von Frauen«, in: Günter Schreiner (Hg.): *Moralische Entwicklung und Erziehung*, Braunschweig 1983

GILLIGAN, CAROL: *Die andere Stimme. Lebenskonflikte und Moral der Frau*, München 1996

GOLDMANN, EMMA: *Gelebtes Leben. Autobiografie*, Hamburg 2010

GRATTON, LYNDA; KELAN, ELISABETH; VOIGT, ANDREAS u.a.: *Innovative Potential: Men and Women in Teams. Executive Summary*, London 2007

GRAY, JOHN: *Männer sind anders. Frauen auch* (englisch: *Men Are from Mars. Women Are from Venus*, 1992), München 1998

GROSSMANN, DAVID: *Eine Frau flieht vor einer Nachricht*, München 2009

GUÉGAN, JEAN-FRANÇOIS; TERIOKHIN, ANATOLY T.; THOMAS, FRÉDÉRIC: »Human Fertility Variation, size-related obstetrical Performance and the Evolution of sexual Stature Dimorphism«, in: *Proceedings of the Royal Society of London, Series B: Biological Sciences*, Vol. 267 (2000), S. 2529–2535

GURIAN, MICHAEL: *Boys and Girls Learn Differently! A Guide for Teachers and Parents*, San Francisco 2011

HAKIM, CATHERINE: *Erotisches Kapital: Das Geheimnis erfolgreicher Menschen*, Frankfurt, New York 2011

HALL, EDWARD T.: *The Hidden Dimension*, New York 1966

HALL, EDWARD T.; Hall, Miltred R.: *Understanding Cultural Differences: Germans, French and Americans*, Maine 1990

HARRELL, EBEN: »Taller women are more Career-driven – that's the long and the short of it«, in: *News Scotsman* (Stand: 05. Oktober 2005), www.news.scotsman.com/scotland/Taller-women-are-more-career-driven.2666916.jp (Zugriff: 22. Juli 2011)

HARTIG, MARION: »Männer klären zunächst, wer der Bestimmer ist«, in: *Spiegel Online* (Stand: 24. März 2010), www.spiegel.de/unispiegel/jobundberuf/0,1518,685288,00.html (Zugriff: 25. März 2011)

HARTMANN, MICHAEL: *Der Mythos von den Leistungseliten: Spitzenkarrieren und soziale Herkunft in Wirtschaft, Politik, Justiz und Wissenschaft*, Frankfurt a. M. 2002

HEIM, PAT; MURPHY, SUSAN A.: *In the Company of Women. Indirect Aggression Among Women: Why We Hurt Each Other and How to Stop*, New York 2003

HEINSOHN, GUNNAR: *Söhne und Weltmacht: Terror im Aufstieg und Fall der Nationen*, erw. Auflage, Zürich 2006

HEINSOHN, GUNNAR: »Das große Töten der Jungen«, in: *F.A.Z.net* (Stand: 04. Februar 2011), www.faz.net/artikel/C30351/aegypten-und-die-demographie-das-grosse-toeten-der-jungen-30326594.html (Zugriff: 21. Juli 2011)

HELBIG, MARCEL: »Sind Lehrerinnen für den geringeren Schulerfolg von Jungen verantwortlich?«, in: *Kölner Zeitschrift für Soziologie und Sozialpsychologie*, Nr. 62 (2010), S.93–111

HILLE, STEPHAN: »Russland bald ohne Russen?«, in: *Deutsche Welle.de* (Stand: 15. März 2006), www.dw-world.de/dw/article/0,,1935101,00.html (Zugriff: 20. Juli 2011)

HÖHLER, GERTRUD: *Der veruntreute Sündenfall. EntZweiung oder neues Bündnis?*, Stuttgart 1998

HOFSTEDE, GEERT; HOFSTEDE, GERT JAN: *Lokales Denken, globales Handeln: interkulturelle Zusammenarbeit und globales Management*, München 1997

HOLLSTEIN, WALTER: *Was vom Manne übrigblieb*, Berlin 2008

HOLST, ELKE; TRZCINSKI, EILEEN: *Why Men Might »Have It All« While Women Still Have to Choose between Career and Family in Germany*, Berlin 2011

HOLZMÜLLER, MARIA: »Unterricht mit Mädchen: Dauerstress für Jungen«, in: *Sueddeutsche.de* (Stand: 07. April 2011), www.sueddeutsche.de/karriere/jungenforscher-im-gespraech-unterricht-mit-maedchen-dauerstress-fuer-jungen-1.1081989 (Zugriff: 08. April 2011)

HORX, MATTHIAS: »Die Reise mit den Söhnen. Das Computerspiel World of Warcraft und sein pädagogischer Nutzen«, in: *Psychologie heute*, Nr. 12 (2007), S. 44–50

HÜTHER, GERALD: *Männer. Das schwache Geschlecht und sein Gehirn*, Göttingen 2008

HÜTHER, GERALD; BONNEY, HELMUT: *Neues vom Zappelphilipp:* ADS *verstehen, vorbeugen und behandeln*, Ostfildern 2010

IIJIMA, MEGUMI; ARISAKA OSAMU; MINAMOTO, FUMIE; ARAI, YASUMASA: »Sex Differences in Childrens Free Drawings«, in: *Hormones and Behavior*, Vol. 40 (2011), S.99–104

JACKSON, C.; SMITH, I. D.: »Poles apart? An Exploration of Single-Sex and Mixed Sex educational Environments in Australia and England«, in: *Educational Studies*, Vol. 26, Nr. 4 (2000)

JAHNKE-KLEIN, SYLVIA: »Chancengleichheit für Mädchen und Jungen im mathematisch-naturwissenschaftlichen Unterricht«, in: Frank Hellmich (Hg.): *Lehren und Lernen nach* IGLU – *Grundschulunterricht heute*, Oldenburg 2005, S.117–132

JAUER, MARCUS: »Der große Dreh«, in: *F.A.Z.net* (Stand: 15. Februar 2011), www.faz.net/artikel/C31435/spielzeug-der-grosse-dreh-30327745.html (Zugriff: 17. Februar 2011)

JESSEN, ELISABETH; MIKUTEIT, HANNA-LOTTE; ULRICH, FRIEDERIKE: »Langzeitvergleich: Mädchen hängen die Jungs ab«, in: *Abendblatt.de* (Stand: 16. April 2010), www.abendblatt.de/hamburg/schule/article1460234/Langzeitvergleich-Maedchen-haengen-die-Jungs-ab.html (Zugriff: 28. Februar 2011)

JIMÉNEZ, FANNY: »Die Not mit den Noten«, in: *Welt Online* (Stand: 31. Oktober 2010), www.welt.de/print/wams/vermischtes/article10644443/Die-Not-mit-den-Noten.html (Zugriff: 05. August 2011)

JOHNSTON, SUE: *Does PowerPoint Make Us Stupid? A »minifesto« on Using the Software that Changed Meetings forever* (Stand: 2004), www.itsunderstood.com/docs/PowerPointMinifesto.pdf (Zugriff: 15. Juli 2011)

JORDAN-YOUNG, REBECCA M.: *Brain Storm. The Flaws in the Science of Sex Differences*, Cambridge, Massachusetts, London 2010

JUSSEN, SASCHA, in: *Personalführung*, Nr. 5 (2011), S. 74

KAISER, ALFONS: »Jeans-Studie: Unzufrieden mit der zweiten Haut«, in: *F.A.Z.net* (Stand: 09. August 2010), www.faz.net/artikel/C30994/jeans-studie-unzufrieden-in-der-zweiten-haut-30296561.html (Zugriff: 25. Juli 2011)

KASISKE, JAN: *Zur Situation von Männern in »Frauen-Berufen« der Pflege und Erziehung in Deutschland. Eine Überblicksstudie*, hg. v. Jens Krabel; Olav Stuve, Opladen 2006

KAUFMANN, JEAN-CLAUDE: *Schmutzige Wäsche. Zur ehelichen Konstruktion von Alltag*, 3. Auflage, Konstanz 1995

KEGEL, SANDRA: »Computerspiele: Wenn Kinder Mörder spielen«, in: *F.A.Z.*, Nr. 295 (2007), www.faz.net/artikel/C30351/computerspiele-wenn-kinder-moerder-spielen-30090102.html295 (Zugriff am 17. Juli 2011)

KLÄSGEN, MICHAEL: »Gesegnete Gewinne«, in: *Sueddeutsche.de* (Stand: 24. Dezember 2006), www.sueddeutsche.de/geld/kirche-und-wirtschaft-gesegnete-gewinne-1.879684 (Zugriff: 12. Juli 2011)

KLEINAU, ELKE; OPITZ, CLAUDIA (Hg.): *Geschichte der Mädchen und Frauenbildung. Band 2: Vom Vormärz bis zur Gegenwart*, Frankfurt a. M., New York 1996

KLINGHOLZ, REINER: »Machen junge Männer Krieg?«, in: *Die Zeit*, Nr. 10 (26. Februar 2004)

KOHLBERG, LAWRENCE: *Die Psychologie der Moralentwicklung*, Frankfurt a. M. 1996

KOWALSKI, MATTHIAS: »Bitte keine Boni mehr«, in: *Focus Magazin* (Stand: 12 April 2010), www.focus.de/finanzen/boerse/aktien/tid-18066/wirtschaft-bitte-keine-boni-mehr_aid_497454.html (Zugriff: 30. Juli 2011)

KRÖGER, MICHAEL: »Warum Egoismus im Geschäftsleben schadet«, in: *Spiegel Online* (Stand: 12. November 2009), www.spiegel.de/wirtschaft/soziales/0,1518,655217,00.html (Zugriff: 12. Februar 2011)

KÖCK, PETER; OTT, HANNS: *Wörterbuch für Erziehung und Unterricht*, 5. Auflage, Donauwörth 1994

LENROOT, ROSHEL; GOGTAY, NITIN; GREENSTEIN, DEANNA u.a.: »Sexual Dimorphism of Brain Development Trajectories during Childhood and Adolescence«, in: *NeuroImage*, Band 36 (2007), S.1065-1073

LENZ, ILSE (Hg.): *Die Neue Frauenbewegung in Deutschland. Abschied vom kleinen Unterschied. Eine Quellensammlung*, 2. aktual. Auflage, Wiesbaden 2010

LENZEN, DIETER: »Mädchen gewinnen, Jungen verlieren?«, in: *F.A.Z.net* (Stand: 19. Mai 2009), www.faz.net/s/RubF3CE08B362D244869BE7984590CB6AC1/Doc~E5C45E1D79F17454CBCEDC015A73E07F9~ATpl~Ecommon~Scontent.html (Zugriff: 03. Mai 2011).

LUNDGREN, MANUELA: »Virtuelle Belästigung mit realen Folgen«, in: *Deutschlandradio.de* (Stand: 31. Oktober 2010), www.dradio.de/dlf/sendungen/hintergrundpolitik/1307104/ (Zugriff: 22. Juli 2011)

MACCOBY, ELEANOR E.: *Psychologie der Geschlechter – Sexuelle Identität in den verschiedenen Lebensphasen*, Stuttgart 2000

MAI, JOCHEN: »Die Größe macht`s – Erfolg ist eine Frage von Zentimetern«, in: *Karrierebibel.de* (Stand: 20. März 2010), www.karriere bibel.de/die-grose-machts-erfolg-ist-eine-frage-von-zentimetern (Zugriff: 04. August 2011)

MARQUART, MARIA: »Massenleiden Burnout. Wie Firmen ihre Spitzenkräfte verbrennen«, in: *Spiegel Online* (Stand: 28. Mai 2011), www.spiegel.de/karriere/berufsleben/0,1518,765353,00.html (Zugriff: 29. Mai 2011)

MARTIGNON, LAURA; NIEDERDRENK-FELGNER, CORNELIA; VOGEL, ROSE (Hg.): »Soziale Bezüge bei mathematischen Beweisen sehen – Verschiedene Akzente bei Mädchen und Jungen«, in: *Mathematik und Gender*, Hildesheim 2006

MAYER, SUSANNE: »Siri Hustvedt: ›Warum lieben sich Menschen? Ich habe keine Ahnung‹«, in: *Zeit Online* (Stand: 20. März 2011), www.zeit.de/2011/12/Interview-Siri-Hustvedt (Zugriff: 17. Juli 2011)

MECHTENBERG, LYDIA: »Warum Mädchen besser schreiben und Jungen besser rechnen können. Lob und Tadel wirken je nach Geschlecht unterschiedlich«, in: WZB-*Mitteilungen*, Nr. 129 (2010), S.20–23

METZ-GÖCKEL, SIGRID: »Signifikante Unterschiede zwischen Mädchen und Jungen«, in: *Zweiwochendienst*, Nr. 09–10 (2002), S.1f

MODLER, PETER: *Das Arroganz-Prinzip. So haben Frauen mehr Erfolg im Beruf*, 9. Auflage, Frankfurt a. M. 2011

NEUGEBAUER, MARTIN: *A teacher like me: Can teacher's gender explain the ›boy crisis‹ in educational attainment?*, Mannheim 2010

NIAZI-SHAHABI, REBECCA: *Nett ist die kleine Schwester von Scheiße. Danebenbenehmen und trotzdem gut ankommen*, München 2011

NICKEL, HORST; SCHMIDT-DENTER, ULRICH; UNGELENK, BERND: *Sozialverhalten von Vorschulkindern. Konflikt, Kooperation und Spiel in institutionellen Gruppen*, München 1980

NICOLAY, H. D.: *Das Legasthenie-Märchen. Jedes Kind hat die Fähigkeit, fehlerfrei lesen und schreiben zu lernen*, München 2010

NIEDERLE, MURIEL; VESTERLUND, LISE: »Do Women Shy away from Competition? Do Men Compete too much?«, in: *The Quarterly Journal of Economics* (August 2007)

NOER, MICHAEL: »Don't Marry Career Women«, in: *Forbes.com* (Stand: 22. August 2006), www.forbes.com/2006/08/23/Marriage-Careers-Divorce_cx_mn_land.html (Zugriff: 06. August 2011)

NOWOTNY, SARAH: »Was Iran der Uni Bern voraushat«, in: *Der Bund* (Stand: 05. März 2001), www.derbund.ch/bern/dossier/175-jahre-uni-bern/Was-Iran-der-Uni-Bern-voraushat/story/13679489 (Zugriff: 18. Juli 2011)

OBERHUBER, NADINE: »Lächle und herrsche«, in: *Zeit Online* (Stand: 3. Juni 2004), www.zeit.de/2004/24/Frauen (Zugriff: 17. Juli 2011)

OMARK, D. R.; EDELMANN, M. S.: »The Development of Attention Structures in young Children«, in: M. R. A. Chance; R. R. Larsen (Hg.): *The Social Structure of Attention*, 1976, S. 119–153.

OSTERLOH, MARGIT: »Muss sich Leistung lohnen?«, Vortrag vor der Bertelsmann Stiftung am 7./8. Dezember 2009

OZ, AMOZ: *Eine Geschichte von Liebe und Finsternis*, 6. Auflage, Frankfurt a. M. 2004

PFLÄGING, NIELS: *Führen mit flexiblen Zielen: Beyond Budgeting in der Praxis*, Frankfurt, New York 2006

PFLÄGING, NIELS: *Die 12 neuen Gesetze der Führung. Der Kodex: Warum Management verzichtbar ist*, Frankfurt, New York 2009

PICHT, GEORG: *Die deutsche Bildungskatastrophe*, Freiburg i. Brsg. 1964

PINK, DANIEL: *Drive: Was Sie wirklich motiviert*, Salzburg 2010

PINK, DANIEL H.: *Drive: The Surprising Truth about what Motivates us*, Edinburgh, London, New York, Melbourne 2010

PRENZEL, MANFRED; BURBA, DESIREE: »PISA-Befunde zum Umgang mit Heterogenität«, in: Günther Opp; Theodor Hellbrügge; Lluc Stevens (Hg.): *Kindern gerecht werden*, Bad Heilbrunn 2006

PREUSCHOFF, GISELA: *Mädchen! Wie sie glücklich heranwachsen*, 2. Auflage, Weinheim, Basel 2005

RAHOT: »Height Discrimination – The Issue Of Modern Society«, in: *guvsm.com* (Stand: 24. Juli 2011), www.guvsm.com/height-discrimina tion-the-issue-of-modern-society.html (Zugriff: 05. August 2011)

ROGELBERG, STEVEN G.; RUMERY, STEVEN M.: »Gender Diversity, Team Decision Quality, Time on Task, and Interpersonal Cohesion«, in: *Small Group Research*, Vol. 27, Nr. 1 (1996), S. 79–90

RÜECK, JOACHIM: »Die Medizin wird immer weiblicher«, in: *Mannheimer Morgen* (04. November 2009)

RUHM, CHRISTOPHER J.: *Maternal Employment and Adolescent Development*, Bonn/University of Greensborough, NC 2005

SALYER, DAVID; LEPHART, EDWIN: »Sexual Dimorphism and Aromatase in the Rat Retina«, in: *Developmental Brain Research*, Vol. 126 (2001), S.131–136

SAVIN-WILLIAMS; RITCH C.: »Dominance Hierarchies in Groups of Early Adolescents«, in: *Child Development*, Vol. 50 (1979), S.923–935

SAX, LEONARD: *Why Gender Matters. What Parents and Teachers Need to Know about the Emerging Science of Sex Differences*, New York 2005

SAX, LEONARD: *Jungs im Abseits. Die aufrüttelnde Analyse eines Kinderarztes: 5 Gründe, warum unsere Söhne immer antriebsloser werden. Mit einem Vorwort von Wolfgang Bergmann*, München 2009

SAX, LINDA J.; ARMS, EMILY; RIGGERS, TIFFANI; EAGAN, KEVIN: *Women Graduates of Single-Sex and Coeducational High Schools*, Los Angeles 2009

SCHMIDT, BIRTE: »Studieren ohne Männer«, in: *Karrierewelt* (4./6. Juni 2011), S.9

SCHMITT, DAVID P.: »Measuring Sociosexuality across People and Nations: Revisiting the Strengths and Weaknesses of cross-culture Sex Research«, in: *Behavioral and Brain Sciences*, Vol. 28 (2005), S.297–311

SCHMITT, DAVID P.; VORACEK, MARTIN; REALO, ANU u.a.: »Why can't a Man Be More Like a Woman? Sex Differences in Big Five Personality Traits Across 55 Cultures«, in: *Journal of Personality and Social Psychology*, Vol. 94, No. 1 (2008), S.168–182

SCHWARZ-JUNG, SILVIA: »Sind Jungen die Bildungsverlierer? Mädchen und Jungen im Spiegel der baden-württembergischen Schulstatistik«, in: *Schulverwaltung*, Nr. 11 (2010), S.232–235

SERBIN, LISA: »Gender Stereotyping in Infancy: Visual Preferences for and Knowledge of Gender-Stereotyped Toys in the Second Year«, in: *International Journal of Behavioral Development*, Vol. 25 (2001), S. 7–15

SIERING, FRANK: »Warum der Wettbewerb unter Frauen so groß ist«, in: *Karriere.de* (Stand: 28. Mai 2008), www.karriere.de/startseite/warum-der-wettbewerb-unter-frauen-so-gross-ist-7079/ (Zugriff 17. Juli 2011)

SPIRO, MELFORD E.: *Gender and Culture: Kibbutz Woman Revisited*, 2. Auflage, New Jersey 1996

STENEBO, JOHAN: *Die Wahrheit über* IKEA*: Ein Manager packt aus*, Frankfurt, New York 2010

STEVENSON, BETSEY; WOLFERS, JUSTIN: »The Paradox of Declining Female Happiness«, in: *American Economic Journal: Economic Policy*, Vol. 1, Nr. 2 (2009), S. 190–225

STÜRZER, MONIKA: »Geschlechtsspezifische Schulleitungen«, in: Monika Stürzer; Henrike Roisch; Annette Hunze; Waltraud Cornelißen (Hg.): *Geschlechterverhältnisse in der Schule* (DJI-*Reihe Gender 20*), Opladen 2003, S. 83–121

SUTTER, MATTHIAS; RÜTZLER, DANIELA: *Gender Differences in Competition Emerge Early in Life*, Bonn 2010

TANNEN, DEBORAH: *Job-Talk. Wie Frauen und Männer am Arbeitsplatz miteinander reden*, München 1995

TANNEN, DEBORAH: *Du kannst mich einfach nicht verstehen: Warum Männer und Frauen aneinander vorbeireden*, München 2004

THOMAS, ALEXANDER: *Handbuch interkulturelle Kommunikation und Kooperation. Band I: Grundlagen und Praxisfelder*, 2. überarb. Auflage, Göttingen 2005

TUMAN, DONNA: »Sing a Song of Sixpence: An Examination of Sex Differences in the Subject Preference of Childrens Drawings«, in: *Visual Arts Research*, Vol. 25 (1999), S.51–62

TÜNTE, MARKUS: »A Man's Work in a Female World? Gender Paradoxes of Male Childcare Workers«, in: *Gender Forum* (Juli 2007)

ULLRICH, CHARLOTTE: »Wer ist Judith Butler und was macht sie? ›Undoing gender‹«, Butlerlesenachmittag der AG feministischen Theorie und Praxis (Stand: 15. Mai 2005), www.ruhr-uni-bochum.de/fwu/texte/tp_butler.pdf (Zugriff: 10. Februar 2010)

VAN KEER, ETIENNE; BOGAERT, JEROEN: *Decoding the* DNA *of Public and Private Sector Leaders*, Washington, D.C. 2009

VAN KEER, ETIENNE; BOGAERT, JEROEN; TRBOVIC, NIKOLA: *Could the right Man for the Job Be a Woman? How Women Differ from Men as Leaders*, Washington, D.C. 2008

WALTER, MELITTA: *Jungen sind anders, Mädchen auch. Den Blick schärfen für eine geschlechtergerechte Erziehung*, 4. Auflage, München 2010

WALTER, NATASHA: *Living Dolls – The Return of Sexism*, London 2010

WINTER, REINHARD: *Jungen. Eine Gebrauchsanweisung: Jungen verstehen und unterstützen*, Weinheim 2011

WITTENBERG-COX, AVIVAH; MAITLAND, ALISON: *Why Women Mean Business: Understanding the Emergence of our next Economic Revolution*, London 2008

YOUNGER, M.; WARRINGTON, M.: »Single-Sex Classes in co-educational comprehensive Schools in England: an Evaluation based upon students' performance and classroom interactions«, in: *British Educational Research Journal*, Vol. 28, Nr. 3 (2002), S.353–374

*

Das Leben von Frauen und Männern in Europa: Ein statistisches Porträt, Luxemburg 2008

»Deutschland liegt im EU-Vergleich bei Akademikeranteil weit hinten«, in: *karriereführer.de*, www.karrierefuehrer.de/newsletter/studie-akademikeranteil.html (Zugriff: 09. März 2011)

»Dunkles Geheimnis«, in: *Der Spiegel*, Nr. 20 (1984), S.169 f.

Engagement Index Deutschland 2010, Berlin 2010, www.eu.gallup.com/Berlin/146030/Praesentation-zum-Gallup-EEI-2010.aspx (Zugriff: 12. März 2011)

Harvard Business Review on work and life balance, Boston 2000

»Immer mehr Frauen gründen Unternehmen«, in: *Focus Online* (Stand: 19. August 2007), www.focus.de/finanzen/karriere/existenzgruendung/gruender-portraets/selbststaendigkeit_aid_70286.html (Zugriff: 12. Juni 2011)

»Interview: Alm statt Ritalin!«, in: *Geo.de* (Stand: 28. März 2010), www.geo.de/GEO/mensch/medizin/62250.html (Zugriff: 23. Juni 2011)

»Lebenserwartungen im internationalen Vergleich, im Zeitvergleich sowie im regionalen Vergleich«, in: *Gender Datenreport*, www.bmfsfj.de/Publikationen/genderreport/8-Gesundheitsstatus-und-gesundheitsrisiken-von-frauen-und-maennern/8-2-lebenserwartung-im-internationalen-vergleich-im-zeitvergleich-sowie-im-regionalen-vergleich.html (Zugriff: 20. Juli 2011)

Lesen in Deutschland 2008, Studie der Stiftung Lesen, Mainz 2008

»Malaysian ›obedient wives‹ club: Good sex is a duty«, in: *newsyahoo.com*, www.old.news.yahoo.com/s/ap/20110605/ap_on_re_as/as_malaysia_obedient_wives (Zugriff: 06. August 2011)

»Men think about sex 5,000 times a year«, in: *The Telegraph* (Stand: 08. Januar 2010), www.telegraph.co.uk/news/newstopics/howaboutthat/6950545/Men-think-about-sex-5000-times-a-year.html (Zugriff: 18. Juli 2011)

PISA *2009 Ergebnisse: Was Schülerinnen und Schüler wissen und können. Schülerleistungen in Lesekompetenz, Mathematik und Naturwissenschaften (Band I)*, Berlin 2010

Single-Sex Education for Boys, www.ericcholis.com/single_sex_education/psychological_impact_of_single-sex_schools.htm (Zugriff: 08. April 2011)

Subjective well-being in 97 countries, based on the report happiness and life satisfaction, equally weighted. Combined data from 1995–2007 World Values Surveys

»Studie: Wirtschaftsstandort Deutschland durch Wiedervereinigung gestärkt. Bei der Frage nach den Ost-Subventionen scheiden sich die Geister«, in: *presseportal* (Stand: 21. September 2004), www.presseportal.de/pm/16952/597942/studie-wirtschaftsstandort-deutschland-durch-wiedervereinigung-gestaerkt-bei-der-frage-nach-den-ost (Zugriff: 6. August 2011)

»Top 25 Highest Paid Men and Top 25 Highest Paid Women«, in: *Electronic Recruiting News* (Stand: 30. August 2010), www.interbiznet.com/ern/archives/100830.html (Zugriff: 19. Juli 2011)

»Trotz Krise: Island erreicht höchste Geburtenrate in Europa«, in: *Wirtschaft.ch* (Stand: 18. Juli 2011), www.wirtschaft.ch/Trotz+Krise+Island+erreicht+hoechste+Geburtenrate+in+Europa/378320/detail.htm (Zugriff: 16. Juli 2011)

»Völkerball-›Zombieball‹-Tipps?«, in: *Mädchen.de* (Stand: 23. November 2010), www.maedchen.de/forum/sport-fitness/87766-voelkerball-zombieball-tipps.html (Zugriff: 17. Juni 2011)

»Warum lesen Frauen überwiegend Bücher, Männer hingegen Zeitung?«, in: *P.M.de*, www.pm-magazin.de/r/gute-frage/warum-lesen-frauen-%C3%BCberwiegend-b%C3%BCcher-m%C3%A4nner-hingegen-zeitung (Zugriff: 15. Juli 2011)

»Wenn Wissenschaft krank macht«, in: *sciencegarden – Magazin für junge Forschung* (Stand: 1. Februar 2006), www.sciencegarden.de/content/2006-02/wenn-wissenschaft-krank-macht